# Spenden, Sammlungen und Sammelvermögen

Europäische Hochschulschriften Recht

European University Studies in Law

Publications Universitaires Européennes de Droit

Band/Volume 6718

Ute Murphy geb. Wittenberg

# Spenden, Sammlungen und Sammelvermögen

## Rechtsfragen freigebiger Zuwendungen

PETER LANG

Lausanne - Berlin - Bruxelles - Chennai - New York - Oxford

**Bibliografische Information der Deutschen Nationalbibliothek**
Die Deutsche Nationalbibliothek verzeichnet diese Publikation in der Deutschen Nationalbibliografie; detaillierte bibliografische Daten sind im Internet über http://dnb.d-nb.de abrufbar.

Zugl.: Hamburg, Bucerius Law School, Diss., 2022

H 360
ISSN 0531-7312
ISBN 978-3-631-89390-6
EBOOK 978-3-631-89393-7
E-PUB 978-3-631-89394-4
DOI 10.3726/b20411



Verlegt durch:
Peter Lang GmbH, Berlin, Deutschland

info@peterlang.com http://www.peterlang.com/



Diese Publikation wurde begutachtet.

*Meiner Mutter und meinen Kindern*

*In Angedenken an*

*Volker und Wilfried Wittenberg*
*und*
*John Murphy*

# Vorwort

Die vorliegende Arbeit wurde mit dem Titel „Von Sammelbüchsen, Spenden-Crowdfunding und Spendensiegeln – Überblick über Sammelvermögen mit zivilrechtlichem Schwerpunkt“ im Herbsttrimester 2021 von der Bucerius Law School als Dissertation angenommen. Die mündliche Prüfung fand am 10. Mai 2022 statt.

Meinem Doktorvater, Herrn Professor Dr. Peter Rawert, LL.M. (Exeter), möchte ich für das Wagnis danken, mich als externe und spätpromovierende Doktorandin angenommen sowie die lange Promotionsdauer mit mir gemeinsam durchgestanden zu haben. Glücklicherweise hat er mich mit seinem Themenvorschlag überzeugt. Das bot mir die juristisch interessante und persönlich sehr bereichernde Gelegenheit, die mir bis dato fremde Welt des Stiftungsrechts zu erforschen. Mit Herrn Professor Dr. Rawerts oft kritischen Worten stimmte ich nicht immer überein, sie haben mich aber auf dem Weg zur Fertigstellung der Arbeit herausgefordert und angespornt.

Der Zweitgutachterin, Frau Professor Dr. Birgit Weitemeyer, danke ich für die zügige Erstellung des Gutachtens und die freundliche Aufnahme im Umfeld des Instituts für Stiftungsrecht.

Als externe Promotionsstudentin an der Bucerius Law School hatte ich nicht nur hervorragende Promotionsbedingungen, sondern konnte auch an den Veranstaltungen des Stiftungsrechtslehrstuhls teilnehmen. Insbesondere die Hamburger Tage des Stiftungs- und Non-Profit-Rechts gaben mir viel rechtlichen und praktischen Hintergrund, der mir den Zugang zu den häufig interdisziplinären Fragestellungen der Arbeit erleichtert hat.

Diese Arbeit ist über einen Zeitraum von zehn Jahren neben Beruf und Familie entstanden. Das wäre nicht möglich gewesen, ohne die großartige und teilweise aufopferungsvolle Unterstützung meiner geliebten Familie. Sie ist nicht nur für diese Arbeit, sondern für mein Leben unverzichtbar. Ihnen gilt mein größter Dank: meinem Ehemann Herrn Dr. Ralf Murphy, der – obwohl er die Dissertation zu diesem Zeitpunkt im Leben für keine gute Idee hielt – viele Ferien allein mit den Kindern verbracht hat, damit ich in Ruhe schreiben konnte; meinen Kindern Holly und Leo, die auf mich manches Mal verzichten mussten sowie meiner Mutter, Brigitte Wittenberg. Mein Leben lang unterstützt sie mich durch alle Höhen und Tiefen, liebevoll und unermüdlich.

Hamburg im Juli 2023

# Inhaltsverzeichnis

# Einleitung

Hochwasser, Überschwemmungen und ein Erdrutsch suchen den Westen Deutschlands im Juli 2021 heim. Buschbrände toben monatelang in Australien und Millionen Tiere sterben 2019/2020. Ein Erdbeben mit nachfolgendem Tsunami im Oktober 2018 hat zerstörerische Folgen auf Sulawesi. Seit 2011 tobt in Syrien ein Bürgerkrieg mit vielen Opfern und Millionen von Flüchtlingen. Große Katastrophen führen zu spontaner Hilfsbereitschaft und zu vermehrten Spenden. Gerade im Bereich der humanitären Katastrophenhilfe kommt es häufig zu einem sprunghaften Anstieg des Spendenvolumens. Allgemein bekannt sind hierbei die Spendensammlungen gemeinnütziger Organisationen, die sofort nach einer Naturkatastrophe aktiv werden. Mit der syrischen Flüchtlingswelle 2015 hat sich in Deutschland der Fokus auf Geldspenden um andere Zuwendungen wie kleine Sach- und Zeitspenden vor Ort erweitert. So berichteten lokale Zeitungen über Helfer, die Kleidung und Schuhe, Spielzeug und Fahrräder zu Sammelstellen für Flüchtlinge bringen und dort gleich beim Sortieren und Verteilen mithelfen.[1] Nach den Überschwemmungen im Juli 2021 in Deutschland gab es sofort „tausende helfende Hände“ und so viele Sachspenden, dass bereits nach zwei Wochen keine weiteren mehr entgegengenommen werden konnten.[2]

Solche Sammlungen dienen nicht dauerhaften oder eigenen Zwecken, wie Kunstsammlungen oder gewerbliche Altkleidersammlungen. Hier wird für vorübergehende Zwecke gesammelt und das Ergebnis kommt wirtschaftlich anderen zugute. Üblicherweise macht der Sammler in einem Spendenaufruf den vorübergehenden Zweck der Sammlung publik, z. B. Menschen, Tieren oder der Umwelt zu helfen, die durch die jeweilige Katastrophe betroffen sind. Der Sammler erhält zunächst die Zuwendungen, die von den Spendern freigebig, ohne Erwartung oder Zusicherung einer Gegenleistung gemacht werden. Nach Abschluss der Sammlung verwendet der Sammler den Erlös für den ausgelobten Zweck und wendet ihn dem

---

1 Siehe *Menzemer,* Hilfe für Flüchtlinge- Logistik? Na logisch!, Spiegelonline vom 9.9.2015, abrufbar unter: https://www.spiegel.de/karriere/fluechtlinge-in-hamburg-kleiderkammer-in-den-messehallen-a-1051351.html; sowie *Schuller,* Helfer für Flüchtlinge gesucht: „Wir brauchen Zeitspenden“, Hamburger Abendblatt v. 17.8.2015, abrufbar unter: https://www.abendblatt.de/nachrichten/article205574981/Helfer-fuer-Fluechtlinge-gesucht-Wir-brauchen-Zeitspenden.html (alle aufgerufen am 30.8.2021).

2 Siehe nur *Welsch,* Sachspenden für Hochwasseropfer kommen per Hubschrauber oder LKW, swr.de vom 27.7.2021, abrufbar unter: https://www.swr.de/swraktuell/rheinland-pfalz/koblenz/verteilung-der-sachspenden-in-die-katastrophenregionen-100.html (aufgerufen am 30.8.2021).

Begünstigten zu. Das Ergebnis einer solchen Sammlung kann man als Sammelvermögen bezeichnen.[3]

Die großen Spenden sammelnden Organisationen verfügen mittlerweile über hauptberufliche und professionelle Mitteleinwerber, die insbesondere Geld sammeln („Fundraising")[4]. Über den Einsatz moderner Werbemethoden wie Spendenmailings und sog. „charity" oder „fundraising events"[5] sowie die Berichterstattung in der Presse entsteht Bekanntheit und Wettbewerb um Spenden zwischen den Spenden sammelnden Organisationen.[6]

Daneben gibt es aber auch die alltäglichen kleinen Geld-, Sach- und Zeitspenden, Sammlungen und Sammelvermögen. So wird aussortierte Kinderkleidung zu Flüchtlingsunterkünften gebracht, einem Obdachlosen Kleingeld in einen Becher gespendet, Kuchen für den Schulflohmarkt gebacken, älteren Menschen im Seniorenheim vorgelesen usw.

Abgesehen vielleicht vom „Tag des Ehrenamtes"[7] werden Sach- und Zeitspenden nur gelegentlich im Lokalteil der Zeitung erwähnt. Sie sind für viele Menschen

---

3 Vgl. *Rawert*, Zivilrechtsfragen des Spendens, Non Profit Law Yearbook 2005, 165, 169; *Hüttemann/Rawert,* in: Staudinger, BGB, Vorbem. zu §§ 80-88 Rn. 403; *Jakob/Uhl*, in: BeckOGK BGB, § 80 [Stand 1.10.2021] Rn. 186.

4 *Hartnick*, Kontrollprobleme bei Spendenorganisationen, S. 258; *Mühlenkamp,* Externe Rechnungslegung und Berichterstattung spendenfinanzierter Organisationen, S. 50; *Haibach*, Anforderungen an eine erfolgreiche Fundraisingpraxis, Non Profit Law Yearbook 2005, 229, 229 f., 235 f.; sowie *Mercker/Stingel*, Fundraising – Rechtliche Grenzen der Spendenwerbung von gemeinnützigen Organisationen in Deutschland, Non Profit Law Yearbook 2005, 241, 242; vgl. auch *Lenkaitis*, in: Saenger/Aderhold/Lenkaitis/Speckmann, Handels- und Gesellschaftsrecht, § 6 Rn. 1253.

5 Ausführlich hierzu *Haibach*, Handbuch Fundraising, S. 247 ff., 381 ff.; *Haibach*, Anforderungen an eine erfolgreiche Fundraisingpraxis, Non Profit Law Yearbook 2005, 229, 237 f.

6 *Hartnick*, Kontrollprobleme bei Spendenorganisationen, S. 258, 260; *Mühlenkamp*, Externe Rechnungslegung und Berichterstattung spendenfinanzierter Organisationen, S. 50, 79 f.; *Oberhansberg*, Wettbewerb im Spendenmarkt, S. 1 ff.

7 *Bundesministeriums des Inneren*, Internationaler Tag des Ehrenamtes, Pressemitteilung v. 5.12.2014, abrufbar unter: https://www.bmi.bund.de/SharedDocs/pressemitteilungen/DE/2014/12/internationaler-tag-des-ehrenamtes.html (aufgerufen am 30.8.2021): Seit 1986 wird in jedem Jahr am 5. Dezember der Internationale Tag des Ehrenamtes auf Beschluss der Vereinten Nationen begangen. Der Bundesinnenminister dankt dann den ehrenamtlich Tätigen, die sich im Verein, in einer Organisation oder im direkten Kontakt für andere Menschen einsetzen für Ihr Engagement. Beispielsweise wird der Zivil- und Bevölkerungsschutz überwiegend vom Ehrenamt getragen. Ca. 1, 7 Mio. Menschen engagieren sich in ihrer Freizeit in den Freiwilligen Feuerwehren, den großen Hilfsorganisationen oder beim Technischen Hilfswerk.

bereits ein selbstverständlicher Teil des Alltags, unserer Zivilgesellschaft geworden. In der Regel fallen sie nicht weiter auf, und es resultiert keine öffentliche Anerkennung aus ihnen. Mit der Flüchtlingswelle erlangte diese Art von bürgerschaftlichem Engagement eine neue Bekanntheit. Dies führt sogar soweit, dass die „Bilanz des Helfens", die sonst nur die Ergebnisse statistischer Erhebungen über die finanzielle Spendenfreudigkeit[8] der Deutschen wiedergibt, in ihrem Bericht für das Jahr 2016[9] erstmals auch Befragungen zu Sach- und Zeitspenden für Flüchtlinge in Deutschland durchgeführt hat. Danach haben sich 47 Prozent der Befragten im Jahr 2015 für Flüchtlinge engagiert. 34 Prozent haben ausschließlich Sachen gespendet, 6 Prozent sich ehrenamtlich engagiert und (nur) 8 Prozent haben Geld gespendet. Die „Bilanz des Helfens 2021" weist insgesamt ein Spendenvolumen von 5,4 Mrd. € aus. Die durchschnittliche Spende liegt danach bei 40,- € und der durchschnittliche Spender spendet 7mal pro Jahr.[10]

Üblicherweise werden keine Erhebungen zu Sach-, Zeit- und Kleinspenden, die z. B. in Sammelbüchsen gegeben werden, kleinen Sammlungen oder kleinen Sammelvermögen gemacht. Da Sammlungen in den allermeisten Bundesländern nicht mehr erlaubnispflichtig sind, werden die aus ihnen resultierenden Sammelvermögen staatlicherseits auch nicht erfasst. Mit Hinweis auf den Bedeutungsverlust der Sammlungen und das Ziel der Entbürokratisierung wurden in den letzten 12 Jahren die Sammlungsgesetze in den meisten Bundesländern ersatzlos aufgehoben.[11]

---

8 Vgl. *Frankfurter Sonntagszeitung v. 27.9.2005, S. 46,* zur erstmaligen Er- und Vorstellung der „Bilanz des Helfens" durch Spendenrat e.V. und die Gesellschaft für Konsumforschung (GfK) Ende 2005.

9 *Spendenrat e.V. und GfK*, Bilanz des Helfens 2016, abrufbar unter: https://www.spendenrat.de/wp-content/uploads/Downloads/Bilanz-des-Helfens/bilanz-des-helfens-2016-deutscher-spendenrat.pdf (aufgerufen am 30.8.2021).

10 *Spendenrat e.V. und GfK*, Bilanz des Helfens 2021, abrufbar unter: https://www.spendenrat.de/bilanz-des-helfens-2021/ (aufgerufen am 30.8.2021): Die GfK erstellt jährlich im Auftrag des Spendenrates e.V. die „Bilanz des Helfens" als Teilergebnis einer Studie auf Basis kontinuierlicher schriftlicher Erhebungen bei einer repräsentativen Stichprobe von 10.000 Panelteilnehmern. Damit werden fortlaufend Daten zum Spendenverhalten privater Verbraucher in Deutschland gesammelt. Es wird u. a. nach Spendenvolumen, Spendenhöhe und bevorzugten Tätigkeitsbereichen gefragt. Als Spenden im Sinne der Studie werden freiwillige Geldspenden an gemeinnützige Organisationen, Hilfs- und Wohltätigkeitsorganisationen und Kirchen, aber keine Erbschaften, Spenden durch Unternehmen, Spenden an politische Parteien und Organisationen, gerichtlich veranlasste Geldzuwendungen, Stiftungsneugründungen und Großspenden über 2.500 € erfasst.

11 Siehe zur Begründung zuletzt: *Landtag von Baden-Württemberg*, Gesetzesentwurf der Landesregierung: Gesetz zur Aufhebung des Sammlungsgesetzes, Drs. 15/2384 v. 25.9.2012, S. 1, 5 f.; sowie dazu ausführend *Ministerium für Arbeit und Sozialordnung, Familie, Frauen und Senioren Baden-Württemberg*, Sammlungsgesetz wird zum

Lediglich in Rheinland-Pfalz, Saarland und Thüringen sind Sammlungsgesetze noch in Kraft.[12]

Darüber hinaus werden weder die sammelnden Organisationen noch die zweckgerechte Verwendung geprüft. Große sammelnde Organisationen mögen eine Art Zertifikat haben, wonach sie sich freiwillig zu Transparenz und Rechnungslegung verpflichten und über ihre Spenden und Sammelvermögen Auskunft geben.[13] Einige Organisationen nennen auch die Höhe des Sammelvermögens, um damit um weitere Spenden zu werben.[14] Derartige Transparenz ist aber nicht die Regel.

Mittlerweile haben sich im Internet sog. Spendenplattformen auf Basis von Crowdfunding etabliert. Sie geben Auskunft über die jeweiligen Spendenprojekte und teilweise über die Höhe der bereits erfolgten Spenden. Die Spendenplattformen führen lokale, regionale, deutschlandweite und auch internationale Sammlungen auf.[15] Problematisch ist hierbei, dass weder die Sammlungen noch die Angaben über die Spenden und die Zuwendungen geprüft werden. Die Spendenplattformen stellen allein die technische Infrastruktur und die Informationen des Sammlers über das Projekt zur Verfügung. Informationen, die der Spender darüber hinaus für seine Spendenentscheidung benötigt, muss er eigenverantwortlich einholen. Beispielsweise empfiehlt die Spendenplattform betterplace ein Spendenziel nur zu unterstützen, wenn der Spender die Spenden sammelnde Organisation bzw. den Veranstalter der Sammlung kennt oder ihm das konkrete Projekt von

---

Jahreswechsel aufgehoben, Pressemitteilung v. 15.12.2012, abrufbar unter: https://www.baden-wuerttemberg.de/de/service/presse/pressemitteilung/pid/sammlungsgesetz-wird-zum-jahreswechsel-aufgehoben/ (aufgerufen am 30.8.2021).

12 SammlG RP v. 5.3.1970 (GVBl. 1970, S. 93), zuletzt geändert duch Art. 9 des Gesetzes v. 27.10.2009 (GVBl. 2009, S. 358); SaarlSammlG v. 3.7.1968 (Amtsbl. 1968, S. 506), zuletzt geändert duch Gesetz v. 21.11.2007 (Amtsbl. 2007, S. 2393); ThürSammlG v. 8.6.1995 (GVBl. 1995, S. 197), zuletzt geändert durch Art. 3 des Gesetzes v. 8.7.2009 (GVBl. 2009, S. 592).

13 Vgl. *DZI*, DZI Spenden-Siegel - Leitlinien für die Vergabe des DZI Spenden-Siegels, 9. Fassung, Berlin 2019, abrufbar unter: https://www.dzi.de/wp-content/pdfs_DZI/DZI-SpS-Leitlinien_2019.pdf; *Spendenrat*, Spendenzertifikat des Spendenrates e.V. – Verfahrensordnung, abrufbar unter: https://www.spendenrat.de/wp-content/uploads/Downloads/Rechtsgrundlagen/Spendenzertifikat/verfahrensordnung-spendenzertifikat-deutscher-spendenrat.pdf (alle aufgerufen am 30.8.2021).

14 Vgl. die große Spenden-Gala von *Bild e.V. - ein Herz für Kinder*, die bei ihrer im Fernsehen übertragenen Spendenaktion das sich steigernde Spendenvolumen ständig kommentiert und aktualisiert und das Ergebnis publiziert. Im Jahr 2020 kam es zu 25.977.285 €, abrufbar unter https://www.ein-herz-fuer-kinder.de/zdf-gala (aufgerufen am 30.8.2021).

15 Eine Übersicht über Spendenplattformen ist abrufbar unter: https://www.crowdfunding.de/plattformen/?_modell=spenden-crowdfunding (aufgerufen am 30.8.2021).

einer Vertrauensperson empfohlen wurde und die Projektbeschreibung sinnvoll erscheint.[16]

Spenden sammelnde Stiftungen und Vereine unterliegen zwar auf den ersten Blick einer gewissen staatlichen Kontrolle, da sie im Vereinsregister des örtlichen Amtsgerichts oder im Stiftungsverzeichnis des jeweiligen Bundeslandes einzutragen sind. Das Registergericht prüft gem. § 60 BGB aber nur die formalen rechtlichen Voraussetzungen nach §§ 56-59 BGB.[17] Im Falle der steuerrechtlichen Gemeinnützigkeit, die auch eine Spendenplattform u.U. erhalten kann, prüft das zuständige Finanzamt anhand der Satzung und der Rechnungslegung der jeweiligen Organisation ebenfalls lediglich formale Kriterien.[18]

Immerhin gibt es bei den ca. 23.500 Stiftungen bürgerlichen Rechts[19] über die derzeit noch auf landesrechtlicher Grundlage geführten Stiftungsverzeichnisse hinaus Überprüfungen hinsichtlich der Erhaltung des Stiftungsvermögens und der satzungsgemäßen Mittelverwendung durch die Stiftungsaufsicht.[20] In der Praxis handelt es sich bei der Stiftungsaufsicht um eine reine Rechtsaufsicht und laufende Verwaltungskontrolle.[21] Der Schutz der durch die Stiftung begünstigten Destinatäre[22] und die Prüfung der Verwendung der Zuwendungen für den konkreten Zweck sind nicht Aufgabe der Stiftungsaufsicht.[23]

Die schätzungsweise 20.000 nicht rechtsfähigen Stiftungen[24] unterliegen nicht der Stiftungsaufsicht. Zudem tragen einige Organisationen den Begriff „Stiftung" im Namen, ohne dass sie Stiftungen bürgerlichen Rechts sind.[25] Ab 1. Januar 2026 müssen Stiftungen bürgerlichen Rechts allerdings einen

---

16 Vgl. betterplace, Nr. 9.2.3. Nutzungsbedingungen, abrufbar unter: *https://www.betterplace.org/c/regeln/agb/allgemeine-nutzungsbedingungen#8-haftung* (aufgerufen am 30.8.2021).

17 Vgl. *OLG Hamm*, Beschl. v. 12.8.2010 -I-15 W 377/09-, Rn. 3, juris.

18 Vgl. für die Stiftung: *G. Roth*, in: BeckOGK BGB, § 80 [Stand 15.3.2021] Rn. 326 f., 370 f.

19 Laut *Bundesverband Deutscher Stiftungen*, abrufbar unter https://www.stiftungen.org/stiftungen/zahlen-und-daten/statistiken.html (aufgerufen am 30.8.2021).

20 Vgl. *Weitemeyer*, in: MünchKomm BGB, § 80 Rn. 72 ff.

21 *Burgard*, Gestaltungsfreiheit im Stiftungsrecht, S. 204 ff.; *Hüttemann/Rawert*, in: Staudinger, BGB, Vor §§ 80-88 Rn. 130 ff.

22 Grundlegend *OVG Lüneburg*, NJW 1985, 1572, 1572 f.; bestätigt durch *BVerwG*, NJW 1985, 2964, 2964 f.; *BGH*, NJW 1987, 2364, 2365; *Ebersbach*, Handbuch Stiftungsrecht, S. 131; *Burgard*, Gestaltungsfreiheit im Stiftungsrecht, S. 205; *Jakob*, Schutz der Stiftung, S. 361, 365 ff.; *K. Fischer*, in: Richter, Stiftungsrecht, § 8 Rn. 18.

23 *BGH*, NJW 1977, 1148, 1148; NJW 1987, 2364, 2365; *BVerwG*, NJW 1991, 713, 713.

24 So *Die Stiftung*, abrufbar unter: https://www.die-stiftung.de/treuhandstiftung/was-ist-eine-treuhandstiftung-82200/ (aufgerufen am 30.8.2021).

25 Vgl. *Schiffer*, Dürfen stiftungsähnliche Konstrukte den Begriff „Stiftung" im Namen oder ihrer Firma führen?, StiftungsBrief 5/2017, 99, 99 f.

Rechtsformzusatz in ihrem Namen führen („eingetragene Stiftung“ oder „e.S.“ bzw. im Falle von Verbrauchsstiftungen „eingetragene Verbrauchsstiftung“ oder „e.VS.“),[26] so dass für den Rechtsverkehr deutlich ist, dass es sich um eine rechtsfähige Stiftung handelt.[27] Eine Überprüfung der Vertrauenswürdigkeit einer Organisation oder des Spendenanteils, der wirklich dem begünstigten Zweck zugutekommt, ist gleichwohl weder mit einer Eintragung in ein Register, der Anerkennung der Gemeinnützigkeit oder auch der Kontrolle durch die Stiftungsaufsicht verbunden.

Dass derlei formale Kriterien allein nicht vor Missbrauch schützen und für die Transparenz der Mittelverwendung ausreichen, zeigt zum einen die langjährige Diskussion um Reform und Transparenz des Stiftungsrechts,[28] die nun in der Verabschiedung des - nach wie vor umstrittenen-[29] Gesetzes zur Vereinheitlichung des Stiftungsrechts[30] und der Verkündung des Gesetzes am 22.7.2021[31] mündete. Das Gesetz tritt am 1. Juli 2023 in Kraft[32] und sieht die

26 § 82c BGB n.F.

27 Kritisch zum Rechtsformzusatz für Verbrauchsstiftungen *Gollan/Richter*, Der Referentenentwurf zur Stiftungsrechtsreform – So nicht, bitte!, npoR 2021, 29, 30 f.; *Arnold/Burgard/Jakob/Roth/Weitemeyer*, Stellungnahme zum Referentenentwurf eines Gesetzes zur Vereinheitlichung des Stiftungsrechts vom 28.9.2020, npoR 2020, 294, 295.

28 Vgl. z. B. *Winkler*, Endlich: Die Stiftungsrechtsreform kommt, ZStV 2021, 121, 121 ff.; *Burgard*, Der Stand der Stiftungsrechtsreform nach dem Regierungsentwurf – Soll und Haben -; ZStV 2021, 45, 45 ff.; *Gollan/Richter*, Der Referentenentwurf zur Stiftungsrechtsreform – So nicht, bitte!, npoR 2021, 29, 29 ff.; *Arnold/Burgard/Jakob/Roth/Weitemeyer*, Stellungnahme zum Referentenentwurf eines Gesetzes zur Vereinheitlichung des Stiftungsrechts vom 28.9.2020, npoR 2020, 294, 294 ff.; *Strachwitz*, Der Professorenentwurf zur Reform des Stiftungsrechts – ein Kommentar, ZStV 2020, 161, 161 ff.; *Hüttemann*, Gutachten G zum 72. Deutschen Juristentag 2018, G 9, G 9 ff.; *Weitemeyer/Vogt*, Verbesserte Transparenz und Non-Profit Governance Kodex für NPOs, NGZ 2014, 12, 12 ff.; *Vogt*, Publizität im Stiftungsrecht, S. 169, 186 ff.; *Walz*, Rechnungslegung und Transparenz im Dritten Sektor, in: Walz, Rechnungslegung und Transparenz, S. 1, 3 ff.

29 Vgl. *Dworschak*, Stiftungsrecht: Neuer Entwurf, alte Kritik, Die Stiftung, 7.5.2021, abrufbar unter: https://www.die-stiftung.de/stiftungsrechtsreform/reform-des-stiftungsrechts-neuer-entwurf-alte-kritik-91559/ (aufgerufen am 27.8.2021); *Markworth*, Das Stiftungsrecht am Scheideweg, NZG 2021, 100, 100 ff.

30 Verabschiedung vom Bundestag am 24.6.2021, vom Bundesrat am 25.6.2021; BT-Drs. 19/28173 i.d.F. der BT-Drs. 19/30938; BR-Drs. 569/21.

31 BGBl. I 2021, S. 2947.

32 Art. 2 BT-Drs. 19/28173 i.d.F. der BT-Drs. 19/30938, Nr. 3.

Einführung eines Stiftungsregisters mit Publizitätswirkung[33] zum 1. Januar 2026 (Art. 9) vor.[34]

Zum anderen zeigen das immer wieder Fälle von Missbrauch oder Verschwendung durch gemeinwohlorientierte Vereine oder Stiftungen, die häufig als Skandale in den Medien kolportiert werden (z. B. AWO e.V., DFB e.V., Pfoten Verband e.V., ADAC, UNICEF, Tierschutzverein in Hamburg, Greenpeace, Deutsches Rotes Kreuz, Treberhilfe, etc.).[35]

Auch Kriminelle nutzen die Spendenbereitschaft gerade älterer Menschen[36] aus und sammeln für einen vermeintlich guten Zweck. Regelmäßig warnt die Polizei

---

33 Vor dem transparenzfördernden empfohlenen Stiftungsregister schreckte die damals eingesetzte Bund-Länder Kommission mit ihrem Reformentwurf zurück (vgl. *Articus/ Fein*, Der zweite Bericht der Bund-Länder-Arbeitsgruppe zum Stiftungsrecht, npoR 2019, 49, 49 f.). Nach massiver Kritik aus Wissenschaft und Praxis, u. a. auch des 72. Deutschen Juristentages 2018, ist es zu Änderungen und der Einführung eines Stiftungsregisters gekommen (vgl. Fn. 23).

34 Vgl. *Lorenz, K./Mehren*, Das neue Stiftungsrecht ist da – Kernpunkte der gesetzlichen Neuregelungen und deren Bedeutung für bestehende und noch zu errichtende Stiftungen, DStR 2021, 1774, 1774, 1779.

35 Z. B. https:/www.faz.net/aktuell/rhein-main/frankfurt/awo-skandal-ehemaliger-geschaeftsfuehrer-soll-3-9-millionen-euro-zahlen-17023009.html; https://www.spiegel.de/panorama/awo-frankfurt-praesidium-des-kreisverbands-tritt-zurueck-a-1302346.html; https://www.faz.net/aktuell/sport/fussball/dfb-praesident-reinhard-grindel-tritt-zurueck-16120680.html; https://www.faz.net/aktuell/sport/sportpolitik/wm-skandal-von-2006-anklage-gegen-fruehere-dfb-funktionaere-16352250.html); https://rp-online.de/nrw/panorama/spendenmissbrauch-in-nrw-ermittlungen-gegen-pfoten-verband-und-kinderwuensche_aid-22401939; https://www.spiegel.de/auto/aktuell/liste-der-aufgedeckten-skandale-beim-adac-a-946186.html; https://www.sueddeutsche.de/panorama/spendenskandal-bei-unicef-sieben-millionen-euro-schaden-1.258662; http://www.welt.de/regionales/hamburg/article1548462/Das-Chaos-im-Tierschutzverein-geht-weiter.html v.13.1.2008; https://www.zeit.de/wirtschaft/2014-09/greenpeace-spekulationen-geldgeber; https://www.tagesspiegel.de/berlin/40-000-seiten-akte-im-drk-skandal-steht-die-anklage-bevor/6133756.html v. 31.1.2012; https://www.rbb-online.de/politik/hintergrund/Hintergrund-Maserati-Affaere-Treberhilfe-Skandal.html (alle aufgerufen am 27.8.2021).

36 Laut „Bilanz des Helfens 2021" werden mehr als die Hälfte des deutschen Spendenvolumens wird von Menschen über 60 Jahren geleistet; vgl. *Spendenrat e.V. und GfK*, Bilanz des Helfens 2021, 7, abrufbar unter: https://www.spendenrat.de/wp-content/uploads/Downloads/Bilanz-des-Helfens/bilanz-des-helfens-2021-deutscher-spendenrat.pdf (aufgerufen am 30.8.2021).

vor Spendenbetrug und Trickdiebstahl.[37] Seit der Abschaffung der Sammlungsgesetze kann jeder in 13 Bundesländern unkontrolliert sammeln.[38]

Geld, Sachen und Zeit werden „geschenkt". In vielen Fällen, insbesondere bei den kleinen Sammlungen und kleinen Spenden, den kleinen Sammelvermögen von kleinen Organisationen, Einzelsammlern oder lokaler Sammlern, wird dem Gebenden nicht unbedingt bewusst sein, dass es sich bei seiner Gabe um eine Spende handelt. Was möglicherweise auch damit zusammenhängt, dass schon rechtlich nicht klar ist, was Spenden oder gar Sammelvermögen eigentlich sind.

Das ist aber durchaus wichtig, denn was passiert, wenn einzelne Spenden oder ein Sammelvermögen zweckentfremdet werden? Hier geht es nicht nur um Vermögensschutz und den Schutz der Zweckzuwendung. Vor dem Hintergrund der vermehrten terroristischen Anschläge in Europa[39] und der Tatsache, dass auch Terrororganisationen sich durch Spenden finanzieren[40], besteht ein zusätzliches Bedürfnis nach Transparenz. Zum einen sollen die Spenden zweckentsprechend verwendet und nicht statt für den Wiederaufbau einer Schule in Syrien für ein Terrorcamp des Islamischen Staates genutzt werden. Zum anderen besteht neben der Zweckverfehlung zusätzlich das Risiko für Sammler, dass die Sammlung von Spenden für z. B. politische Gefangene sich als Unterstützung einer terroristischen Vereinigung herausstellt und sie sich somit strafbar machen.

Gelegentlich bringen dramatische Einzel- und Missbrauchsfälle die „Non-Profit-Organisationen" oder den „Dritten Sektor" insgesamt medienwirksam in Verruf, obwohl sie in keinem Verhältnis zu den zahlreichen einwandfrei dem guten Zweck

---

37 Vgl. nur *Presseportal, Blaulicht*, abrufbar unter https://www.presseportal.de/blaulicht/suche.htx?q=Spendenbetrüger (aufgerufen am 27.8.2021).

38 *DZI*, DZI Spenden-Tipps, Sammlungsgesetze, abrufbar unter: https://www.dzi.de/wp-content/pdfs_Spendentipps/Sammlungsgesetze.pdf (aufgerufen am 27.8.2021).

39 z. B. Wien (2.11.2020), Nizza (29.10.2020), Paris (16.10.2020 und 13.11.2015), Straßburg (11.12.2018), Barcelona (17.8.2017), London (22.3.2017 und 3.6.2017), Manchester (22.5.2017), Berlin (19.12.2016), Nizza (14.7.2016), Brüssel (22.3.2016), vgl. NZZ v. 20.8.2017 abrufbar unter: https://www.nzz.ch/international/chronik-terrorismus-anschlaege-gegen-europaeer-seit-charlie-hebdo-ld.9262; aktuelle Übersichten über islamistische Terroranschläge in Europa der *Bundeszentrale für politische Bildung*, abrufbar unter https://www.politische-bildung.de/islamistischer-terror-europa (alle aufgerufen am 27.8.2021).

40 Vgl. *Zöller*, Terrorismusstrafrecht, S. 613; *Sieber/Vogel*, Terrorismusfinanzierung, S. 10 f., 17; *Klarmann*, EuGH zur Beteiligung an einer Terrororganisation: Spenden verboten, in: Legal Tribune Online, 25.6.2015, abrufbar unter: http://www.lto.de/persistent/a_id/15980/ (aufgerufen am 3.9.2021).

dienenden Organisationen und Menschen[41] stehen. Forderungen nach Transparenz und Kontrolle mögen im Einzelfall weder gerechtfertigt noch zweckdienlich sein.[42]

Sie zeigen aber, dass in der breiten Öffentlichkeit die Empörung über Missbrauch im Bereich der Wohltätigkeit groß ist und als moralisch besonders verwerflich gesehen wird. Wenn überhaupt, wird ein Spendenmissbrauch erst nachträglich entdeckt und die Spendengelder sind längst verbraucht oder unauffindbar.[43] Daher besteht auch ein Bedürfnis nach Schutz vor Missbrauch, Vertrauen in den Sammler, Sicherheit der Mittelverwendung sowie Klärung der Möglichkeiten und Ansprüche, wenn Spenden oder Sammelvermögen nicht zweckentsprechend verwendet werden.

Kann der Spender eigentlich erkennen, ob und in welchem Umfang seine Spende auch für den gewünschten Zweck verwendet wurde? Kann der Spender sein Geld zurückverlangen? Kann der als Zuwendungsempfänger Ausgewiesene die Auszahlung verlangen? Kann der Sammler rechtlich gegen einen Spender vorgehen, der eine zugesagte Spende nicht vornimmt? Mit welchen Konsequenzen muss der Sammler rechnen? Welche rechtlichen Möglichkeiten gibt es?

Diese Fragen lassen sich nur beantworten, wenn klar ist, wie das Sammelvermögen, das für einen vorübergehenden Zweck vom Sammler zusammengebracht wird und an den Begünstigten herausgegeben wird, rechtlich einzuordnen ist. Das Sammelvermögen mag rechtlich in Vergessenheit geraten sein, es hat aber praktische und zentrale Bedeutung für den Dritten Sektor. Ziel der vorliegenden Arbeit ist es daher, diese Bedeutung wissenschaftlich zu analysieren.

Zur Hinführung auf die Rechtsprobleme müssen dabei zunächst die vielfältigen Phänomene im Zusammenhang mit Spenden und Sammelvermögen wie die Begrifflichkeiten und die verschiedenen Spenden- und Sammlungsformen dargestellt werden (Teil 1).

---

41 Vgl. *v. Strachwitz*, Zivilgesellschaft im Geldwäscheparadies. Ein Kommentar, BBE Newsletter Nr. 16 vom 12.8.2021, abrufbar unter https://www.b-b-e.de/bbe-newsletter/newsletter-nr-16-vom-1282021/strachwitz-zivilgesellschaft-im-geldwaescheparadies/; *DZI*, https://www.dzi.de/spenderberatung/spendenauskunfte-und-information/das-dzi-rat-ab/; *FATF*, Sektorale Risikoanalyse – Terrorismusbekämpfung durch (den Missbrauch von) Non-Profit-Organisationen in Deutschland 2020, S. 4 f., 27 ff., 53; abrufbar unter: https://www.bmi.bund.de/SharedDocs/downloads/DE/publikationen/themen/sicherheit/sektorale-risikoanalyse.pdf?__blob=publicationFile&v=8 (alle aufgerufen am 3.9.2021).

42 Vgl. *Ballhausen* u. a., Streitgespräch, Transparenz im Dritten Sektor, BLJ 2014, 104, 105 f., 112 ff.

43 Vgl. *Weitemeyer*, Reformbedarf für den Dritten Sektor?, NJW 2018, 2775, 2778.

Im Anschluss werden die bestehenden rechtlichen Regelungen der Begriffe Spende, Sammlung und Sammelvermögen in den verschiedenen Rechtsgebieten dargestellt und untersucht (Teil 2).

Den Auftakt macht hierbei das Zivilrecht. Das trägt dem zivilrechtlichen Schwerpunkt der Arbeit Rechnung. Vor allem enthält das Zivilrecht mit § 1914 BGB die einzige rechtliche Regelung zum Sammelvermögen, die grundlegende Bedeutung auch für das Sammelvermögen in anderen Rechtsgebieten hat. Aufgrund der Untersuchung des § 1914 BGB sowie der systematischen Einordnung und der Klärung der unklaren und streitigen Rechtsnatur des Sammelvermögens lassen sich sodann die Rechtsbeziehungen und Ansprüche der Beteiligten am Sammelvermögen untersuchen.

Die mangelnde praktische Relevanz des § 1914 BGB wurde rechtshistorisch auf die Geltung der landesrechtlichen Sammlungsgesetze für öffentliche Sammlungen zurückgeführt.[44] Daher folgt auf die zivilrechtliche die öffentlich-rechtliche Untersuchung von Sammlungen und Sammelvermögen.

Daran reiht sich die Analyse bestimmter steuerrechtlicher Regelungen, weil das Steuerrecht zwar nicht an die Sammlung, aber an die Spende anknüpft. Hierzu gibt es eine Vielzahl von Regelungen, da gemeinnützige Organisationen und Zuwendungen an diese, insbesondere Spenden, steuerlich begünstigt werden.

Mit einem Exkurs ins Strafrecht schließt die Untersuchung von Spende, Sammlung und Sammelvermögen in den verschiedenen Rechtsgebieten ab. Hier stehen die Missbrauchsmöglichkeiten durch Spendenbetrug und Geldwäsche im Vordergrund, die ebenfalls für den Dritten Sektor relevant sind.

Im Rahmen der rechtlichen Auseinandersetzung mit den verschiedenen Regelungen in den unterschiedlichen Rechtsgebieten wird zum einen ein systematischer und faktischer Zusammenhang zwischen Zivilrecht, Öffentlichem Recht, Steuerrecht und Strafrecht hergestellt, und zum anderen die zentrale Bedeutung des Begriffs des Sammelvermögens im Dritten Sektor herausgearbeitet.

Schließlich werden die gesetzlichen und privaten Kontroll- und Schutzmöglichkeiten des Sammelvermögens in den einzelnen Rechtsgebieten untersucht (Teil 3). Wenn diese dann in Bezug gesetzt werden zu den Missbrauchsmöglichkeiten, wird sich zeigen, dass die rechtlichen Regelungen zum präventiven Schutz des Sammelvermögens und der daran Beteiligten nicht ausreichend sind und Missbrauch nicht wirksam verhindern können. Zum Abschluss werden deshalb Lösungsvorschläge für einen verbesserten Schutz aufgezeigt.

Im Ergebnis werden die Kernpunkte der Arbeit thesenartig zusammengefasst.

---

44 Vgl. *Schneider*, in: MünchKomm BGB, 1914 Rn. 4; *Locher*, in: jurisPK-BGB, § 1914 [Stand 15.10.2019] Rn. 3; *Bienwald*, in: Staudinger, BGB, § 1914 Rn. 5.

# Teil 1: Phänomenologie des Sammelvermögens

## A. Begriffsbestimmungen zum Sammelvermögen

Das „Sammelvermögen" ist ein im allgemeinen Sprachgebrauch unbekannter Begriff. Im Duden wird er nicht erwähnt. In der juristischen Fachsprache wird der Terminus „Sammelvermögen" zwar verwendet,[45] die Rechtsprechung ist aber übersichtlich.[46] Als Sammelvermögen gilt in der Regel das Ergebnis einer Spendensammlung.[47]

Der zusammengesetzte Begriff der „Spendensammlung" ist semantisch eindeutiger und möglicherweise deswegen im allgemeinen Sprachgebrauch bekannter und wird häufiger verwendet.[48] Er bezeichnet die Aktion des Sammelns von Spenden. Die Bezeichnung „Spendensammlung" hat keine eigenständige juristische Bedeutung. Lediglich die Teilbegriffe „Spende/Spenden" und „Sammlung" werden erwähnt.[49]

Der wohl bekannteste Terminus ist hier die „Spende". Er ist Teil der Umgangssprache[50] und des juristischen Sprachgebrauchs geworden.[51] Eine Spende ist etwas, das jemand freiwillig gibt, um eine Sache oder eine Person zu unterstützen oder ihr zu helfen.[52]

Diesen drei Begriffen ist gleich, dass es für sie weder im Steuerrecht, Zivilrecht noch im öffentlichen Recht eine Legaldefinition gibt.

---

45 *Deutsches Rechtslexikon*, Bd. 3 Q-Z, 2000, S. 3245.

46 *BGH*, Urt. v. 25.9.1972 – II ZR 28/69 -, juris; *OLG Frankfurt a.M.*, NJW-RR 1987, 56, 56 f.; *OLGZ* 1988, 201, 201 ff.; *OLG Zweibrücken*, FGPrax 2007, 133, 133; *LG Koblenz*, Beschl. v. 26.6.2006 – 2 T 352/06 -, BeckRS 2006, 8410.

47 Vgl. *Hüttemann/Rawert*, in: Staudinger, BGB, Vor §§ 80-88 Rn. 403.

48 *Duden online*, Spendensammlung, abrufbar unter: https://www.duden.de/rechtschreibung/Spendensammlung (aufgerufen am 27.8.2021).

49 Vgl. *Deutsches Rechtslexikon*, Bd. 3, Q-Z, 2001, S. 3917, S. 3664; *Weber*, in: Creifelds, Rechtswörterbuch, öffentliche Sammlung, 26. Edition 2021; *Aichberger*, in: Creifelds, Rechtswörterbuch, Spenden, 26. Edition 2021.

50 *Duden online*, Spende, abrufbar unter: https://www.duden.de/rechtschreibung/Spende (aufgerufen am 27.8.2021).

51 *Deutsches Rechtslexikon*, Bd. 3, Q-Z, S. 3664; *Aichberger*, in: Creifelds, Rechtswörterbuch, Spenden, 26. Edition 2021.

52 Vgl. *Duden online*, Spende, abrufbar unter: https://www.duden.de/rechtschreibung/Spende (aufgerufen am 27.8.2021).

Darüber hinaus sind diese drei Bezeichnungen im Zusammenhang mit der Spende Teil einer größeren Begriffsmenge im Wohltätigkeitsbereich, die zu einer Art gemeinnütziger Alltagssprache geworden ist. Die im Rahmen dieser sprachlichen Ausdrucksweise verwendeten Bezeichnungen sind rechtlich nicht definiert und teilweise wirtschaftswissenschaftlicher, politikwissenschaftlicher oder sozialwissenschaftlicher Herkunft (z. B. „Dritter Sektor", „Non-Profit-Sektor", „Zivilgesellschaft"). Einige Begriffe wurden auch aus dem anglo-amerikanischen Sprachgebrauch übernommen (z. B. „Fundraising", „Crowdfunding"[53]).

Die Begriffe werden in den verschiedenen Wissenschaften mit teilweise gegenseitigen Bezugnahmen – interdisziplinär – verwendet. Viele Begriffe überschneiden sich in der Bedeutung oder werden synonym verwendet und stehen so in einem Systemzusammenhang. Mithin scheint es gerechtfertigt, sich diesen Begriffen zunächst durch die Analyse des ihnen zugrunde liegenden Phänomens zu nähern, sie zu beschreiben und den Sinnzusammenhang herauszuarbeiten, bevor insbesondere das Sammelvermögen rechtsdogmatisch untersucht wird.[54] Erst die Einbettung der Spenden- und Sammlungsbegriffe in diesen größeren Rahmen kann die Bedeutung des Sammelvermögens für den Wohltätigkeitsbereich verdeutlichen, der rechtlich vor allem durch das Stiftungs-, Vereins- und Steuerrecht abgebildet wird.

## I. Juristische Begriffsbestimmungen

### *1. Sammelvermögen*

Das Sammelvermögen ist also als Begriff im allgemeinen Sprachgebrauch unbekannt; es wird in keinem Lexikon erwähnt. § 1914 BGB enthält eine Regelung über das Sammelvermögen, aber keine Legaldefinition. In anderen Gesetzen wird das Sammelvermögen nicht erwähnt.

In älteren juristischen Lexika finden sich nur vereinzelt Hinweise auf Sammelvermögen.[55] Es gab wenig Anlass zur Erörterung der Rechtsverhältnisse des Sammelvermögens in der „zivilistischen" Literatur.[56] Erst im Zusammenhang mit dem Gesetzgebungsprozess für das BGB begann das Schrifttum, sich mit dem

---

53 Vgl. *Duden online*, Fundraising, abrufbar unter: https://www.duden.de/rechtschreibung/Fundraising; *Duden online*, Crowdfunding, abrufbar unter: https://www.duden.de/rechtschreibung/Crowdfunding (alle aufgerufen am 27.8.2021).

54 Vgl. *Schapp*, Phänomenologie und Recht, in: FS zum 400jährigen Gründungsjubiläum der Justus-Liebig-Universität Gießen, S. 289, 289 f., 292 ff.

55 Bezugnahme auf das Sammelvermögen und Verweis auf § 1914 BGB in: *Deutsches Rechtslexikon*, Bd. 3 Q-Z, S. 3663; Bd. 2 G-P, S. 3245. (Zum Pflegvermögen *Speer*, in: Deutsches Rechtswörterbuch, Bd. 10, S. 952).

56 *Bartsch*, Gutachten, Verhandlungen des Dreißigsten Deutschen Juristentages 1910, S. 154, 154.

Begriff "Sammelvermögen" auseinanderzusetzen.[57] Mit Inkrafttreten des BGB am 1. Januar 1900 wurde § 1914 BGB als erste und einmalige Norm geschaffen, die das Sammelvermögen erwähnt, wenn auch nicht mit diesem Begriff, sondern wie folgt: „Ist durch öffentliche Sammlung Vermögen für einen vorübergehenden Zweck zusammengebracht worden, so kann zum Zwecke der Verwaltung und Verwendung des Vermögens ein Pfleger bestellt werden, wenn die zu der Verwaltung und Verwendung berufenen Personen weggefallen sind."[58]

Die Rechtsprechung hat sich vor Inkrafttreten des BGB äußerst selten mit dem Sammelvermögen beschäftigt.[59] Das hat sich auch danach nicht wesentlich verändert.[60]

In der Folge der gesetzlichen Regelung des § 1914 BGB kam es zu etwas mehr rechtswissenschaftlichem Interesse am Sammelvermögen[61], aber der Begriff wird im jüngeren juristischen Sprachgebrauch nur noch bezogen auf die Pflegschaft für das Sammelvermögen verwendet. Solche Pflegschaften waren und sind selten. Hierfür werden zum einen steuerrechtliche Gründe angeführt.[62] Zum anderen werden die bis vor ca. 20 Jahren in allen Bundesländern bestehenden öffentlich-rechtlichen Sammlungsgesetze als Grund genannt.[63] Diese sehen für öffentliche Sammlungen eine staatliche Aufsicht, bis hin zur Bestellung eines Treuhänders bei Missständen vor, wodurch das notleidende Sammelvermögen ausreichend geschützt werde.[64] § 1914 BGB wird daher eine geringe praktische Bedeutung beigemessen.[65]

In öffentlich-rechtlichen Gesetzen wird der Begriff „Sammelvermögen" nicht verwendet. In den Sammlungsgesetzen ist von „Sammlungsertrag" die Rede. Inhaltlich könnte dies einem Sammelvermögen entsprechen, aber auch der Begriff „Sammlungsertrag" wird lediglich vom Gesetz benutzt und nicht weiter legal definiert.[66]

---

57 Vgl. *Bartsch*, Gutachten, Verhandlungen des Dreißigsten Deutschen Juristenstages 1910, S. 154, 154.

58 § 1914 BGB.

59 Siehe hierzu die Nachweise bei *Bartsch*, Gutachten, Verhandlungen des Dreißigsten Deutschen Juristentages 1910, S. 154, 155.

60 *BGH*, Urt. v. 25.9.1972 – II ZR 28/69 -, juris; *OLG Frankfurt a.M.*, NJW-RR 1987, 56, 56 f.; *OLGZ* 1988, 201, 201 ff.; *OLG Zweibrücken*, FGPrax 2007, 133, 133; *LG Koblenz*, Beschl. v. 26.6.2006 – 2 T 352/06 -, BeckRS 2006, 8410.

61 *Bartsch*, Gutachten, Verhandlungen des Dreißigsten Deutschen Juristentages 1910, S. 154, 154.

62 Vgl. *Schneider*, in: MünchKomm BGB, § 1914 Rn. 4.

63 Vgl. *Schneider*, in: MünchKomm BGB, § 1914 Rn. 4.

64 Vgl. *Schneider*, in: MünchKomm BGB, § 1914 Rn. 4.

65 *Deutsches Rechtslexikon*, Bd. 2 G-P, S. 3245; *Schneider*, in: MünchKomm BGB, § 1914 Rn. 4.

66 Vgl. §§ 2, 6 ThürSammlG, SaarlSammlG, Sammlungsgesetz Rheinland-Pfalz.

Im Steuerrecht findet das Sammelvermögen gar keine Erwähnung. Das Steuerrecht knüpft an die Spende aus Sicht des Spenders an und nicht am Ergebnis einer Spendensammlung in Form eines Sammelvermögens aus Sicht des Sammlers.

Letztlich hat die Rechtsliteratur Begriffsbestimmungen des Sammelvermögens unternommen. Das Sammelvermögen ist danach die Summe von Spenden für einen (oder mehrere) bestimmte Zweck(e), die Spender an Sammler zur Verwendung für diesen Zweck (oder diese Zwecke) übertragen haben.[67] Ob die Spende dabei steuerbegünstigt ist oder nicht, ist für das Sammelvermögen unerheblich.[68] Das Sammelvermögen besteht also aus allen Spenden, die im Rahmen einer Sammlung eingeworben wurden. Somit lässt sich der Begriff nur weiter beleuchten, wenn man sich auch mit dem Begriff der Spende und der Sammlung auseinandersetzt.

## *2. Spende und Spender*

Die Spende ist wohl der bekannteste und am häufigsten verwendete Begriff im Zusammenhang mit freiwilligem Bürgerengagement. In der Umgangssprache ist eine Spende etwas, das freiwillig zur Hilfe, Unterstützung oder Förderung einer Person oder Sache gegeben wird oder beitragen soll.[69] Der Spender entscheidet dabei selbst, ob, an wen oder was, für welchen Zweck er und wieviel er gibt. Er erhält keine Gegenleistung für seine Spende. Etymologisch lässt sich das Wort Spende auf das mittelhochdeutsche „spende“ (Geschenk, Gabe, Almosen) zurückführen, welches angelehnt ist an das mittellateinische „spenda, spenta“, dessen Verbform „spendere“ wiederum „ausgeben, aufwenden“ bedeutet.[70]

Das Zivilrecht kennt den Begriff Spende[71] nicht und enthält demzufolge auch keine Legaldefinition. § 1914 BGB setzt lediglich indirekt voraus, dass das Sammelvermögen durch Spenden entstanden ist.[72] Zivilrechtswissenschaftliche Literatur und Rechtsprechung beschäftigen sich nicht mit Begriffsbestimmungen zur Spende. Soweit der Begriff Spende verwendet wird, scheint er als allgemein bekannt zu gelten und, mangels abweichend genannter Kriterien, dem umgangssprachlichen

---

67 *Rawert*, Zivilrechtsfragen des Spendens, Non Profit Law Yearbook 2005, 165, 169; *Hüttemann/Rawert*, in: Staudinger, BGB, Vor §§ 80-88 Rn. 403; *Laux*, JZ 1953, 214, 214.

68 Vgl. *Rawert*, Zivilrechtsfragen des Spendens, Non Profit Law Yearbook 2005, 165, 168.

69 *Duden online*, Spende, abrufbar unter: https://www.duden.de/rechtschreibung/Spende (aufgerufen am 27.8.2021).

70 *Duden Herkunftswörterbuch*, Spende, S. 786; *Kluge*, Etymologisches Wörterbuch der deutschen Sprache, Spende, S. 863.

71 Der in § 1600 Abs. 4 BGB verwendete, aber nicht definierte Begriff „Samenspende“ ist ein Sonderfall der Spende, aus dem sich keine zivilrechtliche Begriffsbestimmung ableiten lässt, da die Samenspende auch entgeltlich erfolgen; vgl. *Wellenhofer*, in: MünchKomm BGB, § 1600 Rn. 52.

72 Vgl. *Hüttemann/Rawert*, in: Staudinger, BGB, Vor §§ 80-88 Rn. 403; *Schneider*, in: MünchKomm BGB, § 1914, Rn. 6.

Verständnis zu entsprechen. So impliziert auch die Begriffsbestimmung zum Sammelvermögen Freiwilligkeit und Unentgeltlichkeit als Merkmale von Spenden und bestätigt lediglich ausdrücklich, dass die Spende von jemandem an einen anderen zur Verwendung für einen bestimmten Zweck geleistet wird.[73]

Im Stiftungsrecht sowie Handels- und Gesellschaftsrecht wird in der Regel auf die steuerrechtliche Definition der Spende (vgl. § 10 b Abs. 1 S. 1 EStG) Bezug genommen.[74]

Im öffentlichen Recht wird die Spende in verschiedenen Gesetzen[75] erwähnt. So regelt der jeweilige § 1 des Sammlungsgesetzes der Bundesländer Saarland, Rheinland-Pfalz und Thüringen, wann eine Sammlung von Spenden erlaubnispflichtig ist.[76] Eine Legaldefinition wird weder im Gesetz noch in der Rechtsprechung zu den Sammlungsgesetzen vorgenommen.

Spenden sind steuerlich begünstigt, soweit bestimmte gesetzliche Voraussetzungen erfüllt werden (z. B. aus § 10b EStG, § 9 Nr. 5 GewStG, § 9 Nr. 2 KStG i. V. m. §§ 51 ff. AO). Das Steuerrecht nennt zwar die Bedingungen, bei deren Erfüllung eine Zuwendung in Form einer Spende oder eines Beitrags steuerlich abzugsfähig ist. Den Begriff der Spende definiert es aber nicht. Aufgrund der diversen steuerlichen Regelungen und ihrer finanziellen Tragweite, insbesondere für gemeinnützige Organisationen, beschäftigen sich Behörden, Gerichte und die rechtswissenschaftliche Literatur vielfach mit der Spende.[77] Eine steuerrechtliche Begriffsbestimmung ist durch ständige höchstrichterliche Rechtsprechung entstanden. Danach ist eine Spende eine freiwillige Zuwendung für einen religiösen, wissenschaftlichen, gemeinnützigen, kulturellen, wirtschaftlichen oder politischen

73 Vgl. *Rawert*, Zivilrechtsfragen des Spendens, Non Profit Law Yearbook 2005, 165, 169; *Hüttemann/Rawert*, in: Staudinger, BGB, Vor §§ 80-88 Rn. 403; *Laux*, JZ 1953, 214, 214.

74 Vgl. *Richter/Specker*, in: Richter, Stiftungsrecht, § 29 Spendenrecht Rn. 6 ff.; *Lenkaitis*, in: Saenger/Aderhold/Lenkaitis/Speckmann, Handels- und Gesellschaftsrecht, § 6 Rn. 1254.

75 Auch das Parteiengesetz beschäftigt sich u. a. in § 25 Abs. 1 mit Spenden, ohne diese legal zu definieren. Es erfolgt auch keine Begriffsbestimmung durch die diesbezügliche Rechtsprechung.

76 Vgl. § 1 Abs. 1 ThürSammlG: „(1) Wer eine Sammlung von Geld- oder Sachspenden oder Spenden geldwerter Leistungen durch unmittelbares Einwirken von Person zu Person1. auf Straßen oder Plätzen, in Gastwirtschaften, Schankwirtschafte oder in einem anderen jedermann zugänglichen Räumen (Straßensammlungen), (2) von Haus zu Haus insbesondere durch Vorlage von Sammellisten (Haussammlungen), veranstalten will, bedarf hierzu der Erlaubnis."

77 Vgl. z. B. bei *Schauhoff*, in: Schauhoff, Hdb Gemeinnützigkeit, §§ 10, 11; *Hüttemann*, Gemeinnützigkeits- und Spendenrecht, Kap. 8, Rn. 8.1 ff; Entscheidungsregister.

Zweck.[78] Die Besonderheit der Spende für einen gemeinnützigen Zweck ist dabei Tatbestandsvoraussetzung für die Erlangung eines Steuervorteils.

Das Strafrecht enthält keine Legaldefinition oder Erwähnung der Spende.

## *3. Sammeln, Sammler und Sammlung*

Rein sprachlich betrachtet ist eine Sammlung zunächst das Ergebnis einer Aktivität, nämlich der des Sammelns. Sammeln bedeutet, nach etwas zu suchen und das Gefundene zu einer größeren Menge zu vereinigen, sei es, um es zu erhalten und aufzubewahren, sei es, um es zu verbrauchen oder zu verwerten. Sammeln heißt aber auch, potentielle Geber um eine Spende zu bitten.[79]

Im Zivilrecht ist die Sammlung nicht definiert, sie wird in § 1914 BGB lediglich erwähnt („öffentliche Sammlung").

Auch die Rechtsprechung hat hierzu keine Definition vorgenommen.

Steuerrechtlich taucht der Begriff weder in Gesetz, Literatur noch Rechtsprechung auf.

Im öffentlichen Recht hingegen unterliegen öffentliche Sammlungen dem Recht der Gefahrenabwehr und sind Ländersache. Einige wenige Bundesländer haben noch Sammlungsgesetze, nach denen eine öffentliche Sammlung erlaubnispflichtig ist.[80] Aber auch hier findet sich keine Legaldefinition der Sammlung oder des Sammlers. Aus der Formulierung lässt sich aber entnehmen, dass natürliche oder juristische Personen, die eine Sammlung von Geld- oder Sachspenden veranstalten wollen, Sammler sind.[81]

Sammlungen können von privaten Einzelpersonen oder mehreren Personen oder auch von rechtsfähigen und nicht-rechtsfähigen Organisationen als Sammler durchgeführt werden. Dabei kann der Sammler auch mehrere Sammlungen zu unterschiedlichen Zwecken durchführen.[82]

Sammler ist danach einerseits derjenige, der aktiv sammelt, andererseits auch derjenige, der die Sammlung veranstaltet und organisiert, das Gesammelte zusammenfügt und es verbraucht bzw. verwertet.

---

78 *BFHE* 144, 439, 441; 163, 197, 198 f.; 168, 35, 36 f.; *BFH*, DStR 2006, 1975, 1976.

79 Vgl. *Duden online*, Sammeln, abrufbar unter: https://www.duden.de/rechtschreibung/sammeln (aufgerufen am 27.8.2021). Etymologisch verkürzt geht das neuhochdeutsche "Sammeln" dissimiliert auf das althochdeutsche „samanon" („zusammenbringen, versammeln, vereinigen) und auf noch weiter zurückliegende indogermanische Wurzeln zurück; vgl. *Duden Herkunftswörterbuch*, Sammeln, S. 695 f.

80 § 1 Abs. 1 ThürSammlG, SaarlSammlG, Sammlungsgesetz von Rheinland-Pfalz.

81 § 1 SaarlSammlG, Sammlungsgesetz von Rheinland-Pfalz, ThürSammlG.

82 *Rawert*, Zivilrechtsfragen des Spendens, Non Profit Law Yearbook 2005, 165, 169.

### *4. Spendensammlung*

Die Spendensammlung ist eine Wortbildung aus den Begriffen Spende und Sammlung. Die Umgangssprache kennt den Terminus.[83] Der juristischen Fachsprache ist er hingegen fremd. Juristisch werden der Begriff „Spende“ im Steuerrecht für Zuwendungen für steuerbegünstigte Zwecke und der Begriff „Sammlung“ in den Sammlungsgesetzen für öffentliche Sammlungen verwendet.[84] Spendensammlungen rechtlich aber lediglich als öffentliche Sammlungen steuerlich relevanter Spenden zu sehen, würde den Anwendungsbereich zu sehr eingrenzen und praxisfern sein, da nicht-öffentliche Sammlungen und solche zu anderen als steuerbegünstigten Zwecken nicht erfasst würden.

### *5. Begünstiger*

Das Substantiv Begünstigter leitet sich ab vom Verb begünstigen, das im allgemeinen Sprachgebrauch bedeutet, etwas oder jemanden positiv zu beeinflussen bzw. für etwas oder für jemanden förderlich zu sein.[85]

Legaldefinitionen der Begriffe Begünstigter, Begünstigung, begünstigen oder begünstigt gibt es nicht.

Die Rechtssprache verwendet den Begriff „Begünstigung“ im Zusammenhang mit den Straftatbeständen gem. § 257 (sachliche Begünstigung) und § 258 StGB (persönliche Begünstigung).[86] § 257 Abs. 3 und 4 nennt die Begünstigung und bezieht sich dabei auf die Tathandlung nach Abs. 1. Im Wesentlichen geht es im Strafrecht[87] bei der Begünstigung um verbotene fördernde Handlungen.[88]

Das Adjektiv „begünstigt“ wird besonders häufig im Gemeinnützigkeitsrecht (z. B. steuerbegünstigte Zwecke nach § 10b EStG) verwendet und semantisch als bekannt vorausgesetzt.

Im Zusammenhang mit dem Sammelvermögen geht es bei dem Begünstigten um denjenigen, der das Sammelvermögen nach dem Zweck der Sammlung erhält oder erhalten soll. Er ist das Objekt einer Begünstigung und ähnelt insofern dem stiftungsrechtlichen Destinatär. Der Destinatär ist in aller Regel nicht

---

83 *Duden online*, Spendensammlung, abrufbar unter: https://www.duden.de/rechtschreibung/Spendensammlung (aufgerufen am 27.8.2021).

84 Vgl. *Deutsches Rechtslexikon*, Bd. 3 Q-Z, S. 3917, 3664; *Weber*, in: Creifelds, Rechtswörterbuch, öffentliche Sammlung, 26. Edition 2021; *Aichberger*, in: Creifelds, Rechtswörterbuch, Spenden, 26. Edition 2021.

85 *Duden online*, begünstigen, abrufbar unter: https://www.duden.de/rechtschreibung/beguenstigen (aufgerufen am 27.8.2021).

86 Vgl. *Raik Werner*, in: Creifelds, Rechtswörterbuch, Begünstigung, 26. Edition 2021.

87 Auch das Wettbewerbsrecht kennt unerlaubte Begünstigungen bei wettbewerbsbeeinflussenden Beihilfen (Art. 107 AEUV).

88 Vgl. *Cramer*, in: MünchKomm StGB, § 257 Rn. 15 ff.

bezugsberechtigt.[89] Der Begünstigte eines Sammelvermögens hat nicht automatisch einen Anspruch auf die Zuwendung. Begünstigter oder Begünstigte eines Sammelvermögens sind ein oder mehrere natürliche Personen, die nach dem Spendenzweck und Durchführung der Sammlung das Sammelvermögen vom Sammler erhalten. Die Allgemeinheit ist der Begünstigte als offener Personenkreis, wenn der Zweck der Sammlung eine Sache ist, wie z. B. der Bau einer Sporthalle, zu dessen Verwirklichung das Sammelvermögen verwendet werden muss.[90]

## II. Außerjuristische Begriffsbestimmungen

In der Regel veranstalten gemeinnützige Organisationen, Privatpersonen oder private Initiativen Sammlungen, um Spenden für einen wohltätigen Zweck zu sammeln. Ehrenamtliche oder professionelle Helfer unterstützen sie dabei. Neben den bekannten, teilweise gesetzlich geregelten oder definierten Begriffen wie gemeinnützige Organisation, Stiftung oder Verein werden zunehmend neue Begriffe im Zusammenhang mit Spenden, Sammlungen und Engagement im wohltätigen Bereich verwandt. So wird vielfach vom Dritten Sektor gesprochen. Häufig taucht auch der Begriff Non-Profit Organisation oder Zivilgesellschaft auf. Einige dieser Begriffe sind bereits Teil des allgemeinen deutschen Sprachgebrauchs geworden, andere sind hingegen noch nicht in die Lexika aufgenommen worden.

Insofern müssen diese neuen Begriffe erläutert und ihre mögliche Beziehung zum Sammelvermögen untersucht werden. Vielleicht handelt es sich gar nicht immer um etwas Neues, sondern lediglich um eine neue Bezeichnung? Im Hinblick auf die spätere Analyse der Ansprüche zwischen den Beteiligten am Sammelvermögen ist insbesondere zu untersuchen, ob es sich bei Drittem Sektor, Non-Profit Organisation und Zivilgesellschaft um Beteiligte am Sammelvermögen handelt.

Dritter Sektor, Non-Profit-Organisation oder Zivilgesellschaft sind keine Rechtsbegriffe. Mangels gesetzlicher Regelungen existieren auch keine Legaldefinitionen. Trotz häufiger Verwendung in der rechtswissenschaftlichen Literatur[91] ist es bisher nicht zu verbindlichen rechtlichen Begriffsbestimmungen gekommen. Das mag auch nicht erforderlich sein, soweit den Begriffen keine eigenständige

89 Vgl. zum Destinatär: BGH, NJW 1957, 708, 708; *Ebersbach*, Handbuch Stiftungsrecht, S. 112 ff.; *Blydt-Hansen*, Die Rechtsstellung der Destinatäre der rechtsfähigen Stiftung Bürgerlichen Rechts, S. 93 ff., 96 ff., 103 ff.; *Schwintek*, Vorstandskontrolle in rechtsfähigen Stiftungen bürgerlichen Rechts, S. 289 ff., 292 ff., 296 f.; *Jakob*, Schutz der Stiftung, S. 166 ff., 173 f., 341 f., 344 f.; *v. Hippel*, Grundprobleme von Nonprofit-Organisationen, S. 252 ff.; *Hüttemann/Rawert*, in: Staudinger, BGB, § 85 Rn. 37 ff.

90 Vgl. *Rawert*, Zivilrechtsfragen des Spendens, Non Profit Law Yearbook 2005, 165, 169.

91 Ausführliche Begriffsklärungen zu „Dritter Sektor“ und „Non-Profit-Organisation“ bei *v. Schönfeld*, Leitungs- und Kontrollstrukturen in gemeinnützigen Organisationen, S. 10 ff.

rechtliche Bedeutung zukommt und sie anderem wissenschaftlichen oder dem allgemeinsprachlichen Verständnis entsprechen.

Insbesondere bestehende soziologische, politikwissenschaftliche und wirtschaftswissenschaftliche Begriffsbestimmungen können hier zum Grundverständnis beitragen und die Verwendung der Begriffe „Dritter Sektor", "Non-Profit-Organisation" und „Zivilgesellschaft" in der Rechtswissenschaft beleuchten.[92]

## 1. *Dritter Sektor*

Der Begriff „Dritter Sektor" wird von der Öffentlichkeit häufig gleichgesetzt mit dem Begriff „Non-Profit Sektor".[93] Typischerweise bedienen sich eher Volkswirtschaftslehre und Politikwissenschaft des Begriffs „Dritter Sektor".[94] Ein einheitlicher und verbindlicher Begriff innerhalb jeder Disziplin oder gar ein übergreifender Begriff aus Soziologie, Politikwissenschaft und Wirtschaftswissenschaften existiert nicht. Vielmehr gibt es auch innerhalb der jeweiligen Disziplin unterschiedliche Annäherungen an die Begriffsbestimmungen aus verschiedenen Perspektiven.[95]

Die Bezeichnung „Dritter Sektor" („Third Sector") kommt aus der US-amerikanischen Soziologie und wird auf *Etzioni*[96] zurückgeführt, der in den 70er Jahren auf eine dritte Alternative zu „Staat" und „Markt" quasi als Motor der Reform und Innovation des Wohlfahrtsstaates in den USA hinwies, nämlich den Dritten Sektor zwischen Staat und Markt.[97]

In der Soziologie wird der Dritte (oder Non-Profit-) Sektor aus allen Organisationen gebildet, die unabhängig vom Staat und nicht gewinnorientiert sind.[98]

---

92 Vgl. *H. Fischer*, Ausstieg aus dem Dritten Sektor, S. 8 ff., 17 ff.

93 *Gabler Wirtschaftslexikon*, Dritter Sektor, abrufbar unter: https://wirtschaftslexikon.gabler.de/definition/dritter-sektor-33764/version-181058 (aufgerufen am 27.8.2021).

94 *Gabler Wirtschaftslexikon*, Dritter Sektor, abrufbar unter: https://wirtschaftslexikon.gabler.de/definition/dritter-sektor-33764/version-181058 (aufgerufen am 27.8.2021).

95 *Walcher*, Funktionsbestimmungen des Dritten Sektors, Arbeitspapiere des Bereichs Politik und Gesellschaft 14/1997, Kapitel 3 m.w.N.; vgl. auch *H. Fischer*, Ausstieg aus dem Dritten Sektor, S. 10 m.w.N.

96 *Etzioni*, The Third Sector and Domestic Missions, Public Administration Review 1973, Vol. 33, p. 314, 315 f.

97 Vgl. zu Historie *Anheiner/Toepler*, Definition und Phänomenologie der Non-Profit-Organisationen, in: Hopt/v. Hippel/Walz, Nonprofit-Organisationen in Recht, Wirtschaft und Gesellschaft, S. 17, 20 ff.; *Walcher*, Funktionsbestimmungen des Dritten Sektors, Arbeitspapiere des Bereichs Politik und Gesellschaft 14/1997, Kap. 2.

98 Vgl. *Seibel*, in: Bauer, Lexikon des Sozial- und Gesundheitswesen, Dritter Sektor, S. 455, 455 f.; *Zimmer*, Dritter Sektor und Soziales Kapital, Münsteraner Diskussionspapiere zum Nonprofit-Sektor – Nr. 19, 2002, S. 1 f.

Dabei wird nicht der Einzelne und sein bürgerschaftliches Engagement betrachtet, sondern die Quantität solchen Engagements über Organisationen.[99]

Im wirtschaftswissenschaftlichen Sprachgebrauch wird (betriebswirtschaftlich) der Begriff „Dritter Sektor“ als Oberbegriff für die Gesamtheit von Organisationen verstanden, die weder unter den Begriff „Markt“ noch unter den Begriff „Staat“ subsumiert werden können. Der Markt ist gewinnorientiert. Der Staat erfüllt hoheitliche Aufgaben, finanziert durch Steuern und Abgaben. Im Dritten Sektor ist für das Handeln der ihr zugeordneten Organisationen eine Mischung aus den Regulationsmechanismen Vorsorge, Fürsorge, Vertrag und Solidarität charakteristisch.[100] Dritte-Sektor-Organisationen sind danach gemeinnützige Unternehmen.[101]

Politikwissenschaftlich wird der Dritte Sektor als gesellschaftlicher Mischbereich aus Staat, Markt und gemeinschaftlicher bzw. im weitesten Sinne familiärer Arbeit gesehen. Das vorrangige wirtschaftliche Ziel von Dritte Sektor Unternehmen liegt in der Erbringung einer Art sozialer Leistung und nicht in der Gewinnerzielung.[102]

Rechtswissenschaftlich wurden bisher nur wenige Definitionsversuche unternommen. *Schlüter/Stolte*[103] führen aus, dass der Dritte Sektor neben den Sektoren „Staat“ und „Gesellschaft“ aus Organisationen besteht, die zwar in privatrechtlicher Form, aber mit öffentlichen Zielsetzungen agieren. Nach der von *Fischer*[104] vorgenommenen Begriffsbestimmung ist der „Dritte Sektor“ die Gesamtheit aller selbstlosen Organisationen im steuerlichen und organisationsrechtlichen Sinn (gleich gemeinnützige „Non-Profit-Organisationen). Beide Ansätze übernehmen aus den anderen Wissenschaften die Vorgabe, in organisatorischen Einheiten zu denken. Insofern geht es auch rechtlich um die Gesamtheit von Organisationen, die den Dritten Sektor bilden.

---

99 Vgl. *Zimmer*, Dritter Sektor und Soziales Kapital, Münsteraner Diskussionspapiere zum Nonprofit-Sektor – Nr. 19, 2002, S. 5; *Priller/Zimmer*, Der Dritte Sektor in Deutschland – seine Perspektiven im neuen Millenium, Münsteraner Diskussionspapiere zum Nonprofit-Sektor – Nr. 10, 2000, S. 2 f.; *Walcher*, Funktionsbestimmungen des Dritten Sektors, Arbeitspapiere des Bereichs Politik und Gesellschaft 14/1997, Kap. 4.

100 *Gabler Wirtschaftslexikon*, Dritter Sektor, abrufbar unter: https://wirtschaftslexikon.gabler.de/definition/dritter-sektor-33764/version-181058 (aufgerufen am 27.8.2021).

101 *Zimmer*, Dritter Sektor und Soziales Kapital, Münsteraner Diskussionspapiere zum Nonprofit-Sektor – Nr. 19, 2002, S. 5.

102 *Schubert/K. Klein*, Das Politiklexikon, Dritter Sektor, abrufbar unter: https://www.bpb.de/nachschlagen/lexika/politiklexikon/17369/dritter-sektor (aufgerufen am 27.8.2021).

103 *Schlüter/Stolte*, Stiftungsrecht, Kap. 1 Rn. 17.

104 Vgl. *H. Fischer*, Ausstieg aus dem Dritten Sektor, S. 22 f.

Das Recht regelt die Rechtsverhältnisse von Rechtssubjekten untereinander oder das Rechtsverhältnis zwischen Rechtssubjekt und Rechtsobjekt. Rechtssubjekt kann danach der Einzelne - die natürliche Person - oder eine juristische Person sein. Das Sammelvermögen ist ein Rechtsverhältnis, bei dem ein oder mehrere Sammler, möglicherweise in Form von Organisationen Zuwendungen zum vorübergehenden Zweck zusammentragen und dann einem oder mehreren Begünstigten zuwenden. Im Dritten Sektor kommt es typischerweise zu Sammelvermögen durch einzelne oder mehrere Dritte Sektor-Organisationen. Der Dritte Sektor als Gesamtheit von Organisationen kann aber kein Beteiligter am Sammelvermögen sein.

Insofern kommt es für das Sammelvermögen nicht auf eine genaue rechtliche Begriffsbestimmung des Dritten Sektors an, sondern auf eine Begriffsbestimmung der Organisationen des Dritten Sektors.

### *2. Non-Profit-Organisation*

Organisationen des Dritten Sektors sind sog. Non-Profit-Organisationen, die in ihrer Gesamtheit den Dritten Sektor bilden.[105] Im allgemeinen deutschen Sprachgebrauch wird unter einer Non-Profit-Organisation eine öffentliche oder private Organisation oder Institution verstanden, die eine oder mehrere Dienstleistungen erbringt, ohne damit Gewinn für ihre Mitglieder erzielen zu wollen.[106] Das ergibt sich auch weitestgehend aus der Übersetzung des englischen Begriffs „Non-Profit-Organization", der eine Abkürzung des ebenfalls englischen Begriffs „Not-For-Profit-Organization" ist, womit eine nicht auf Gewinnerzielung im Mitgliederinteresse ausgerichtete Organisation gemeint ist.[107] Non Profit Organisationen unterliegen also einem Gewinnausschüttungsverbot, da sie zwar Gewinn erzielen, diesen aber nicht an ihre Mitglieder ausschütten dürfen.[108]

Der Begriff wird weltweit in verschiedenen Bereichen von Politik, Wirtschaft und Recht verwendet, ohne dass es eine international einheitliche Definition von ihm gibt.[109] Die rechtliche Bewertung des Begriffs Non-Profit-Organisation wird

105 Ausführlicher noch in *Gabler Wirtschaftslexikon*, Nonprofit-Organisation, abrufbar unter https://wirtschaftslexikon.gabler.de/definition/nonprofit-organisation-npo-39562/version-181381 (aufgerufen am 27.8.2021).

106 *Duden online*, Non-Profit-Organisation, abrufbar unter https://www.duden.de/rechtschreibung/Non_Profit_Organisation (aufgerufen am 27.8.2021).

107 Vgl. *v. Hippel*, Grundprobleme von Nonprofit-Organisationen, S. 5.

108 Vgl. *Hüttemann*, Gemeinnützigkeits- und Spendenrecht, Kap. 1 Rn. 1.5.

109 Vgl. *Winheller*, Nonprofit-Organisationen in Deutschland und in den USA, ZStV 2010, 81, 82.

interdisziplinär sowohl durch die sozialwissenschaftliche[110] als auch die wirtschaftswissenschaftliche[111] Begriffsbestimmung beeinflusst.

Rechtliche Regelungen und Legaldefinitionen gibt es zu diesem Begriff nicht. Im juristischen Sprachgebrauch ist der Begriff (noch) relativ unbekannt, obwohl es seit 2001 sogar einen „Lehrstuhl Stiftungsrecht und Recht der Non-Profit-Organisationen" an der Bucerius Law School gibt, der hierzu auch ein Jahrbuch (Non Profit Law Yearbook) sowie eine rechtswissenschaftliche Zeitung zum Non-Profit-Recht (npoR) herausgibt. Eine Begriffsbestimmung wird in der Rechtswissenschaft nicht – zumindest nicht konsequent – verfolgt.[112]

Die Schwierigkeit liegt unter anderem darin, dass es kein einheitliches Rechtsgebiet „Non-Profit-Recht" gibt. Das Gesellschaftsrecht, Steuerrecht, Vereinsrecht und Stiftungsrecht beschäftigen sich mit dem Phänomen der Non-Profit-Organisationen. Soweit dem Begriff keine eigenständige Bedeutung zugemessen wird, ist „Non-Profit-Organisation" lediglich ein Synonym für „gemeinnützige Organisationen, die Steuerprivilegien genießen".[113]

Ob dem Begriff eine eigenständige rechtliche Bedeutung zukommt, kann im Zusammenhang mit dem Sammelvermögen aber dahin gestellt bleiben. Non-Profit-Organisationen sind Organisationen des Dritten Sektors, wo typischerweise Sammelvermögen entstehen. Das Sammelvermögen wird durch Sammler für einen vorübergehenden Zweck zusammengetragen und einem Begünstigten zugewandt. Sammlungen können durch einzelne oder mehrere Personen oder Organisationen, also auch Non-Profit-Organisationen initiiert, durchgeführt und organisiert werden. Diese Organisationen können auch Begünstigte eines Sammelvermögens sein. Eine Non-Profit-Organisation kann also Beteiligte eines Sammelvermögens sein.

### 3. *Zivilgesellschaft*

Im allgemeinen deutschen Sprachgebrauch wird unter Zivilgesellschaft eine durch selbstständige, politisch und sozial engagierte Bürger geprägte Gesellschaftsform verstanden.[114] Mit dem Begriff werden landläufig sehr unterschiedliche

---

110 Vgl. *Zimmer*, Der Deutsche Nonprofit-Sektor, Non Profit Law Yearbook 2001, 7, 9 ff.; *Winheller*, Nonprofit-Organisationen in Deutschland und in den USA, ZStV 2010, 81, 82.

111 Vgl. *Haibach*, Handbuch Fundraising, S. 29 ff.

112 So *v. Hippel*, Grundprobleme von Nonprofit-Organisationen, S. 5, auch S. 1,3, 12, 629; siehe aber die Begriffsklärungen bei *v. Schönfeld*, Leitungs- und Kontrollstrukturen in gemeinnützigen Organisationen, S. 10 ff.

113 Vgl. *v. Hippel*, Grundprobleme von Nonprofit-Organisationen, S. 10.

114 *Duden online*, Zivilgesellschaft, abrufbar unter https://www.duden.de/rechtschreibung/Zivilgesellschaft (abgerufen am 27.8.2021).

Vorstellungen verbunden. Teilweise werden auch Begriffe wie „Bürgergesellschaft“, „Dritter Sektor“ oder „Non-Profit-Sektor“ synonym mit Zivilgesellschaft verwendet.[115]

Dem juristischen Sprachgebrauch ist die Zivilgesellschaft unbekannt. Der Begriff wird dennoch häufig bemüht. Das Allgemeinverständnis wird politisch-soziologisch bestimmt, auch wenn es in diesem Bereich keine verbindliche Definition gibt.[116]

Im Gegensatz zu den Diskussionen um die Begriffe „Dritter Sektor“ und „Non-Profit-Organisation“ geht es bei der Auseinandersetzung mit dem Begriff „Zivilgesellschaft“ nicht nur um die Ebene der Organisationen, sondern auch um die individuelle Ebene (Menschen als Bürger, Mitglieder und Engagierte).[117] Es geht sowohl um den wirtschaftlichen Wert solchen Engagements, als auch um den gesellschaftlichen Mehrwert, der durch das gemeinwohl- und werteorientierte individuelle Handeln geschaffen wird.[118]

Die Zivilgesellschaft hängt danach zwar eng mit Spenden und Sammelvermögen zusammen. Sie ist aber kein Beteiligter an einem Sammelvermögen.

## B. Sammlungs- und Spendenformen

Es gibt verschiedene Sammlungs- und Spendenformen. Umgangssprachlich sind einige wie Straßensammlung, Haussammlung, Blutspende oder auch Altkleidersammlung bekannt.[119] Die jeweilige Bezeichnung einer Sammlungs- oder Spendenform folgt keinem festgelegten wissenschaftlichen Schema. Sie ist rein deskriptiv.

Aus rechtswissenschaftlicher Sicht sind einige Sammlungsformen gesetzlich geregelt oder definiert. So findet sich im öffentlichen Recht eine Legaldefinition der Haus- und der Straßensammlung.[120] Außerdem ist die Blutspende nach dem

---

115 Vgl. *Maecenata*, Basiswissen Zivilgesellschaft, abrufbar unter: https://www.maecenata.eu/themen/zivilgesellschaft/basiswissen-zivilgesellschaft/ (aufgerufen am 27.8.2021).

116 Vgl. *Fein/Matzke*, Zivilgesellschaft. Konzept und Bedeutung für die Transformationen in Osteuropa, S. 7 ff., 14 ff., 17 ff., 21 ff. 45 ff.; *Maecenata*, Basiswissen Zivilgesellschaft, abrufbar unter: https://www.maecenata.eu/themen/zivilgesellschaft/basiswissen-zivilgesellschaft/ (aufgerufen am 27.8.2021); *A. Klein/Priller/v. Strachwitz*, Wir brauchen ein Zentrum für Zivilgesellschaftsforschung, Opusculum Nr. 75, 2014, S. 9.

117 *A. Klein/Priller/v. Strachwitz*, Wir brauchen ein Zentrum für Zivilgesellschaftsforschung, Opusculum Nr. 75, 2014, S. 21.

118 *A. Klein/Priller/v. Strachwitz*, Wir brauchen ein Zentrum für Zivilgesellschaftsforschung, Opusculum Nr. 75, 2014, S. 7, 9, 21.

119 Vgl. *Duden online*, Haussammlung, Straßensammlung, Blutspende, Altkleidersammlung, abrufbar unter www.duden.de (aufgerufen am 27.8.2021).

120 § 1 SammlG RP, § 1 SaarlSammlG, § 1 ThürSammlG.

Gesetz zur Regelung des Transfusionswesens (Transfusionsgesetz – TFG) definiert.[121] Eine Definition der Altkleidersammlung gibt es nicht, allerdings enthält das Kreislaufwirtschaftsgesetz Regelungen hierzu.[122]

Mangels rechtswissenschaftlicher Systematik und Definition fallen einige Sammlungen zugleich in mehrere Kategorien, da sie deren verschiedene deskriptive Merkmale erfüllen. Als Anknüpfungspunkt für eine Kategorisierung von Sammlungs- und Spendenformen können sog. „W-Fragen" dienen:

- Wer sammelt?
- Was wird gesammelt?
- Wann wird gesammelt?
- Warum bzw. wofür wird gesammelt?
- Wo wird gesammelt?
- Wie wird gesammelt?

## I. Typische Sammlungs- und Spendenformen – Allgemeines

### *1. Wer sammelt?*

Sammlungen lassen sich danach unterscheiden, wer die Sammlung durchführt:

#### *a. Institutioneller Sammler oder öffentlicher Sammler?*

Bekannt sind wohltätige Institutionen, die insbesondere im Rahmen der Katastrophenhilfe,[123] aber auch für ihre jeweiligen anderen Zwecke, zu Spenden aufrufen und sie sammeln.[124] Aufgrund des organisatorischen Hintergrunds und Auftrags

---

121 Nach § 2 Transfusionsgesetz ist eine Blutspende die bei Menschen entnommene Menge an Blut oder Blutbestandteilen, die Wirkstoff oder Arzneimittel ist oder zur Herstellung von Wirkstoffen oder Arzneimitteln und anderen Produkten zur Anwendung bei Menschen bestimmt ist.

122 Nach §§ 17, 18 KWG sind private Haushalte verpflichtet, Abfälle den öffentlich-rechtlichen Entsorgungsträgern zu überlassen. Abfälle, die zurückgegeben werden oder durch gemeinnützige bzw. gewerbliche Sammlungen ordnungsgemäß und schadlos verwertet werden können, zählen nicht dazu. Gemeinnützige und gewerbliche Sammlungen müssen ihre Sammlung bei der zuständigen Behörde anzeigen, bevor sie beispielsweise einen Sammelcontainer aufstellen können.

123 Vgl. zum Hochwasser in Deutschland den Spendenaufruf durch das Aktionsbündnis Katastrophenhilfe von mehreren großen Hilfsorganisationen, abrufbar unter: https://www.aktionsbuendnis-katastrophenhilfe.de/hochwasser-in-deutschland (aufgerufen am 27.8.2021).

124 Vgl. statt vieler die Aufrufe und Möglichkeit zur Allgemeinspende und zur Projektspende bei WWF Deutschland, abrufbar unter: https://www.wwf.de/spenden-hel

per Satzung zur Durchführung solcher Sammlungen könnte man hier von institutionellen Sammlern sprechen.

Die Begriffe „institutioneller Sammler“ und „institutionelle Sammlung“ sind weder allgemein bekannt noch wissenschaftlich oder gar rechtswissenschaftlich definiert. Soweit im Sinne der „W-Fragen“ an das „Wer“ angeknüpft wird, werden institutionelle Sammler auch als öffentliche Sammler im Gegensatz zu privaten Sammlern verstanden.

Die Bezeichnung „öffentlicher Sammler“ aber nur für Körperschaften des öffentlichen Rechts zu verwenden, wäre zu eingrenzend. Denn die Mehrheit der Spenden sammelnden Körperschaften sind privatrechtliche.

Zudem wird, anknüpfend an das Sammlungsrecht, der Begriff „öffentliche Sammlung“ örtlich (im Sinne der „W-Frage“ „wo“) auf den öffentlichen Raum bezogen, wo die Aktion des Sammelns stattfindet.

Bei der Frage „wer sammelt?“ geht es um die Abgrenzung zwischen den privaten bzw. individuellen und den von Spenden sammelnden Institutionen organisierten Sammlungen. Klarer und treffender ist deshalb der Begriff „institutioneller Sammler“ bzw. „institutionelle Sammlung“.

### b. *Privater Sammler/Private Sammlung*

Spenden an Institutionen machen nur einen Teil des gesamten Spendenaufkommens in Deutschland aus. Dafür wird ein großer Teil von täglichen und alltäglichen Kleinspenden durch Sammlungen privater Sammler eingeworben.

Die Begriffe „privater Sammler“ und „private Sammlung“ sind umgangssprachlich nicht bekannt und rechtlich nicht definiert.

Private Sammlungen sind dadurch gekennzeichnet, dass Private, d. h. institutionell unabhängige Personen, Sammlungen veranstalten. Häufig sammeln Privatpersonen initiativ, spontan und einmalig für einen fremden Zweck, wenn sie selbst in ihrem Umfeld eine Bedürftigkeit erkannt haben (z. B. ein neues Spielgerät für den Schulhof oder den Kindergarten). Das so zusammengetragene Sammelvermögen besteht oft aus Kleinspenden und wird manchmal unmittelbar nach der Sammlung an die hilfsbedürftigen Begünstigten oder die Institution ausgeschüttet, für die gesammelt wurde.[125]

Bei solchen privaten Sammlungen zur Unterstützung eines größeren Projekts, beispielsweise bei einer Umweltkatastrophe, wird das zusammengekommene Sammelvermögen häufig an eine gemeinnützige Organisation weitergegeben. Diese haben in der Regel eine bessere Infrastruktur, um die Mittel zielgerichtet zu verteilen.[126]

---

fen/allgemeine-spende und z. B. https://www.wwf.de/spenden-helfen/fuer-ein-projekt-spenden/elefanten-in-afrika (aufgerufen am 27.8.2021).

125 Vgl. *Rawert*, Zivilrechtsfragen des Spendens, Non Profit Law Yearbook 2005, 165, 168.

126 Vgl. *Rawert*, Zivilrechtsfragen des Spendens, Non Profit Law Yearbook 2005, 165, 168.

Der Begriff „private Sammlung“ ist also der Gegensatz zum Begriff „institutionelle Sammlung“.

### 2. *Was wird gesammelt?*

Sammlungen werden häufig nach dem Sammelobjekt betitelt. So gibt es beispielsweise Blutspenden, Kleidersammlungen oder Geldspendenaufrufe.

### 3. *Wann wird gesammelt?*

Typischerweise ist auch der Zeitpunkt der Sammlung ein Namensgeber, insbesondere die Jahreszeiten. So gibt es z. B. Frühjahrs-, Herbst-[127] und Weihnachtssammlungen.[128]

### 4. *Warum bzw. wofür wird gesammelt?*

#### a. *Sammlung zur Unterstützung satzungsgemäßer Zwecke des Sammlers – Sammlung zur Unterstützung fremder Zwecke des Sammlers*

Eine Unterscheidung zwischen Sammlungen zur Unterstützung satzungsgemäßer Zwecke einer Organisation als Sammler und Sammlungen zur Unterstützung fremder Zwecke des privaten Sammlers[129] ist im Hinblick auf das Sammelvermögen und die Frage, warum bzw. wofür gesammelt wird, kein geeignetes Unterscheidungskriterium. Naturgemäß kann nur eine Organisation eine Satzung haben und damit zu eigenen satzungsgemäßen Zwecken, die fremdnützig sind, sammeln. Die fremdnützigen Zwecke können von der Spenden sammelnden Organisation selbst verfolgt werden, oder sie fördert solche Projekte anderer Organisationen. Letztlich ist dies wie beim privaten Sammler, der das Sammelvermögen entweder direkt an den Begünstigten leistet oder es an eine Spenden sammelnde Organisation zur Weiterleitung übergibt. Beim privaten Sammler wird die Sammlung zugunsten Dritter als „Sammlung im fremden Interesse“, also zu einem fremden Zweck, bezeichnet.[130] Sowohl bei der Sammlung zur Unterstützung satzungsgemäßer Zwecke als auch

127 Vgl. die Hinweise zur jeweiligen Frühjahrs- und Herbstsammlung der Diakonie, abrufbar unter: https://www.diakonie-bayern.de/die-diakonie-unterstuetzen/sammlungen/fruehjahrssammlung.html und https://www.diakonie-bayern.de/die-diakonie-unterstuetzen/sammlungen/herbstsammlung.html (aufgerufen am 27.8.2021).

128 Vgl. z. B. die Information zur Weihnachtssammlung eines Hamburger Radiosender, abrufbar unter: https://www.hoerer-helfen-kindern.de/weihnachtssammlung/ (aufgerufen am 27.8.2021).

129 Vgl. *Rawert*, Zivilrechtsfragen des Spendens, Non Profit Law Yearbook 2005, 165, 167 f.

130 Vgl. *Rawert*, Zivilrechtsfragen des Spendens, Non Profit Law Yearbook 2005, 165, 168.

bei der Sammlung zur Unterstützung fremder Zwecke des Sammlers wird das Sammelvermögen vom Sammler wirtschaftlich nicht für sich selbst verwendet, sondern es wird dem Begünstigten bzw. dem begünstigten Zweck zugewendet. Es besteht kein Unterschied hinsichtlich der Frage, wofür gesammelt wird. Das Abstellen auf die satzungsgemäßen Zwecke führt wieder zur Differenzierung zwischen institutionellem und privatem Sammler.

### *b. Eigennützige oder fremdnützige Sammler bzw. Betteln oder Sammeln?*

Wird für sich selbst oder für andere gesammelt? Lediglich bei einer Sammlung für andere, einer fremdnützigen Sammlung, kann von einem Sammelvermögen gesprochen werden. Wie bei dem kleinen Wanderzirkus, der in der Fußgängerzone mit der Sammelbüchse zu Spenden für Futter für die Zirkustiere im Winter aufruft und nicht für den Zirkus selbst.

Eine eigennützige Sammlung ergibt kein Sammelvermögen, weil das Sammlungsergebnis beim Sammelnden verbleibt und nicht an andere weitergeleitet wird. Bei einer solchen eigennützigen Sammlung, bei der um Geld für sich selbst gebeten wird, handelt es sich um Bettelei. So sah es auch die Rechtsprechung,[131] als die Bettelei nach § 361 Nr. 3 und 4 StGB alte Fassung[132] noch strafbar war. Danach war Betteln die Bitte um ein geldwertes Geschenk für sich selbst, einen Angehörigen oder eine sonst nahestehende Person. Mittlerweile wird Bettelei strafrechtlich im Rahmen der Ausbeutung beim Menschenhandel (§ 232 Abs. 1 Nr. 1c StGB) als Sammeln von Almosen zum Lebensunterhalt ohne Gegenleistung betrachtet.[133] Insofern ist das Sammeln für geldwerte Geschenke für den Lebensunterhalt der eigenen Familie eigennützig und damit Bettelei. Wird hingegen für einen spezifischen Zweck für Angehörige oder nahestehende Personen, wie etwa die Behandlungskosten für ein krebskrankes Kind, gesammelt, handelt es sich um eine fremdnützige Sammlung.

Entsprechend gilt auch bei der modernen Sammlungsform des Crowdfundings das Motto „Sammeln, ohne zu betteln".[134] Beim klassischen Crowdfunding sammelt jemand für sich selbst, gewährt aber eine zumindest kleine Gegenleistung, zum Teil auch symbolischer Natur, für die Zuwendung.[135]

---

131 *OLG Köln*, in NJW 1961, 2172, 2172.

132 BGBl. I 1974, 469, § 361 Nr. 3 und 4 StGB wurde durch Art. 326 Abs. 3, Art. 19 Nr. 206 EGStGB zum 2.4.1974 außer Kraft gesetzt.

133 *Renzikowski*, in: MünchKomm StGB, § 232 Rn. 72.

134 Vgl. dazu *H. Littger*, „Geld sammeln, ohne zu betteln – Crowdfunding im Filmgeschäft", in zeitonline vom 30.12.2010, abrufbar unter: https://www.zeit.de/kultur/film/2010-12/filmbranche-crowdfunding/komplettansicht (aufgerufen am 27.8.2021).

135 Vgl. *Klöhn/Hornuf*, Crowdinvesting in Deutschland, ZBB 2012, 237, 239.

## 5. *Wo wird gesammelt?*

### a. *Öffentliche Sammlung*

Der Begriff der öffentlichen Sammlung ist umgangssprachlich nicht bekannt. Er wird jedoch in juristischen Fachlexika[136] aufgeführt als Aufforderung zu Spenden auf Straßen und Plätzen und in jedermann zugänglichen Räumen, als Sammlung von Haus zu Haus und bei Aufforderung zu Spenden durch Briefe. Orientiert ist dies an den rechtlichen Regelungen der Sammlungsgesetze der Bundesländer Rheinland-Pfalz, Thüringen und Saarland, wonach öffentliche Sammlungen einer Erlaubnis bedürfen.[137] Auch § 1914 BGB regelt die Pflegschaft für das Sammelvermögen, das bei einer öffentlichen Sammlung zusammengekommen ist. Definiert wird der Begriff nicht, aber etwas allgemeiner gefasst. Danach muss sich eine öffentliche Sammlung an eine unbestimmte Anzahl von Personen wenden, also für jedermann zugänglich sein.[138]

### b. *Nicht-öffentliche oder private Sammlung?*

Wenn Sammlungen nicht öffentlich im Sinne der Sammlungsgesetze sind, werden sie als private Sammlung[139] oder nicht-öffentliche Sammlungen bezeichnet.

Der Begriff „private Sammlungen" ist zwar naheliegend, wenn private Sammler typischerweise individuelle Sammlungen im Privatbereich, in Schulen, Kindergärten, Betrieben oder persönlichem Bekanntenkreis, selbst organisieren.[140] Der Begriff „privater Sammler" betrifft aber schon die Frage „wer sammelt", ohne dass es dabei auf den Ort der Sammlung ankommt. In Abgrenzung zur öffentlichen Sammlung („wo wird gesammelt") geht es also um den Privatbereich als nicht-öffentlichen Bereich.

Benefizveranstaltungen zu Sammlungszwecken wie „fundraising dinner" oder andere „charity events", die nur in einem privaten Kreis stattfinden und bei denen häufig hohe Summen eingeworben werden, sind daher nicht-öffentliche Sammlungen, die sowohl von privaten als auch institutionellen Sammlern organisiert werden können.

Insofern sollte als Gegensatz zur öffentlichen Sammlung besser der Begriff „nicht-öffentliche Sammlung" verwendet werden.

---

136 Vgl. *Weber*, in: Creifelds, Rechtswörterbuch, öffentliche Sammlung, 26. Edition 2021.

137 § 1 SammlG RP, § 1 SaarlSammlG, § 1 ThürSammlG.

138 *Schneider*, in: MünchKomm BGB, § 1914 Rn. 7; *Zimmermann*, in: Soergel BGB, § 1914 Rn. 2; *Bienwald*, in: Staudinger, BGB, § 1914 Rn. 10; *Schöpflin*, in: BeckOGK BGB, § 1914 [Stand 1.9.2021] Rn. 6.

139 Vgl. *Rawert*, Zivilrechtsfragen des Spendens, Non Profit Law Yearbook 2005, 165, 168.

140 Vgl. *Rawert*, Zivilrechtsfragen des Spendens, Non Profit Law Yearbook 2005, 165, 168.

### 6. *Wie wird gesammelt?*

Es gibt verschiedene Sammlungsformen,[141] die nach der Art der Sammlung bezeichnet sind.

Traditionelle Methoden sind die Spendensammlungen mit der Sammelbüchse bei der Haus- und Straßensammlung oder durch einfaches Aufstellen der Büchse.

Durch Benefizveranstaltungen wie „fundraising dinner" oder andere „charity events" werden Spenden gesammelt.

Telefonische Sammlungen oder „Telefonfundraising" gelten wegen der persönlichen Ansprache und der damit verbundenen unmittelbaren Einwirkung auf den Spender als erlaubnispflichtige Haussammlung im Anwendungsbereich eines Sammlungsgesetzes. Durch die persönliche Ansprache werden die freie Willensentscheidung und die Möglichkeit des Spenders, die Seriosität des Sammlers zu überprüfen, beeinträchtigt.[142] Unabhängig vom möglicherweise einschlägigen Sammlungsrecht setzt § 7 Abs. 2 Nr. 2 UWG der telefonischen Sammlung deutschlandweit enge Grenzen. Der Angerufene muss vorher ausdrücklich oder konkludent einem Anruf zugestimmt haben, es muss aufgrund einer bereits bestehenden Geschäftsbeziehung telefonisch Kontakt aufgenommen werden, oder der Spender ruft von sich aus beim Sammler an.[143]

Gleiches gilt für die traditionelle Briefsammlung durch personalisierten Spendenbrief oder personalisierte E-Mail.[144]

Bei anderen Methoden werden die Medien für Spendenaufrufe genutzt. Bei Online- oder Internetsammlungen und beim Spenden-Crowdfunding wird zugleich über das Internet die Spende elektronisch gezahlt und eingesammelt.

Bei derartigen Sammlungen, bei Postwurfsendungen oder beim „stillen" Aufstellen von Sammelbüchsen[145] richtet sich der Spendenaufruf an niemanden persönlich, sondern an die Allgemeinheit. Im Anwendungsbereich von

---

141 Ausführlich z. B. *Haibach* zu Fundraising-Methoden, Handbuch Fundraising, S. 257 ff.

142 *Schaden/Beckmann/Stollenwerk*: PdK, RP SammlG, § 1 Erläuterungen Nr. 1; *OVG Münster*, NVwZ-RR 1998, 426, 426 zum damals geltenden Sammlungsgesetz für das Land Nordrhein-Westfalen.

143 Vgl. *VG Köln*, Beschl. v. 11.12.2013 – 1 L 1345/13, BeckRS 2014, 56047; *Leible*, in: MünchKomm Lauterkeitsrecht, UWG, Bd. 1, § 7 Rn. 128 ff.

144 Vgl. *Mercker/Stingel*, Fundraising – Rechtliche Grenzen der Spendenwerbung von gemeinnützigen Organisationen in Deutschland, 241, 248.

145 Nach *Schaden/Beckmann/Stollenwerk*: PdK, RP SammlG, § 1 Erläuterungen Nr. 4.2. gilt dies in Bezug auf das Aufstellen von Sammelbüchsen, solange diese auf Straßen, Plätzen, in Gast- und Schankwirtschaften oder in anderen jedermann zugänglichen Räumen aufgestellt werden und damit keine unmittelbare Einwirkung auf den Spender durch eine Person verbunden ist.

Sammlungsgesetzen sind solche Sammlungen nicht erlaubnispflichtig, können aber behördlich überwacht werden.[146]

In Bezug auf Internet- oder Onlinesammlungen gilt dabei die Besonderheit, dass es nicht darauf ankommt, von welchem Bundesland aus der öffentliche Spendenaufruf erfolgt. Für die Anwendung des Sammlungsgesetzes reicht es aus, dass der Spendenaufruf in einem Bundesland mit geltendem Sammlungsgesetz abrufbar ist. Im Rahmen der behördlichen Überwachung können dann beispielsweise Auskunfts- und Nachweispflichten zur Verwendung des Sammlungsertrages geltend gemacht werden.[147]

## II. Haus- und Straßensammlungen

Die Haus- und Straßensammlungen zählen zu den bekanntesten Sammlungsformen. Menschen organisieren und engagieren sich als Sammler. Dazu gehen sie auf die Straße, oder sie klingeln an Haustüren. Sie sprechen die Menschen auf der Straße oder an der Haustür direkt an, informieren über die Sammlung und bitten um finanzielle Unterstützung. Meistens haben sie eine Sammelbüchse für die erwarteten Kleingeldspenden dabei. Die Sammler werden für eine bestimmte Organisation oder für einen bestimmten Zweck tätig. Das Geld, das bei einer solchen Haus- oder Straßensammlung von allen Sammlern für einen bestimmten Zweck gesammelt wird, ist das typische Sammelvermögen.

Laut Duden ist die Haussammlung eine Sammlung, bei der die Helfer von Haus zu Haus gehen und in Wohnungen um Spenden bitten.[148] Eine auf der Straße durchgeführte Sammlung ist eine Straßensammlung.[149]

In den Fachlexika der Juristen wird sowohl bei der Haus- als auch bei der Straßensammlung auf den Begriff „Sammlung“[150] bzw. „öffentliche Sammlung“

---

146 § 9 der Sammlungsgesetze für Rheinland-Pfalz, Saarland, Thüringen.

147 So zur Geltung in Rheinland-Pfalz: *OVG RhPf*, Beschl. v. 23.6.2008 – 7 A 10285/08 -, Rheinland-Pfalz Landesrecht online:“Das Sammeln von Spenden durch und für Vereinigungen ist daher den gleichen gesetzlichen Bestimmungen unterworfen wie eine entsprechende Tätigkeit von Einzelpersonen (*BVerwGE* 88, 9,12), kann also durch Bestimmungen über eine staatliche Beaufsichtigung beschränkt werden, soweit diese ihrerseits im Lichte der Schutzwirkungen des Art. 9 Abs. 1 GG verhältnismäßige Maßnahmen darstellen.“

148 *Duden online*, Haussammlung, abrufbar unter: https://www.duden.de/rechtschreibung/Haussammlung (aufgerufen am 27.8.2021).

149 *Duden online*, Straßensammlung, Haussammlung, abrufbar unter: https://www.duden.de/rechtschreibung/Haussammlung und https://www.duden.de/suchen/dudenonline/Stra%C3%9Fensammlung (aufgerufen am 27.8.2021).

150 *Deutsches Rechtslexikon*, Bd. 2, G-P, S. 2212; *Weber*, in: Creifelds, Rechtswörterbuch, öffentliche Sammlung, 26. Edition 2021, führt lediglich den Begriff „öffentliche Sammlung“ auf.

verwiesen. Das Deutsche Rechtslexikon führt darunter dann aus, dass bei einer Haussammlung eine mit der Sammlung beauftragte Person i.d.R. mit einer Liste der jeweiligen Bewohner des Sammelbezirkes von Haus zu Haus geht und um Spenden bittet. Bei einer Straßensammlung sprechen die mit der Sammlung beauftragten Personen Passanten zwecks Spenden an.[151] Im Rechtswörterbuch von *Creifelds* wird dies indirekt bestimmt über die Definition der „öffentlichen Sammlung“:

„Eine öffentliche Sammlung ist die Aufforderung zu Geld- oder Sachspenden oder zu Spenden geldwerter Leistungen auf Straßen oder Plätzen, in Gastwirtschaften oder anderen jedermann zugänglichen Räumen (Straßensammlung) oder von Haus zu Haus, insbesondere mit Sammellisten (Haussammlung) oder durch Spendenbriefe (Briefsammlung).“[152]

Die Formulierungen gehen auf die gesetzliche Begriffsbestimmung durch die Sammlungsgesetze der Bundesländer im jeweiligen § 1, die Definition von *Creifelds* vermutlich auf § 1 des Sammlungsgesetzes von Bayern bzw. Sachsen, zurück. Die meisten Bundesländer, auch Bayern und Sachsen, haben die Sammlungsgesetze mittlerweile aufgehoben. Lediglich Rheinland-Pfalz, Thüringen und das Saarland verfügen noch über Sammlungsgesetze, die aber keine Regelung zu Briefsammlungen enthalten. Danach ergeben sich aktuell folgende Definitionen:[153]

„Eine Straßensammlung ist eine Sammlung von Geld- oder Sachspenden oder geldwerten Leistungen auf Straßen oder Plätzen, in Gastwirtschaften, Schankwirtschaften oder in anderen jedermann zugänglichen Räumen.

Eine Haussammlung ist eine Sammlung von Haus zu Haus.“

Wenn diese Sammlungen darüber hinaus durch unmittelbares Einwirken von Person zu Person erfolgen, sind sie im Geltungsbereich der Sammlungsgesetze erlaubnispflichtig.“[154]

Viele wohltätige Organisationen führen selbst regelmäßig ein- oder zweimal jährlich Haus- und Straßensammlungen durch. Diesbezügliche Informationen und Werbung finden hauptsächlich auf den Homepages der sammelnden Organisationen statt.[155] Teilweise werden solche Sammlungen auch in der lokalen Presse beworben.

Haus- und Straßensammlungen sind aber auch für kleine, individuelle oder selbstorganisierte Sammlungen häufig das Mittel der Wahl. Schüler, Eltern, Fördervereine, etc. veranstalten eine Straßensammlung, um ein bestimmtes Projekt ihrer Schule zu unterstützen. Vereinsmitglieder gehen von Haus zu Haus, um für

---

151 *Deutsches Rechtslexikon*, Bd. 3, Q-Z, S. 3664.

152 *Weber*, in: Creifelds, Rechtswörterbuch, öffentliche Sammlung, 26. Edition 2021.

153 § 1 Abs. 1 SammlG RP, § 1 Abs. 1 ThürSammlG, § 1 Abs. 1 SaarlSammlG.

154 § 1 Abs. 1 SammlG RP, § 1 Abs. 1 ThürSammlG, § 1 Abs. 1 SaarlSammlG.

155 Vgl. www.strassensammlung-mitteldeutschland.de/ (zweimal im Jahr); https://niedersachsen.volksbund.de/helfen/sammlungen (alljährlich im IV. Quartal) (abgerufen am 27.8.2021).

die Unterstützung ihres Vereins, z. B. der freiwilligen Feuerwehr, zu sammeln.[156] Wohltätige Organisationen helfen zum Teil, damit solche Spendensammlungen einfacher durchgeführt werden können und unterstützen z. B. mit Werbematerial.[157]

### 1. *Die Geschichte der Haus- und Straßensammlungen und des Sammlungsgesetzes*

Im Gegensatz zum Fundraising, Sponsoring und Crowdfunding als Sammlungsformen aus dem „Internetzeitalter", das 1990 begann, haben die Haus- und Straßensammlungen eine längere Geschichte: Sie stammen aus dem 19. Jahrhundert.[158]

Wie sich zeigen wird, ist die Geschichte der Haus- und Straßensammlungen zugleich die Geschichte der Sammlungsgesetze.

#### a. *Ursprüngliche sammlungsrechtliche Regelungen im Deutschen Reich*

Bereits in der Zeit vor der Weimarer Republik gab es öffentliche Sammlungen, die allerdings in den gesetzlichen Regelungen noch nicht Haus- und Straßensammlungen genannt wurden.[159]

---

156 Vgl. die Beispiele in *Schaden/Beckmann/Stollenwerk*, PdK, RP SammlG, § 1 Erläuterungen Nr. 2.

157 Vgl. z. B. https://www.wwf.de/spenden-helfen/spendenaktion/aktionsmaterial (aufgerufen am 27.8.2021). Am 22.2.2020 informierte die Internetseite der Deutschen Umwelthilfe (DUH) noch über selbst organisierte Straßensammlungen: Straßensammlung selbst organisieren, ehemals abrufbar unter: https://www.duh.de/haus-und-strassensammlung/. Danach unterstützte die DUH Haus- und Straßensammlungen für kleine Umweltprojekte (wie z. B. einen Schulteich). Soweit erforderlich holte die DUH die behördliche Sammelgenehmigung ein und stellte Unterlagen und Materialien wie Sammellisten, Banderolen für die Büchsen und Plakate zur Verfügung. Darüber konnte die Sammlung auch in der Presse beworben werden. Ca. 60 Prozent des Sammelvermögens durften die Sammler am Ende für ihr eigenes Projekt verwenden. Der Rest wurde an die DUH abgeführt, davon wurden 10 Prozent als Ersatz für die Kosten der Organisation und Bewerbung der Straßensammlung berechnet und ein Teil für Umweltprojekte der DUH selbst verwendet.

158 Ausführlich hierzu *Lingelbach*, Die Geschichte des Ehrenamtes, in: Ehrenamt und Mäzenatentum, Westfälische Forschungen 2005, S. 337, 337 ff. vgl. *Auts*, Opferstock und Sammelbüchse, S. 106, 159 f.

159 Vgl. *Lingelbach*, Geschichte des Ehrenamtes, in: Ehrenamt und Mäzenatentum, Westfälische Forschungen 2005, S. 337, 338; *Auts*, Opferstock und Sammelbüchse, S. 106.

In der Zeit vor dem ersten Weltkrieg existierten nur vereinzelte landesrechtliche Vorschriften zu öffentlichen Sammlungen.[160] Die Hauskollekten-Ordnungsstellen oder die konfessionellen freien Wohlfahrtsverbände als Arbeitgeber gaben den Sammlern („Kollektanten“) Verhaltensregeln vor, betreuten sie und bildeten sie weiter. Häufig wurden Berufssammler von den Wohlfahrtsverbänden eingesetzt.[161] Sie unterlagen gewissen Verhaltensvorschriften durch die sogenannte Hauskollekten-Ordnungsstelle oder ihren weisungsgebenden Arbeitgeber, durch die auch Betreuung und Weiterbildung der Kollektanten erfolgte.[162] Entweder erhielten diese einen Tageslohn, oder sie wurden über Provisionen am Sammlungsergebnis beteiligt.[163] Die Berufssammler konnten häufig durch Sammlungen im selben Personenkreis eine Vertrauensbeziehung zu den Spendern aufbauen. Allerdings waren die Kosten für professionelle Sammler bei solchen Haussammlungen hoch.[164]

Aufgrund von Missbrauchsfällen bei Sammlungen zugunsten von Kriegsbeschädigten und -hinterbliebenen wurde 1915 eine reichseinheitliche sammlungsrechtliche Regelung geschaffen. Diese enthielt erstmalig ein präventives Sammlungsverbot mit Erlaubnisvorbehalt.[165] Eine öffentliche Sammlung zugunsten von Kriegswohlfahrtszwecken sowie ihre Ankündigung in Zeitungen oder Zeitschriften war erlaubnisbedürftig (§ 1). Bei Verstoß drohten Geldstrafe oder eine Gefängnisstrafe bis zu drei Monaten (§ 3). Der Staat konnte den Sammlungsertrag aus unerlaubten Veranstaltungen als verfallen erklären und selber für Kriegswohlfahrtszwecke verwenden (§ 3 Abs. 2).

An die Stelle dieser Regelung trat die Bekanntmachung vom 15. Februar 1917 über die Wohlfahrtspflege während des Krieges. Diese behielt das präventive Verbot mit Erlaubnisvorbehalt bei.[166] In der Verordnung wurden öffentliche Sammlungen

---

160 Z. B. die Regelung zu öffentlichen Kollekten in § 11 Nr. 4 e der Instruktion für die Oberpräsidenten vom 31. Dezember 1825, Gesetzessammlung für die königlichen preußischen Staaten 1826 Nr. 1.

161 Ausführlich *Auts*, Opferstock und Sammelbüchse, S. 97 ff., 104 f.

162 *Lingelbach*, Geschichte des Ehrenamtes, in: Ehrenamt und Mäzenatentum, Westfälische Forschungen 2005, S. 337, 338; *Auts*, Opferstock und Sammelbüchse, S. 104 f.

163 *Lingelbach*, Geschichte des Ehrenamtes, in: Ehrenamt und Mäzenatentum, Westfälische Forschungen 2005, S. 337, 338.

164 *Lingelbach*, Geschichte des Ehrenamtes, in: Ehrenamt und Mäzenatentum, Westfälische Forschungen 2005, S. 337, 338.

165 Vgl. *v. Hippel*, Grundprobleme von Nonprofit-Organisationen, S. 290; die auf besondere Ermächtigungen während der Kriegszeit gestützte Verordnungen über die Regelung der Kriegswohlfahrtspflege v. 22.7.1915 (RGBl. I 1915, S. 449).

166 Aufgrund des § 3 des Gesetzes über die Ermächtigung des Bundesrats zu wirtschaftlichen Maßnahmen usw. v. 4.8.1914 (RGBl. I 1914, S. 327) wurde die Bundesratsverordnung über Wohlfahrtspflege während des Krieges v. 15.2.1917 (RGBl. I 1917, S. 143) erlassen; vgl. *v. Hippel*, Grundprobleme von Nonprofit-Organisationen, S. 290.

zur Kriegswohlfahrtspflege und zu sonstigen Wohlfahrtszwecken geregelt. „Wohlfahrtszwecke“ wurden als vaterländische, gemeinnützige oder mildtätige Zwecke legal definiert.

Öffentliche Sammlungen, Unterhaltung oder Belehrung, Vertrieb von Gegenständen oder Mitglieder-, bzw. Mitveranstalterwerbung waren danach erlaubnispflichtig. Die Erlaubnis konnte zeitlich begrenzt und widerruflich erteilt werden (§ 1). Öffentliche Unterhaltungen oder Belehrungen und der Vertrieb von Gegenständen zu Wohlfahrtszwecken durften nur erlaubt werden, wenn die Unkosten einen angemessenen Betrag nicht überschritten und bei Veranstaltungen auf eigene Rechnung des Veranstalters der Reinertrag dem Wohlfahrtszweck unverkürzt zugeführt wurde oder andernfalls der Gewinn des Unternehmers in bescheidenen Grenzen blieb (§ 3).

Die Behörden konnten bei Unternehmungen zu Wohlfahrtszwecken, unabhängig von der Organisationsform, weitreichende Anordnungen treffen, um die Geschäftsführung mit den Gesetzen im Einklang zu erhalten oder um Schädigung des Gemeinwohls, insbesondere eine Zersplitterung der Kräfte und Mittel, zu verhindern. Dies galt unabhängig von einer Erlaubnispflicht nach § 1. Insbesondere durften die Behörden Bücher, Schriften, Kassen- und Vermögensgegenstände prüfen, Auskunft über die Geschäftsführung, Berichte und Rechnungsabschlüsse verlangen und Vertreter in Versammlungen und Sitzungen schicken (§ 4). Das Unternehmen konnte bei nicht zu behebenden Missständen unter Verwaltung gestellt werden (§ 5) und vom Verwalter auch aufgelöst werden (§ 6). Eine Mittelverwendung zu einem anderen als dem bestimmungsmäßigen Zweck bedurfte der Genehmigung der Behörde (§ 7). Bei Auflösung eines Wohlfahrtsunternehmens ohne Anfallsberechtigten sowie ohne Möglichkeit, wirksam über das Vermögen zu bestimmen, konnte die Behörde eine anderweitige Verwendung des Vermögens zu Wohlfahrtszwecken regeln und hierzu einen Verwalter einsetzen (§ 8). Geld- und Gefängnisstrafen wurden erhöht (§ 11).

Diese umfassenden Befugnisse durften die Behörden nicht gegenüber staatlichen Unternehmungen zur Wohlfahrtspflege ausüben. Ebenso wenig gegenüber Unternehmungen, die lediglich für Angehörige eines Betriebs oder einer privaten oder öffentlichen Verwaltung oder eines Heeres- oder Marineteils bestimmt waren (§ 10).

Die Wohlfahrtsverbände gerieten durch die Berufssammler in zunehmenden Kostendruck und versuchten, mehr ehrenamtliche Helfer anzuwerben, was zu Beginn der Weimarer Republik schwierig war. Ehrenamtliche Sammler wurden üblicherweise bei örtlich begrenzten, durch lokale Vereine als Träger von Fürsorgeanstalten organisierten Sammlungen von Lebensmitteln für Heiminsassen in ländlichen Gebieten eingesetzt. Außerdem wurde im Gegensatz zu den Berufssammlern bei zeitlich begrenzten, überregionalen Haus- und Straßensammlungen auf die ehrenamtlichen Sammler zurückgegriffen. Die ehrenamtliche Tätigkeit bei Haus- und Straßensammlungen und diese Sammlungsformen weiteten sich dann im Laufe der Weimarer Republik aus, insbesondere durch die sog. Winterhilfe, die seit 1931/32 durchgeführt wurde.[167]

---

167 Ausführlich: *Lingelbach*, Geschichte des Ehrenamtes, in: Ehrenamt und

Die Winterhilfe war zunächst eine zentral organisierte Sammlung zur Volkshilfe, die von der Deutschen Liga zur Wohlfahrtspflege ins Leben gerufen worden war. Die Deutsche Liga zur Wohlfahrtspflege wurde 1924 von den großen Organisationen der freien Wohlfahrtspflege (Caritas, Innere Mission, Deutsches Rotes Kreuz, Zentralwohlfahrtsstelle der deutschen Juden und Deutscher Paritätischer Wohlfahrtsverband) gebildet.[168]

### *b. Zeit des Nationalsozialismus und des Reichssammlungsgesetzes*

In der Folge der Machtübernahme durch die Nationalsozialisten übernahmen diese auch das Spenden- und Sammlungswesen in Deutschland und passten das Sammlungsgesetz ihren Zwecken entsprechend an.[169]

Die Haus- und Straßensammlungen wurden erstmals 1933[170] im Zusammenhang mit Sammlungen zu politischen Zwecken erwähnt. Gemäß § 14 konnten die Behörden verbieten, dass Geld- oder Sachspenden zu politischen Zwecken oder zur Verwendung durch politische Organisationen von Haus zu Haus, auf Straßen oder Plätzen, in Gast- und Vergnügungsstätten oder an anderen öffentlichen Orten eingesammelt wurden. Gleichfalls fand sich in § 14 eine Art erste Regelung nicht-öffentlicher Sammlungen, da Sammlungen in Versammlungen oder im Zusammenhang mit ihnen am Versammlungsort selbst und Sammlungen von Haus zu Haus, die sich auf Mitglieder der sammelnden Organisationen beschränkten, zulässig waren.

Das Reichssammlungsgesetz von 1934[171] basierte auf den reichseinheitlichen Regelungen von 1915 und 1917.[172] Auch die Regelungen zu Haus- und

---

Mäzenatentum, Westfälische Forschungen 2005, S. 337, 339.

168 Vgl. *Tennstedt*, Wohltat und Interesse, Geschichte und Gesellschaft 13 (1987), S. 157, 168 f., 173 f.; *Vorländer*, NS-Volkswohlfahrt und Winterhilfswerk des deutschen Volkes, Vierteljahreshefte für Zeitgeschichte, 34 (1986), S. 341, 365; *Lingelbach*, Geschichte des Ehrenamtes, in: Ehrenamt und Mäzenatentum, Westfälische Forschungen 2005, S. 337, 339.

169 *Lingelbach*, Geschichte des Ehrenamtes, in: Ehrenamt und Mäzenatentum, Westfälische Forschungen 2005, S. 337, 339 f.; vgl. zu Stiftungen *Rawert/Ajzensztejn*, Stiftungsrecht im Nationalsozialismus, in: *v. Campenhausen/Kronke/Werner*, Stiftungen in Deutschland und Europa, S. 157 ff.; *Zolling*, Zwischen Integration und Segregation, S. 183 ff.

170 § 14 Verordnung des Reichspräsidenten zum Schutz des deutschen Volkes v. 4.2.1933 (RGBl. I 1933, S. 35).

171 Gesetz zur Regelung der öffentlichen Sammlungen und sammlungsähnlichen Veranstaltungen (Sammlungsgesetz) v. 5.11.1934 (RGBl. I 1934, S. 1086).

172 Siehe etwa die auf besondere Ermächtigungen während der Kriegszeit gestützten Verordnungen über die Regelung der Kriegswohlfahrtspflege v. 22.7.1915 (RGBl. I 1915, S. 449) sowie die Bundesratsverordnung über Wohlfahrtspflege während des

Straßensammlungen für politische Zwecke von 1933 fanden sich hier wieder als ausgeweitete und generelle Regelung zu Haus- und Straßensammlungen (§ 1). Hier wurde nunmehr das Tatbestandsmerkmal des „unmittelbaren Einwirkens“ eingeführt. Auf den Zweck dieser öffentlichen Sammlung kam es nicht mehr an.

Erfasst wurden jetzt auch öffentliche Sammlungen durch das Verbreiten von Sammellisten. Daneben bedurfte es nun einer Genehmigung für eine öffentliche Sammlung mit dem Ziel, Fördermitgliedschaften einzuwerben (§ 2). Ebenso war der Verkauf von Eintrittskarten für öffentliche Veranstaltungen mittels Haus- oder und Straßensammlung genehmigungsbedürftig (§ 3). Jegliche öffentliche Veranstaltung zu gemeinnützigen oder mildtätigen Zwecken, die unter Bezugnahme darauf beworben oder angekündigt werden sollte, bedurfte der Genehmigung der Behörde (§ 4). Unabhängig vom Zweck der Sammlung konnte jede öffentliche Sammlung jeglichen Sammlungsträgers überprüft werden (§ 9).

Die Durchführungsverordnung zum Reichsammlungsgesetz von 1934[173] erweiterte die Genehmigungsbedürftigkeit und insbesondere die behördlichen Befugnisse noch weiter. Bei allen gemeinnützigen oder mildtägigen Sammlungen musste das Verhältnis von Sammlungskosten zu Sammlungsertrag angemessen sein. Es wurde entweder im Genehmigungsbescheid festgesetzt (§ 5) oder bereits durch die Durchführungsverordnung mit 25 Prozent der Roheinnahmen im Falle des Warenvertriebes vorgeschrieben (§ 6). Auf Eintrittskarten musste der Anteil für wohltätige Zwecke ausgewiesen werden (§ 7). Neu geregelt war auch, dass Jugendliche vom 14. bis 18. Lebensjahr nur bei Straßensammlungen und nur bis zum Eintritt der Dunkelheit mithelfen durften. Kinder unter 14 Jahren durften nicht (mehr) eingesetzt werden (§ 8).

Kernpunkt der Durchführungsverordnung war die Vorschrift § 4, nach der Sammlungen von der zuständigen Behörde überhaupt nur noch genehmigt werden durften, wenn hierfür ein hinreichendes öffentliches Bedürfnis vorlag, und der Veranstalter genügend Gewähr für die ordnungsgemäße Durchführung und die zweckentsprechende Verwendung des Sammlungsertrages bot. Die Nationalsozialistische Deutsche Arbeiterpartei (NSDAP) war in Form ihres Reichsschatzministers und der Gauleitungen Institution dieser Bedürfnisprüfung. Das Reichssammlungsgesetz enthielt keine Tatbestandsmerkmale, so dass es keinen Anspruch auf Sammlungsgenehmigung bei Erfüllung von positiv normierten Voraussetzungen gab.[174]

Es entstand also eine umfassende staatliche Sammlungskontrolle durch die Ausweitung der bereits in den Regelungen von 1915 und 1917 enthaltenen

---

Krieges v. 15.2.1917 (RGBl. I 1917, S. 143); *v. Hippel*, Grundprobleme von Nonprofit-Organisationen, S. 290.

173 Siehe Durchführungsverordnung v. 14.12.1934 zum Sammlungsgesetz v. 5.11.1934 (RGBl. I 1934, S. 1250).

174 Vgl. *Schaden/Beckmann/Stollenwerk*, PdK, RP SammlG, Einleitung Nr. 2.

genehmigungspflichtigen Tatbestände der Sammlungen und sammlungsähnlichen Veranstaltungen in Reichssammlungsgesetz und Durchführungsverordnung.[175] Nach § 15 Reichssammlungsgesetz galt das Gesetz aber nicht für Sammlungen und sammlungsähnliche Veranstaltungen der NSDAP und ihrer Untergliederungen und angeschlossenen Verbänden.[176]

In der Folge wurden Wohlfahrtsorganisationen verboten, aufgelöst oder gleichgeschaltet. Die noch verbliebenen wurden zunächst unter strenge staatliche Aufsicht gestellt und nach und nach vom Spendenmarkt verdrängt. Nur die Sammlungen der Nationalsozialistischen Volkswohlfahrt (NSV) bzw. der NSDAP und ihrer Organisationen wurden unterstützt und bedurften keiner Genehmigung.[177]

Das Sammlungsgesetz basierte auf dem „Sammelprimat der NSDAP, ihrer Gliederungen und ihrer angeschlossenen Verbände".[178] Entsprechend beurteilte auch das Bundesverfassungsgericht 1966 das Sammlungsgesetz als Instrument der nationalsozialistischen Machthaber zur Sicherung der NSDAP und ihrer Unterorganisationen, das gleichzeitig zur Bekämpfung der freien Wohlfahrtstätigkeit und der Kirchen diente. Das Genehmigungsverfahren für die dem Sammlungsgesetz unterliegenden Sammlungen war ein Lenkungsmittel zur Verfolgung staatspolitisch erwünschter Ziele und zur Unterbindung politisch nicht genehmer Zwecke.[179]

Die NSV übernahm die Organisation der Winterhilfe und des Winterhilfswerks, das im September 1933 gegründet wurde.[180] Das Winterhilfswerk führte jährliche

---

175 Vgl. *v. Hippel*, Grundprobleme von Nonprofit-Organisationen, S. 290.

176 § 15 Sammlungsgesetz vom 5. 11.1934: „Dieses Gesetz gilt nicht für Sammlungen und sammlungsähnliche Veranstaltungen, die durchgeführt werden auf Anordnung der Reichsregierung oder einer obersten Reichsbehörde im Einvernehmen mit dem Reichsminister des Inneren, auf Anordnung und für den Bereich einer Kreispolizeibehörde zur Steuerung eines durch unvorhergesehene Ereignisse herbeigeführten augenblicklichen Notstandes, von der Nationalsozialistischen Deutschen Arbeiterpartei, ihren angeschlossenen Gliederungen und von den der vermögensrechtlichen Aufsicht des Reichsschatzmeister der Nationalsozialistischen Deutschen Arbeiterpartei unterstellten angeschlossenen Verbände der Nationalsozialistischen Deutschen Arbeiterpartei, sofern die Sammlungen und sammlungsähnlichen Veranstaltungen durch den Reichsschatzmeister der Nationalsozialistischen Deutschen Arbeiterpartei im Einvernehmen mit dem Reichsminister des Inneren genehmigt sind."

177 *Lingelbach*, Geschichte des Ehrenamtes, in: Ehrenamt und Mäzenatentum, Westfälische Forschungen 2005, S. 337, 339.

178 *Vgl. BVerfGE,* 20, 150, 156, 160; *Schaden/Beckmann/Stollenwerk,* PdK, SammlG RP, Einleitung Nr. 2.

179 *BVerfGE* 20, 150, 156, 160.

180 Vgl. *Tennstedt*, Wohltat und Interesse, Geschichte und Gesellschaft 13 (1987), S. 157, 176 ff.

Sammlungen von Oktober bis März durch.[181] Die Spenden für diese Sammlungen wurden auch als Pflichtopfer der Volksgemeinschaft im Kampf gegen Hunger und Kälte für Notleidende bezeichnet.[182] Gesammelt wurden Arbeitsspenden der Werktätigen, indem ein Teil des Gehalts einbehalten wurde. Dieser Zwangseinbehalt wurde ab 1.4.1934 eingestellt.[183] Aus der Landwirtschaft und dem Kohlesyndikat wurden Naturalspenden gesammelt.

Es wurden Lotterien und Straßensammlungen veranstaltet. Darüber hinaus musste an jedem 1. Sonntag des Monats statt einer Sonntagsmahlzeit Eintopf gegessen und der dadurch eingesparte Betrag über 50 Pfenning abgegeben werden.[184]

Bei den Sammlungen wurde teilweise auch Druck auf die Spender ausgeübt. Spender erhielten ein Abzeichen, und wer kein Spenderabzeichen hatte, fiel auf. Die NSV führte darüber hinaus eine Spenderkartei. Spendenunwillige mussten daher mit Denunziationen oder Benachteiligungen am Arbeitsplatz rechnen.[185] Die Notleidenden erhielten Nahrung bei Freitischen und Massenspeisungen, aber auch Theater-, Kino- und Konzertkarten.[186]

Das Winterhilfswerk wurde mit dem „Gesetz über das Winterhilfswerk des Deutschen Volkes" vom 1.12.1936 zur rechtsfähigen Stiftung des bürgerlichen Rechts erklärt.[187] Sie stand unter der Aufsicht des Reichsministers für Volksaufklärung und Propaganda. Ihre Aufgabe war es, durch Sammel- und Verteilaktionen die Not Bedürftiger zu lindern.[188]

Einige Wohlfahrtsverbände, wie der Deutsche Paritätische Wohlfahrtsverband, wurden an das Winterhilfswerk des Deutschen Volkes korporativ angeschlossen und aufgelöst. Andere, wie die Arbeiterwohlfahrt, wurden verboten. Die noch bestehenden zumeist konfessionellen Wohlfahrtsorganisationen sollten nur noch Sammler rekrutieren und zogen sich dann aus dem Winterhilfswerk zurück. Sie

---

181 *Brockhaus*, 1935, Winterhilfe, S. 372.

182 Vgl. auch *Klemperer*, LTI: Notizbuch eines Philologen, S. 46 f., Eintrag v. 23.10.1933: „Mir ist vom Gehalt eine „Freiwillige Winterhilfe" abgezogen worden; niemand hat mich deswegen vorher gefragt. Es soll sich um eine neue Steuer handeln, von der man sich ebenso wenig ausschließen darf wie von irgendeiner anderen Steuer; die Freiwilligkeit bestehe nur darin, dass man über den festgesetzten Betrag hinaus zahlen dürfe, und auch hinter dieses Dürfen stelle sich für viele schon ein kaum verhüllter Zwang."

183 Vgl. *Schmitz-Berning*, Vokabular des Nationalsozialismus, S. 695 ff.

184 *Zolling*, Zwischen Integration und Segregation, S. 170 f.

185 Vgl. *Zolling*, Zwischen Integration und Segregation, S. 188 ff.; *Lingelbach*, Geschichte des Ehrenamtes, in: Ehrenamt und Mäzenatentum, Westfälische Forschungen 2005, S. 337, 340.

186 Vgl. *Schmitz-Berning*, Vokabular des Nationalsozialismus, S. 695.

187 RGBl. I 1936, S. 995.

188 Vgl. *Schmitz-Berning*, Vokabular des Nationalsozialismus, S. 695 ff.

sollten sich auf die Bereiche Pflege und Anstaltsbetrieb konzentrieren, wohingegen ausschließlich die NSV die Versorgung der Notleidenden übernahm und die Winterhilfe propagandawirksam zur maßgebenden (Haus- und Straßen-) Sammlung des Nationalsozialismus ausbaute.[189]

So finanzierte das Winterhilfswerk vorrangig die NSV, die ideologisch die „Erbgesunden“ und „rassisch Hochwertigen“ förderte. Ab Ende 1936 erhielten Juden keine Unterstützung mehr und wurden auf jüdische Wohlfahrtsorganisationen verwiesen.[190]

Die Sammler wurden aus den verschiedenen Parteiorganisationen der Nationalsozialisten wie der Sturmabteilung (SA), der Schutzstaffel (SS), der Hitlerjugend (HJ), der NS-Frauenschaften (NSF), Bund Deutscher Mädel (BDM) u.ä. rekrutiert. Häufig trugen sie beim Sammeln ihre Uniformen und traten so als Vertreter der Nationalsozialisten auf. Die meisten Sammler waren freiwillige Helfer. Die Gauleitung beorderte aber auch Mitarbeiter bestimmter Institutionen oder Berufsgruppen zum Sammeln. Weigerte sich jemand zu sammeln, kam es wohl zu Fällen von Geldstrafen und teilweise sogar zu Verhaftungen.[191] Die Sammler waren den „Blockleitern“ und „Blockwaltern“ der NSV unterstellt. Am „Tag der nationalen Solidarität gingen auch hohe Parteifunktionäre und populäre Künstler mit Sammelbüchsen auf die Straße.[192]

### c. *Haus- und Straßensammlung und sammlungsrechtliche Regelungen nach dem zweiten Weltkrieg*

Nach Kriegsende griffen die westlichen Besatzungsmächte für die Wohlfahrt auf die während der Zeit des Nationalsozialismus verbotenen oder an den Rand gedrängten Wohlfahrtsorganisationen zurück. Sie spielten eine zentrale Rolle bei der Bekämpfung der Not in der Nachkriegszeit. Auch das Spendensystem wurde wieder demokratisch: Spenden waren freiwillig und keine Zwangsspenden mehr. Ziele und Zwecke von Sammlungen wurden quasi entnazifiziert. Die Wohlfahrtsverbände sammelten regelmäßig Sach- und Geldspenden. Damit wurden

---

189 *Tennstedt*, Wohltat und Interesse, Geschichte und Gesellschaft 13 (1987), S. 157, 173 f., 177; *Zolling*, Zwischen Integration und Segregation, S. 164 ff.; *Lingelbach*, Geschichte des Ehrenamtes, in: Ehrenamt und Mäzenatentum, Westfälische Forschungen 2005, S. 337, 339.

190 *Vorländer*, NS-Volkswohlfahrt und Winterhilfswerk des Deutschen Volkes, Vierteljahreshefte für Zeitgeschichte 34 (1986), S. 341, 369.

191 Vgl. *Zolling*, Zwischen Integration und Segregation, S. 188 f.; *Lingelbach*, Geschichte des Ehrenamtes, in: Ehrenamt und Mäzenatentum, Westfälische Forschungen 2005, S. 337, 340.

192 *Zolling*, Zwischen Integration und Segregation, S. 189.

Auffanglager für Flüchtlinge, Alters- und Pflegeheime, Kindergärten, Waisenhäuser u.ä. unterstützt und finanziert.[193]

Das Sammlungsgesetz galt nach dem Krieg zunächst weiter. Es wurde von den Militärregierungen nicht aufgehoben.[194] Lediglich der § 15, der die Sammlungen der Reichsbehörden und der NSDAP-Organe von der Regulierung durch das Gesetz ausgenommen hatte, wurde nicht mehr angewendet.[195] Nach Erlass des Grundgesetzes war das Sammlungsgesetz in der nun föderalen Bundesrepublik nicht Gegenstand der ausschließlichen und konkurrierenden Gesetzgebung des Bundes nach Art. 73 und 74 Grundgesetz und wurde als weitergeltendes Landesrecht angesehen. Anwendung und Auslegung des Sammlungsgesetzes sind seitdem Ländersache.[196]

Sammlungen bedurften insofern weiterhin einer behördlichen Genehmigung. Ausgenommen waren hiervon nur Kollekten während der Gottesdienste und innerhalb von Kirchenräumen.[197]

---

193 *Lingelbach*, Geschichte des Ehrenamtes, in: Ehrenamt und Mäzenatentum, Westfälische Forschungen 2005, S. 337, 340.

194 *Schaden/Beckmann/Stollenwerk*, PdK, RP SammlG, Einleitung Nr. 3; vgl. auch *BVerwG*, Urt. v. 28.9.1965 – I C 53.62, Rn. 8, Wolters Kluwer Online.

195 Vgl. *BVerwGE* 10, 199. 200 f.; Richtlinien für das Sammlungswesen, Runderlass des *Sozialministers von Nordrhein-Westfalen* v. 22.10.1951, in: Ministerialblatt Nordrhein-Westfalen1951, S. 1217, 1217 f.; *Lingelbach*, Geschichte des Ehrenamtes, in: Ehrenamt und Mäzenatentum, Westfälische Forschungen 2005, S. 337, 340. Dies geschah indirekt über Art. II a) des Kontrollratsgesetz Nr. 1 betreffend die Aufhebung von NS-Recht v. 20.9.1945. In Art. 1 des Gesetzes wurden ausdrücklich Gesetze politischer Natur oder Ausnahmegesetze, auf welchen das Nazi-Regime beruhte, aufgehoben. Art. II enthielt eine Auffangklausel: „Keine deutsche Gesetzesverfügung, gleichgültig wie oder zu welcher Zeit erlassen, darf gerichtlich oder verwaltungsmäßig zur Anwendung gebracht werden in irgendwelchen Fällen, in denen ihre Anwendung Ungerechtigkeit oder ungleiche Behandlung verursachen würde, entweder dadurch, dass a) irgend jemand auf Grund seiner Verbindung mit der Nationalsozialistischen Deutschen Arbeiterpartei, ihren Formationen, angegliederten Verbindungen oder Organisationen begünstigt Vorteile genießen würde; b) irgend jemand auf Grund seiner Rasse, Staatsangehörigkeit, seines Glaubens oder seiner Opposition zur Nationalsozialistischen Deutschen Arbeiterpartei oder ihrer Lehren, Nachteile erleiden würde."

196 Siehe *BVerwG*, Urt. v. 28.9.1965 – I C 53.62, Rn. 6, Wolters Kluwer Online; *Schaden/Beckmann/Stollenwerk*, PdK, RP SammlG, Einleitung Nr. 3.

197 Sammlungen und Kollekten werden auch kirchenrechtlich geregelt. Es wird zwischen Sammlungen, Kollekten und Sammlungen mit dem Klingelbeutel unterschieden. Danach sind Kollekten Gaben, die während des Gottesdienstes eingesammelt werden. Sammlungen finden außerhalb des Gottesdienstes statt. Für ortskirchliche Zwecke wird während des Gottesdienstes mit dem Klingelbeutel gesammelt. Siehe

Die Verwaltungspraxis der restriktiven und lenkenden Handhabung von Sammlungsgenehmigungen führte zu einer Art Sammlungsmonopol der großen Verbände der Wohlfahrtspflege, die früher auch die Deutsche Liga zur Wohlfahrtspflege gebildet hatten. Insbesondere galt dies für die überlokalen Haus -und Straßensammlungen.[198] Die Haus- und Straßensammlungen der fünf großen Verbände der Wohlfahrtspflege waren bis in die 1960er Jahre hinein ihre wesentliche Einnahmequelle privater Spenden.[199] Eine begrenzte Steuerung der Sammlungen durch die Verwaltung bezeichneten die Spitzenverbände der freien Wohlfahrtspflege insofern wohl als wünschenswert.[200]

Die Voraussetzungen einer Sammlung (Art und Weise der Vorbereitung, Durchführung und Abrechnung der Sammlungen) wurden durch die zunächst noch weitergeltende Durchführungsverordnung zum Reichssammlungsgesetz, später durch solche der Bundesländer geregelt.[201]

Für die Wohlfahrtsorganisationen wurde der Einsatz von Berufssammlern durch die staatliche Festsetzung (niedriger) Kosten bei Sammlungen zunehmend schwieriger. Die Festsetzung von Höchstgrenzen geht auf das bereits in den Bestimmungen von 1915/1917 geregelte angemessene Verhältnis zwischen Sammlungskosten und Sammlungsertrag und die nach der Durchführungsverordnung zum Reichssammlungsgesetz vorgesehenen Festsetzungsvorschriften zurück.[202] Die Provisionen oder Tageslöhne für Berufssammler galten nämlich als Kosten, die festgesetzten Höchstgrenzen waren damit schwer einzuhalten. Zusätzlich hemmend wirkte sich die Regelung der Bundesländer aus, nach der bei Haus- und Straßensammlungen nur noch ehrenamtliche Sammler eingesetzt werden durften.[203]

---

hierzu z. B. die Kollektenbekanntmachung – KollektBek - v. 3.12.2007, KABl. 2008, S. 31, der *Evangelisch-Lutherischen Kirche in Bayern* aus der Rechtssammlung der Evangelisch-Lutherischen Kirche in Bayern, E. IV. 415 ff., [Stand: April 2021].

198 So *Lingelbach*, Geschichte des Ehrenamtes, in: Ehrenamt und Mäzenatentum, Westfälische Forschungen 2005, S. 337, 341.

199 *Lingelbach*, Geschichte des Ehrenamtes, in: Ehrenamt und Mäzenatentum, Westfälische Forschungen 2005, S. 337, 337 f., 354 ff.

200 Vgl. *BVerwG*, Urt. v. 28.9.1965 – I C 53.62, Rn. 10, Wolters Kluwer Online

201 Vgl. z. B. Richtlinien für das Sammlungswesen, Runderlass des *Sozialministers von Nordrhein-Westfalen* v. 22.10.1951, in: Ministerialblatt Nordrhein-Westfalen1951, S. 1217.

202 Siehe § 3 Bundesratsverordnung über Wohlfahrtspflege während des Krieges v. 15.2.1917 (RGBl. I 1917, S. 143), erlassen aufgrund des § 3 des Gesetzes über die Ermächtigung des Bundesrats zu wirtschaftlichen Maßnahmen usw. v. 4.8.1914 (RGBl. I 1914, S. 327); §§ 5-7 Durchführungsverordnung v. 14.12.1934 zum Sammlungsgesetz v. 5.11. 1934 (RGBl. I 1934, S. 1250).

203 Vgl. *Lingelbach*, Geschichte des Ehrenamtes, in: Ehrenamt und Mäzenatentum, Westfälische Forschungen 2005, S. 337, 341.

Bei den Haus- und Straßensammlungen waren die Wohlfahrtsorganisationen nun darauf angewiesen, ehrenamtliche Helfer zu rekrutieren und einsetzen zu können. Das verursachte einen erheblichen personellen und logistischen Aufwand. Es war schwierig, freiwillige Sammler zu finden, denn das Sammeln war keine angenehme Tätigkeit, psychologisch belastend und zeitintensiv.[204] Vermutlich aufgrund der nationalsozialistischen Vorgeschichte der Haus- und Straßensammlungen wurden die Sammler von potentiellen Spendern häufig unfreundlich behandelt. Auf eventuelle Kritik an den Sammlungen wurden die Sammler teilweise bei vorab stattfindenden Informationsabenden vorbereitet. Diese Informationsabende sollten auch über den Ablauf der Sammlung informieren.[205]

Gerade die Durchführung von Haussammlungen war zeitaufwendig. Nach Übernahme der Sammelutensilien klingelten die ehrenamtlichen Sammler an den Haustüren der ihnen zugeteilten Straßen. Falls sie niemanden antrafen, sollten sie später ein zweites oder drittes Mal klingeln. Nach der Sammlung mussten die Sammelutensilien wieder abgegeben sowie das Geld gezählt und abgerechnet werden. Bei Straßensammlungen gab es häufig eine Art Begleitprogramm (z. B. Lieder singen).[206]

Viele Verbände griffen auf ihre Mitglieder als ehrenamtliche Sammler zurück. Religiöser oder politischer Zweck halfen dabei sowohl als Argument ehrenamtliche Sammler zu finden als auch potentielle Spender zu Spenden zu bewegen. Andere hatten es mangels solcher Zwecke oder mangels großer Mitgliederzahlen schwerer, Sammler zu finden.[207]

Da nicht genügend freiwillige Sammler gefunden werden konnten, wurden sowohl Gratifikationen gegeben als auch teilweise dem Gesetz zuwiderhandelnd

204 *Anonym,* De(im)pressionen eines Sammlers, DPWV Nachrichten 1965, S. 174, 174: „Drei Tage lang klappern, klappern - und die Büchse wird nur langsam schwerer. Ich sehe sie schon milde lächeln: Wer gibt sich zu so etwas her?“ Und zur Haussammlung:„ 150 Türen, Treppen. 150mal klingeln, 150mal Spruch aufsagen, Antworten registrieren... schon wieder einer, bei Hitler war's nicht schlimmer!... Sie können ja nichts dafür!... nein, gestern war schon einer da!... mein Mann hat schon!... keine Zeit!... kommen Sie in einer halben Stunde wieder!... na, ja, aber diese Bettelei geht einem auf die Nerven!... wir zahlen doch Steuern, was soll's also?"; *Lingelbach,* Geschichte des Ehrenamtes, in: Ehrenamt und Mäzenatentum, Westfälische Forschungen 2005, S. 343, 346 ff.

205 *Lingelbach,* Geschichte des Ehrenamtes, in: Ehrenamt und Mäzenatentum, Westfälische Forschungen 2005, S. 337 348.

206 *Lingelbach,* Geschichte des Ehrenamtes, in: Ehrenamt und Mäzenatentum, Westfälische Forschungen 2005, S. 337, 348 f.

207 *Lingelbach,* Geschichte des Ehrenamtes, in: Ehrenamt und Mäzenatentum, Westfälische Forschungen 2005, S. 337, 343 ff.

Provisionen gezahlt. Es wurden häufig Kinder und Jugendliche eingesetzt.[208] Zudem führte die gesellschaftliche Entwicklung zu weniger ehrenamtlichen Sammlern. Die Bedeutung der Kirchen und der Gemeindearbeit als den Alltag und die Freizeit bestimmende Institution ließ nach, das klassische Arbeitermilieu löste sich langsam auf und Frauen begangen zunehmend berufstätig zu sein.[209] Hinzukam die wachsende Konkurrenz um die ehrenamtlichen Sammler durch die steigende Zahl wohltätiger Organisationen. Waren in der unmittelbaren Nachkriegszeit noch die Spitzenverbände der Wohlfahrt maßgeblich für die Linderung der Not und den Wiederaufbau, so entstanden schon relativ bald neue sammelnde Organisationen für humanitäre Hilfe, aber auch neue Sammelzwecke wie Tierschutz, Tuberkulosebekämpfung oder Kriegsgräberpflege.[210]

Diese Entwicklung verstärkte sich mit der Liberalisierung der Sammlungsgesetze der Länder und der Sozialgesetzgebung in den 50er Jahren. Stellenwert, Anlässe und Zwecke änderten sich, da soziale Probleme und ihre Lösung weitgehend als staatliche Aufgabe betrachtet wurden.[211]

Die restriktive und steuernde Handhabung des Sammlungsgesetzes und der Durchführungsverordnungen durch die Verwaltung war in zwei Fällen Gegenstand der Rechtsprechung des Bundesverwaltungsgerichts.[212] Auch das Bundesverfassungsgericht wies darauf hin, dass das Sammlungsgesetz in der Verwaltungspraxis weiterhin im Sinne einer umfassenden behördlichen Lenkung des Sammlungswesens ausgeübt würde. Das ergäbe sich auch aus den Ländererlassen zum Sammlungsgesetz und aus den von den Ländern Bayern und Nordrhein-Westfalen im Verfahren vorgelegten Unterlagen.[213] Diese Verwaltungspraxis wurde teilweise in den Medien kritisiert.[214]

1960 nahm das Bundesverwaltungsgericht an, dass die Genehmigungsvorbehalte im Hinblick auf das Rechtsstaatsprinzip in ein gebundenes Erlaubnisverfahren

---

208 *Lingelbach*, Geschichte des Ehrenamtes, in: Ehrenamt und Mäzenatentum, Westfälische Forschungen 2005, S. 337, 350 ff.

209 Siehe *F. Maier*, Zwischen Arbeitsmarkt und Familie – Frauenarbeit in den alten Bundesländern, in: Helwig/Nickel, Frauen in Deutschland 1945–1992, S. 257, 258 ff.; *Lingelbach*, Geschichte des Ehrenamtes, in: Ehrenamt und Mäzenatentum, Westfälische Forschungen 2005, S. 337, 354.

210 Vgl. *Lingelbach*, Geschichte des Ehrenamtes, in: Ehrenamt und Mäzenatentum, Westfälische Forschungen 2005, S. 337, 354 ff.

211 Vgl. *Ströing*, Reichtum und gesellschaftliches Engagement, S. 86; *Lingelbach*, Geschichte des Ehrenamtes, in: Ehrenamt und Mäzenatentum, Westfälische Forschungen 2005, S. 337, 356 ff.

212 *BVerwGE* 10, 199, 199 ff.; *BVerwG*, Urt. v. 28.9.1965 – I C 53.62, Rn. 6, Wolters Kluwer Online.

213 *BVerfGE* 20, 150, 158 f.

214 Vgl. *Der Spiegel* v. 11.9.1966, Sammlungsgesetz – Unter uns gesagt, S. 72–74.

umgedeutet werden könnten, und erklärte das Reichssammlungsgesetz in dieser Form für weiter anwendbar.[215] Die Bedürfnisprüfung nach § 4 der I. DVOSammlG wurde aber für grundrechtswidrig angesehen.[216]

In seiner Entscheidung von 1965 bestätigte das Bundesverwaltungsgericht diese Auffassung und lehnte es (erneut) ab, alle Vorschriften des Sammlungsgesetzes für ungültig anzusehen. Die Entscheidung ging aber insoweit über diejenige von 1960 hinaus, als sie statuierte, dass das Sammlungsgesetz keine Ermächtigung zur Lenkung und Beeinflussung von Sammlungen durch die Verwaltungsbehörden gäbe. Eine derartige Auslegung wäre nicht mehr im verfassungsmäßigen Rahmen.[217]

Eine Normenkontrollklage des Bundestages veranlasste das Bundesverfassungsgericht 1966 zu einer erneuten Überprüfung des Reichssammlungsgesetzes[218] mit dem Ergebnis, dass dieses nunmehr insgesamt nichtig war.[219] Das Reichssammlungsgesetz enthalte ein generelles (repressives) Sammlungsverbot mit Erlaubnisvorbehalt, welcher nicht den verfassungsrechtlichen Anforderungen an gesetzliche Erlaubnisvorbehalte entspreche. Die Grundrechte der Spenden sammelnden Organisationen seien dadurch unverhältnismäßig eingeschränkt.

Das Bundesverfassungsgericht entwickelte in diesem Urteil die mit dem Grundrecht auf allgemeine Handlungsfreiheit verträglichen Grenzen eines gesetzlichen Erlaubnisvorbehalts. Ein präventives Verbot mit Erlaubnisvorbehalt ist zulässig.[220] Der Erlaubnisvorbehalt ist kein generelles Verbot, sondern nur eine vorläufige Sperre. Im Umkehrschluss folgt daraus ein Rechtsanspruch auf Erteilung einer Sammlungsgenehmigung, wenn die objektiven gesetzlich festgelegten Voraussetzungen für eine Genehmigung erfüllt sind.[221] Art. 2 Abs. 1 GG verbietet aber nicht jede gesetzliche Regelung und Beaufsichtigung des Sammlungswesens. Eine solche kann zur Wahrung der öffentlichen Sicherheit und Ordnung, zur Vermeidung von Betrügereien, von unlauterem Wettbewerb und sonstigen Ordnungswidrigkeiten zulässig sein. Das Ob und Wie der Regelung des Sammlungswesens überließ das Bundesverfassungsgericht den zuständigen Landesgesetzgebern.[222]

Nach der Entscheidung des Bundesverfassungsgerichts hätten die Bundesländer sich auch gegen Sammlungsgesetze entscheiden können. Es wurde jedoch

---

215 *BVerwGE* 10, 199, 200 f.

216 *BVerwGE* 10, 199, 201 f.

217 *BVerwG*, Urt. v. 28.9.1965 – I C 53.62, Rn. 11, Wolters Kluwer Online.

218 SammlungsG v. 5.11.1934 (RGBl. I 1934, S. 1086) i.d.F. v. 23.10.1941 (RGBl. I 1941, S. 654).

219 *BVerfGE* 20, 150, 153 ff.; vgl. *Weber*, in: Creifelds, Rechtswörterbuch, öffentliche Sammlung, 26. Edition 2021.

220 *BVerfGE* 20, 150, 157, 159.

221 *BVerfGE* 20, 150, 155; *Schaden/Beckmann/Stollenwerk*, PdK, RP SammlG, Einleitung Nr. 4.

222 Vgl. *BVerfGE* 20, 150, 161 f.

befürchtet, dass ohne behördliche Kontrolle Spendensammlungen ausufern würden. Der Bürger müsse vor einer unvermeidlichen psychischen Zwangslage geschützt werden, in die er durch direktes Spendenwerben auf der Straße oder an der Haustür von Angesicht zu Angesicht gerate. Die Bürger könnten erheblich und unter Umständen untragbar belästigt und die öffentliche Sicherheit gestört werden. Unseriösen Sammelorganisationen und eine mögliche Überforderung der angesprochenen Spender könnten zu einem Nachlassen der Geberfreundlichkeit führen und sich damit langfristig nachteilig auf die Erfüllung wichtiger gemeinnütziger Aufgaben auswirken.[223]

Die Ständige Konferenz der Innenminister hatte bereits Anfang der sechziger Jahre wegen aufkommender Bedenken hinsichtlich der Verfassungsmäßigkeit des Sammlungsgesetzes von 1934 einen Modellentwurf für ein Sammlungsgesetz erstellen lassen. Auf diesem Entwurf basieren die Sammlungsgesetze der alten Bundesländer. Sie sind sich daher inhaltlich ähnlich. Ende der sechziger bzw. Anfang der siebziger Jahre traten die Sammlungsgesetze der alten Bundesländer in Kraft.[224]

Nach der Wiedervereinigung entstanden Mitte der neunziger Jahre in den neuen Bundesländern Sammlungsgesetze entsprechend des damaligen Modellentwurfs.[225] Lediglich Sachsen-Anhalt lehnte die Einführung eines Sammlungsgesetzes 1998 ab, da Missbräuche ausreichend durch die bestehenden allgemeinen Regeln des Polizei- und Ordnungsrechtes bekämpft werden könnten. Der Erlaubnisvorbehalt wurde in Sachsen- Anhalt bereits damals als eine überflüssige, bürokratische Regelung gesehen.[226]

### *d. Liberalisierung und Bedeutungsverlust der Sammlungsgesetze*

Die Bedeutung der Haus- und Straßensammlung als zentrales Spendenwerbemittel nahm im Laufe der Zeit ab, insbesondere seit den 1960er Jahren. Das Verhältnis von Aufwand zu Ertrag wurde immer ungünstiger, und das Spendenvolumen nahm ab. Es gab immer mehr Spenden sammelnden Organisationen und Sammlungen. Gleichzeitig wurde die Zahl der ehrenamtlichen Sammler weniger, da Frauen vermehrt berufstätig wurden. Dadurch verringerten sich auch die Spendeneinnahmen, denn potentielle Spenderinnen waren nun nicht mehr so häufig zuhause oder bei Straßensammlungen anzutreffen.[227]

---

223 Vgl. die Begründung des Entwurfs für das Sammlungsgesetz von *Mecklenburg-Vorpommern* (mittlerweile aufgehoben), LT-Drs. 2/1037, S. 11; *v. Hippel*, Grundprobleme von Nonprofit-Organisationen, S. 290.

224 *v. Hippel*, Grundprobleme von Nonprofit-Organisationen, S. 291.

225 *v. Hippel;* Grundprobleme von Nonprofit-Organisationen, S. 291.

226 *v. Hippel*, Grundprobleme von Nonprofit-Organisationen, S. 291.

227 *Lingelbach*, Geschichte des Ehrenamtes, in: Ehrenamt und Mäzenatentum, Westfälische Forschungen 2005, S. 337, 354, 356 f.

Die Sammlungsgesetze in den meisten Bundesländern wurden liberalisiert, so dass Briefwerbung und Spendenaufrufe in den Medien zwar u.U. überwacht werden konnten, aber keiner Erlaubnis (mehr) bedurften. Spendenaufrufe erfolgten häufiger durch Briefsendung und durch Fernsehen und Hörfunk. Anstelle der direkten Barzahlung traten zunehmend Banküberweisungen.[228]

Zusätzlich entwickelten sich Spendenmarkt und Sammlungsformen weiter. Dabei entstanden neue Formen und Werbemethoden: Fernsehwerbung, Öffentlichkeitsarbeit durch spektakuläre Aktionen, Telefonmarketing sowie Werbung und Selbstdarstellung über das Internet waren (meistens) nicht durch die Sammlungsgesetze erfasst.[229]

Für diese Werbe- und Sammlungsformen bedurfte es nicht mehr der Masse der ehrenamtlichen Helfer. Der organisatorische Aufwand war ebenfalls geringer. Insofern verlagerte sich der Schwerpunkt der Sammlungsform von den Haus- und Straßensammlungen hin zu den genehmigungsfreien Sammlungsformen. Der Großteil privater Spenden erfolgte über diese modernen Sammlungsformen. Die Erträge aus Haus- und Straßensammlungen waren rückläufig.[230]

### e. *Abschaffung der Sammlungsgesetze*

Die Entwicklung moderner Sammlungsformen führte so gewissermaßen zu einer Verdrängung der Haus- und Straßensammlung bis hin zur Abschaffung der Sammlungsgesetze in den meisten Bundesländern. Lediglich in drei Bundesländern existieren noch Sammlungsgesetze: Rheinland-Pfalz, Saarland und Thüringen.

In den anderen Bundesländern wurde die Abschaffung der Sammlungsgesetze[231] vor allem mit dem Bedeutungsverlust begründet, der sich gerade in den, im Verhältnis zum gesamten Spendenvolumen in Deutschland,[232] geringen Spendenerträgen

228 *Lingelbach*, Geschichte des Ehrenamtes, in: Ehrenamt und Mäzenatentum, Westfälische Forschungen 2005, S. 337, 357.

229 So die Gesetzentwürfe zur Aufhebung des jeweiligen Sammlungsgesetzes, *Bayerischer Landtag*, Drs. 15/8371 v. 19.6.2007, S. 3; *Schleswig-Holsteinischer Landtag*, Drs. 16/1617 v. 25.9.2007, S. 2; Niedersächsischer Landtag, Drs. 15/3180, S. 2.

230 *Lingelbach*, Geschichte des Ehrenamtes, in: Ehrenamt und Mäzenatentum, Westfälische Forschungen 2005, S. 337, 356 f.; *Bayerischer Landtag*, Drs. 15/8371 v. 19.6.2007, S. 3; vgl. *Arndt*, Zeitgemäße Neubelebung der Sammlungsgesetze der Länder, npoR 2011, 41, 41 f.

231 Ausführlich *Arndt*, Zeitgemäße Neubelebung der Sammlungsgesetze der Länder, npoR 2011, 41, 41 ff.

232 2,6 Mrd. € war das Spendenvolumen in Deutschland vom 1.7.2004 bis 31.6.2005 laut Bilanz des Helfens 2005 von *Spendenrat e.V. und GfK*, abrufbar unter: https://www.spendenrat.de/wp-content/uploads/Downloads/Bilanz-des-Helfens/bilanz-des-helfens-2005-deutscher-spendenrat.pdf (aufgerufen am 30.8.2021).

durch öffentliche Sammlungen zeige.[233] Der Bedeutungsverlust müsse auch Konsequenzen in Form von Deregulierung und Kosteneinsparungen bei der Verwaltung haben.[234] Ordnungspolitische Aufgabe der Verwaltung sei die Gefahrenabwehr und nicht, das Vertrauen der Bürger in ordnungsgemäße Sammlungen zu verstärken. Das müssten die Spenden sammelnden Organisationen selbst tun.[235] Die mündigen Bürger seien selbstverantwortlich und hätten ausreichend Möglichkeiten, sich über die Spenden sammelnden Organisationen zu informieren. Daher bestehe auch kein Schutzbedürfnis durch den Staat.[236] Die Erteilung einer Sammlungsgenehmigung habe auch weder eine behördliche Seriositätsprüfung des Sammlers noch eine behördliche Kontrolle der zweckentsprechenden Verwendung des Sammlungsertrags bedeutet, sondern sei lediglich ein formaler Akt gewesen.[237]

Auch die Spenden sammelnden Organisationen hätten durch die Abschaffung der Sammlungsgesetze weniger finanziellen und organisatorischen Aufwand, da nun keine Antragstellung für eine Sammelerlaubnis mehr erforderlich sei.[238] Der Bürger könne sich eigenverantwortlich und an anderer Stelle über die Seriosität

233 *Bayerischer Landtag*, Drs. 15/8371 v. 19.6.2007, S. 3: Sammlungen in der Oberpfalz führten zu ca. 26 Mio. € Spenden im Jahr 2004; in der Stadt Kiel wurde nur Spenden im vierstelligen Bereich gesammelt laut *Schleswig-Holsteinischer Landtag*, Drs. 16/1617 v. 25.9.2007, S. 8.

234 *Niedersächsischer Landtag*, Drs. 15/3180 v. 20.9.2006, S. 3 ff.; *Bayerischer Landtag*, Drs. 15/8371 v. 19.6.2007, S. 1, 3 f.; laut Redebeitrag des Landtagsabgeordneten Günther Hildebrand (FDP) in der 69. Sitzung v. 10.10.2007, *Schleswig-Holsteinischer Landtag*, Plenarprotokoll 16/69, S. 5001, konnten in Schleswig-Holstein durch die Abschaffung des Sammlungsgesetzes 0,2 Stellen und damit Haushaltsmittel in Höhe von jährlich 16.000 EUR eingespart werden; *Schleswig-Holsteinischer Landtag*, Drs. 16/1617 v. 25.9.2007, S. 6; Mitteilung der *Senatspressestelle Bremen* – Der Senator für Inneres und Sport – v. 29.4.2005 (abrufbar unter: https://www.senatspressestelle.bremen.de/pressemitteilungen/buerokratieabbau-ganz-konkret-bremisches-sammlungsgesetz-seit-april-aufgehoben-14266?asl=bremen146.c.25714.de, aufgerufen am 30.8.2021).

235 *Schleswig-Holsteinischer Landtag*, Drs. 16/1617 v. 25.9.2007, S. 8.

236 *Schleswig-Holsteinischer Landtag*, Drs. 16/1617 v. 25.9.2007, S. 6; Mitteilung der *Senatspressestelle Bremen* – Der Senator für Inneres und Sport – v. 29.4.2005 (abrufbar unter: https://www.senatspressestelle.bremen.de/pressemitteilungen/buerokratieabbau-ganz-konkret-bremisches-sammlungsgesetz-seit-april-aufgehoben-14266?asl=bremen146.c.25714.de, aufgerufen am 30.8.2021).

237 Vgl. *Niedersächsischer Landtag*, Drs. 15/3180 v. 20.9.2006, S. 2; *Innenministerium des Landes Nordrhein-Westfalen*, Gefahrenabwehr in Nordrhein-Westfalen - Jahresbericht 2006, S. 77.

238 Redebeitrag des Innenministers Dr. Ralf Stegner (SPD) in der 69. Sitzung vom 10.10.2007, *Schleswig-Holsteinischer Landtag*, Plenarprotokoll 16/69, S. 4998.

der Spenden sammelnden Organisationen informieren, insbesondere beim Deutschen Zentralinstitut für soziale Fragen (DZI) oder dem Deutschen Spendenrat e.V. (Deutscher Spendenrat).[239]

## *2. Aktuelle Bedeutung der Haus- und Straßensammlungen*

Zwar mögen die Haus- und Straßensammlungen an Bedeutung verloren haben, sie existieren aber weiter. Die ehemaligen Spitzenverbände der Wohlfahrtspflege führen regelmäßig ihre bekannten regionalen Haus- und Straßensammlungen durch.[240]

Private Sammlungen werden typischerweise als Haus- oder Straßensammlung organisiert. Schüler stehen auf Straßenfesten mit der Sammelbüchse und werben für ein Umwelt- oder Entwicklungshilfeprojekt ihrer Schule oder klingeln an den Haustüren, um dafür zu sammeln. Die Straßensammlung ist dabei häufiger als die Haussammlung.

Mangels Sammlungsgesetzen in den meisten Bundesländern gibt es allerdings keine staatliche Erfassung über früher erlaubnispflichtige Sammlungen. Jeder kann jederzeit zu jedem Zweck sammeln, wann und wo er will.[241] In welchem Maße gemeinnützige und nicht gemeinnützige Sammler Haus- und Straßensammlungen veranstalten, kann also nicht abgeschätzt werden.

Die „Bilanz des Helfens"[242] untersucht, wodurch Menschen zu Spenden veranlasst werden. Hier wird folgendermaßen unterschieden:

Persönlich adressierter Brief, Kollekte, Freunde, soziales Netzwerk, persönliche Ansprache, Medien, Internet, Mitgliedschaft, regelmäßige Spende, Keine Angaben/ Sonstige.

Unter persönlicher Ansprache wird neben Info-Veranstaltungen oder dem Stand einer Spenden sammelnden Organisation auch die direkte Ansprache auf der Straße, an der Haustür oder anlässlich eines Besuchs verstanden, also Haus- und Straßensammlungen.

---

239 *Niedersächsischer Landtag*, Drs. 15/3180 v. 20.9.2006, S. 2 f.; *Bayerischer Landtag*, Drs. 15/8371 v. 19.6.2007, S. 4; *Arndt*, Zeitgemäße Neubelebung der Sammlungsgesetze der Länder, npoR 2011, 41, 43 ff.

240 Vgl. https://www.diakonie-bayern.de/die-diakonie-unterstuetzen/sammlungen/fruehjahrssammlung.html; https://spenden.caritas-nah-am-naechsten.de/de/aktiv-werden/caritas-sammlung (alle aufgerufen am 27.8.2021).

241 So *DZI*, Sammlungsgesetze, abrufbar unter: https://www.dzi.de/wp-content/pdfs_Spendentipps/Sammlungsgesetze.pdf (aufgerufen am 27.8.2021).

242 *Spendenrat e.V. und GfK*, Bilanz des Helfens 2021, abrufbar unter https://www.spendenrat.de/wp-content/uploads/Downloads/Bilanz-des-Helfens/bilanz-des-helfens-2021-deutscher-spendenrat.pdf (aufgerufen am 30.8.2021). Alle nachfolgenden Zahlen dort entnommen.

Betrachtet man die Entwicklung der Sammlungs- und Werbeformen, lag die persönliche Ansprache auf der Straße 2015 noch bei 3,8 Prozent, hat sich 2016 auf 4,4 Prozent erhöht und ist drei Jahre lang konstant bei diesem Wert geblieben. 2019 gab es einen leichten Rückgang auf 4,2 Prozent. Der massive Rückgang im Jahr 2020 auf 3,3 Prozent ist vermutlich auf die pandemiebedingten Einschränkungen sozialer Kontakte und damit auch der Haus- und Straßensammlungen zurückzuführen.

Gleichzeitig ist die Bedeutung des persönlich adressierten Briefs[243] im Pandemiejahr 2020 auf 21,1 Prozent gestiegen. Im Jahr 2019 lag der Anteil noch bei 19,3 Prozent.

Der persönlich adressierte Brief und die persönliche Ansprache veranlassen ungefähr 25% der Spender zu ihrer Spende.

Etwas größer ist nur der Anteil der Menschen, die immer für eine bestimmte Organisation spenden (26,2 Prozent).

Auffällig ist auch der Einfluss von Freunden (8,1 Prozent).

Alle diese Sammlungsmethoden oder Anlässe für Spenden beruhen auf verschiedenen Formen einer persönlichen Ansprache und des Vertrauens. Diese sind für mehr als 50 Prozent der Spenden verantwortlich. Da ist es nicht verwunderlich, dass die persönliche Ansprache als beste Fundraising-Methode beurteilt wird.[244]

Wenn es darum geht, in der Öffentlichkeit für Spenden zu werben und neue und unbekannte potentielle Spender anzusprechen, muss die Wirkung der persönlichen Ansprache mit der von Medien, Internet und sozialen Netzwerken, verglichen werden. Die Bedeutung der klassischen Medien wie Zeitungen, Fernsehen und Rundfunk sank von 8,7 Prozent im Jahr 2015 auf 7,4 Prozent im Jahr 2019 und auf 6,7 Prozent im Jahr 2020. Internet und soziale Medien als Spendeninitiator konnten sich im gleichen Zeitraum langsam steigern von 1,9 Prozent auf 2,5 Prozent in 2019 und 3,2 Prozent in 2020. Nur noch 3,3 Prozent der Spender haben 2020 die persönliche Ansprache als Spendenanlass angegeben und der Wert ist damit unter den Wert im Jahr 2015 von 3,8 Prozent gefallen. Bei Betrachtung der Entwicklung vor dem Pandemiejahr 2020 fällt aber auf, dass der Wert vier Jahre hintereinander über 4 Prozent lag.

Daraus und aus einer vermuteten Dunkelziffer lässt sich schließen, dass sich Haus- und Straßensammlungen als feste Größe öffentlicher Spendensammlungen behaupten können, nicht bedeutungslos geworden sind und vielleicht sogar leicht an Bedeutung zu gewinnen vermögen.

---

243 Der persönlich adressierte Brief unterliegt in den drei Bundesländern mit Sammlungsgesetzen nur der Sammlungsaufsicht und ist nicht erlaubnispflichtig.

244 Vgl. *Haibach*, Handbuch Fundraising, S. 252.

## III. Neue Spenden- und Sammlungsformen oder nur neue Bezeichnungen?

Neben Haus- und Straßensammlung sowie der Kollekte gibt es eine Reihe von neuen Begriffen, die im Zusammenhang mit Spenden und Spendensammlungen im allgemeinen Sprachgebrauch verwendet werden. Benefiz- oder Wohltätigkeitsveranstaltungen wie Kuchenverkauf oder Basar heißen mitunter Fundraising-Event. Mit Crowdfunding wird versucht, Geschäftsideen zu finanzieren, indem Spenden über das Internet gesammelt werden. Es scheint, als handelte es sich um neue Spenden- und Sammlungsformen. Aber sind sie das wirklich?

Die Tendenz, anglo-amerikanische Begriffe unreflektiert[245] zu übernehmen, hat zugenommen, soll Modernität beweisen und attraktiv wirken. Solche Begriffe täuschen häufig etwas Neues vor, sind aber nur alter Wein in neuen Schläuchen.[246]

Vielleicht ist Fundraising nur das gleiche wie eine Spendensammlung und Crowdfunding lediglich eine Spendensammlung über das Internet. Möglicherweise ist Sponsoring auch nur Spenden.

Darüber hinaus haben diese Begriffe häufig eine leicht andere Bedeutung als die deutschen Begriffe, oder sie sind in ihrem Herkunftsland nicht definiert, unklar oder umstritten. Kommt dann noch hinzu, dass sie in deutschem Zusammenhang falsch verwendet werden, entstehen unklare Sachverhalte.

Sind es wirklich neue Spenden- und Sammlungsformen und haben sie den Charakter von Sammelvermögen?

Dies wird im Folgenden erörtert, um Unklarheiten und Verwechslungen zu vermeiden.

### 1. *Fundraising*

Häufig wird vom „Fundraising“ und nicht von professioneller Spendensammlung gesprochen. „Fundraising“ ist ein amerikanischer Begriff. „Fund“ bedeutet Geld oder Kapital und zugleich die Kapital- und Vermögensbasis einer Organisation. „To raise“ heißt, etwas zu beschaffen.[247] Wörtlich übersetzt ist Fundraising also „Mittelbeschaffung“ oder „Kapitalbeschaffung“. Da die wörtliche Übersetzung die Wortbedeutung nicht ganz trifft, wird meistens auch im Deutschen der amerikanische Begriff verwendet,[248] der sich bereits umgangssprachlich etabliert hat. So

245 Vgl. *Neuhoff*, Grundsätze ordnungsgemäßer Stiftungsverwaltung, Stiftung & Sponsoring 2/2003, Rote Seiten, 7.

246 Vgl. auch *v. Schönfeld*, Leitungs- und Kontrollstrukturen in gemeinnützigen Organisationen, S. 28.

247 *Cambridge Dictionary*, raise, abrufbar unter: https://dictionary.cambridge.org/dictionary/english-german/raise (aufgerufen am 27.8.2021).

248 Vgl. *Haibach*, Anforderungen an eine erfolgreiche Fundraising-Praxis, Non Profit Law Yearbook 2005, 229, 230.

beschreibt der Duden Fundraising als das Beschaffen von Spendengeldern, besonders für wohltätige Zwecke.[249] Der Fundraiser ist mittlerweile auch eine Berufsbezeichnung[250] für jemanden, der professionell Spenden für wohltätige Zwecke sammelt,[251] bzw. die Öffentlichkeit mit Methoden des Marketings für gute Zwecke mobilisiert.[252]

Der Begriff „Fundraising“ wird gesetzlich nicht erwähnt oder definiert, aber in der rechtswissenschaftlichen Literatur verwendet.[253] Er wird undifferenziert als eine Art Oberbegriff benutzt.[254] Es ist unklar, ob neben der allgemeinsprachlichen eine eigenständige rechtliche Bedeutung besteht.

Der Blick auf das sprachliche Herkunftsland USA zeigt, dass professionelle „Fundraiser“ und „Solicitors“ dort historisch unterschiedliche Rollen hatten. Der „professionelle Fundraiser“ oder auch „Professional Fundraising Counsel“ war als Berater an der Planung der Fundraising- oder Sammlungsaktion beteiligt, sammelte aber nicht selbst.[255] Die wohltätige Organisation führte die Sammlung durch

---

249 *Duden online,* Fundraising, abrufbar unter: https://www.duden.de/suchen/dudenonline/fundraising (aufgerufen am 27.8.2021).

250 Allerdings handelt es sich um keine geschützte Berufsbezeichnung und um keine staatlich anerkannte Ausbildung; vgl. *Deutscher Fundraising Verband e.V.*, Wie werde ich Fundraiser?“, abrufbar unter: www.dfrv.de/fundraising-branche/fundraiser-werden/; *Schleufe*, Fundraising. Wer nicht fragt, bekommt auch nichts, in: Zeit online v. 8.9.2015, abrufbar unter:https://www.zeit.de/karriere/beruf/2015-08/fundraising-beruf?print (alle aufgerufen am 27.8.2021).

251 *Duden online*, Fundraiser, abrufbar unter: https://www.duden.de/suchen/dudenonline/fundraiser (aufgerufen am 27.8.2021).

252 *Englert*, Die Jobs der Zukunft: neue Berufsbilder und was sich dahinter verbirgt, 109; vgl. auch *Haibach*, Anforderungen an eine erfolgreiche Fundraising-Praxis, Non Profit Law Yearbook 2005, 229, 229. So gibt es zahllose kostenpflichtige Bildungsangebote im Bereich Fundraising, z. B. der Masterstudiengang „Fundraising-Management und Philantrophie (M.A.)“ der Fundraising Akademie gGmbH in Frankfurt a.M.; abrufbar unter: www.fundraisingakademie.de (aufgerufen am 27.8.2021).

253 Z. B. *v. Hippel/Walz*, Rechtsvergleichender Generalbericht, in: Walz/v. Auer/v. Hippel, Spenden- und Gemeinnützigkeitsrecht in Europa, S. 89, 103, 153, 183, 199; *dies.*, Rechtspolitische Optionen, in: Walz/v. Auer/v. Hippel, Spenden- und Gemeinnützigkeitsrecht in Europa, S. 215, 262, 268, 276; *Krüger*, Rechtliche Grundlagen des Fundraising, S. 11, 13, 65 f.

254 Vgl. *Krüger*, Rechtliche Grundlagen des Fundraising, S. 11, 13; *Fabisch*, Fundraising, S. 7.

255 Vgl. S. 1 der Definition des „professional fundraising counsel“ gem. 20 Pa. Stat. § 162.3 des Solicitation of Funds for Charitable Purposes Act von Pennsylvania: “Any person who is retained by a charitable organization for a fixed fee or rate under a written agreement to plan, manage, advise or consult or prepare material for or with

und nutzte dabei ehrenamtliche oder professionelle „Solicitors“ (Sammler).[256] Letztere wurden für ihre Tätigkeit bezahlt.[257] Trotzdem gibt es keine einheitliche Begriffsbildung des Fundraisings im US-amerikanischen Recht.[258] Daher ist unklar, welcher Begriff oder welche Definition einem Vergleich mit der deutschen Verwendung des Begriffs „Fundraising“ zugrunde gelegt werden kann. Die unterschiedlichen Zeitpunkte der Gesetzgebung und die Uneinheitlichkeit der Begriffe „Fundraiser“ und „Solicitor“ in den verschiedenen Staaten der USA spiegeln jedoch einen gesellschaftlichen Prozess wider, der sich für eine Umschreibung im Kontext des deutschen Rechts heranziehen lässt.

---

respect to the solicitation in the Commonwealth of contribution for a charitable organization, but who does not solicit contributions or employ, procure or engage any compensated person to solicit contributions and who does not have custody or control of contributions.“

256 Vgl. S. 1 der Definition des „professional solicitor“ gem. 20 Pa. Stat. § 162.3 des Solicitation of Funds for Charitable Purposes Act von Pennsylvania: “Any person who is retained for financial or other consideration by a charitable organization to solicit in this Commonwealth contributions for charitable purposes directly or in the form of payment for goods, services or admission to fundraising events, whether such solicitation is performed personally or through his agents, servants or employees or through agents, servants or employees especially employed by or for a charitable organization who are engaged in the solicitation of contributions, the sale of goods or services or the production of fundraising events under the direction of such person, or a person who plans, conducts, manages, carries on, advises, consults, whether directly or indirectly, in connection with the solicitation of contributions, the sale of goods or services or the production of fundraising events for or on behalf of any charitable organization, but does not qualify as a professional fundraising counsel within the meaning of this act.”

257 Zum Ganzen *Hopkins/Kirkpatrick*, The Law of Fundraising, 56 ff. Danach definieren und unterscheiden die meisten amerikanischen Bundesstaaten weiter zwischen dem professionellen „Fundraiser“ und dem „Solicitor“. Einige Staaten vertauschen dabei die Bedeutung und bezeichnen als „Fundraiser“ jemanden, der in andere Staaten als Solicitor gilt. Manche Staaten definieren den „Fundraiser“ wiederum als eine Art Mischung aus dem klassischem „Fundraiser“ und dem „Solicitor“. Ungefähr ein Dutzend Staaten haben gar keine legale Definition. Die Staaten verwenden zudem unterschiedliche Begriffe für die gleiche Tätigkeit (z. B. „fundraiser“, „fundraising counsel“, „consultant“ etc.), was alles zur Begriffsverwirrung beiträgt.

258 So *Hopkins/Kirkpatrick*, The Law of Fundraising, 56: „There is considerable confusion about the term “*professional fundraiser*“.

Die Sammlungsgesetze der Bundesländer sind dem amerikanischen Recht zum Fundraising[259] am ehesten vergleichbar, da sie regeln, wer unter welchen Voraussetzungen sammeln darf. Für einen Berater oder Planer einer Sammlung im Sinne des US-amerikanischen Fundraisers[260] gab es bisher keinen eigenen deutschen Rechtsbegriff und keine Erwähnung in einem deutschen Gesetz. Die Sammlungsgesetze verwenden die Begriffe „Sammlung", „Veranstalter einer Sammlung" und „Sammler", die sich weder durch Gesetzesänderung noch durch Rechtsprechung oder Literatur verändert haben.

Soweit in Deutschland ein gesellschaftlicher Prozess hinsichtlich des Fundraisings stattfindet, ist er unabhängig vom Gesetz und lässt sich vielmehr anhand wirtschaftswissenschaftlicher und soziologischer Verwendung und Definitionen erkennen. Indes gibt es auch innerhalb der Wirtschaftswissenschaften keine einheitliche und klare Definition des Fundraisings.[261] Einigkeit besteht wohl dahingehend, dass Fundraising selbst nicht als eine spezifische Sammlungs- oder Spendenform oder reine „Spendenwerbung" im Sinne einer werblichen oder kommunikativen Aufgabe betrachtet wird. Als übergeordnete Marketingaufgabe umfasst das Fundraising alle Methoden und Mittel (Finanz-, Sachmittel, Rechte und Informationen, Arbeits- und Dienstleistungen), um Spenden in jeglicher Form zu beschaffen.[262] Hauptsächlich sollen aber finanzielle Mittel eingeworben werden.[263] Dies erfolgt dann über verschiedene (bekannte) Kommunikations- oder Sammlungsmethoden, nämlich Briefwerbung, Straßen- und Haussammlungen, Veranstaltungen, Spendenaufrufe in den Medien und dem Internet etc.[264]

Die Sozialwissenschaften beschäftigen sich weniger mit einer Definition des Fundraisings als mit einer Analyse der Motivation des Spendens für Fundraising-Aktionen. Aufgrund dieser Erkenntnisse kann das Fundraising dann individualisiert

---

259 Nach *Hopkins/Kirkpatrick*, The Law of Fundraising, 49 f., ist Fundraising in den USA auf Bundes-, Landes- und lokaler Ebene stark reguliert. Die meisten Bundesstaaten haben sog. „Charitable Solicitation Acts", die sehr unterschiedlich sind.

260 Vgl. *Hopkins/Kirkpatrick*, The Law of Fundraising, 56 ff.

261 *Urselmann*, Fundraising – Professionelle Mittelbeschaffung für Non-Profit-Organisationen, S. 1, 511: definiert Fundraising als „die systematische Analyse, Planung, Durchführung und Kontrolle sämtlicher Aktivitäten einer gemeinwohlorientierten Organisation, welche darauf abzielen, alle benötigten Ressourcen (Geld-, Sach- und Dienstleistungen) durch konsequente Ausrichtung an den Bedürfnissen der Ressourcenbereitsteller (Privatpersonen, Unternehmen, Stiftungen, öffentliche Institutionen) zu möglichst geringen Kosten zu beschaffen." Nach *Haibach*, Handbuch Fundraising, S. 16 f., kann dagegen jeder, auch eine Einzelperson Fundraising betreiben.

262 *Haibach*, Handbuch Fundraising, S. 16 ff.

263 *Haibach*, Handbuch Fundraising, S. 16 f.

264 *Haibach*, Handbuch Fundraising, S. 227 ff., 247 ff.

werden, um eine Beziehung zum Spender herzustellen und zu pflegen und ihn effektiv zum Spenden zu motivieren.[265]

Zieht man die Erläuterungen aus wirtschaftswissenschaftlicher und soziologischer Sicht heran und verbindet sie mit dem US-amerikanischen Hintergrund sowie der Verwendung in der Rechtsliteratur, ist der Fundraiser jedenfalls mehr als der Sammler. Die planende und beratende Tätigkeit, die Analyse und Kontrolle einer Sammlung geht über die reine Tätigkeit des Sammelns hinaus, ist aber Kernbestandteil jeder Spenden sammelnden Organisation. Nach deutscher Lesart ist das Sammeln aber auch nicht ausgeschlossen aus dem Fundraising. Vielmehr wird es hier als Teil des Fundraisings betrachtet. Insofern ist der Fundraiser in Deutschland eine Mischung aus „Fundraiser“ und „Solicitor“, wenn man die in der Mehrheit der US-Staaten verwendeten Begriffe zugrunde legt.

Eine eigenständige rechtliche Begriffsbestimmung des Fundraisings lässt sich nicht herleiten. Der Begriff ist zwar neu, die Tätigkeit, die damit verbunden ist, aber nicht. Der Begriff „Fundraising“ ist ein Oberbegriff, der das Sammeln oder Organisieren einer Sammlung einschließt und u.U. zu einem Sammelvermögen führen kann. Deswegen ist nicht jeder Fundraiser ein Beteiligter am Sammelvermögen.

### 2. *Sponsoring, Social Sponsoring oder Spende?*

Die Fernsehübertragung jeder großen Sportveranstaltung startet mit einem auf das Ereignis bezogenen Werbespot und dem Zusatz „sponsored by…“. Unternehmenslogos und Marken prangen auf Trikots von Sportlern und auf Plakaten zur Ankündigung von kulturellen Veranstaltungen. Sponsoring wird als finanzielles Mittel gesehen, um sich als Unternehmen gesellschaftspolitisch zu engagieren und zugleich unternehmenseigene Ziele zu verfolgen.

Auch gemeinnützige Organisationen können so unterstützt werden. Zwar wird die gemeinnützige Organisation im Gegenzug nicht großflächig für das Unternehmen werben. Eine Gegenleistung kann hier trotzdem in einem Dank vorliegen. Die Werbung des unterstützenden Unternehmens mit seinem Engagement kann zudem öffentlichkeitswirksam für die gemeinnützige Organisation sein. Beim Sponsoring gemeinnütziger Organisationen wird in der Regel die Organisation und ihr Wirken als Ganzes unterstützt bzw. die finanziellen Mittel werden für die Organisation selbst verwendet, wie z. B. für Trikots für die Jugendfußballmannschaft des Vereins anzuschaffen, auf denen der Name des Sponsors abgebildet wird.

Für den unüblichen Fall, dass eine gemeinnützige Organisation die finanziellen Mittel aus einem Sponsoring nicht für sich verwenden, sondern von vorneherein für einen bestimmten Zweck an andere weitergeben will, könnte das Sponsoring zu einem Sammelvermögen führen bzw. der Sponsor ein Beteiligter am Sammelvermögen sein.

---

265 *Haibach*, Handbuch Fundraising, S. 17 ff., 20 ff.

Sponsoring ist bereits so bekannt, dass es auch in den Duden aufgenommen wurde („das Sponsoring"). Allerdings betrifft dies lediglich das Wort. Eine Definition oder Beschreibung, was Sponsoring ist, fehlt.[266] Der Duden beschreibt den „Sponsor" als jemanden, der einen anderen oder etwas finanziell unterstützt oder fördert.[267] Diese Aussage trifft in ihrer Allgemeinheit auch auf den „Spender", „Förderer", „Gönner", „Mäzen" u. a. zu. Erst das eingedeutschte Verb „sponsern" oder „sponsoren" zeichnet ein klareres Bild vom Sponsoring. Danach ist sponsern eine Unterstützungsleistung (auf Basis eines entsprechenden Vertrags) im Austausch für werblichen o.ä. Zwecken dienende Gegenleistungen.[268]

Der Begriff kommt aus dem anglo-amerikanischen Sprachgebrauch.[269]

Wirtschaftswissenschaftlich betrachtet ist Sponsoring ein Fundraising-Instrument.[270] Unternehmen unterstützen Personen, Gruppen oder Organisationen aus den verschiedensten gesellschaftlichen Bereichen mit Geld oder geldwerten Vorteilen, so dass diese ihre gesellschaftlich positiv bewerteten eigenen Ziele und Zwecke verwirklichen können. Im Gegenzug sind die Personen oder Organisationen Werbeträger für die Unternehmen, und die Unternehmen können zusätzlich mit ihrer Unterstützung für die Personen oder Organisation werben. Werbung und Engagement sollen sich positiv auf das Unternehmensimage und die Produkte des Unternehmens auswirken.[271]

Als „Social Sponsoring" wird die Förderung sozialer Aktivitäten verstanden, die meistens durch gemeinnützige Organisationen wiederum altruistisch zum Wohle der Allgemeinheit erbracht werden.[272]

Zivilrechtlich wird für ein Sponsoring ein Vertrag zwischen dem Unternehmen als Sponsor und dem Empfänger der Leistung geschlossen (Sponsoring-Vertrag),[273] ohne dass Sponsoring legal definiert ist. Im Sponsoringvertrag werden die Sponsoringziele und die Leistungen bzw. Leistungspflichten des Sponsors sowie des

---

266 *Duden online*, Sponsoring, abrufbar unter: https://www.duden.de/rechtschreibung/Sponsoring (aufgerufen am 27.8.2021).

267 *Duden online*, Sponsor, abrufbar unter: https://www.duden.de/rechtschreibung/Sponsor (aufgerufen am 27.8.2021).

268 *Duden online*, sponsern, abrufbar unter: https://www.duden.de/rechtschreibung/sponsern (aufgerufen am 27.8.2021).

269 Vgl. *a law dictionary*, adapted to the Constitutions and Laws of the United States, by *John Bouvier*. Published 1856: "sponsor, civil law: he who intervenes for another voluntarily and without being requested. The engagement which he enters into is only accessory to the principal. Vide Dig. 17, 1, 18; Nov. 4, ch. 1 Code de Com. art. 158, 159; Code Nap. 1236 Wolff, Inst. Sec. 1556.", abrufbar unter: https://legal-dictionary.thefreedictionary.com/Sponsoring (aufgerufen am 27.8.2021).

270 Vgl. *Haibach*, Handbuch Fundraising, S. 17, 465 f.

271 Vgl. *Fabisch*, Fundraising, S. 6, 243 f.; *Haibach*, Handbuch Fundraising, S. 465 f.

272 Vgl. *Ahrens*, in: Harte-Bavendamm/Henning-Bodewig, UWG, Einleitung G. Rn. 97.

273 *Martinek/Omlor*, in: Staudinger, BGB, § 675 Rn. B 195.

Leistungsempfängers festgelegt. Je nach Art des Sponsoringvertrags und der konkreten Gegenleistung sind die damit im Zusammenhang stehende Aufwendungen steuerlich unterschiedlich zu behandeln. Da ein Sammelvermögen nur aus Zuwendungen entstehen kann, die freiwillig und ohne Gegenleistung gegeben werden, ist dies beim Sponsoring nicht möglich, da eine Gegenleistung vertraglich vereinbart wird.

Auch der Blick in die steuerrechtliche Behandlung des Sponsorings,[274] der mangels zivilrechtlicher Regelungen und aufgrund der steuerrechtlichen Gemeinnützigkeitsregelungen für Spenden sammelnde Organisationen relevant ist, ändert daran nichts. Üblicherweise ist die Spende steuerrechtlich freiwillig, ausschließlich fremdnützig und unentgeltlich.[275] Unentgeltlichkeit bedeutet dabei nicht, dass gar keine Gegenleistung erfolgen darf.[276] Zwar kann das Sponsoring ausnahmsweise ertrags- und umsatzsteuerfrei für die gemeinnützige Organisation sein und steuerlich wie eine Spende behandelt werden.[277] Für die steuerliche Einordnung kommt es auf die Art der Gegenleistung an. Ein ertrags- und umsatzsteuerfreies Sponsoring könnte bei einer Vereinbarung über passive Werbung durch den Empfänger oder Werbung mit der Zuwendung bzw. mit der gemeinnützigen Organisation durch den Zuwendenden

274 Steuerrechtlich nimmt der Sponsoring-Erlass des Bundesfinanzministeriums von 1998 (Schreiben des Bundesministeriums für Finanzen vom 18. Februar 1998 zur ertragssteuerlichen Behandlung des Sponsorings (sog. Sponsoringerlass), BStBl. 1998 I, 212) eine Begriffsbestimmung vor, die mittlerweile Eingang in den Anwendungserlass der Abgabenordnung (AEAO Nr. 8ff. zu § 64) gefunden hat: bei Sponsoring wenden Unternehmen Geld oder geldwerte Vorteile Personen, Gruppen oder Organisationen aus gesellschaftspolitisch bedeutsamen Bereichen zu und verfolgen damit eigene Ziele der Werbung oder der Öffentlichkeitsarbeit.

275 *Hüttemann*, Gemeinnützigkeits- und Spendenrecht, Kap. 8 Rn. 8.55; *v. Maydell*, Steuerliche Einordnung des Sponsorings beim gemeinnützigen Empfänger, npoR 2019, 250, 251.

276 Vgl. *Hüttemann*, Gemeinnützigkeits- und Spendenrecht, Kap. 8 Rn. 8.59.

277 Für die gemeinnützige Organisation kann eine Zuwendung eine steuerpflichtige oder eine steuerfreie bzw. teilweise steuerfreie Einnahme sein. (Vgl. die Übersicht bei *v. Maydell*, Steuerliche Einordnung des Sponsorings beim gemeinnützigen Empfänger, npoR 2019, 250, 256). Spenden sind steuerfreie Einnahmen, entweder als Einnahme im ideellen Bereich oder bei der Zuordnung zur ertragssteuerfreien Vermögensverwaltung (*Hörmann*, Spende oder Sponsoring, npoR 2016, 153, 154). Wenn ein Sponsoring ausnahmsweise ertragssteuerlich eine Spende ist (vgl. *v. Maydell*, Steuerliche Einordnung des Sponsorings beim gemeinnützigen Empfänger, npoR 2019, 250, 251), ist diese Zuwendung eine steuerfreie Einnahme (*Hörmann*, Spende oder Sponsoring, npoR 2016, 153, 154). Ob eine solche Ausnahme vorliegt, hängt aber davon ab, welche Art von Gegenleistung die gemeinnützige Organisation erbringt.

jeweils ohne Hervorhebung der Fall sein.[278] Aber wegen der Sponsoringvereinbarung und der damit verbundenen Verpflichtung zur Gegenleistung entfällt auch in diesem Fall steuerrechtlich jedenfalls die Unentgeltlichkeit. Denn die Zuwendung darf nicht in Erwartung der Gegenleistung erfolgen.[279] Der Zuwendende darf weder rechtlich noch faktisch zur Zuwendung und der Empfänger zu einer Leistung verpflichtet sein, z. B. durch mündliche oder schriftliche Vereinbarung.[280] Daher ist das Sponsoring steuerrechtlich keine Spende.

Sponsoring ist also keine neue Spendenform, die zu einem Sammelvermögen führen kann.

Ob ein Sponsoring oder eine Spende vorliegt, hängt in der Praxis der Spenden sammelnden Organisationen häufig von der Gestaltung des Spendenaufrufs oder der Spendenwerbung ab; insbesondere bei Spendenformen über das Internet. Soweit der Sammler dem Spender als kleinen Dank eine Aufmerksamkeit wie Postkarten, Adressaufkleber o.ä. zukommen lässt, ohne dass dies zuvor bei der Spendenwerbung ausgelobt wurde, handelt es sich um eine unentgeltliche Leistung im steuerrechtlichen Sinne bzw. um keine vertraglich vereinbarte Gegenleistung und mithin um eine Spende.

### *3. Micropayment*

Die Begriffsvielfalt bei Zahlungen und Spenden über das Internet ist groß; die Modelle uneinheitlich und undefiniert.

Kleine oder kleinste finanzielle Zahlungen werden allgemein als Micropayment bezeichnet.[281] Soweit „micro“ ein Wort mit einem Substantiv bildet, bedeutet es „klein, kleiner als normal, sehr klein“.[282] Was genau unter „kleineren Beträgen“ zu verstehen ist, ist nicht definiert. Als Micropayment wird gemeinhin jeder Betrag zwischen einem Cent oder einem[283] und fünf Euro verstanden.[284]

---

278 Passive Werbung oder ein Dankhinweis sind dabei zulässig in Form der Verwendung des Namens, des Emblems oder Logos des Sponsors, solange sie ohne besondere Hervorhebung erfolgen (*BMF* Schreiben v. 18.2., BStBl. I. 1998, 212).

279 Vgl. *Hüttemann*, Gemeinnützigkeits- und Spendenrecht, Kap. 8 Rn. 8.56 f.

280 Vgl. *v. Maydell*, Steuerliche Einordnung des Sponsorings beim gemeinnützigen Empfänger, npoR 2019, 250, 252.

281 Vgl. *Duden online*, Micropayment, abrufbar unter: https://www.duden.de/rechtschreibung/Micropayment (aufgerufen am 27.8.2021).

282 Vgl. *Duden online*, Mikro, unter: https://www.duden.de/rechtschreibung/mikro_ (aufgerufen am 27.8.2021).

283 Wirtschaftswissenschaftlich werden Internetzahlungen, die kleiner als ein Euro sind als „Picopayment“ bezeichnet; vgl. *Gabler Wirtschaftslexikon*, Picopayment, abrufbar unter: https://wirtschaftslexikon.gabler.de/definition/picopayment-42582/version-265926 (aufgerufen am 27.8.2021).

284 Vgl. T3N Magazin, abrufbar unter: https://t3n.de/magazin/micropayment-kleingeld-sinnvoll-abrechnen-227523/ (aufgerufen am 27.8.2021).

Wirtschaftswissenschaftlich wird der Begriff für die elektronische Zahlung von Kleinstbeträgen über das Internet verwendet („e-commerce"). Kreditkartenzahlungen oder Lastschriften sind bei Zahlungen von Kleinstbeträgen im oder über das Internet wegen der hohen Transaktionskosten nicht wirtschaftlich. Stattdessen wird der Kleinstbetrag elektronisch übertragen (digitales Geld, E-Cash, Cybercash).[285]

Es handelt sich beim Micro-Payment lediglich um eine elektronische Zahlungsmethode. Erst wenn Sammler um diese Kleinstbeträge als Spenden werben, wird Micropayment für Spenden und Sammelvermögen relevant und kann zur Micro-Donation werden. So sammelt die gemeinnützige Stiftungs-GmbH „Deutschland Rundet Auf" für den Zweck, Kinderarmut in Deutschland zu bekämpfen, Micropayments durch Aufrundung auf die nächsten 10 Cent an den elektronischen Kassen der Partner.[286]

## 4. *Social Payment Service*

Es gibt Internet-Plattformen, die es sich zur Aufgabe gemacht haben, Kleinstgeldbeträge zu sammeln und an die von den Nutzern oder Abonnenten der Plattform ausgewählten Organisationen einmal monatlich weiterzuleiten (Social Payment). Diese Social Payment-Leistungen beschränken sich dabei nicht auf gemeinnützige Organisationen.[287]

Plattformen wie flattr[288] sind als freiwillige Bezahlsysteme für eigentlich kostenlose Medieninhalte ein Gegenentwurf zu etablierten Internet-Bezahlmodellen bzw. zu etablierten Finanzierungsmodellen für Internetinhalte.[289] Diese Plattformen gehören aufgrund der elektronischen Bezahlmethode in die Kategorie Micropayment, soweit Mico-, Mini- oder Kleinbeträge gezahlt werden.

---

285 Vgl. *Gabler Wirtschaftslexikon*, Micropayment, abrufbar unter: https://wirtschafts lexikon.gabler.de/definition/micropayment-37916/version-159505 (aufgerufen am 27.8.2021).

286 *Deutschland Rundet Auf*: abrufbar unter: https://deutschland-rundet-auf.de/de/mitmachen/privatpersonen.php?navid=530216530216 (aufgerufen am 27.8.2021).

287 Vgl. *Habekuss, Fritz*, Social Payment Services – für den guten Zweck, Tagesspiegel ohne Datumsangabe, abrufbar unter: https://www.tagesspiegel.de/medien/social-payment-fuer-den-guten-zweck/4350528.html (aufgerufen am 27.8.2021).

288 Abrufbar unter: https://flattr.com (aufgerufen am 27.8.2021).Vgl. *Habekuss, Fritz*, Social Payment – Für den guten Zweck, Tagesspiegel ohne Datumsangabe, abrufbar unter: https://www.tagesspiegel.de/medien/social-payment-fuer-den-guten-zweck/4350528.html (aufgerufen am 27.8.2021).

289 Bei der Plattform „Laterpay" geht es zwar auch um eine elektronische Zahlungsweise und Kleinbeträge. Hier wird allerdings nicht freiwillig für kostenlose Inhalte gezahlt, da die Kaufpreise für die Nutzung der jeweiligen Inhalte im Internet festgelegt sind. Insofern ist dieses Modell von vorneherein auf eine Gegenleistung ausgelegt und scheidet damit als Spendenplattform und Sammelvermögen aus. Vgl. *Laterpay*, abrufbar unter: https://www.laterpay.net (aufgerufen am 27.8.2021).

Davon abgesehen, werden solche Plattformen als Social Payment Services bezeichnet.[290] Flattr nennt sich selbst auch Micro-Donation Service.[291]

Der Begriff Social Payment bedeutet dabei gerade nicht, dass es sich um Zahlungen an soziale Organisationen oder für einen sozialen Zweck handelt. Es geht hier lediglich darum, dass freiwillig etwas für an sich Kostenloses gezahlt wird. Ein Ansatz findet sich im Begriff „sozial“[292], der als lateinischer Terminus „socius“ als „gemeinsam“ übersetzt wird.[293] Sozial wird möglicherweise auch in Anlehnung an die sozialen Medien verwendet. Wirtschaftswissenschaftlich wird der Begriff im Zusammenhang mit sozialen Medien auch im Sinne eines selbstlosen und gerechten Umgangs im Sinne der menschlichen Gemeinschaft verstanden.[294]

Gleichfalls lenkt die Eigenbezeichnung „donation service“, also Spendendienst, fälschlich in Richtung der Unterstützung des guten Zweckes, der Wohltätigkeit.

Bei flattr müssen sich die Nutzer oder Gebenden registrieren. Der Nutzer ist sowohl Gebender als auch Empfänger, d. h. auch der Empfänger muss bei flattr registriert sein. Der Gebende zahlt auf das Konto von flattr monatlich Geld ein. Der monatliche Betrag kann zwischen 2,00 € und 100 € liegen. Das sogenannte Spendenguthaben wird am Monatsende verteilt und flattr erhält eine Gebühr.[295] Wie das Guthaben verteilt wird, entscheidet der Gebende durch die Anzahl und Auswahl seiner „Klicks“ auf die dafür vorgesehenen gekennzeichneten Schaltflächen („Buttons“) bei einzelnen Beiträgen, Blogs, Webseiten oder Apps. Der Geber signalisiert durch seinen „Klick“, dass ihm der kostenfreie Inhalt des Beitrags, der Webseite, des Blogs oder der App gefällt und er

---

290 Vgl. *Grieß*, Digitales Trinkgeld für Niedriglohnarbeiter, Der Spiegel v. 13.10.2010, abrufbar unter: https://www.spiegel.de/netzwelt/web/social-payment-digitales-trinkgeld-fuer-niedriglohn-arbeiter-a-720777.html (aufgerufen am 27.8.2021).

291 Vgl. unter https://flattr.com (aufgerufen am 27.8.2021).

292 Laut *Duden online*, Sozial, abrufbar unter: https://www.duden.de/rechtschreibung/sozial (aufgerufen am 27.8.2021), ist die Bedeutung des Wortes „sozial“ wie folgt: „1.a. das (geregelte) Zusammenleben der Menschen in Staat und Gesellschaft betreffend; auf die menschliche Gemeinschaft bezogen, zu ihr gehörend
b. die Gesellschaft und besonders ihre ökonomische und politische Struktur betreffend
c. die Zugehörigkeit des Menschen zu einer der verschiedenen Gruppen innerhalb der Gesellschaft betreffend
d. dem Gemeinwohl, der Allgemeinheit dienend; die menschlichen Beziehungen in der Gemeinschaft regelnd und fördernd und den [wirtschaftlich] Schwächeren schützend
2. (von Tieren) gesellig, nicht einzeln lebend; Staaten bildend.“

293 So *Leichsenring*, Sozial bedeutet uneigennützig?, Computerwoche vom 24.4.2013, abrufbar unter: https://www.computerwoche.de/a/sozial-bedeutet-uneigennuetzig,2536342 (aufgerufen am 27.8.2021).

294 *Gabler Wirtschafslexikon*, Soziale Medien, abrufbar unter: https://wirtschaftslexikon.gabler.de/definition/soziale-medien-52673 (aufgerufen am 27.8.2021).

295 Vgl. unter https://flattr.com (aufgerufen am 27.8.2021).

dem Verfasser oder Anbieter daher wie einem Straßenmusiker Geld zukommen lassen möchte.[296]

Das Prinzip des Anklickens von „Buttons“ auf Internetseiten, die auf individuelles Wohlgefallen stoßen, entspricht dem „Favorisieren, Liken oder Teilen“ in sozialen Netzwerken.[297]

Ein Sammelvermögen entsteht durch Zuwendungen über flattr gleichwohl nicht. Grund dafür ist, dass Zuwendungen über derartige Plattformen zwar freiwillige Leistungen des Gebenden sind, denn die gelesenen Medienseiten oder genutzten Apps sind kostenfrei für die Allgemeinheit verfügbar. Der Gebende wendet sein Geld aber als Gegenleistung zu. Er liest die Medienseiten oder nutzt die Apps und entscheidet sich freiwillig, hierfür Geld zu bezahlen. Ob Leistung und Gegenleistung gleichwertig sind, kann hier dahingestellt bleiben, da der Wert einer kostenlosen Leistung nicht objektiv messbar ist. Der Gebende soll gerade subjektiv den Preis selbst festsetzen, wenn er bezahlen möchte. Die Höhe und die mögliche mangelnde Gleichwertigkeit sind unerheblich, da der Parteiwille ausschlaggebend ist. Dieser ist auf eine Entlohnung oder finanzielle Anerkennung gerichtet. Hier geht es also im Kern um eine Austauschbeziehung und somit nicht um eine Spende, die zu einem Sammelvermögen führen kann.

### *5. Crowdfunding*

Die bekannteste Sammlungsform im Internet ist das sog. Crowdfunding. Dabei werden zur Finanzierung eines Projekts über eine eigene oder eine fremde Internet-Plattform kleine Geldbeträge von Vielen, der Masse, gesammelt.

Das Phänomen „Crowdfunding“ hat eine amerikanische Geschichte. Lange vor dem Internetzeitalter fehlte im Jahre 1885 das Geld zum Bau des Sockels der Freiheitsstatue in New York. Josef Pulitzer, Zeitungsherausgeber der „New York World“, startete eine Aktion mit dem Ziel, 100.000 US Dollar für den Bau des Sockels von den New Yorker Bürgern zu sammeln. Er bewarb die Aktion mit dem Hinweis, dass jeder Spender in seiner Zeitung erwähnt würde, unabhängig von der Höhe der Spende. Ca. 120.000 Menschen spendeten daraufhin, und zwar durchschnittlich weniger als einen US-Dollar.[298]

---

296 Vgl. *Habekuss*, Social Payment – Für den guten Zweck, Tagesspiegel vom 2.7.2011 (abrufbar unter: https://www.tagesspiegel.de/medien/social-payment-fuer-den-guten-zweck/4350528.html) (aufgerufen am 27.8.2021).

297 *Moorstedt*, Likes in sozialen Netzwerken. Instagram will die Gefallsucht seiner Nutzer eindämmen, SZ v. 22.7.2019, abrufbar unter: https://www.sueddeutsche.de/digital/instagram-likes-abschaffung-social-media-gefaellt-mir-kultur-1.4533567 (aufgerufen am 27.8.2021).

298 Vgl. *Veith*, Crowdlending – Anforderungen an die rechtskonforme Umsetzung der darlehensweisen Schwarmfinanzierung, 184, 184 f. m.w.N.; *Bareiß*, Filmfinanzierung 2.0. Funktionsweise und Rechtsfragen des Crowdfunding, ZUM 2012, 456, 457;

Es geht also ursprünglich und typischerweise um altruistische Sammlungen, was sich auch an den ersten amerikanischen Crowdfunding-Plattformen wie „Kickstarter" zeigt. „Kickstarter" ist eine - auch in Deutschland tätige-[299] klassische Crowdfunding-Plattform mit („ungewöhnlichen"[300]) im Wesentlichen altruistischen[301] Sammlungen aus den Bereichen Kunst, Kultur und Technologie.[302]

Das Gesamttransaktionsvolumen im Segment Crowdfunding wird in 2021 etwa 38 Mio. € in Deutschland betragen. Die Prognose für 2025 liegt bei 40,5 Mio. €. Das entspräche einem jährlichen Wachstum von 1,67 Prozent.[303]

Da sich Crowdfunding mittlerweile auch als modernes Finanzierungsinstrument kleiner und mittelständischer Unternehmen etabliert hat,[304] konzentrieren sich die meisten statistischen Untersuchungen in Deutschland darauf und berücksichtigen altruistisches Crowdfunding nicht.[305] Hierüber gibt es keine verlässlichen Untersuchungen.[306]

Die Statistiken über Spenden in Deutschland erfassen wiederum Spendensammlungen über Crowdfunding nicht separat. Beispielsweise gibt die „Bilanz des

---

*crowdfunding.de*, abrufbar unter: www.crowdfunding.de/best-practice-statue-of-liberty-new-york/ (aufgerufen am 27.8.2021).

299 *Sommer*, Der Schwarm entdeckt den Mittelstand, FAZ Verlagsspezial v. 13.11.2013; eine Übersicht über die in Deutschland aktiven Crowdfunding-Plattformen findet sich unter: www.crowdfunding.de/plattformen/ (aufgerufen am 27.8.2021).

300 Vgl. *Gabler Wirtschaftslexikon*, Crowdfunding, abrufbar unter: http://wirtschaftslexikon.gabler.de/Definition/crowdfunding.html (aufgerufen am 27.8.2021).

301 *Veith*, Crowdlending – Anforderungen an die rechtskonforme Umsetzung der darlehensweisen Schwarmfinanzierung, 184, 185.

302 *Jansen/Pfeifle*, Rechtliche Probleme des Crowdfunding, ZIP 2012, 1842, 1843; *Regierer/Mühling/Haupt*, Crowdfunding und Crowdinvesting, Stiftung & Sponsoring, 1/2015, 3, 5; *Sommer*, Der Schwarm entdeckt den Mittelstand, FAZ Verlagsspezial v. 13.11.2013.

303 *Statista*, https://de.statista.com/outlook/dmo/fintech/alternative-financing/crowdfunding/deutschland (aufgerufen am 27.8.2021).

304 *EU-Kommission*, Bericht der Kommission über den europäischen Crowdfunding-Sektor, Pressemitteilung, EuZW 2016, 403; *Bareiß*, Filmfinanzierung 2.0, ZUM 2012, 456, 458; *Martin*, Crowdfunding – Erst kleckern, dann klotzen, FAZ v. 19.1.2013; *Sommer*, Der Schwarm entdeckt den Mittelstand, FAZ Verlagsspezial v. 13.11.2013.

305 Vgl. Marktdefinition bei https://de.statista.com/outlook/dmo/fintech/alternative-financing/crowdfunding/deutschland; *Europäische Kommission*: Bericht über Crowdfunding in der Kapitalmarktunion, abrufbar unter: https://eur-lex.europa.eu/resource.html?uri=cellar:3e0b89b3-b6eb-11e3-86f9-01aa75ed71a1.0003.04/DOC_1&format=PDF (alle aufgerufen am 27.8.2021).

306 So *Regierer/Mühling/Haupt*, Crowdfunding und Crowdinvesting, Stiftung & Sponsoring 1/2015, 3, 6.

Helfens 2021“[307] an, dass 3,2 Prozent der Spenden durch das Internet und soziale Netzwerke veranlasst wurden. Damit rangieren Internet und soziale Medien immer noch an letzter Stelle als Spendenanstoß. Zu beachten ist allerdings, dass die „Bilanz des Helfens“ nur Spenden an gemeinnützige Organisationen erfasst.

Ein Blick in den Deutschlandteil einer Studie der University of Cambridge[308] zeigt ein weiteres Bild des Spenden-Crowdfundings (hier: „donation-based crowdfunding“). Danach ist das Volumen von 10,4 Mio. € im Jahr 2015, über 19,1 Mio. € im Jahr 2017[309] auf 43 Mio. € im Jahr 2020[310] angewachsen. Spenden sind hierbei alle Zahlungen beim Crowdfunding ohne Gegenleistung, unabhängig davon, ob sie steuerlich begünstigt sind oder nicht und, ob sie an gemeinnützige oder nicht gemeinnützige Organisationen oder Privatpersonen gingen.[311]

Entsprechend gibt es diesbezüglich strategische Fundraisingempfehlungen für gemeinnützige Organisationen.[312] Aber auch für Privatpersonen ist das Spenden-Crowdfunding als Sammlungsform attraktiv, denn sie können mit einfachen

---

307 *Spendenrat und GfK*, Bilanz des Helfens 2021, 30, abrufbar unter: https://www.spendenrat.de/wp-content/uploads/Downloads/bilanz-des-helfens-2021-deutscher-spendenrat.pdf (aufgerufen am 30.8.2021).

308 Vgl. *Cambridge Center for Alternative Finance*, Shifting Paradigms, The 4th European Alternative Finance Benchmarking Report, 67 ff., abrufbar unter: https://www.jbs.cam.ac.uk/fileadmin/user_upload/research/centres/alternative-finance/downloads/2019-04-4th-european-alternative-finance-benchmarking-industry-report-shifting-paradigms.pdf (aufgerufen am 30.8.2021).

309 *Cambridge Center for Alternative Finance*, Shifting Paradigms, The 4th European Alternative Finance Benchmarking Report, 68 f., abrufbar unter: https://www.jbs.cam.ac.uk/fileadmin/user_upload/research/centres/alternative-finance/downloads/2019-04-4th-european-alternative-finance-benchmarking-industry-report-shifting-paradigms.pdf (aufgerufen am 30.8.2021).

310 *Cambridge Center for Alternative Finance*, The 2nd Global Alternative Finance Market Benchmarking Report, 77, abrufbar unter: https://www.jbs.cam.ac.uk/wp-content/uploads/2021/06/ccaf-2021-06-report-2nd-global-alternative-finance-benchmarking-study-report.pdf (aufgerufen am 30.8.2021).

311 *Cambridge Center for Alternative Finance*, Shifting Paradigms, The 4th European Alternative Finance Benchmarking Report, 31, abrufbar unter: https://www.jbs.cam.ac.uk/fileadmin/user_upload/research/centres/alternative-finance/downloads/2019-04-4th-european-alternative-finance-benchmarking-industry-report-shifting-paradigms.pdf (aufgerufen am 30.8.2021); „Donation-based-Crowdfunding: donors provide funding to individuals, project or companies based on philanthrophic or civic motivations with no expectation of monetary or material return“.

312 Vgl. *Gumpelmaier*, Crowdfunding – Eine echte Alternative zu öffentlicher und privater Finanzierung, Stiftung & Sponsoring 4/2013, 14, 15; *Regierer/Mühling/Haupt*, Crowdfunding und Crowdinvesting, Stiftung & Sponsoring 1/2015, 3, 6.

Mitteln Spendensammlungen für gemeinnützige Organisationen oder generell für andere ins virtuelle Leben rufen.[313] „Spende statt Geschenk" ist bspw. ein Motto, anderen zu helfen.[314]

Nach der Definition der University of Cambridge[315] spricht viel dafür, dass bei einem Spenden-Crowdfunding ein Sammelvermögen entsteht, denn die Spenden sind Zuwendungen ohne Gegenleistung. Ob ein solches Crowdfunding aber auch eine Sammlung für einen vorübergehenden und fremden Zweck ist, hängt davon ab, was Spenden-Crowdfunding rechtlich ist.

Crowdfunding und Spenden-Crowdfunding sind weder gesetzlich geregelt noch rechtlich definiert.[316] Der Begriff „Crowdfunding" ist finanzwirtschaftlich geprägt[317] und hat sprachlich einen anglo-amerikanischen Hintergrund („crowd" = Menge; „funding" = Finanzierung). Auch in Deutschland ist der Begriff „Crowdfunding" geläufig. Laut Duden ist Crowd-funding ein Finanzierungsmodell, bei dem zahlreiche Personen (online) jeweils Kleinstbeträge investieren.[318] Überwiegend

---

313 Vgl. die Liste der reinen Spendenplattformen (betterplace.com; letshelp; social funders etc.) abrufbar unter: https://www.crowdfunding.de/plattformen/?_modell=spenden-crowdfunding (aufgerufen am 30.8.2021).

314 Z. B. bei https://www.betterplace.org/c/spenden-sammeln; https://www.aerzte-ohne-grenzen.de/online-geschenkspende?pc=A_H-Geschenkspenden_spende-geschenk-exact&pk=spende%20statt%20geschenke&gclid=EAIaIQobChMI8P-W5wojv8gIVIwZ7Ch3mzQtWEAAYAiAAEgLolvD_BwE; https://www.leetchi.com/de/spenden-organisation/?gclid=CLby0sPn_c8CFUVmGwodnowN1w (aufgerufen am 30.8.2021).

315 *Cambridge Center for Alternative Finance*, Shifting Paradigms, The 4th European alternative finance benchmarking report, 31, abrufbar unter https://www.jbs.cam.ac.uk/fileadmin/user_upload/research/centres/alternative-finance/downloads/2019-04-4th-european-alternative-finance-benchmarking-industry-report-shifting-paradigms.pdf (aufgerufen am 30.8.2021); „Donation-based-Crowdfunding: donors provide funding to individuals, project or companies based on philanthropic or civic motivations with no expectation of monetary or material return".

316 Vgl. *Meschkowski/Wilhelmi*, Investorenschutz im Crowdfunding, BB 2013, 1411, 1411; *Regierer/Mühling/Haupt*, Crowdfunding und Crowdinvesting, Stiftung & Sponsoring 1/2015, 3, 3.

317 Vgl. *Jansen/Pfeifle*, Rechtliche Probleme des Crowdfundings, ZIP 2012, 1842, 1843; *Gabler Wirtschaftslexikon*, Crowdfunding, abrufbar unter: https://wirtschaftslexikon.gabler.de/definition/crowdfunding-53556/version-384623 (aufgerufen am 30.8.2021).

318 *Duden online*, Crowdfunding, abrufbar unter: https://www.duden.de/rechtschreibung/Crowdfunding (aufgerufen am 30.8.2021).

wird Crowdfunding als Oberbegriff, gelegentlich auch die deutsche Übersetzung Schwarmfinanzierung[319] oder der Begriff Crowdsourcing,[320] verwendet.[321]

Unabhängig von der zivilrechtlichen Grundlage als Schenkung, Treuhand, Kaufvertrag, Darlehen usw. wird Crowdfunding je nach Art der Zuwendung, der möglicher Gegenleistung oder der Motivation des Gebers begrifflich in weitere Unterformen unterteilt.[322] Es gibt zahlreiche unterschiedliche Kategorien, weitere Subformen, keine einheitliche Bezeichnung sowie Mischformen, so dass eine trennscharfe Abgrenzung häufig schwierig ist.[323]

Renditeorientiertes[324] bzw. kommerzielles[325] Crowdfunding kommt aufgrund der vereinbarten Gegenleistung als Sammelvermögen nicht in Betracht.[326]

---

319 Vgl. § 2 a Vermögensanlagegesetz: Befreiungen für Schwarmfinanzierungen; *Veith*, Crowdlending – Anforderungen an die rechtskonforme Umsetzung der darlehensweisen Schwarmfinanzierung, 184, 185.

320 *Gumpelmaier*, Crowdfunding – Eine echte Alternative zu öffentlicher und privater Finanzierung, Stiftung & Sponsoring 4/2013, 14, 14; *Klöhn/Hornuf*, Crowdinvesting in Deutschland, ZBB 2012, 237, 239.

321 Vgl. *Regierer/Mühling/Haupt*, Crowdfunding und Crowdinvesting, Stiftung & Sponsoring 1/2015, 3, 5; *Meschkowski/Wilhelmi*, Investorenschutz im Crowdfunding, BB 2013, 1411, 1411; *Bareiß*, Filmfinanzierung 2.0, ZUM 2012, 456, 458.

322 Vgl. *Regierer/Mühling/Haupt*, Crowdfunding und Crowdinvesting, Stiftung & Sponsoring 1/2015, 3, 3; *Klöhn/Hornuf*, Crowdinvesting in Deutschland, ZBB 2012, 237, 239.

323 Siehe die unterschiedlichen Bezeichnungen bei *Regierer/Mühling/Haupt*, Crowdfunding und Crowdinvesting, Stiftung & Sponsoring 1/2015, 3, 3 f.; *Klöhn/Hornuf*, Crowdinvesting in Deutschland, ZBB 2012, 237, 239; *Jansen/Pfeifle*, Rechtliche Probleme des Crowdfunding, ZIP 2012, 1842, 1843; vgl. auch *Veith*, Crowdlending – Anforderungen an die rechtskonforme Umsetzung der darlehensweisen Schwarmfinanzierung, 184, 185; *Bareiß*, Filmfinanzierung 2.0, ZUM 2012, 456, 458.

324 *Veith*, Crowdlending - Anforderungen an die rechtskonforme Umsetzung der darlehensweisen Schwarmfinanzierung, 184, 185.

325 *Jansen/Pfeifle*, Rechtliche Probleme des Crowdfunding, ZIP 2012, 1842, 1843.

326 Theoretisch könnte bei einem Crowdlending mit zinslosen Darlehen ohne Rückzahlungsanspruch die Zuwendung aufgrund des Verzichts auf Rückzahlungs- und Vollstreckungsansprüche als Schenkung gesehen werden (so *Jansen/Pfeifle*, Rechtliche Probleme des Crowdfundings, ZIP 2012, 1842, 1843). Solch soziales oder philanthropisches Crowdlending wäre bei Mikrokreditplattformen denkbar, die durch Muhammad Yunus und die von ihm gegründete Grameen Bank, die beide für die Mikrokredite in Entwicklungsländern 2006 den Friedensnobelpreis erhielten, bekannt geworden sind. (https://www.faz.net/aktuell/politik/ausland/bangladesch-mohammad-yunus-und-die-grameen-bank-erhalten-friedensnobelpreis-1384538.html, aufgerufen am 30.8.2021). Mittlerweile stehen Mikrokredite als Mittel der Armutsbekämpfung auch in der Kritik (vgl. *UNO*, Die Rolle von Mikrokrediten

Lediglich bei Crowdfunding-Formen wie Spenden-Crowdfunding oder ideellem Crowd-Sponsoring könnte mangels vereinbarter Gegenleistung für die Spende ein Sammelvermögen entstehen.

Insofern muss untersucht werden, wie Spenden mittels Crowdfunding gesammelt werden und welche Rechtsbeziehungen dabei entstehen. In der Praxis gibt es typische Abläufe eines Crowdfunding-Prozesses über eine Internetplattform. Die Plattform liefert die technische und rechtliche Infrastruktur und organisiert den Finanztransfer.[327] Ein Projekt enthält eine Projektbeschreibung, Fotos oder Videos, die benötigte Summe, die Laufzeit und je nach Art des Crowdfundings eine Auslobung einer Gegenleistung oder einer Dankesgeste.[328] Während des Sammlungszeitraums werden häufig aktuelle Neuigkeiten zum Projekt oder der Crowdfunding-Aktion vom Sammler auf der Plattform veröffentlicht. Die Unterstützer, ihre Kommentare zum Projekt und die Höhe ihres Unterstützungsbeitrags werden meistens ebenfalls veröffentlicht. So sollen Dialog und Bindung an das Projekt entstehen.[329] Diese gewissermaßen öffentliche Kommunikation ist typisch für sozialen Medien[330] und soll weitere Unterstützer nach sich

---

im Kampf gegen die Armut, UNIC 131, abrufbar unter: https://unric.org/de/die-rolle-von-mikrokrediten-im-kampf-gegen-die-armut/ (aufgerufen am 30.8.2021). Üblicherweise steht bei solchen Mikrokrediten der Darlehenscharakter mit Rückzahlungspflicht als Hilfe zur Selbsthilfe im Vordergrund. Gäbe es einen „philanthropic loan“, ein zinsloses Darlehen ohne unbedingte Rückzahlungsverpflichtung (vgl. Kiva Terms of Use Agreement No. 1.5, 1.6 der kalifornischen Plattform Kiva, abrufbar unter: https://www.kiva.org/legal/terms, aufgerufen am 6.9.2021), käme es zu einem Erlass (zum bedingten Erlass: *Schlüter*, in: MünchKomm BGB, § 397 Rn. 6) der Rückzahlungspflichten, wenn das Darlehen teilweise oder ganz nicht zurückgezahlt werden kann oder die Rückzahlung unmöglich wird. Im Moment des Bedingungseintritts der Nichteinbringbarkeit der Forderungen und des Erlasses würde aus dem Darlehen eine Schenkung bzw. eine Spende (vgl. *OLG Hamburg*, NJW 1961, 76, 76; *OLG Saarbrücken*, Urt. v. 5.6.1997 – 8 U 310/96 – 66, BeckRS 1997, 16219, Rn. 24 f.). Das Vermögen des Beschenkten wäre zwar vermehrt, das Geschenkte wäre aber nicht mehr vorhanden, d. h. ein Sammelvermögen könnte hier nicht entstehen.

327 *Gumpelmaier*, Crowdfunding – Eine echte Alternative zu öffentlicher und privater Finanzierung, Stiftung & Sponsoring 4/2013, 14, 14.

328 Vgl. auch *Regierer/Mühling/Haupt*, Crowdfunding und Crowdinvesting, Stiftung & Sponsoring 1/2015, 3, 4 f.

329 Vgl. https://www.crowdfunding.de/erfolgreiches-crowdfunding-die-10-wichtigsten-tipps/ (aufgerufen am 30.8.2021).

330 Vgl. *Gabler Wirtschaftslexikon*, Soziale Medien, abrufbar unter: https://wirtschaftslexikon.gabler.de/definition/soziale-medien-52673 (aufgerufen am 27.8.2021): „Soziale Medien (Social Media) dienen der – häufig profilbasierten – Vernetzung von

ziehen.[331] Ist das Ziel erreicht, erfolgt die Auszahlung durch die Plattform. Wird das Ziel nicht innerhalb des Zeitrahmens erreicht, werden die Unterstützungsbeiträge in der Regel zurückgezahlt. Die vertraglichen Beziehungen zwischen Plattform und Sammler hängen von der Art des Crowdfundings ab. Teilweise erheben die Plattformen Gebühren bzw. sind kostenpflichtige Plattformen, teilweise bieten sie ihre Dienstleistung kostenfrei an.[332]

### *a. Spenden-Crowdfunding*

Eine der erfolgreichsten Crowdfunding-Kampagnen in Deutschland war die versuchte Rettung des Hamburger Profi-Eishockeyteams Freezers 2015.[333] Über einen Spendenaufruf zum Erhalt des Teams kamen so innerhalb kürzester Zeit ca. 532.952 € von 3319 Unterstützern zusammen.[334] Das Sammlungsziel war, die Verlängerung der Lizenz für den Spielbetrieb für die nächste Eishockey-Saison zu erreichen. Finanziell wurde mit der Spendensammlung zwar eine Summe erreicht, die dies - zumindest vorübergehend - hätte bewirken können. Der Investor des Vereins entschied sich aber dagegen. Die Lizenz wurde nicht beantragt. Der Verein ist Geschichte, das Crowdfunding-Ziel nicht erreicht.[335] Von vorneherein war klar, dass die Beiträge zurückgezahlt würden, wenn die Aktion nicht erfolgreich wäre. Die Unterstützer wurden per E-Mail gefragt, ob ihr Beitrag umgewidmet und zur Unterstützung der Eishockey-Jugendorganisation Young Freezers verwendet

---

Benutzern und deren Kommunikation und Kooperation über das Internet. Das Web 2.0, das Mitmachweb, ist wesentlich durch sie bestimmt."

331 Vgl. auch *Regierer/Mühling/Hau*pt, Crowdfunding und Crowdinvesting, Stiftung & Sponsoring 1/2015, 3, 5; *Gumpelmaier*, Crowdfunding- Eine echte Alternative zu öffentlicher und privater Finanzierung, Stiftung & Sponsoring 4/2013, 14, 15; *Jansen/ Pfeifle*, Rechtliche Probleme des Crowdfunding, ZIP 2012, 1842, 1843.

332 Vgl. *Regierer/Mühling/Hau*pt, Crowdfunding und Crowdinvesting, Stiftung & Sponsoring 1/2015, 3, 5;

333 Vgl. *M.-V. Lorenz,* Crowdfunding im Sport – die neue Generation der Sportförderung, Stiftungen und Sport, abrufbar unter: https://stiftungen-und-sport.de/artikel/crowdfunding-im-sport-die-neue-generation-der-sportfoerderung (aufgerufen am 28.8.2021).

334 Vgl. zu dieser Crowdfunding-Aktion fairplaid.org, abrufbar unter: www.fairplaid.org/#!rettet-die-hamburg-freezers (aufgerufen am 28.8.2021).

335 https://www.welt.de/regionales/hamburg/article155668420/Rettungsaktion-fuer-Hamburg-Freezers-scheitert.html#:~:text=Rettungsaktion%20f%C3%BCr%20Hamburg%20Freezers%20scheitert&text=Das%20Engagement%20der%20Spieler%2C%20die,die%20Frist%20zur%20Lizenzbeantragung%20verstreichen. (aufgerufen am 28.8.2021).

werden könnte. Bei Ablehnung erhielt der jeweilige Unterstützer seinen Beitrag zurück.[336]

Das Freezers-Crowdfunding fällt in die Kategorie ideelles Crowdfunding, das der karitativen oder altruistischen Zweckförderung dient.[337] Ob es sich auch um ein Spenden-Crowdfunding handelt, könnte zweifelhaft sein, da u. a. ein spezielles Rettertrikot bei einem erfolgreichen Crowdfunding als Dank für Spender in Aussicht gestellt wurde.[338]

Spenden-Crowdfunding[339] („crowddonating“[340], Schenkungsmodell[341], Online-Fundraising[342], spendenbasiertes Crowdfunding[343] oder „donation-based-crowdfunding“[344]) findet rechtlich wenig Beachtung.[345] Herrschende Meinung ist aber, dass es sich um ein solches handelt, wenn Geld ohne Ankündigung oder Erwartung einer Gegenleistung oder Vorteilsgewährung gespendet wird.[346]Davon kann bei Crowdfunding für „social business“[347] oder soziale Projekte[348] nicht ausgegangen

336 Vgl. www.fairplaid.org/#!rettet-die-hamburg-freezers (aufgerufen am 28.8.2021); *Berthold/Jensen*, „Was passiert mit den Freezers-Spenden?“ in Hamburger Abendblatt vom 26.5.2016.

337 *Jansen/Pfeifle*, Rechtliche Probleme des Crowdfunding, 1842, 1843.

338 Vgl. www.fairplaid.org/#!rettet-die-hamburg-freezers (aufgerufen am 28.8.2021)

339 Vgl. https://www.crowdfunding.de/plattformen/?_modell=spenden-crowdfunding (aufgerufen am 30.8.2021).

340 *Bareiß*, Filmfinanzierung 2.0, ZUM 2012, 456, 456.

341 *Klöhn/Hornuf*, Crowdinvesting in Deutschland, ZBB 2012, 237, 239.

342 vgl. https://www.betterplace.org/de/collect-donations/online-fundraising (aufgerufen am 30.8.2021).

343 *Müller-Schmale*, Crowdfunding: Aufsichtsrechtliche Pflichten und Verantwortung des Anlegers, Arten des Crowdfunding, Publikation BaFin, abrufbar unter: www.bafin.de/SharedDocs/Veroeffentlichungen/DE/Fachartikel/2014/fa_bj_1406_crowdfunding.html (aufgerufen am 30.8.2021).

344 *Gumpelmaier, Wolfgang*, Crowdfunding – Eine echte Alternative zu öffentlicher und privater Finanzierung, Stiftung & Sponsoring 4/2013, 14, 14.

345 *Regierer/Mühling/Haupt*, Crowdfunding und Crowdinvesting, Stiftung & Sponsoring 1/2015, 3, 5 f., 8 f.; *Jansen/Pfeifle*, Rechtliche Probleme des Crowdfundings, ZIP 2012, 1842, 1843.

346 *Regierer/ Mühling/ Haupt*, Crowdfunding und Crowdinvesting, Stiftung & Sponsoring 1/2015, 3, 5 f., 8 f.; *Klöhn/Hornuf*, Crowdinvesting in Deutschland, ZBB 2012, 237, 239; *Bareiß*, Filmfinanzierung 2.0, ZUM 2012, 456, 458; *BMF*, Spendenrechtliche Beurteilung von „Crowdfunding“ (§ 10b EStG), DStR 2018, 133, 133.

347 https://www.startnext.com/Projekte.html?q=social-business/fundings/crowdindexd/10/4124 (aufgerufen am 30.8.2021).

348 http://www.visionbakery.com/crowdfunding-projekte/everywhere/6/all/newest_first/1 (aufgerufen am 30.8.2021).

werden, auch wenn viele Projekte hier wohl sozial im gemeinwohlorientierten Sinne sind.[349] Die Bezeichnung als sozial schließt nicht aus, dass für den eigenen wirtschaftlichen Vorteil gesammelt oder eine Gegenleistung für die Zuwendung gewährt wird.

Ein Sammelvermögen kann bei einem Spenden-Crowdfunding entstehen, soweit die freigebigen Zuwendungen nicht für den Sammler selbst, sondern für einen anderen bestimmten, vorübergehenden Zweck verwendet werden.

#### *aa. Spenden-Crowdfunding bei gemeinnützigen Spenden*

Gemeinnützige Spenden werden sowohl über darauf spezialisierte Spendenplattformen als auch über die Internetseiten der gemeinnützigen Organisationen selbst mittels Spendenaufrufen gesammelt. Teilweise werden zweckgebundenen Spenden für Projekte, teilweise auch allgemeine Spenden eingeworben. Die Internetseiten dieser Organisationen sind meistens ähnlich aufgebaut und dargestellt wie diejenigen der Spendenplattformbetreiber.[350]

Die typischen sozialen Kommunikationselemente des Crowdfundings mit potentiellen und tatsächlichen Unterstützern vor oder während einer Spendenaktion werden je nach der Strategie der selbst sammelnden Organisation verwendet bzw. sind von den Nutzungsbedingungen der Spendenplattformen abhängig. Auf den Spendencharakter der Zuwendung hat das keinen Einfluss.

##### *(1) Zuwendung und Gegenleistung*

Da eine Spende eine freiwillige und unentgeltliche Zuwendung ist, kann sie nicht an eine Gegenleistung gekoppelt werden. Zwar gibt es unabhängig von der Übermittlungsform der Spende häufig einen symbolischen Dank, bei größeren Spenden auch einen materiellen Dank an den Spender. Aber im Hinblick auf Spenden-Crowdfunding würde eine Auslobung des materiellen Danks im Spendenaufruf, sprich der „goodies“, zu einem Austauschverhältnis führen, und zwar unabhängig davon, ob die Spende als Leistung und die Gegenleistung gleichwertig sind.[351] Die sonst für Crowdfunding typische Box mit gestaffeltem Dank und „goodies“ gibt es beim Spenden-Crowdfunding daher nicht.

---

349 Vgl. die verschiedenen Bedeutungen von „sozial“ unter *duden.online*, abrufbar unter: https://www.duden.de/rechtschreibung/sozial, (aufgerufen am 30.8.2021):„1.d: dem Gemeinwohl, der Allgemeinheit dienend; die menschlichen Beziehungen in der Gemeinschaft regelnd und fördernd und den [wirtschaftlich] Schwächeren schützend.“

350 Vgl. *Regierer/Mühling/Haupt*, Crowdfunding und Crowdinvesting, Stiftung & Sponsoring 1/2015, 3, 6.

351 Vgl. *Regierer/Mühling/Haupt*, Crowdfunding und Crowdinvesting, Stiftung & Sponsoring 1/2015, 3, 9.

### *(2) Projekt und Zweckbestimmung*

Der Spendenaufruf im Internet ist öffentlich und bestimmt den Zweck einer Sammlung. Beim Spenden-Crowdfunding ist der Spendenaufruf als Projekt dargestellt. Die Projekte haben vorübergehenden Charakter. Für einen bestimmten Zeitraum sollen Spenden für ein bestimmtes Projekt, wie die Anschaffung von Kinderfahrzeugen für eine Kindertagesstätte, gesammelt werden. Der Sammler, Initiator oder Spendenwerber beschreibt den Sammlungszweck in dem Projekt, das er auf der Spendenplattform einstellt. Die damit eingeworbenen Spenden kommen wirtschaftlich nicht dem Sammler, Initiator oder Spendenwerber selbst zugute, sondern müssen aufgrund der Zweckbestimmung für die Umsetzung des Projekts, beispielhaft hier der Kauf von zwei Bobby-Cars für die Kindertagesstätte, verwendet werden. Insofern entsteht bei einem Spenden-Crowdfunding mit der Gesamtheit der Spenden für ein Projekt ein Sammelvermögen.

### *(3) Rückzahlung, Schwellen und Ziele*

Üblicherweise gibt es beim (kommerziellen) Crowdfunding zwei Schwellen. Die erste Hürde ist die Finanzierungsschwelle. Wenn diese nicht erreicht wird, werden Spenden zurückgezahlt und das Projekt in der Regel nicht realisiert. Die zweite Schwelle ist das Finanzierungsziel. Ist die erste Schwelle überschritten, erhält der Initiator die Zahlungen, unabhängig davon, ob sie unterhalb oder oberhalb des Finanzierungsziels liegen. Ein kommerzielles Crowdfunding mit nur einer Schwelle funktioniert nach dem „Alles-oder-nichts-Prinzip“.[352] Wird das Zahlungsziel nicht erreicht, werden die Beiträge zurückgezahlt.

Beim Spenden-Crowdfunding gibt es solche festen Finanzierungsschwellen und Finanzierungsziele in der Regel nicht.[353] Einmal geleistete Spenden sollen in jedem Fall dem Projekt oder der sammelnden Organisation zu Gute kommen.[354] Häufig ist das jeweilige Projekt in seiner Finanzierung nicht alleine auf das Crowdfunding angewiesen, sondern wird unabhängig von dessen finanziellem Erfolg durchgeführt werden bzw. es läuft bereits.[355]

---

352 So bei *kickstarter*, abrufbar unter: https://help.kickstarter.com/hc/de/articles/115005047893-Was-bedeutet-die-Finanzierungsmethode-Alles-oder-Nichts- (aufgerufen am 30.8.2021).

353 *Regierer/Mühling/Haupt*, Crowdfunding und Crowdinvesting, Stiftung & Sponsoring 1/2015, 3, 4.

354 *Regierer/Mühling/Haupt*, Crowdfunding und Crowdinvesting, Stiftung & Sponsoring 1/2015, 3, 4; vgl. *spendenseite*, abrufbar unter: https://www.spendenseite.de/haufig-gestellte-fragen (aufgerufen am 30.8.2021).

355 Vgl. *spendenseite*, abrufbar unter: https://www.spendenseite.de/haufig-gestellte-fragen (aufgerufen am 30.8.2021).

Die Verwendung von Schwellen oder Zielen, ohne dass es eine Rückzahlungsverpflichtung gibt, falls einer dieser Werte nicht erreicht werden sollte, hat eher symbolischen Charakter. Die moderne Aufmachung in Anlehnung an ein typisches Crowdfunding soll die potentiellen Spender ansprechen und die Werbeaktivitäten des Projektdarstellers über das Medium der sozialen Netzwerke verstärken.[356] Soweit es keine Rückzahlungsverpflichtung gibt, ergeben sich keine Veränderungen der rechtlichen Beurteilung. Die Spende ist weiterhin für ein Projekt, einen bestimmten Zweck, an den Sammler zur Verwendung für eben diesen Zweck gegeben worden. Alle Spenden, die der Sammler, in diesem Fall die Crowdfunding-Plattform, für diesen Zweck sammelt, sind ein Sammelvermögen.

Gelegentlich gibt es aber auch beim Spenden-Crowdfunding das „Alles-oder-nichts-Prinzip", bei dem innerhalb eines begrenzten Spendenzeitraums ein Spendenziel erreicht werden muss und die Zuwendungen bei Unterschreitung des Ziels zurückgezahlt werden, so wie bei der kostenlosen Spendenplattform Wir Bewegen.SH.[357] Der Initiator einer Spendensammlung kann über diese Plattform ein Projekt aus den Bereichen Miteinander und Hilfe, Kultur, Bildung, Sport, Gesundheit, Umwelt oder Tiere bewerben und legt dabei das Finanzierungsziel und den Sammlungszeitraum fest. Die Plattform sammelt dann alle Zuwendungen für das Projekt. Die Spendensammlung steht aber unter einer aufschiebenden Bedingung nach § 158 BGB. Die mit den Zuwendungen gewollte Rechtswirkung, nämlich die zweckgebundene Vermögensverschiebung an den Projektträger (Begünstigten), soll erst eintreten, wenn die Bedingung erfüllt wird, also das jeweilige Finanzierungsziel bis zum Ende des Sammlungszeitraums erreicht wird. Bis zum Bedingungseintritt oder Nichteintritt unterliegt der Sammler gewissen Verhaltens- und Treuepflichten nach §§ 160 ff. BGB.[358] Wird das Ziel nicht erreicht, tritt die Bedingung nicht ein und die Spenden sind zurückzuzahlen. Nach eigenen Angaben ist dies bei 12% der Spenden-Crowdfundingprojekte der Fall, aber 88% der Projekte sind erfolgreich,[359] so wie z. B. die Freiwillige Feuerwehr Kasseburg, die für eine Wärmebildkamera über Wir Bewegen.SH gesammelt hat und ihre Zielsumme von 5000 € innerhalb des Sammlungszeitraums erreichen konnte.[360]

---

356 Vgl. *betterplace*, abrufbar unter: https://www.betterplace.org/c/regeln/agb/zusaetzliche-nutzungsbedingungen#14-beendigung-oder-abbruch-eines-projekts-und-r%C3%BCckzahlung-von-spenden-an-betterplaceorg (aufgerufen am 30.8.2021).

357 *wir-bewegen.sh*, abrufbar unter: https://www.wir-bewegen.sh/seite/so-gehts (aufgerufen am 27.8.2021).

358 Vgl. *Westermann*, in: MünchKomm BGB, § 158 Rn. 9.

359 Vgl. *wir-bewegen.sh*, abrufbar unter: https://www.wir-bewegen.sh/seite/so-gehts (aufgerufen am 29.8.2021).

360 https://www.wir-bewegen.sh/project/onfire-fuer-schleswig-holstein-waermebildkamera-fuer-heisse-helfer (aufgerufen am 27.8.2021).

Das Zwei-Schwellensystem hat gegenüber dem „Alles-oder-nichts-Prinzip" beim Spenden-Crowdfunding den Vorteil, dass der Initiator bei Überschreitung der Finanzierungsschwelle, aber Unterschreitung des Finanzierungsziels einen Anspruch auf das Sammelvermögen hat und nur für die weitere Finanzierung des Projektes auf andere Spendensammlungen zurückgreifen muss.

*(4) Überzahlung*

Im Falle des Tsunamis 2004 wurde an die Organisation „Ärzte ohne Grenzen" zu viel für die medizinische Nothilfe gespendet. Der Bedarf hierfür in den betroffenen Regionen wurde auf ca. 24 Mio. € geschätzt. Allein aus Deutschland überstiegen die Spenden schnell 30 Mio. € und waren überwiegend mit Stichwort belegt, also zweckgebunden. Hinzu kamen noch die weltweiten Spenden. Der Zweck der Sammlung für medizinische Nothilfe war schnell erfüllt und die überschüssigen Spenden konnten nicht mehr für diesen Zweck eingesetzt werden. „Ärzte ohne Grenzen" bat Spender, ihre Spende von der Zweckbindung zu befreien, um sie anderweitig einsetzen zu können und bot an, die Spende zurückzuzahlen. Die meisten Spender in Deutschland stimmten der Verwendung für andere Zwecke zu.[361]

Beim Spenden-Crowdfunding kann es auch zu Überzahlungen kommen, abhängig von einer eventuell zu engen Zweckbindung, wie es bei „Ärzte ohne Grenzen" der Fall war. Normalerweise regeln Finanzierungsschwelle und Finanzierungsziel den Fall der Rückzahlung von Spenden bei Nichterreichen der Ziele, also einer Unterzahlung, wenn eine Spendenplattform diese fixen Schwellen vorsieht. Eine Finanzierungsschwelle kann in Verbindung mit der Zweckbindung tatsächlich zu einer Überzahlung führen, wenn beispielsweise für eine ganz bestimmte Wärmebildkamera der Freiwilligen Feuerwehr gesammelt wird, das Finanzierungsziel der Preis dieser Kamera ist und dieses Ziel überschritten wird. Auch hier ist die Zweckbindung zu eng. Soweit feste Schwellen angewendet werden, sollten bei Überschreiten des Finanzierungsziels keine Maximalgrenzen definiert werden. Ist das vom Plattformbetreiber vorgegeben oder vom Sammler gewünscht, so sind im Spendenaufruf vorsorglich entsprechende Angaben für eine alternative Verwendung von Spenden bei Erreichen des Spendenziels und damit des Zwecks zu machen.[362]

In der Praxis des Spenden-Crowdfundings empfiehlt es sich generell, den Spendenzweck ggf. weit zu formulieren und auf jeden Fall deutlich zu regeln, dass bei

361 Vgl. *Ärzte ohne Grenzen*, Jahresbericht 2005, 29, abrufbar unter: https://www.aerzte-ohne-grenzen.de/sites/default/files/attachments/jahresbericht-2005.pdf (aufgerufen am 29.8.2021).

362 Vgl. *wir-bewegen.sh*, Nr. 5.3.6.3. der Nutzungsbedingungen für Projektstarter, abrufbar unter: https://www.wir-bewegen.sh/seite/Nutzungsbedingungen-Projektstarter (aufgerufen am 29.8.2021).

Überzahlung oder auch Unmöglichkeit der Zweckerfüllung die Spende für andere oder allgemeine Zwecke des Sammlers verwendet, also umgewidmet wird.[363]

Die Überzahlung ist also eher ein Problem der Zweckbindung und weniger des Spenden-Crowdfundings.

### *(5) Zahlungsströme, Funktion und Rechtsstellung der Plattform*

Die rechtliche Einordnung des Spenden-Crowdfundings hängt davon ab, welche Funktion die Spendenplattform einnimmt. In jedem Einzelfall müssen die Bedingungen der Spendenplattform geprüft werden. Weder gibt es rechtliche Regelungen noch gibt es einen faktischen Konsens der Crowdfunding-Branche oder gar der Spenden-Crowdfunding-Branche, was Spenden-Crowdfunding genau ist und wie es funktioniert. Lediglich das Bundesministerium der Finanzen hat mittlerweile einen Erlass herausgegeben, wie die Finanzverwaltung Crowdfunding spendenrechtlich beurteilen soll.[364]

Soweit gemeinnützige Organisationen selbst Crowdfunding oder Online-Fundraising über ihre Internetplattformen betreiben ist dies unproblematisch. Es ergeben sich keine Besonderheiten. Das Internet ist hier nur das Vehikel für den Spendenaufruf und gibt eine Zahlungsmethode vor. Die gemeinnützigen Organisationen sind dann Initiator und Sammler zugleich. Vertragspartner des Spenders ist die Organisation, die die Spende entsprechend des projektbezogenen oder allgemeinen Spendenzweckes zu verwenden hat. Die Organisation ist hier der steuerbegünstigte Zuwendungsempfänger.

Die Spendenplattform kann als Sammler für verschiedene Organisationen und Initiatoren einer Sammlung auftreten. Das heißt, sie bietet nicht nur die Plattform für den Spendenaufruf, sondern sammelt auch die Spenden, vergleichbar mit dem Sammler mit der Sammelbüchse bei Straßensammlungen. Die Spenden erhält die Plattform nur treuhänderisch. Sie wird vom Spender beauftragt, die Spende an den Initiator der Sammlung für ein bestimmtes Projekt weiterzuleiten.[365]

Daneben gibt es auch Spendenplattformen, die Spenden-Crowdfunding für verschiedene Projekte anderer Organisationen oder Sammler betreiben, indem sie die Spenden als gemeinnützige Förderkörperschaften selbst vereinnahmen und zur

---

363 Z. B.: *WWF*: „Hinweis: Überschüssige Spenden werden in anderen dringenden WWF-Projekten eingesetzt", abrufbar unter: https://www.wwf.de/spenden-helfen/fuer-ein-projekt-spenden/selous/ (aufgerufen am 29.8.2021).

364 *BMF*, Spendenrechtliche Beurteilung von „Crowdfunding" (§ 10b EStG), DStR 2018, 133, 133 f.

365 *BMF*, Spendenrechtliche Beurteilung von „Crowdfunding" (§ 10b EStG), DStR 2018, 133, 133.

Verwirklichung eigener Satzungszwecke an die gemeinnützigen Projekte oder den gemeinnützigen Sammler als Träger des Projektes weiterleiten.[366]

Spendenplattformen vermitteln zum Teil aber auch nur den Kontakt zwischen Spender und Sammler, indem sie die Projekte und Spendenaufrufe von Sammlern auf ihrer Plattform darstellen und technisch bei Spende über die Plattform eine direkte Spende an den Sammler ohne eigene Zahlungs- oder Verwaltungsfunktion bewirken.[367] Die Plattform betreibt damit lediglich die Spendenwerbung für den Sammler. Eine solche Plattform ist kein Beteiligter am Sammelvermögen.

#### *bb. Spenden-Crowdfunding bei nicht gemeinnützigen Spenden*

Mangels Legaldefinition oder anderweitiger Definition des Spenden-Crowdfundings ist es keine Voraussetzung, dass die Zuwendung für steuerlich gemeinnützige Zwecke geleistet wird. Steuerlich begünstigt sind natürlich nur Spenden für gemeinnützige Zwecke eines Spenden-Crowdfundings. Es kann für gemeinnützige oder auch für nicht gemeinnützige und auch andere als soziale Zwecke gespendet werden. Es kommt nur darauf an, dass keine Gegenleistung für die Hingabe erfolgt.[368] Sammelvermögen entstehen hier in der Regel ebenfalls, da die vorübergehenden Projekte beim Spenden-Crowdfunding keine im wirtschaftlichen Eigeninteresse sind, sondern jemand anderem zugutekommen.

### *b. Crowd-Sponsoring*

Die Rechtsliteratur beschäftigt sich wenig mit dem Spenden-Crowdfunding, dafür mehr mit dem klassischen Crowdfunding[369], bei dem eine nicht-monetäre oder gar symbolische Gegenleistung („incentives“ oder „goodies“ genannt),[370] wie die

---

366 Vgl. *betterplace*, Nr. 9 Spendenprozess und Rolle von betterplace.org, Allgemeine Nutzungsbedingungen, abrufbar unter: https://www.betterplace.org/c/regeln/agb/allgemeine-nutzungsbedingungen#93-spenden (aufgerufen am 29.8.2021); *BMF*, Spendenrechtliche Beurteilung von „Crowdfunding“ (§ 10b EStG), DStR 2018, 133, 133 f.

367 Vgl. *HelpDirect*, abrufbar unter: https://www.helpdirect.org/informationen/chancen-fuer-organisationen/ (aufgerufen am 29.8.2021).

368 So bietet die Spendenplattform *wir-bewegen.sh* auch nicht gemeinnützig anerkannten Projekten die Möglichkeit für „Spenden-Crowdfunding“. Laut Nutzungsbedingungen Nr. 2.1.2., 2.1.3. müssen die Projekte aus bestimmten förderungswürdigen Bereichen stammen und im allgemeinen Sinne gemeinnützig sein. Abrufbar unter: https://www.wir-bewegen.sh/seite/Nutzungsbedingungen-Projektstarter (aufgerufen am 29.8.2021).

369 Vgl. Der Crowdfunding Kompass, abrufbar unter: http://www.crowdfunding.de/wp-content/uploads/2014/12/Crowdfunding-Kompass-von-crowdfunding-de.pdf (aufgerufen am 30.8.2021).

370 *Jansen/Pfeifle*, Rechtliche Probleme des Crowdfundings, ZIP 2012, 1842, 1843.

Namensnennung des Zuwendenden, in Aussicht gestellt wird.[371] Dies wird als „Crowdsponsoring“[372], „Belohnungsmodell“ bzw. “Reward Modell”[373], „reward-based-crowdfunding“[374] oder „gegenleistungsbasiertes Crowdfunding“[375] bezeichnet.[376] Je materieller der Dank wird, desto eher wird es sich um ein kommerzielles Crowdfunding halten, wie in der Regel bei dem “Pre-purchase Modell” oder Subskriptionsmodell[377], bei dem der Beitragende als Gegenleistung für seinen Beitrag zum Projekt das Produkt erhält, das er mitfinanziert hat (z. B. eine CD).

Die Übergänge vom Crowd-Sponsoring zum Spenden-Crowdfunding können fließend sein.[378] Sowohl bei einem Crowd-Sponsoring als auch dem Spenden-Crowdfunding kann der Spender namentlich erwähnt werden oder einen symbolischen Dank in Form einer Postkarte o.ä. erhalten, ohne dass dies als steuerliche Gegenleistung betrachtet würde. Abgegrenzt wird wie bei Spende und Sponsoring, ohne die Internetkomponente zu beachten.[379] D. h. soweit im Internet bei dem Aufruf zum Crowdfunding eine wie auch immer geartete Gegenleistung ausgelobt wird, ist der Bereich der Spende verlassen, auch wenn Leistung und Gegenleistung in keinem ausgewogenen Verhältnis stehen.[380] Eine freigebige Zuwendung liegt dann nicht vor, denn sie wird in Erwartung der ausgelobten Gegenleistung getätigt. Ein Sammelvermögen kann nicht entstehen.

---

371 *Regierer/Mühling/Haupt*, Crowdfunding und Crowdinvesting, Stiftung & Sponsoring 1/2015, 3, 3; *Jansen/Pfeifle*, Rechtliche Probleme des Crowdfundings, ZIP 2012, 1842, 1843.

372 *Regierer/Mühling/Haupt*, Crowdfunding und Crowdinvesting, Stiftung & Sponsoring 1/2015, 3, 3.

373 *Klöhn/Hornuf*, Crowdinvesting in Deutschland, ZBB 2012, 237, 239.

374 *Gumpelmaier, Wolfgang*, Crowdfunding – Eine echte Alternative zu öffentlicher und privater Finanzierung, Stiftung & Sponsoring 4/2013, 14, 14.

375 *Müller-Schmale*, Crowdfunding: Aufsichtsrechtliche Pflichten und Verantwortung des Anlegers, Arten des Crowdfunding, Publikation BaFin, abrufbar unter: www.bafin.de/SharedDocs/Veroeffentlichungen/DE/Fachartikel/2014/fa_bj_1406_crowdfunding.html (aufgerufen am 30.8.2021).

376 *Bareiß*, Filmfinanzierung 2.0, ZUM 2012, 456, 458.

377 *Klöhn/Hornuf*, Crowdinvesting in Deutschland, ZBB 2012, 237, 239.

378 *Regierer/Mühling/Haupt*, Crowdfunding und Crowdinvesting, Stiftung & Sponsoring 1/2015, 3, 5 f., 8 f.

379 Vgl. *Haupt*, Im Gespräch mit Oliver Haupt, Interview durch Jungheim in, Die Stiftung 2/2015, 20, 21.

380 *Regierer/Mühling/Haupt*, Crowdfunding und Crowdinvesting, Stiftung & Sponsoring 1/2015, 3, 6.

### c. *Bewertung*

Es gibt danach keine Definition des Spenden-Crowdfundings. Einigkeit besteht nur darüber, dass die Zuwendung ohne Ankündigung oder Erwartung einer Gegenleistung oder Vorteilsgewährung geleistet wird.[381]

Wie die Spende für ein Projekt bewirkt wird, das über das Internet beworben wird, welche Rechtsbeziehungen zwischen Sammler, Spender, Spendenplattform und Projektbegünstigtem entstehen und welche Rechte und Pflichten daran anknüpfen, hängt vom Einzelfall ab. Es gibt einige Gemeinsamkeiten, die aber nicht zwingend sind.

Die Spendenplattformen bemühen sich darum, die Transparenz der Projekte als Voraussetzungen für das Crowdfunding zu gestalten. Die Projekte werden professionell dargestellt, da die Plattformen hierzu die technischen Mittel zur Verfügung stellen. Die wichtigen Informationen befinden sich auf der Projektseite oder den ins Auge springenden Internetseiten. Dort sind sie mit „buttons“ und „widgets“ gekennzeichnet. Dies sorgt auf den ersten Blick für Transparenz.

Darüber hinaus wird bei Spendenmöglichkeiten oder Projekten zugunsten von gemeinnützigen Organisationen die Gemeinnützigkeit herausgestellt. Es wirkt, als sei alleine die Gemeinnützigkeit das Kriterium für Qualität und Spendensicherheit. Die gemeinnützigen Organisationen müssen allerdings zumeist gegenüber dem Plattformbetreiber ihre Gemeinnützigkeit nachweisen.[382] Wie die gemeinnützigen Organisationen die Spenden verwenden, wie groß der Verwaltungsaufwand und der Werbeetat sind, ist meistens unklar. Nur ausnahmsweise verlangt eine Plattform konkrete Auskünfte und „Nachweise“ für die Verwendung der über die Plattform gesammelten Spenden von der gemeinnützigen Organisation.[383]

So wird dem Spender eine Scheinsicherheit vermittelt über das Projekt als solches, die Weitergabe seiner Spende an die gemeinnützige Organisation oder an genau das Projekt, welches er sich ausgesucht hat. Der Spender vermeint nur anhand der Projektinformationen und Angaben auf den ersten Seiten zu wissen, was rechtlich passiert. Das kann sich aber nach einem Blick ins „Kleingedruckte“ ganz anders darstellen. Häufig kann der Spender erst aufgrund der Allgemeinen Geschäftsbedingungen erkennen, an wen, wie und auf Basis welcher Rechtsbeziehung er leistet, und das kann anders sein, als er sich das nach dem Spendenaufruf auf der Projektseite

381 *Regierer/Mühling/Haupt*, Crowdfunding und Crowdinvesting, Stiftung & Sponsoring 1/2015, 3, 5 f., 8 f; *Klöhn/Hornuf*, Crowdinvesting in Deutschland, ZBB 2012, 237, 239; *Bareiß*, Filmfinanzierung 2.0, ZUM 2012, 456, 458; *BMF*, Spendenrechtliche Beurteilung von „Crowdfunding“ (§ 10b EStG), DStR 2018, 133, 133.

382 Vgl. *betterplace*, https://www.betterplace.org/c/hilfe/projekt-anlegen (aufgerufen am 30.8.2021).

383 Vgl. *betterplace*, Zusätzliche Nutzungsbedingungen für steuerbegünstigte Organisationen und Projekte, abrufbar unter: https://www.betterplace.org/c/regeln/agb/zusaetzliche-nutzungsbedingungen (aufgerufen am 30.8.2021).

vorgestellt hat. Aber auch die Allgemeinen Geschäftsbedingungen sind häufig unklar, zweideutig und unvollständig. Angaben zur Rechtsbeziehung zwischen Plattform und Spender sowie gemeinnütziger Organisation und zu den Rechtsgeschäften, die über die Plattform abgewickelt werden, wären hilfreich.

Soweit Plattformbetreiber selbst gemeinnützig sind, werden sie zwar vom Finanzamt im Hinblick auf ihre Gemeinnützigkeit überprüft. Eine Prüfung der konkreten Zweckzuwendung der Einzelspenden erfolgt aber nicht. Insofern lassen sich auch anhand der Bilanzen nur allgemeine Rückschlüsse auf die Verwendung der Spenden ziehen.[384]

Insbesondere beim Spenden-Crowdfunding für nicht gemeinnützige Projekte besteht nur eine vermeintliche Transparenz und die Missbrauchsmöglichkeiten sind hoch. Beim Spenden-Crowdfunding für gemeinnützige Projekte sind Transparenz und Missbrauchsmöglichkeiten wie bei gemeinnützigen Spenden.

#### *d. Merkmale des Spenden-Crowdfundings*

Zusammenfassend ergeben sich folgende typische Elemente[385] für das Spenden-Crowdfunding, die mangels Definition nicht zwingend sind und nicht kumulativ vorliegen müssen:

Es erfolgt ein Spendenaufruf über das Internet für ein Projekt oder eine Organisation, das/die finanziert oder unterstützt werden soll.

Weitere Merkmale, die aber nicht immer gegeben sind:

- Projektdarstellung durch Initiator, Fotos und (Werbe-)Video
- Vorabkommunikation in soziale Netzwerken zu Bekanntmachung
- Kommunikation mit den Unterstützern während des Finanzierungszeitraums
- Finanzierungsziel (Fundingziel)
- Finanzierungszeitraum (Funding-Zeitraum)
- Rückzahlungsanspruch des Unterstützers oder Umwidmung bei Nichterreichen des Finanzierungsziels
- Auszahlung bei Zielerreichung oder bei Ende des Zeitraums
- Rückzahlungsanspruch des Unterstützers oder Umwidmung bei Überzahlung.

### *6. Internetspende – Online-Spende*

Viele gemeinnützige Organisationen haben ihre Methoden zum Spendensammeln um das internetbasierte Spendensammeln erweitert.[386] So sei hier nur beispielhaft

384 Z. B. *betterplace*, Geschäftsberichte, abrufbar unter: https://www.betterplace.org/c/medien/geschaeftsberichte (aufgerufen am 30.8.2021).

385 Vgl. zu den Merkmalen des Crowdfundings generell: https://www.crowdfunding.de/erfolgreiches-crowdfunding-die-10-wichtigsten-tipps/ (aufgerufen am 30.8.2021).

386 Vgl. nur *Haibach,* Handbuch Fundraising, S. 257 ff.

erwähnt, dass das Deutsche Rote Kreuz[387] ein Online-Spendenformular für allgemeine Spenden auf seiner Internetseite abbilden, bei dem (lediglich) verschiedene Zahlungsmethoden über das Internet angeboten werden. Der World Wide Fund for Nature[388], die Welthungerhilfe[389] und UNICEF[390] bieten dabei sowohl projektbezogenen Spenden als auch allgemeinen Spenden über ihre Internetseiten an. Laut einer Umfrage von betterplace sind ca. 20 Prozent der Spendeneinnahmen der befragten Organisationen, die (auch) über das Internet Spenden sammeln, Online-Spenden.[391]

Die Möglichkeit, direkt über die Internetseiten dieser Organisationen die Zahlung der Spende zu bewirken, ist lediglich ein zusätzliches Zahlungsinstrument neben den traditionellen Zahlverfahren und hat keine weitere Bedeutung für das Sammelvermögen.

Bei projektbezogenen Sammlungen unterscheiden sich die Darstellung der Projekte, der Sammlungsablauf und die technische Bedienung in der Regel nicht von Crowdfunding-Plattformen.[392] Das Spenden-Crowdfunding, das zu einem Sammelvermögen führt, wird also auch von gemeinnützigen Organisationen selbst in die Hand genommen. Es erweitert das Spektrum der Sammlungsformen, um möglichst die Aufmerksamkeit einer breiten Öffentlichkeit zu erlangen und ggf. diese mit dem durch das Internet und die soziale Kommunikation erhofften Multiplikatoreffekt zu weiteren Spenden zu animieren.[393]

## *7. Micro-Donation-Plattformen*

Die Plattform givv.org[394], die gemeinnützige Organisation Deutschland Rundet Auf,[395] aber auch die Bank Credit

---

387 Abrufbar unter: https://www.drk.de/spenden/privatperson-spenden/jetzt-spenden/ (aufgerufen am 30.8.2021).

388 https://www.wwf.de/spenden-helfen/fuer-ein-projekt-spenden/ und https://www.wwf.de/spenden-helfen/allgemeine-spende (aufgerufen am 30.8.2021).

389 Abrufbar unter: www.welthungerhilfe.de/spenden.html (aufgerufen am 30.8.2021).

390 www.unicef.de/spenden/jetzt-spenden?sem=1&gclid=CPzGyLjywM8CFcHGGwodrJoD5A (aufgerufen am 30.8.2021).

391 https://www.betterplace-lab.org/ngo-meter-2019-die-ergebnisse-der-online-fundraising-umfrage (aufgerufen am 30.8.2021).

392 *Regierer/Mühling/Haupt*, Crowdfunding und Crowdinvesting, Stiftung & Sponsoring 1/2015, 3, 5.

393 Vgl. *Haupt*, Im Gespräch mit Oliver Haupt, Interview durch Jungheim in, Die Stiftung 2/2015, 20, 20.

394 Vgl. *givv.org*, abrufbar unter: http://givv.org/why (aufgerufen am 30.8.2021).

395 Vgl. *Deutschland Rundet Auf*, abrufbar unter: https://deutschland-rundet-auf.de (aufgerufen am 30.8.2021).

Suisse[396] oder der Internethändler Amazon[397] haben sich das Prinzip des elektronischen Micropayments zu eigen gemacht und verschiedene Methoden entwickelt, die Micro-, Mini- und Kleinspenden an gemeinnützige Organisationen wirtschaftlich macht. Sie sind sog. Micro-Donation-Plattformen.[398]

In der Regel sammeln diese Sammelorganisationen Kleinstspenden von vielen Spendern für einen bestimmten Zweck und spenden dann das Sammelvermögen für diesen Zweck an die gemeinnützige Organisation bzw. das gemeinnützige Projekt. Oder sie sammeln Kleinstspenden von vielen Spendern und/oder durch regelmäßige Kleinstspenden ohne Zweckbindung und entscheiden dann, für welchen gemeinnützigen Zweck weitergespendet werden soll. Daher handelt es sich bei derartigen Micro-Donation-Plattformen um Spenden sammelnde Organisationen, die zu Spenden für gemeinnützige Zwecke, zum Teil für bestimmte gemeinnützige Zwecke aufrufen, die Spenden sammeln und verwalten und dem Zweck zeitnah zuführen. Das Ergebnis der Sammlungen für einen bestimmten Zweck durch die Plattform ist ein Sammelvermögen. Die teilweise vorgesehene und jederzeit kündbare Verpflichtung, monatlich zu Spenden, bedeutet hierbei keine Unfreiwilligkeit. Gleiches gilt bei einer Förderspende.

Eine Sonderform solcher Micro-Donation-Plattformen sind sog. Einkaufsplattformen[399], die Kleinstbeträge für einen guten Zweck sammeln. Der Benutzer kauft nicht direkt bei einem Internetshop wie z. B. Amazon, sondern über die Einkaufsplattform. Diese erhält von dem Internetshop eine Vermittlungsprovision. Die Provision wird von der Einkaufsplattform gespendet und zwar an die vom Benutzer ausgewählten Projekte oder Organisationen. Spender ist die Einkaufsplattform, der Benutzer wählt die Zweckbestimmung, der Projektorganisator oder die Organisation ist der Sammler, bei dem das Sammelvermögen entsteht, zu dem die Spenden solcher Einkaufsplattformen beitragen können.

## C. Zusammenfassung: Begriffsbestimmung des Sammelvermögens

Sammlungen können viele Formen annehmen. Aber nicht jede Sammlung führt zu einem Sammelvermögen. Die dieser Untersuchung zugrunde liegenden

396 Vgl. *Credit Suisse*, abrufbar unter: https://www.credit-suisse.com/ch/de/privatkunden/konten-und-karten/weitere-angebote/micro-donations.html (aufgerufen am 30.8.2021).

397 Vgl. *Amazon smile*, abrufbar unter: https://smile.amazon.com (aufgerufen am 30.8.2021).

398 Vgl. https://givingcompass.org/article/micro-donation-platforms-an-overview/ (aufgerufen am 30.8.2021).

399 Z. B. https://www.schulengel.de; https://www.bildungsspender.de; (alle aufgerufen am 30.8.2021).

Sammlungen und die daraus resultierenden Sammelvermögen sind wie folgt gekennzeichnet:

Was wird gesammelt? Der primäre Sammelgegenstand ist Geld. Es kann aber auch um ehrenamtliche Tätigkeiten gehen, bei denen es um generelle Unterstützung und um Zeit oder auch ganz bestimmte Dienstleistungen geht, die kostenlos zur Verfügung gestellt werden. Daneben werden verschiedene Sachen für andere gesammelt. Da es nicht nur um Sammlungen gemeinnütziger Organisationen und Spenden im steuerrechtlichen Sinne geht, wird hier als Oberbegriff „Zuwendung" verwendet. Soweit der Begriff „Spende" gebraucht wird, ist damit die Zuwendung gemeint, es sei denn es wird ausdrücklich auf die steuerliche Spende Bezug genommen.

Warum wird gesammelt? Anlass und Zweck der Sammlungen sind Unterstützung bei vorübergehenden Not- oder Bedarfssituationen.

Wofür wird gesammelt? Der Sammler sammelt, um anderen helfen zu können. Er sammelt nicht für sich, um sein eigenes Vermögen dauerhaft zu vermehren, sondern um mit dem Gesammelten den fremdnützigen Sammlungszweck erfüllen zu können.

Woraus ergibt sich der Sammlungszweck? Der Sammlungszweck wird durch den Spendenaufruf des Sammlers bestimmt. Mit dem jeweiligen Spendenaufruf wird der Sammlungszweck dem öffentlichen oder nicht-öffentlichen potenziellen Spenderkreis bekannt gemacht. Der Sammler entscheidet, für welchen Zweck er sammelt und wie genau er ihn eingrenzt. Je enger der Spendenzweck definiert wird, desto weniger Entscheidungsfreiheit hat der Sammler bei der Erfüllung des Zwecks. Aus dem Spendenaufruf wird deutlich, dass es nicht um ein wirtschaftliches oder rechtliches Austauschgeschäft, sondern um eine einseitige Leistung des Spenders geht. Ein Dank oder eine symbolische Gegenleistung kann gleichwohl erfolgen, wird aber nicht im Spendenaufruf in Aussicht gestellt.

Warum wird gespendet? Der Spender wird durch den Spendenaufruf auf den bestimmten Spendenzweck aufmerksam gemacht. Er will diesen Zweck unterstützen und zu der Sammlung beitragen. Die Zuwendung an den Sammler erfolgt freigebig, ohne Erwartung einer (gleichwertigen) Gegenleistung oder Verpflichtung des Sammlers zu einer solchen, jedoch mit der Maßgabe, dass die Zuwendung zur Erfüllung des Spendenzwecks verwendet wird.

Wie wird gesammelt? Bei den typischen Haus- und Straßensammlungen mit einer Sammelbüchse sind Spendenaufruf und Einsammeln der Spende häufig miteinander verknüpft. Die Sammelbüchsen oder Stände können mit dem Logo der sammelnden Organisation oder dem Spendenaufruf versehen sein oder die Sammler rufen mündlich zu Spenden zu ihrem Sammlungszweck auf.

Ohne direkten persönlichen Kontakt wird mittels eines Spendenaufrufs über die verschiedenen Medien gesammelt: per Telefon, Brief oder Printmedien, über das Fernsehen oder das Internet. So ist auch das Spenden-Crowdfunding eine Sammlungsform über das Internet, die zu einem Sammelvermögen führt. Das Einsammeln der Spende erfolgt häufig passiv, z. B. wenn der Spender das Geld überweist oder die Sachen zum Sammler hinbringt.

Wer sind die Sammler? Derartige Sammlungen können von institutionellen oder privaten Sammlern initiiert und durchgeführt werden.

Wo wird gesammelt? Die Sammlungen können räumlich in der Öffentlichkeit stattfinden oder sich nur an einen begrenzten Kreis von potenziellen Spender richten und somit nicht-öffentlich sein.[400]

Wie wird der bestimmte Zweck erfüllt? Der Sammler erfüllt den Zweck seiner Sammlung, wenn er das Sammelvermögen dem Begünstigten bzw. dem begünstigten Zweck zuwendet.

Bei einem Sammelvermögen handelt es sich also um alle Zuwendungen, die Spender aufgrund eines Aufrufs freigebig und ohne Erwartung einer Gegenleistung dem Sammler zukommen lassen, damit er sie für den von ihm im Aufruf bestimmten, vorübergehenden Sammlungszweck zugunsten von Dritten, und nicht des Sammlers selbst, verwendet.

---

400 In dieser Arbeit werden kirchliche Sammlungen mittels Kollekten und Klingelbeuteln nicht erfasst, da sie zum einen kirchenrechtlich geregelt sind und zum anderen nicht unter den Anwendungsbereich der Sammlungsgesetze fallen. Vgl. § 12 SammlGRP.

# Teil 2: Rechtliche Regelungen des Sammelvermögens

Es gibt kaum Rechtsvorschriften zu dem Phänomen Sammelvermögen und der Begriff selbst wird im Gesetz nicht verwendet. Das Sammelvermögen wird in einer eher unbekannten Norm des BGB geregelt. § 1914 BGB beschäftigt sich mit dem Wegfall des Veranstalters einer Spendensammlung für einen bestimmten, vorübergehenden Zweck und ordnet in diesem Fall die Bestellung eines Sammelvermögenspflegers an.

Im öffentlichen Recht regeln die Sammlungsgesetze in Rheinland-Pfalz, Saarland und Thüringen die Sammlungen und enthalten Schutzvorschriften für den Sammlungsertrag, der dem Sammelvermögen gleichzusetzen ist. Bei Misswirtschaft kann hiernach ein Treuhänder für das Sammelvermögen bestellt werden.

Schwerpunkt steuerrechtlicher Regelungen sind die freigebigen Zuwendungen. Viele Normen nennen verschiedene Spendenformen und ihre Besteuerung. Manche beschäftigen sich auch mit Spenden oder Vermögen, die aufgrund eines Spendenaufrufs zustande kommen und daher möglicherweise ein Sammelvermögen sein können.

Auch das Strafrecht kennt nur den Begriff der Spende. Es gibt den Spendenbetrug nach § 263 StGB, die Unterstützung terroristischer Vereinigungen und die Geldwäsche, in denen das Tatobjekt die Spende sein kann.

Tatsächlich enthält kein Gesetz eine Legaldefinition der Sammlung, des Sammelvermögens oder des Sammlungsertrags. Lediglich das Steuerrecht (vgl. § 10 b Abs. 1 S. 1 EStG) spricht von „Zuwendungen zur Förderung steuerbegünstigen Zwecken im Sinne der §§ 52 bis 54 Abgabenordnung“ als „Spenden“.

## A. Das Sammelvermögen im Zivilrecht

Die einzige Regelung im Zivilrecht über das Sammelvermögen findet sich mit § 1914 BGB im Familienrecht.

### I. § 1914 BGB

§ 1914 BGB schützt das Sammelvermögen mittels einer Pflegschaft: „Ist durch öffentliche Sammlung Vermögen für einen vorübergehenden Zweck zusammengebracht worden, so kann zum Zwecke der Verwaltung und Verwendung des Vermögens ein Pfleger bestellt werden, wenn die zur der Verwaltung und Verwendung berufenen Personen weggefallen sind“.

Der Begriff „Sammelvermögen“ oder „Sammlungsvermögen“ wird nicht erwähnt und nicht definiert. Die Norm enthält aber Merkmale eines Sammelvermögens, die zur Begriffsbestimmung herangezogen werden können.

Die Öffentlichkeit ist dabei eine Tatbestandsvoraussetzung für die Anordnung der Pfleg-schaft über ein Sammelvermögen nach § 1914 BGB, aber kein Begriffsmerkmal des Sammelvermögens,[401] wie die übrigen in § 1914 BGB normierten Tatbestandsmerkmale. Danach geht es in § 1914 BGB um Vermögen, dass durch eine Sammlung für einen vorübergehenden Zweck zusammengebracht wurde.

### 1. *Normzweck*

§ 1914 BGB soll die Verwendung eines Sammelvermögens für den Sammlungszweck sichern, soweit die Verfügungsberechtigten wegfallen. Die Vorschrift regelt daher die Voraussetzungen zur Bestellung eines Pflegers für das gesammelte Vermögen.[402]

Sie wurde durch die Kommission für die zweite Lesung des Entwurfs des Bürgerlichen Gesetzbuchs vorgeschlagen, da die Notwendigkeit eines staatlichen Schutzes der Interessen der Beteiligten an einem Sammelvermögen angenommen wurde. Polizeiliche Maßnahmen führten nicht immer in geeigneter Weise zum Ziel, daher sei die Bestellung eines Pflegers am richtigsten, um dem Schutzgedanken Rechnung zu tragen. Die Ermächtigung zur Pflegerbestellung für Sammelvermögen aufgrund anderer Pflegschaftsnormen (§ 1913) sei zweifelhaft oder nur für einen Teil der Fälle anwendbar, insofern bedürfe es einer speziellen Pflegschaft.[403]

Die Norm des § 1914 BGB befindet sich systemwidrig[404] unter den Personenpflegschaften, da es sich nach herrschender Ansicht[405] um eine Sach- oder Realpflegschaft handelt – die einzige des BGB[406]. Der Sammelvermögenspfleger ist nicht Vertreter von Personen, sondern Sachpfleger,[407] da er das Sammelvermögen verwaltet und entsprechend seiner Zweckbestimmung verwendet.[408] Es besteht ein lockerer Zusammenhang mit dem Familienrecht, weil der Gesetzgeber das familienrechtliche Instrument der Pflegschaft genutzt hat.[409] Die Pflegschaft für das Sammelvermögen kann daher nur eine Sachpflegschaft und keine

401 *Laux*, Sammelvermögen, JZ 1953 214, 214; *Erb*, Sammelvermögen und Stiftung, S. 55.

402 *Bettin*, in: BeckOK BGB, § 1914 Rn. 1.

403 Protokolle, Bd. VI, 313 f.

404 *Schneider*, in: MünchKomm BGB, § 1914 Rn. 1.

405 *BGH*, Urt. v. 25.9.1972 – II ZR 28/69 -, Rn. 27, juris; *OLG Zweibrücken*, FGPrax 2007, 133, 133; *Engler*, in: Staudinger, BGB, 10./11. Aufl. 1969, § 1914 Rn. 8; *Zimmermann*, in: Soergel, BGB, § 1914 Rn. 1.; *Götz*, in: Palandt, BGB, § 1914 Rn. 1.

406 *A. Roth*, in: Erman, BGB, § 1914 Rn. 1; *Schneider, in:* MünchKomm BGB, § 1914 Rn. 1.

407 *BGH*, Urt. v. 25.9.1972 – II ZR 28/69, Rn. 23, juris.

408 Vgl. *OLG Zweibrücken*, FGPrax 2007, 133, 133.

409 *Schöpflin*, in: BeckOGK, § 1914 [Stand 1.9.2021] Rn. 3.

Personenpflegschaft sein[410] und wäre zutreffender im Allgemeinen Teil des BGB untergebracht als im Familienrecht.[411]

## 2. *Voraussetzungen für und Pflegschaft über das Sammelvermögen nach § 1914 BGB*

### a. *Voraussetzungen der Anordnung der Pflegschaft*

#### aa. *Zusammengebrachtes Vermögen*

Ein Pfleger kann nur für ein bereits zusammengebrachtes, d. h. bestehendes Sammelvermögen bestellt werden.[412] Das Sammelvermögen kann aus Geld und Sachen bestehen (beispielsweise Kleidung, Lebensmittel, Bücher, Medikamente oder Geräte).[413] Erfasst werden auch Ansprüche auf Spenden, soweit die Verpflichtung zu spenden bindend ist,[414] und Geldsammlungen zur Errichtung eines Bauwerks.[415]

#### bb. *Öffentliche Sammlung*

Das Sammelvermögen im Sinne des § 1914 BGB muss durch eine öffentliche Sammlung zusammengebracht worden sein. Eine Sammlung ist dann öffentlich, wenn der Kreis der Personen nicht beschränkt ist,[416] also eine unbegrenzte Zahl von Personen spenden kann.[417] Eine öffentliche Bekanntmachung oder Ankündigung ist nicht erforderlich.[418] Es muss auch nicht in der Öffentlichkeit gesammelt oder für die Sammlung geworben werden.[419]

---

410 Vgl. *Bienwald*, in: Staudinger, BGB, § 1914 Rn. 1; *A. Roth*, in: Erman, BGB, § 1914 Rn. 1; *Schneider*, in: MünchKomm BGB, § 1914 Rn 1; *Zimmermann*, in: Soergel, BGB, § 1914 Rn. 1; *Engler*, in: Staudinger, BGB, 10/11. Aufl. 1969, §1914 Rn. 8.

411 Vgl. *Bienwald*, in: Staudinger, BGB, § 1914 Rn. 1; *Heitmann/Recknagel*, in: NK-BGB, FamR, § 1914 BGB Rn. 1.

412 Vgl. *Schneider*, in: MünchKomm BGB, § 1914 Rn. 6.

413 *A. Roth*, in: Erman, BGB, § 1914 Rn. 2; *Zimmermann*, in: Soergel, BGB, § 1914 Rn. 3.

414 *Schneider*, in: MünchKomm BGB, § 1914 Rn. 6; *A. Roth*, in: Erman, BGB, § 1914, Rn. 2; *Zimmerman*, in: Soergel, BGB, § 1914 Rn. 5; *Bienwald*, in: Staudinger, BGB, § 1914 Rn. 11.

415 *A. Roth*, in: Erman, BGB, § 1914 Rn. 2; *Zimmermann*, in: Soergel, BGB, § 1914 Rn. 4.

416 *A. Roth*, in: Erman, BGB, § 1914 Rn. 2.

417 Vgl. *Zimmermann*, in: Soergel, BGB, § 1914 Rn. 2; *Bienwald*, in: Staudinger, BGB, § 1914 Rn. 10.

418 *Zimmermann*, in: Soergel, BGB, § 1914 Rn. 2.

419 *A. Roth*, in: Erman, BGB, § 1914 Rn. 2; *Bienwald*, in: Staudinger, BGB, § 1914 Rn. 10.

#### cc. *Vorübergehender Zweck*

Der Zweck des gesammelten Vermögens muss außerhalb der Person bzw. des Veranstalters der Sammlung liegen.[420] Außerdem muss der Zweck vorübergehend sein,[421] z. B. Hilfe für eine durch Brand[422] oder durch Verbrechen geschädigte Familie.[423] Bei laufender und damit dauerhafter Unterstützung einer Einrichtung, Organisation, Anstalt o.ä. ist der Zweck nach herrschender Meinung[424] nicht vorübergehend.

Soweit die Herstellung oder Vorbereitung einer Sache durch das Sammelvermögen bezweckt ist, schließt die spätere Möglichkeit oder der weitere Zweck der dauerhaften Nutzung dieser Sache den vorübergehenden Zweck der Herstellung und damit des Sammelvermögens nicht aus (z. B. ein Denkmal, eine Sporthalle, Vorbereitung einer Kunstausstellung).[425] Die Herstellung ist der vorübergehende Zweck der Sammlung, der mit der Fertigstellung erfüllt ist. Die Nutzung der Sache ist nicht Gegenstand der Sammlung.

#### dd. *Wegfallen der zur Verwaltung berufenen Personen - § 1913/ § 7 Sammlungsgesetz*

Das Bedürfnis für die Anordnung der Pflegschaft liegt nur vor, wenn die zur Verwaltung und zweckbedingten Verwendung des Sammelvermögens berufenen Personen weggefallen sind. Weggefallen bedeutet dabei, dass die Personen rechtlich (Todeserklärung, Geschäftsunfähigkeit, Rücktritt, Entlassung) oder tatsächlich (Abwesenheit, Tod, freiwillige Aufgabe der Verwaltertätigkeit, Wegzug) nicht in der Lage sind, das Sammelvermögen zu verwalten.[426]

---

420 *Schneider*, in: MünchKomm BGB, § 1914 Rn. 6. In diesem Zusammenhang wird in der Kommentarliteratur auch auf einen Zweck außerhalb der Haftung der Veranstalter nach *Lindemann*, Recht 1911, 90., 91 f., verwiesen. Ein Zusammenhang zwischen dem Sammlungszweck und der Haftung der Sammler wird von *Lindemann* nicht hergestellt. *Lindemann* setzt sich mit der Haftung der Sammler eines Sammelkomittees, welches erkennbar Rechtsgeschäfte schließt, auseinander und bestätigt die damals angezweifelte, herrschende Meinung, dass die Sammler nicht persönlich haften, sondern nur beschränkt auf das Sammelvermögen.

421 *Schneider*, in: MünchKomm BGB, § 1914 Rn. 8.

422 Vgl. den Fall *OLG Frankfurt a.M.*, NJW-RR 1987, 56, 56 f.

423 Vgl. den Fall *OLG Zweibrücken*, FGPrax 2007, 133, 133.

424 Vgl. *Schneider*, in: MünchKomm BGB, § 1914 Rn. 8; *Bienwald*, in: Staudinger, BGB, § 1914 Rn. 9.

425 *Schneider*, in: MünchKomm BGB, § 1914 Rn. 8; *A. Roth*, in: Erman, BGB, § 1914 Rn. 2; *Zimmermann*, in: Soergel, BGB, § 1914 Rn. 4.

426 *Schneider*, in: MünchKomm BGB, § 1914 Rn. 9; *A. Roth*, in: Erman, BGB, § 1914 Rn. 3; *Zimmermann*, in: Soergel, BGB, § 1914 Rn. 6; nach *Engler*, in: Staudinger, BGB, 10./

Nach herrschender Meinung fällt die Ungeeignetheit (z. B. durch pflichtwidriges Verhalten) oder Unfähigkeit nicht hierunter.[427] Der Gesetzgeber hat sich bewusst dagegen entschieden, die Pflegschaft für das Sammelvermögen auch für solche Fälle anordnen zu können.[428] Das ergibt sich bereits aus der Gesetzgebungsgeschichte. Der dritte Entwurf des damaligen § 1890 sah vor: „..., wenn die zu der Verwaltung und Verwendung berufenen Personen weggefallen sind oder wenn diesen Personen gegenüber ein wichtiger Grund für die Entziehung der Verwaltung und Verwendung vorliegt; ein solcher Grund ist insbesondere grobe Pflichtverletzung oder Unfähigkeit zur ordnungsgemäßen Geschäftsführung."[429] Die Reichstagskommission befürchtete aber eine missbräuchliche Anwendung zu politischen Zwecken und strich den letzten Teil.[430]

Folglich herrscht Unklarheit, wie das Sammelvermögen im Falle der Unfähigkeit oder Ungeeignetheit der Sammler geschützt werden kann. Im Schrifttum wurde die Auffassung vertreten,[431] dass die unbekannten Spender unter Umständen durch die Anordnung einer Pflegschaft für Unbekannte nach § 1913 BGB geschützt werden könnten.

Das würde die nach *Schneider*[432] abzulehnende Auffassung voraussetzen, dass die (unbekannten) Spender solange Gesamthandseigentümer des Sammelvermögens sind, solange es nicht seinem Zweck zugeführt ist. *Schöpflin*[433] führt darüber hinaus an, dass es auf die Person der Spender nach erfolgter Zuwendung nicht mehr ankommt, so dass es sich nicht um unbekannte Beteiligte im Sinn des § 1913 BGB handelt.

Die zumeist vorgeschlagene Lösung soll über die Sammlungsgesetze der Länder führen,[434] wonach Treuhänder für den Sammlungsertrag einer öffentlichen Sammlungen eingesetzt werden können, wenn sich bei der Durchführung oder Abwicklung einer Sammlung erhebliche Missstände zeigen und die zweckentsprechende

---

11. Aufl. 1969, § 1914 Rn. 7 steht dem Wegfallen der Verwalter eine mangelnde Befugnis zur Verwaltung gleich.

427 *A. Roth*, in: Erman, BGB, § 1914 Rn. 3; *Zimmermann*, in: Soergel, BGB, § 1914 Rn. 6; *Schneider*, in: MünchKomm BGB, § 1914 Rn. 9.

428 Vgl. *Engelmann*, in: Staudinger, BGB, 5./6. Aufl. 1910, § 1914 Nr. 1; *Engler*, in: Staudinger, BGB, 10./11. Aufl. 1969, § 1914 Rn. 7.

429 *Jakobs/Schubert*, Beratung des Bürgerlichen Gesetzbuchs, Familienrecht II, §§ 1909–1921, S. 1274.

430 Vgl. *Jakobs/Schubert*, Beratung des Bürgerlichen Gesetzbuchs, Familienrecht II, §§ 1909–1921, S. 1274 f; *Engler*, in: Staudinger, BGB, 10./11. Aufl. 1969, § 1914 Rn. 7.

431 *Engler*, in: Staudinger, BGB, 10./11. Aufl. 1969, § 1914 Rn. 7; *Zimmermann*, in: Soergel, BGB, § 1914 Rn. 6.

432 *Schneider*, in: MünchKomm BGB, § 1914 Rn. 9.

433 *Schöpflin*, in: BeckOGK BGB, § 1914 [Stand 1.9.2021] Rn. 12.

434 *A. Roth*, in: Erman, BGB, § 1914 Rn. 3; *Schneider*, in: MünchKomm BGB, § 1914 Rn. 9.

Verwendung des Sammlungsertrages gefährdet ist.[435] Die Bestellung eines öffentlichen Treuhänders nach den Sammlungsgesetzen sei einer privatrechtlichen Pflegerbestellung nach § 1913 BGB vorzuziehen, da die Erlaubnisbehörde dem Sachverhalt näher stehe als das Betreuungsgesetz.[436]

Nach Ansicht von *Glenz*[437] sollte das Sammlungsgesetz sogar eine abschließende Regelung über das öffentlich gesammelte Sammelvermögen sein. Das Sammlungsgesetz stünde in Gesetzeskonkurrenz zu § 1914 BGB und setze es als neueres Gesetz ganz außer Kraft. Mit dieser Ansicht blieb *Glenz* aber alleine. Rechtsprechung und Literatur messen § 1914 BGB eine eigenständige, wenn auch geringe Bedeutung zu.[438]

Unter der Prämisse, dass § 1914 BGB nur die Pflegerbestellung bei Wegfall der Verwalter regelt, besteht keine Gesetzeskonkurrenz zwischen § 1914 BGB und § 7der gleichlautenden Sammlungsgesetze der Länder. Die Normen haben unterschiedliche Anwendungsbereiche in Bezug auf das Sammelvermögen und ergänzen sich in ihren Schutzbereichen. § 7 Sammlungsgesetze greift, wenn die Veranstalter einer Sammlung zur Erfüllung ihrer Pflichten nicht in der Lage sind. Er ist nicht anwendbar, wenn die Veranstalter weggefallen sind.[439]

Nun wird diese Lösung allerdings dadurch in Frage gestellt, dass die Sammlungsgesetze der Länder weitestgehend aus Gründen der Verwaltungsvereinfachung aufgehoben wurden.[440] Lediglich im Saarland, in Rheinland-Pfalz und Thüringen sind Sammlungsgesetze in Kraft. Dass der Wegfall der Sammlungsgesetze Auswirkungen auf die Auslegung des § 1914 BGB haben muss, wurde bisher nur vereinzelt gesehen.[441] Bisher hat einzig *Schöpflin*[442] daraus und aus der seines Erachtens nach nicht möglichen Anwendung des § 1913 BGB einen Schluss gezogen: Entgegen der h.M. soll bei strenger Prüfung des Fürsorgebedürfnisses die Pfleg-schaft für das Sammelvermögen nach § 1914 BGB auch bei Ungeeignetheit oder Unfähigkeit der Verwalter angeordnet werden können.

---

435 Vgl. § 7 SammlG RP, § 7 SaarlSammlG, § 7 ThürSammlG.

436 *A. Roth*, in: Erman, BGB, § 1914 Rn. 3.

437 *Glenz*, Sammlungsgesetz und Sammelvermögen, S. 1.

438 Vgl. *OLG Frankfurt a.M.*, NJW-RR 1987, 56, 56 f.; *OLG Zweibrücken*, FGPrax 2007, 133, 133; *Schöpflin*, in: BeckOGK BGB, § 1914 [Stand 1.9.2021] Rn. 12; *Bienwald*, in: Staudinger, BGB, § 1914 Rn. 5, 13 f.

439 Vgl. § 7 Sammlungsgesetz Rheinland-Pfalz; *Schaden/Beckmann/Stollenwerk*, PdK, RP SammlG, § 7 Erläuterungen Nr. 4.1.

440 Vgl. *Bienwald*, in: Staudinger, BGB, § 1914 Rn. 13 f.; *Schöpflin*, in: BeckOGK BGB, § 1914 [Stand 1.9.2021] Rn. 12.

441 Vgl. *Bienwald*, in: Staudinger, BGB, § 1914 Rn. 13 f.; *Schöpflin*, in: BeckOGK BGB, § 1914 [Stand 1.9.2021] Rn. 12.

442 *Schöpflin*, in: BeckOGK BGB, § 1914 [Stand 1.9.2021] Rn. 12.

Der Gesetzgeber, der sich damals bewusst, aus Angst vor politischem Missbrauch, gegen diesen Vorschlag entschieden hat, konnte nicht auf das Sammlungsgesetz oder die Sammlungsgesetze als Schutznorm bei Ungeeignetheit oder Unfähigkeit verweisen. Bis dato existierten nur vereinzelte landesrechtliche Regelungen zu Haus- und Straßensammlungen. Das reichsweite Sammlungsgesetz wurde erst 1936 erlassen.

Die ersatzlose Streichung des Zusatzes ohne weitere Kommentierung, ob und wie das Sammelvermögen dann bei Verwalterversagen geschützt sei, spricht eher für eine bewusste Regelungslücke.

Es könnte auch sein, dass der Gesetzgeber die Entscheidung zur Streichung vor dem Hintergrund der bewusst offen gelassenen Rechtsnatur des Sammelvermögens[443] getroffen hat. Da die praktische Gestaltung von Sammelvermögen je nach Fall unterschiedlich sein kann, richteten sich die Ansprüche bei Verwalterversagen nach der jeweiligen Rechtsnatur der gesammelten Vermögensmassen und konnten u.U. ausreichenden Schutz bieten.

Insofern kann es auch für die Lösung der Frage, wie das Sammelvermögen bei Verwalterversagen geschützt ist, auf die Erörterung der Rechtsnatur des Sammelvermögens ankommen. Möglicherweise liegt die Schwierigkeit weniger in den dogmatischen Streitpunkten als in der Vielfältigkeit der praktischen Gestaltung von Sammelvermögen.[444]

Hieran zeigt sich, dass die Rechtsnatur des Sammelvermögens und sein Schutz, also der Normzweck selbst, sich nicht trennen lassen.[445]

### *b. Rechtsstellung des Pflegers*

#### *aa. Grundsatz*

Der Sammelvermögenspfleger ist verfahrensrechtlich Partei kraft Amtes (vgl. § 116 Abs. 1 S. 1 Nr. 1 ZPO)[446] und ist als hoheitlich bestellter Verwalter zur Verwaltung und bestimmungsgemäßen Verwendung des Sammelvermögens befugt.[447] Er kann

---

443 Protokolle, Bd. VI, 313 f.

444 *Laux*, Sammelvermögen, JZ 1953, 214, 214.

445 Vgl. *Schneider*, in: MünchKomm BGB, § 1914 Rn. 1.

446 *BGH*, Urt. v. 25.9.1972 – II ZR 28/69 -, Rn. 27, juris; *Locher*, in: jurisPK BGB, § 1914 [Stand 15.10.2019] Rn. 2; *Schneider*, in: MünchKomm BGB, § 1914 Rn. 10; *A. Roth*, in: Erman, BGB, § 1914 Rn. 4; vgl. auch *Bienwald*, in: Staudinger, BGB, Vor §§ 1909-1921 Rn. 77, der hinsichtlich des Pflegers von einem Inhaber eines privaten Amtes ausgeht, der ein gesetzlicher Vertreter im weiteren Sinne sei. Die Bezeichnung „Partei kraft Amtes“ sei eher verfahrensrechtlich denn materiellrechtlich zu verstehen. Ohne Einschränkung auf die verfahrensrechtliche Stellung:

447 *Locher*, in: jurisPK BGB, § 1914 [Stand 15.10.2019] Rn. 2; *Schneider*, in: MünchKomm BGB, § 1914 Rn. 10.

weder gesetzlicher Vertreter der zumeist unbekannten Spender noch Rechtsnachfolger der weggefallenen Verfügungsberechtigten sein,[448] da es sich bei der Pflegschaft für das Sammelvermögen um eine Sach- und keine Personenpflegschaft handelt.[449]

### *bb. Wirkungskreis*

§ 1914 BGB bildet den äußeren Rahmen für das Betreuungsgericht, den Wirkungskreis des Sammelvermögenspflegers nach Aufgabe und Umfang und damit seine Rechtsmacht zu bestimmen.[450]

Die gerichtliche Aufgabenzuweisung muss sich jedenfalls an dem mit dem Sammelvermögen verfolgten Zweck orientieren.[451] Sie kann vorsehen, dass der Pfleger das Sammelvermögen seinem Zweck zuführt[452] und dann auch dafür gezeichnete Spenden einzieht,[453] das Zusammengebrachte an die Spender zurückgibt[454] oder die Herausgabe und sonstigen Ansprüche gegen die bisherigen Verwalter oder ihre Rechtsnachfolger verfolgt.[455]

Nach verbreiteter Literaturmeinung kann der Pfleger die Sammlung nicht fortsetzen,[456] da dies mit der Norm nicht vereinbar wäre und deshalb unzulässig sei.[457] Soweit die Sammelaktion noch nicht beendet ist und ihr Zweck bei einem Abbruch nicht sinnvoll erreicht werden kann, soll der Pfleger laut *Schneider*[458] befugt sein, die Sammlung entsprechend den vorhandenen Plänen weiterzuführen und ihrem Zweck zuzuführen, um nicht die Sammlung abbrechen und die Spenden zurückerstatten zu müssen.

Der Pfleger schuldet persönlich für rechtmäßige Verpflichtungen in Wahrnehmung der Pflegschaft. Er kann dafür auf das Sammelvermögen zurückgreifen.[459]

---

448 *BGH*, Urt. v. 25.9.1972 – II ZR 28/69 -, Rn. 27, juris; *Schneider*, in: MünchKomm BGB, § 1914 Rn. 10.

449 *Bienwald*, in: Staudinger, BGB, § 1914 Rn. 1; *Schneider*, in: MünchKomm BGB, § 1914 Rn. 10.

450 *Bienwald*, in: Staudinger, BGB, § 1914 Rn. 15; *A. Roth*, in: Erman, BGB, § 1914 Rn. 4.

451 *Schneider*, in: MünchKomm BGB, § 1914 Rn. 11.

452 *Schneider*, in: MünchKomm BGB, § 1914 Rn. 11.

453 *Zimmermann*, in: Soergel, BGB, § 1914 Rn. 7. Offen bleibt hier, unter welchen formalen Voraussetzungen rechtswirksame Spendenzusagen zustande kommen (vgl. § 518 BGB).

454 *A. Roth*, in: Erman, BGB, § 1914 Rn. 4.

455 *BGH*, Urt. v. 26.9.1972 – II ZR 28/69 -, Rn. 23, juris; *Zimmermann*, in: Soergel BGB, § 1914 Rn. 7; *Engler*, in: Staudinger, BGB, 10./11. Aufl. 1969, § 1914 Rn. 9.

456 *Zimmerman*, in: Soergel, BGB, § 1914 Rn. 7; *A. Roth*, in: Erman, BGB, § 1914 Rn. 4.

457 *Bienwald*, in: Staudinger, BGB, § 1914 Rn. 15.

458 *Schneider*, in: MünchKomm BGB, § 1914 Rn. 11.

459 *A. Roth*, in: Erman, BGB, § 1914 Rn. 4.

### c. *Ende der Pflegschaft*

Die Pflegschaft für das Sammelvermögen endet entweder mit der Aufhebung durch das Betreuungsgericht oder mit der Erledigung kraft Gesetzes. Gemäß § 1919 BGB hat das Betreuungsgericht die Pflegschaft per Gerichtsbeschluss aufzuheben, wenn der Grund für die Anordnung der Pflegschaft weggefallen ist, z. B., wenn die zur Verwaltung und Verwendung berufenen Personen ihr Amt wieder übernehmen können und werden,[460] wenn neue Personen ordnungsgemäß zur Verwaltung gewählt oder berufen sind[461] oder wenn die zweckentsprechende Zuführung des Sammelvermögens nachgewiesen ist.[462]

Die Erledigung kraft Gesetzes kann nur bei einer Pflegschaft zur Besorgung einer einzelnen Angelegenheit gemäß § 1918 Abs. 3 BGB eintreten. Soweit also dem Sammelvermögenspfleger nur die Besorgung einer einzelnen Angelegenheit übertragen war und diese erledigt ist, kommt auch eine Beendigung der Pflegschaft kraft Gesetzes nach § 1918 Abs. 3 in Betracht.[463] Als Beispiel wird der Fall genannt, dass das Gericht dem Sammelvermögenspfleger nur die Auskehrung des Betrages zugunsten des Sammlungszwecks auferlegt und der Pfleger dies erledigt hat.[464]

### d. *Verfahrensfragen*

Gemäß § 340 Nr. 1 FamFG ist das Verfahren zur Bestellung eines Pflegers nach § 1914 eine „betreuungsgerichtliche Zuweisungssache." Das sachlich zuständige Gericht ist daher das Amtsgericht als Betreuungsgericht (§§ 23a Abs. 1 S. 1 Nr. 2; Abs. 2 Nr. 1, 23c GVG). Der Rechtspfleger ist funktionell zuständig (§ 3 Nr. 2 b RPflG). § 272 i. V. m. § 341 FamFG regelt die örtliche Zuständigkeit. Bei Vorliegen eines Bedürfnisses ist die Sammelvermögenspflegschaft von Amts wegen anzuordnen.[465] Das Vorliegen der Voraussetzungen des § 1914 BGB, nämlich der Wegfall

---

460 *Schneider*, in: MünchKomm BGB, § 1914 Rn. 12.

461 *Engler*, in: Staudinger, BGB, 10./11. Aufl. 1969, § 1914 Rn. 15; *Bienwald*, Staudinger, BGB, § 1914 Rn. 20; *Schneider*, in: MünchKomm BGB, § 1914 Rn. 12, *Zimmermann*, in: Soergel, BGB, § 1914 Rn. 8; *Schöpflin*, in: BeckOGK BGB, § 1914 [Stand 1.9.2021] Rn. 12.

462 *Schneider*, in: MünchKomm BGB, § 1914 Rn. 12; *Schöpflin*, in: BeckOGK BGB, § 1914 [Stand 1.9.2021] Rn. 17.

463 *Bienwald*, in: Staudinger, BGB, § 1914 Rn. 19; *Schneider*, in: MünchKomm BGB, § 1914 Rn. 12; *Zimmerman*, in: Soergel, BGB, § 914 Rn. 8; *Locher*, in: jurisPK BGB, § 1914 [Stand 15.10.2019] Rn. 13; *Schöpflin*, in: BeckOGK BGB, § 1914 [Stand 1.9.2021] Rn. 17.

464 *Schöpflin*, in: BeckOGK BGB, § 1914 [Stand 1.9.2021] Rn. 17; kritisch für den Fall der Zweckerreichung *Bienwald*, in: Staudinger, BGB, § 1914 Rn. 19.

465 *Schneider*, in: MünchKomm BGB, § 1914 Rn. 13.

der zur Verwaltung und Verwendung eines Sammelvermögens berufenen Personen, indiziert zunächst ein solches Bedürfnis.[466] Ein Bedürfnis fehlt, wenn kein Handlungsbedarf besteht, weil zu erwarten ist, dass zeitnah ein ordnungsgemäß berufener Verwalter wieder zur Verfügung steht.[467]

Ein Bedürfnis kann vorliegen bei begründeter Sorge, dass ein Sammelvermögen aufgrund des Wegfalls der Verwalter und Verwender seinen Zweck verfehlt.[468]

### 3. *Praxisrelevanz:*

Die praktische Bedeutung des § 1914 BGB wird allenthalben als gering angesehen.[469] Pfleg-schaften für das Sammelvermögen werden selten angeordnet. Tatsächlich gibt es kaum Judikate, die sich mit der Norm befassen.[470]

Dies wird zum einen auf - nicht genannte - steuerrechtliche Gründe zurückgeführt.[471] Dabei wird auf *Laux*[472] verwiesen, der steuerrechtlich im Sammelvermögen eine wirtschaftlich selbstständige Vermögensmasse sieht, die wie der nicht rechtsfähige Verein und Stiftungen zu behandeln sei. Ein Zusammenhang zwischen der steuerlichen Einordnung des Sammelvermögens und der mangelnden praktischen Bedeutung des § 1914 BGB wird dabei nicht aufgezeigt.

Zum anderen wird es damit begründet, dass öffentliche Sammlungen nach Ordnungs- und Polizeirecht i.d.R. genehmigungsbedürftig seien und notleidende

---

466 *Bienwald*, in: Staudinger BGB, § 1914 Rn. 12; *Locher*, in: jurisPK BGB, § 1914 [Stand 15.10.2019] Rn. 9; *Schöpflin*, in: BeckOGK BGB, § 1914 [Stand 1.9.2021] Rn. 13; *A. Roth*, in: Erman, BGB, § 1914 Rn. 3.

467 *Schöpflin*, in: BeckOGK BGB, § 1914 [Stand 1.9.2021] Rn. 13; *Locher*, in: jurisPK BGB, § 1914 [Stand 15.10.2019] Rn. 9.

468 *Schneider*, in: MünchKomm BGB, § 1914 Rn. 13 führt zudem als unklares Beispiel für ein Bedürfnis an, dass das Sammelvermögen „zugrunde geht."

469 *Schneider*, in: MünchKomm BGB, 1914 Rn. 4; *Locher*, in: jurisPK BGB, § 1914 [Stand 15.10.2019] Rn. 3; *Bienwald*, in: Staudinger, BGB, § 1914 Rn. 5.

470 *BGH*, Urt. v. 26.9.1972 – II ZR 28/69 -, juris; *OLG Frankfurt a.M.*, NJW-RR 1987, 56, 56 f.; *OLGZ* 1988, 201, 201 ff.; *OLG Zweibrücken*, FGPrax 2007, 133, 133; *LG Koblenz*, Beschl. v. 26.6.2006 – 2 T 352/06 -, BeckRS 2006, 8410.

471 *Schneider*, in: MünchKomm BGB, § 1914 Rn. 4 verweist auf *Laux*, Sammelvermögen, JZ 1953, 214, 214 f.; und *BFH*, BB 1976, 679 (LS) m. Anm. *Bornhaupt*, BB 1976, 679, 679 f. Ebenso verfährt *Bienwald*, in: Staudinger BGB, § 1914 Rn. 5.

472 *Laux*, Sammelvermögen, JZ 1953, 214f., 214, führt dazu aus, dass das Sammelvermögen als solches der unbeschränkten Steuerpflicht nach dem KStG unterliege, da es zu den „anderen Zweckvermögen" im Sinne von § 1 Abs. 1 Nr. 5 KStG gehöre. Soweit der Sammlungszweck gemeinnützig sei, könnten Spender auch eine Spendenbescheinigung erhalten (§ 10 b EStG). Dies wird allerdings bei Gelegenheitsspenden keine Bedeutung haben.

öffentliche Sammlungen nach Sammlungsgesetzen der Länder unter Treuhandverwaltung gestellt werden können.[473]

Letzteres mag in den drei Bundesländern mit geltenden Sammlungsgesetzen der Fall sein. Tatsächlich regeln § 7 Sammlungsgesetze den Einsatz eines Treuhänders nur, wenn die Veranstalter das Sammelvermögen mangelhaft verwalten und verwenden.[474] Die Sammlungsgesetze regeln jedoch nicht alternativ zu § 1914 BGB den Wegfall des Sammlungsträgers.[475]

Für die übrigen Bundesländer ist wegen des Wegfalls der Sammlungsgesetze auf das allgemeinen Polizei- und Ordnungsrecht zurückzugreifen, wonach Sammlungen gerade nicht genehmigungsbedürftig sind;[476] es gilt die polizeirechtliche Generalklausel: Polizei und Ordnungsbehörden können nur beim Vorliegen einer Gefahr für die öffentliche Sicherheit durch die öffentliche Sammlung nach pflichtgemäßem Ermessen einschreiten.

Diese rechtlichen Überlegungen führen nicht zur mangelnden praktischen Relevanz des § 1914 BGB. Die tatsächlichen Gründe dafür liegen aber auf der Hand:

1. Bei kleinen privaten Sammlungen – insbesondere solchen, die von Einzelpersonen durchgeführt werden – werden die zuständigen Gerichte kaum je von entsprechenden Fällen erfahren. Das liegt nicht zuletzt daran, dass sich vermutlich im Familien- oder Freundeskreis andere Personen finden, die das Sammelvermögen eines weggefallenen Sammlers entweder zweckentsprechend verwenden oder schlicht – wenn auch illegal – verschwinden lassen.
2. Wo mehrere Personen sammeln, führt der Wegfall eines einzelnen Sammlers nicht zum Wegfall des Trägers des Sammelvermögens insgesamt.[477]
3. Wo institutionelle Sammler wie Vereine, Stiftungen, Volksinitiativen oder Kirchen sammeln, ist der Sammlungsträger in der Regel so stabil, dass mit seinem Wegfall nicht zu rechnen ist.

---

473 *Schneider*, in: MünchKomm BGB, § 1914 Rn. 4; *Locher*, in: jurisPK BGB, § 1914 [Stand 15.10.2019] Rn. 3; *Bienwald*, in: Staudinger BGB, § 1914 Rn. 5.

474 Vgl. § 7 Abs. 1 Nr. 2 SammlG RP, SaarlSammlG, § 7 Abs. 1 Nr. 3 ThürSammlG.

475 *Schaden/Beckmann/Stollenwerk*, PdK, RP SammlG, § 7 Erläuterungen Nr. 4.1.

476 Im Einzelfall können bestimmte andere Genehmigungserfordernisse für öffentliche Sammlungen bestehen. Z. B. eine Sondernutzungserlaubnis nach Straßen- und Wegerecht, wenn die Sammelbüchsen oder Informationsstände auf öffentlichen Wegen aufgestellt werden sollen.

477 Vgl. auch: *Schaden/Beckmann/Stollenwerk*, PdK, RP SammlG, § 7 Erläuterungen Nr. 4.1.1.

## II. Die Rechtsnatur des Sammelvermögens im Zivilrecht

Die praktische Bedeutung des Sammelvermögens ist trotz der geringen Relevanz des § 1914 BGB nicht unerheblich.[478] Die Erscheinungsformen von Sammelvermögen sind nämlich vielfältig, was zu unterschiedlichen Rechtsauffassungen zur Rechtsnatur des Sammelvermögens führt und erhebliche Konsequenzen haben kann.[479]

Das Phänomen Sammelvermögen soll laut *Fischbach*[480] und *Brinkmann*[481] zumindest für private Sammlungen schon in der Antike bekannt gewesen sein.

Der Schwerpunkt der rechtswissenschaftlichen Auseinandersetzungen über die Rechtsnatur des Sammelvermögens liegt in der Pandektenliteratur,[482] die insbesondere im Zusammenhang mit der Entstehung des § 1914 BGB vielfach diskutiert wurde.[483]

Mit Verweis auf die Protokolle meint *Schneider*[484], dass sich die Rechtsnatur des Sammelvermögens einer eindeutigen Definition entziehe, da sich der Gesetzgeber hinsichtlich der damit eng zusammenhängenden Frage des Eigentums am Sammelvermögen nicht habe festgelegen wollen.[485] Auch *Roth*[486] stützt sich auf die Gesetzgebungsgeschichte und vertritt die Ansicht, dass der Gesetzgeber absichtlich davon abgesehen habe, die Rechtsnatur des Sammelvermögens bei der Formulierung des § 1914 zu klären und zu definieren.[487]

---

478 So *Laux*, Sammelvermögen, JZ 1953, 214, 214 und bereits *Seckel*, Gutachten, Verhandlungen des Dreißigsten Deutschen Juristentages 1910, S. 564, 579.

479 *Laux*, Sammelvermögen, JZ 1953, 214, 214.

480 *Fischbach*, Das Sammelvermögen, S. 8.

481 *Brinkmann-Bondi*, Altes und Neues über das Sammelvermögen, S. 13 ff., 19, 23 m.w.N. zu antiken Quellen.

482 Vgl. nur *Regelsberger*, Pandekten, Bd. I, § 87, S. 343 f.; *v. Gierke*, Deutsches Privatrecht, Bd. I, § 80 Anm. 43, S. 627 f.; *Oertmann*, Komm BGB, AT, § 80 Vorbem. 6; *Dernburg*, Pandekten Bd. I, § 62 Anm. 8, S. 148; *Isay*, Zur Lehre von den Sammelgeschäften, in: v. Jherings Jahrbücher für Dogmatik, Bd. 36, 1896, S. 409, 409 ff.; *Puchta*, Über Sammlungen zu öffentlichen Zwecken nach gemeinem Recht, Hinschius' Zeitschrift, Bd. 2, 1868, 473, 473 ff. Siehe hierzu die ausführliche Untersuchung auch der Pandekten von *Erb*, Sammelvermögen und Stiftung.

483 Vgl. *Engelmann*, in: Staudinger, BGB, 5./6. Aufl. 1910, § 1914 Nr. 1; *Engler*, in: Staudinger, BGB, 10./11. Aufl. 1969, § 1914 Rn. 2; *Laux*, Sammelvermögen, JZ 1953, 214, 214.

484 *Schneider*, in: MünchKomm BGB, § 1914 Rn. 2.

485 Vgl. Protokolle, Bd. VI, 314.

486 *A. Roth*, in: Erman, BGB, Kommentar, § 1914 Rn. 1.

487 Vgl. Protokolle, Bd. IV, 313 f. mit Angaben zum damaligen Theorienstreit; *Laux*, Sammelvermögen, JZ 1953, 214, 214.

Tatsächlich hat der Gesetzgeber die Klärung der Rechtsnatur des Sammelvermögens mit dem ausdrücklichen Hinweis unterlassen, dass keine der (bisher) diskutierten Lösungen einwandfrei sei. Die Absicht der Beteiligten am Sammelvermögen sei, abhängig von den jeweiligen Umständen, unterschiedlich bei Hingabe und Empfangnahme des Geldes, und entsprechend seien auch die Rechte und Befugnisse des Komitees jeweils unterschiedlich. Um einen staatlichen Schutz der Interessen der Beteiligten in einer bestimmten Konstellation über die Regelung des § 1914 BGB zu gewährleisten, sei eine Klärung der Fragen zur Rechtsnatur (aber) nicht erforderlich.[488]

Im frühen Schrifttum zum BGB gaben die Schwierigkeiten bei der Sammlung zur Finanzierung des Kaiserjubiläumsfestzugs in Wien 1908[489] Anlass für viele Rechtswissenschaftler, sich um den 30. Deutschen Juristentag herum erneut mit § 1914 BGB, den Theorien der Pandekten und ihrer Weiterentwicklung zu beschäftigen.[490] Auf dem Juristentag ging es um die Frage, ob § 1914 BGB geändert werden sollte, um die Rechtsnatur des Sammelvermögens klar zu definieren.[491] Im Ergebnis kam es zu keiner Anpassung der Norm, weil eine Klarstellung nicht als unbedingt notwendig erachtet wurde.[492]

Seitdem gab es nur noch vereinzelt und in großem zeitlichem Abstand Abhandlungen oder Anmerkungen zur Rechtsnatur des Sammelvermögens.[493]

---

488 Vgl. Protokolle Bd. VI, 313 f.

489 So *Knoke*, in: Handwörterbuch der Rechtwissenschaft, Bd. 5, S. 250.

490 Vgl. *Bartsch*, Gutachten, Verhandlungen des Dreißigsten Deutschen Juristentages 1910, S. 154, 154 ff.; *Seckel*, Gutachten, Verhandlungen des Dreißigsten Deutschen Juristentages 1910, S. 564, 564 ff.; *Fischbach*, Das Sammelvermögen, 1907, *Joerges*, Spendungsgeschäft und Sammelvermögen, 1910; *Lindemann*, Haftung der Sammler bei Sammelvermögen, Das Recht 1911, 90, 90 f.; *Brinkmann-Bondi*, Altes und Neues über Sammelvermögen, 1913; *Mielert*, Das Sammelvermögen des BGB, abgesehen von dem durch § 1914 BGB besonders geregelten Fall, 1914; *Wronker*, Das Wohltätigkeitskomitee: ein Beitrag zur Lehre vom Sammelvermögen, 1917.

491 *Bartsch*, Gutachten, Verhandlungen des Dreißigsten Deutschen Juristentages 1910, S. 154, 150 ff.; *Seckel*, Gutachten, Verhandlungen des Dreißigsten Deutschen Juristentages 1910, S. 564, 570 ff.

492 Vgl. *Seckel*, Gutachten, Verhandlungen des Dreißigsten Deutschen Juristentages 1910, S. 564, 571 f., 634 ff. Laut *Enneccerus/Nippderdey*, AT 1, § 117 I. 2., S. 718 empfehle *Bartsch*, Gutachten, Verhandlungen des Dreißigsten Deutschen Juristentages 1910, S. 215 ff., de lege ferenda Vorschriften, die sachlich auf eine Anerkennung der Rechtsfähigkeit hinausliefen.

493 *Glenz*, Sammlungsgesetz und Sammelvermögen, 1936; *Laux*, Sammelvermögen, JZ 1953, 214, 214; *G. Schmidt*, Zweckvermögenstheorie und Zweckvermögen, NJW 1970, 646, 646 ff.; *Erb*, Sammelvermögen und Stiftung, 1971; *Westebbe*, Die Stiftungstreuhand, 1993; *Bolou*, Schuldrechtliche Beurteilung des Spendenwesens, 2001; *Koos*, Fiduziarische Person und Widmung, 2004.

Die Rechtsprechung ist insgesamt überschaubar.[494] Mit dem Urteil des OLG Dresden von 2002[495] und mit der anschließenden Klarstellung durch den BGH mit Urteil von 2003[496] zur „Dresdner Frauenkirche" weg von der Treuhand hin zu Schenkung wurde die Diskussion neu belebt, ohne dass damit die Rechtsnatur rechtswissenschaftlich abschließend geklärt wäre.[497]

## *1. Rechtshistorischer Überblick*

Eine Vielzahl von Rechtsinstituten wird seit den Pandekten[498] für das Sammelvermögen diskutiert: Gesellschaft, nicht rechtsfähiger Verein, Schenkung, Auflagenschenkung, Fiduzia, Auftrag, Geschäftsführung, Vertrag zugunsten Dritter, Offerte, Stellvertretung, stiftungsähnliches Rechtssubjekt.[499]

Dieser historische Überblick beschränkt sich auf die wichtigsten Rechtsinstitute, insbesondere solche, die auch in der neueren Rechtsdiskussion noch vertreten werden bzw. weiterentwickelt wurden.

---

494 Laut *Bekker*, Pandekten, Bd. II, S. 283, wurden die Gerichte nur selten beansprucht. Bekannt ist der Rechtsstreit um die Gäubahn aufgrund des Gutachtens von *v. Jhering*, Ein Rechtsutachten, betreffend die Gäubahn, in: Jherings Jahrbücher für Dogmatik, Bd. 18, 1880, S. 1, 1 ff. *Bartsch*, Gutachten, Verhandlungen des Dreißigsten Deutschen Juristentages 1910, S. 154, 155, weist neben *RGZ* 12, 229, 229 ff.; und *RGZ* 62, 391, 391 ff.; noch auf zwei ihm bekannte OLG Urteile und zwei LG Urteile (eins davon unveröffentlicht) hin. Im Übrigen: *BGH*, Urt. v. 25.9.1972 – II ZR 28/69 -, juris; OLG Frankfurt *a.M.*, NJW-RR 1987, 56, 56 f.; *OLGZ* 1988, 201, 201 ff.; *OLG Zweibrücken*, FGPrax 2007, 133, 133; *LG Koblenz*, Beschl. v. 26.6.2006 – 2 T 352/06 -, BeckRS 2006, 8410.

495 *OLG Dresden*, NJW 2002, 3181, 3181 ff.

496 *BGH*, NJW 2004, 1382, 1382 ff.

497 Zum Meinungsstand: *Rawert*, Zivilrechtsfragen des Spendens, Non Profit Law Yearbook 2005, 165, 170 ff.; *G. Schmidt*, Zweckvermögenstheorie und Zweckvermögen, NJW 1970, 646, 647; *Laux*, Sammelvermögen, JZ 1953, 214, 214 f.

498 Vgl. nur *Bekker*, Pandekten, Bd. II, S. 277, 281, 283; *Regelsberger*, Pandekten, Bd. I, § 87, S. 343 f.; *Dernburg*, Pandekten Bd. I, § 62 Anm. 8, S. 148; *Isay*, Zur Lehre von den Sammelgeschäften, in: v. Jherings Jahrbücher für Dogmatik, Bd. 36, 1896, S. 409, 431 ff.

499 Vgl. die ausführlichen Übersichten bei *Bartsch*, Gutachten, Verhandlungen des Dreißigsten Deutschen Juristentages 1910, S. 154, 155 ff., *Seckel*, Gutachten, Verhandlungen des Dreißigsten Deutschen Juristentages 1910, S. 564., 569; *Fischbach*, Das Sammelvermögen, S. 20 ff. sowie die Nachweise bei *Enneccerus/Nipperdey*, AT 1, § 117 I. 2., S. 718.

In Anbetracht der kulturhistorisch bekannten Wohltätigkeit oder Freigebigkeit[500] ist es naheliegend, schuldrechtlich an eine Schenkung zu denken.[501] Bereits die Pandekten haben die Frage erörtert, ob es sich nach *Oertmann*[502] beim Verhältnis zwischen Spender und Sammler oder nach *Regelsberger*[503] beim Verhältnis zwischen Spender und Begünstigten um eine Schenkung handele.[504] Problematisch erscheine dabei, dass der Sammler nicht für sich selbst sammle, sondern für einen fremden Zweck und er insofern schwerlich durch die Spende selbst bereichert werden könne. Würde in der Spende eine Schenkung des Spenders an den Begünstigten gesehen, läge eigentlich kein unmittelbares Rechtsverhältnis zwischen diesen vor, die rechtliche Bedeutung des Sammlers sei unklar und auch eine Annahme der Schenkung durch den Begünstigten sei nicht ersichtlich. Darüber hinaus solle eine Schenkung nicht vorliegen können, wenn der begünstigte Zweck zu unbestimmt sei, denn dann könne die Schenkung nicht vollzogen werden und es liege keine Bereicherung vor.[505]

Diskutiert wurde auch das Rechtsinstitut der Schenkung unter Auflage, welches letztlich aber abgelehnt wurde.[506] Zwar argumentierte *Isay*, der Sammler könne zumindest vorübergehend, bis zur Zuwendung an den Begünstigten, bereichert sein, eine Bereicherung des Sammlers entspräche aber nicht dem Willen der Parteien.[507] Bei der Schenkung unter Auflage sei die Bereicherung des Beschenkten der Hauptzweck und der Vollzug der Auflage nur der Nebenzweck; dies sei beim Sammelgeschäft nicht der Fall. Hier sei der Hauptzweck der Zuwendung die Bereicherung des Begünstigten und nicht die des Sammlers.[508]

---

500 Vgl. *Fischbach*, Das Sammelvermögen, S. 7 f.; 28; *Brinkmann-Bondi*, Altes und Neues zum Sammelvermögen, S. 19; 23 ff.

501 Vgl. *Fischbach*, Das Sammelvermögen, S. 7 f.; 28; auch *Brinkmann-Bondi*, Altes und Neues zum Sammelvermögen, S. 44, 46ff., der rechtsphilosophisch und rechtstechnisch eine Schenkung bejaht, die Anwendung des § 516 BGB aber wegen des „altruistischen Moments" der Spende und in Anlehnung an *Seckel*, Gutachten, Verhandlungen des Dreißigsten Deutschen Juristentages 1910, S. 564, 581, wegen der gewohnheitsrechtlichen Formfreiheit der Spende ablehnt.

502 *Oertmann*, Komm BGB, Schuldrecht, § 518 Anm. 7.

503 *Regelsberger*, Pandekten, Bd. I, § 87, S. 343.

504 Ausführliche Darstellung bei *Fischbach*, Das Sammelvermögen, S. 22 ff.

505 So die Kritik von *Fischbach*, Das Sammelvermögen, S. 22 ff.

506 *Isay*, Zur Lehre von den Sammelgeschäften, in: v. Jherings Jahrbücher für Dogmatik, Bd. 36, 1896, S. 409, 421 f.; *Fischbach*, Das Sammelvermögen, S. 26 f.; *Kleemann*, Die Pflegschaft für ein Sammelvermögen, S. 46 f.

507 *Isay*, Zur Lehre von den Sammelgeschäften, in: v. Jherings Jahrbücher für Dogmatik, Bd. 36, 1896, S. 409, 422.

508 *Fischbach*, Das Sammelvermögen, S. 26 f.; *Kleemann*, Die Pflegschaft für ein Sammelvermögen, S. 46 f.; vgl. *Hellwig*, Die Verträge auf Leistung an Dritte, Anm. 455, S. 236 f.

Die These von der Spende als Schenkung unter Auflage wird neuerdings wieder aufgegriffen und mittlerweile vielfach vertreten,[509] wobei die Frage der Bereicherung des Sammlers im Sinne des § 516 BGB nach wie vor im Zentrum steht.

Historisch wurde das Spendengeschäft auch vielfach schuldrechtlich als Auftrag nach §§ 662 ff. BGB eingeordnet.[510] Die Sammler seien die Beauftragten der Spender, die das Sammelvermögen auftragsgemäß dem Begünstigten zukommen lassen sollten. Nach *Hellwig*[511] soll dies nur gelten, wenn der Begünstigte genau bestimmt sei. In einem solchen Fall solle ein echter Vertrag zugunsten Dritter naheliegend sein.[512] *Fischbach*[513] lässt ein Auftragsverhältnis zwischen Spender und Sammler nur gelten, wenn der Sammler die Spende dem Willen des Spenders entsprechend nach billigem Ermessen für den Sammlungszweck verwenden könne. Eigentlich sei der Sammler der Geschäftsherr und nicht der Spender. Er selbst setze die Regeln der Sammlung und den Zweck fest und führe keine Anweisungen des Spenders aus.[514] Auch die Kündigungs- und Widerrufsmöglichkeiten sprächen nach neuerer Ansicht von *Erb*[515] gegen einen Auftrag.

Die Überlegungen zum Auftrag wurden im Laufe der Zeit dahingehend weiterentwickelt, dass der Sammler nicht nur als Beauftragter tätig werde, sondern eine besondere Stellung als Treuhänder habe.[516] Die damals wie heute noch

509 Vgl. *BGH*, NJW 2004, 1382, 1383, Anm. *Otte*, JZ 2004, 972, 973 ff.; Anm. *Kollhosser*, ZEV 2004, 117, 117 f., Anm. *Lieder*, Pflichtteilsergänzungsanspruch wegen Zuwendung an gemeinnützige Stiftung, ZSt 2004, 74, 74 ff., 78 f.; *Schiffer*, Die Dresdner Frauenkirche, die Stiftung und der Pflichtteil, NJW 2004, 1565, 1566 f.; *Richter*, Das Verhältnis von Zuwendungen an Stiftungen und Pflichtteilsergänzungsansprüchen, ZErb 2005, 134, 135 ff.; *Rawert*, Zivilrechtsfragen des Spendens, Non Profit Law Yearbook 2005, 165, 173 ff.; *ders.*, Charitable Correctness – Das OLG Dresden zu Spenden und Pflichtteilsergänzung, NJW 2002, 3151, 3151 ff.; *Muscheler*, Anm. zu OLG Dresden, ZEV 2002, 417, 417 f.

510 Vgl. *Hellwig*, Die Verträge auf Leistung an Dritte, S. 239; *Oertmann*, Komm BGB, AT, § 80 Vorbem. 6; *v. Jhering*, Ein Rechtsutachten, betreffend die Gäubahn, in: v. Jherings Jahrbücher für Dogmatik, Bd. 18, 1880, S. 1, 23, 104 f.; *Puchta*, Über Sammlungen zu öffentlichen Zwecken nach gemeinem Recht, Hinschius' Zeitschrift, Bd. 2, 1868, 473, 476 ff.; vgl. auch *Bekker*, Pandekten, Bd. II, S. 283 ff., nach dem sich der Auftrag nur auf das Verhältnis zwischen Sammler und Spender beziehen sollte. Für das zustande gekommene Sammelvermögen sollten andere Regeln gelten.

511 *Hellwig*, Die Verträge auf Leistung an Dritte, S. 238, 241.

512 *Hellwig*, Die Verträge auf Leistung an Dritte, S. 238, 241; *Enneccerus/Lehmann*, Schuldrecht, § 35 I. 2., S. 150 f.

513 *Fischbach*, Das Sammelvermögen, S. 32.

514 *Fischbach*, Das Sammelvermögen, S. 31.

515 *Erb*, Sammelvermögen und Stiftung, S. 60.

516 So *Erb*, Sammelvermögen und Stiftung, S. 62.

überwiegende Meinung[517] geht u. a. auf *Regelsberger*[518] zurück. Er sah im Sammelvermögen ein fiduziarisches Sondervermögen, das weder dem Zugriff der Gläubiger der Sammler unterliege, noch bei Konkurs in ihre Konkursmasse falle. Es erfolge eine Übertragung des Eigentums an die Sammler (die Organisatoren der Sammlung) mit der Auflage, dass der Beitrag zweckentsprechend verwendet werden müsse.[519]

Vereinzelt wird in jüngerer Zeit auch argumentiert, die Spende und damit das Sammelvermögen werde vom Zivilrecht nicht bzw. ungenügend erfasst. Die Spende sei neben der Schenkung eine weitere unentgeltliche Transaktion in anderen Rechtszusammenhängen. Sie sei als Vertrag eigener Art, als „Zweckzuwendung als causa donandi sui generis" zu erfassen.[520]

Häufig wird im Sinne eines Regel-Ausnahme-Verhältnisses je nach Fallkonstellation differenziert.[521]

Unabhängig von den verschiedenen schuldrechtlichen Einordnungen des Spendengeschäfts bestehen auch gesellschaftsrechtliche Theorien,[522] die versuchen, das Sammelvermögen als Einheit, als Personenzusammenschluss oder als Körperschaft zu erklären.[523]

Insbesondere *Fischbach*[524] meinte, das Sammelvermögen sei kein Gesellschaftsvermögen und gehöre keiner Personengemeinschaft, vielmehr bildeten die Spender

---

517 *Knoke*, in: Planck, Vor § 80 Anm. 5; *König*, Die öffentliche Sammlung von Vermögen für einen vorübergehenden Zweck, S. 34 ff.; *Enneccerus/Nipperdey*, AT I. 2., S. 718; *Dickescheid*, in: RGRK BGB, § 1914 Rn. 3; *Liermann*, Die unselbstständigen Stiftungen, in: Deutsches Stiftungswesen 1948–1966, S. 234; *Ebersbach*, Handbuch Stiftungsrecht, S. 19; *Westebbe*, Die Stiftungstreuhand, S. 45 ff.; *Schneider*, in: MünchKomm BGB, § 1914 Rn. 2; *Ellenberger*, in: Palandt, BGB, Vor § 80 Rn. 11; vgl. auch *Chiusi*, in: Staudinger, BGB, § 516 Rn. 31; *Eckert*, in: Soergel, BGB, § 516 Rn. 10.

518 *Regelsberger*, Pandekten, Bd. I, § 87, S. 343, *ders.*, Streifzüge im Gebiet des Zivilrechts, in: FG für v. Jhering, S. 43, 70, 72;

519 *Bekker*, Pandekten, Bd. II, S. 283 ff.; *Regelsberger*, Pandekten, Bd. I, § 87, S. 343 f.; vgl. *Enneccerus/Nipperdey*, AT 1, § 117 I. 2., S. 718;

520 *Neuhoff*, Um der juridical correctness willen: Spende, keine Schenkung!, ZSt 2004, 90, 90 f.

521 *Rawert*, Zivilrechtsfragen des Spendens, Non Profit Law Yearbook 2005, 165, 175 f.; *Hüttemann/Rawert*, in: Staudinger, BGB, Vor §§ 80-88 Rn. 406; *Jakob/Uhl*, in: BeckOGK BGB, § 80 [Stand 1.10.2021] Rn. 186, vgl. *Weitemeyer*, in: MünchKomm BGB, § 80 Rn. 129.

522 Vgl. zu dieser Unterscheidung auch *Fischbach*, Das Sammelvermögen, S. 21, 60; *Erb*, Sammelvermögen und Stiftung, S. 57, 63, 76.

523 Vgl. *Erb*, Sammelvermögen und Stiftung, S. 63, 76

524 *Fischbach*, Das Sammelvermögen, S. 100 ff., *Diederichsen*, Palandt, BGB, bis 57. Aufl. 1998, § 1914 Rn. 1; seit 58. Aufl. 1999 Verweis auf *Heinrichs*, in: Palandt, BGB, 58. Aufl. 1999, Vor § 80 Rn. 11, der das Sammelvermögen stiftungsähnlich, aber ohne

mit ihren Spenden eine Gemeinschaft nach Bruchteilen. Die Spende sei der Anteil an der gemeinschaftlichen Masse. Aufgrund des Spendenzwecks sei dieser Anteil getrennt vom restlichen persönlichen Vermögen des Spenders und unterliege nicht mehr seiner Verfügungsmacht. Ein dingliches Verfügungsrecht sei auf den Sammler übertragen. Entsprechend hafte das Sammelvermögen nicht für die persönlichen Verbindlichkeiten des Spenders oder des Sammlers und das persönliche Spendervermögen oder in der Regel das persönliche Sammlervermögen nicht für die Verbindlichkeiten des Sammelvermögens.[525] Hauptkritikpunkt an dieser Meinung ist, dass der Sammler als dinglich Verfügungsberechtigter rechtlich nicht in die Bruchteilsgemeinschaft passe und diese Konstruktion den numerus clausus der dinglichen Rechte unzulässig erweitere.[526]

Das Sammelvermögen wird auch als Gesellschaft bürgerlichen Rechts eingeordnet.[527] Dabei wurde von *v. Gierke* u. a.[528] vertreten, dass es sich um eine Gesellschaft der Spender handele, die durch die Sammler repräsentiert werde. Dabei sei das Sammelvermögen als Sondervermögen nahezu wie ein selbständiges Vermögen zu behandeln. Die Spender seien die Beitragsgesellschaft und Träger des Vermögens.[529]

Da eine solche Spendergesellschaft bei anonymen Spendern nicht möglich sei, ging vor allem *Knoke*[530] einschränkend nur im Falle von privaten Sammlungen von einer Gesellschaft bürgerlichen Rechts der Spender aus; bei öffentlichen Sammlungen solle eine treuhänderische Gesamthand der Sammler vorliegen.[531] *O. Werner*[532] ging ebenfalls von einer Sammlergesellschaft mit treuhänderisch zugewendeten Beiträgen aus. *Oertmann*[533] vertrat die Auffassung, dass die Sammler eine Gesellschaft bilden würden, die bei Wegfall eines Sammlers bestehen bliebe und unter Anwachsung des Anteils des Weggefallenen fortbestehe.

---

dauerhafte Zwecksetzung sieht, und es wohl einzelfallabhängig als Treuhandvermögen der Sammler oder Bruchteilsgemeinschaft der Spender einordnet. Ebenso z.Zt. *Ellenberger*, in: Palandt, BGB, 80. Aufl. 2021, Vor § 80 Rn. 11.

525 *Fischbach*, Das Sammelvermögen, S. 100 ff.

526 *Erb*, Sammelvermögen und Stiftung, S 68 f.

527 So z. B. *Joerges*, Spendungsgeschäft und Sammelvermögen, S. 34 ff.; *Knoke*, in: Planck, Vor § 80 Anm. 5; *Wiese*, in: Erman, BGB, Vor § 80 Rn 13; *Weitemeyer*, in: MünchKomm BGB, § 80 Rn. 129.

528 *v. Gierke*, Deutsches Privatrecht, Bd. I, § 80 Anm. 43., S. 672 f.; *Hellwig*, Die Verträge auf Leistung an Dritte, S. 240.

529 *v. Gierke*, Deutsches Privatrecht, Bd. I, § 80 Anm. 43, S. 627 f.

530 *Knoke*, in: Planck, Vor § 80 Anm. 5.

531 *Knoke*, in: Planck, Vor § 80 Anm. 5;ähnlich *Laux*, Sammelvermögen, JZ 1953, 214, 215.

532 *O. Werner*, in: Erman, BGB, 14. Aufl. 2014, Vor § 80 Rn. 13; ebenso *Wiese*, in Erman, BGB, Vor § 80 Rn. 13.

533 *Oertmann*, Komm BGB, AT, § 80 Vorbem. 6.

*Joerges*[534] behandelte das Sammelvermögen schließlich als Gesellschaft zwischen Spendern und Sammlern, wobei das Spendungsgeschäft der Gesellschaftsvertrag sein sollte. Die Gesellschaftsbeiträge seien die Geldzuwendungen der Spender und die Dienste der Sammler. Die Geschäftsführung obliege den Sammlern aufgrund des Gesellschaftsvertrags. Sie handelten aber nicht als Vertreter der Spender. Die Haftung sei auf das Gesellschaftsvermögen beschränkt.[535] Bei anonymen Spender sei davon auszugehen, dass diese keine Gesellschafter sein wollten, sondern eine Schenkung vornähmen.[536]

Die generelle Kritik[537] an den verschiedenen Spielarten des Sammelvermögens als Gesellschaft bürgerlichen Rechts besteht darin, dass die Spender sich in der Regel nicht kennen und daher gar nicht zum gemeinsamen Zweck zusammen wirken können. Dem Spender kommt es nicht auf die anderen ihm unbekannten Spender an, insofern fällt es schwer, von einer Vereinbarung zwischen Unbekannten auszugehen. Bei gänzlich anonymen Spendern scheidet diese Lösung ohnehin aus.[538]

Bei den körperschaftlichen Betrachtungen des Sammelvermögens[539] ging die Pandektistik, insbesondere *Bekker*[540] und *Dernburg*,[541] aber auch nach dem Inkrafttreten des BGB weiterhin *Dernburg*[542], *Seckel*[543] *Isay*,[544] davon aus, dass das Sammelvermögen eine juristische Person bzw. rechtsfähig sei, da es als selbstständiges Vermögen ohne physisches Subjekt selbst das Rechtssubjekt sei.[545]

---

534 *Joerges*, Spendungsgeschäft und Sammelvermögen, 14 ff., 32 ff.

535 *Joerges*, Spendungsgeschäft und Sammelvermögen, 20, 37 ff.

536 *Joerges*, Spendungsgeschäft und Sammelvermögen, 40.

537 Ausführlich *Erb*, Sammelvermögen und Stiftung, S. 74 ff.

538 *Erb*, Sammelvermögen und Stiftung, S. 75.

539 Ausführliche Analyse z. B. bei *Erb*, Sammelvermögen und Stiftung, S. 82 ff.; *Fischbach*, Das Sammelvermögen, S. 70 ff.

540 *Bekker*, Pandekten, Bd. II, S. 277, 281, 283.

541 *Dernburg*, Pandekten, Bd. I, § 62 Anm. 8, S. 148.

542 *Dernburg*, Bürgerliches Recht, Bd. I, § 94, S. 321 f.

543 *Seckel*, Gutachten, Verhandlungen des Dreißigsten Deutschen Juristentages 1910, S. 564, 620 ff.

544 *Isay*, Zur Lehre von den Sammelgeschäften, in: v. Jherings Jahrbücher für Dogmatik, Bd. 36, 1896, S. 409, 431 ff., 438 ff.; ähnlich *Kohler*, Lehrbuch des BGB, Bd. I, AT, S. 354 ff.; *Seckel*, Gutachten, Verhandlungen des Dreißigsten Deutschen Juristentages 1910, S. 564, 620 ff., 625 f.

545 *Isay*, Zur Lehre von den Sammelgeschäften, in: v. Jherings Jahrbücher für Dogmatik, Bd. 36, 1896, S. 409, 438 ff., 461; *Bekker*, Pandekten, Bd. II, S. 277, 281, 283 ff.

Das Sammelvermögen sei eine Stiftung[546] oder ein rechtsfähiges Rechtssubjekt in Form eines Zweckvermögens,[547] das nicht einer Person, sondern dem Sammlungszweck gehöre. Es sei jedenfalls stiftungsähnlich und daher analog der Stiftung zu behandeln.[548] Sammelvermögen und Stiftung seien beide zweckgebunden, der Sammlungsaufruf sei der Stiftungssatzung und die Sammlerorganisation der Stiftungsorganisation vergleichbar.[549] *Brinz* unterschied Sammelvermögen und Stiftung nach dem Zweck: vorübergehend oder dauerhaft.[550]

Nach Inkrafttreten des BGB waren die Theorien über das Sammelvermögen als juristische Person oder rechtsfähiges Institut nicht mehr haltbar, da das Gesetz einen numerus clausus juristischer Personen enthält bzw. – nach damaliger Auffassung – nur die juristischen Personen des BGB rechtsfähig sein konnten.[551] Mittlerweile unstreitig hat das Sammelvermögen keine Rechtsfähigkeit[552] und verglichen mit rechtsfähigen Stiftungen auch keine eigene Rechtspersönlichkeit.[553] Es stellt also unstreitig keine rechtsfähige Stiftung dar.

Nach einer jüngeren Theorie ist das Sammelvermögen mit unterschiedlichen Nuancen eine Sonderform der nicht rechtsfähigen Stiftung.[554] Die charakteristischen Kriterien einer rechtsfähigen und nicht rechtsfähigen Stiftung, Stiftungsvermögen, Stiftungszweck und Stiftungsorganisation würde auch das

---

546 Vgl. *Bekker*, Pandekten, Bd. II, S. 277 ff., 281, 283; *Isay*, Zur Lehre von den Sammelgeschäften, in: v. Jherings Jahrbücher für Dogmatik, Bd. 36, 1896, S. 409, 444 ff., vertrat abweichend davon, das Sammelvermögen sei eine juristische Person, aber keine Stiftung. Das Sammelvermögen entstehe im Gegensatz zur Stiftung nicht durch einen Privatakt und die staatliche Genehmigung, sondern durch einen Gesellschaftsakt. U. a. deswegen können die stiftungsrechtlichen Vorschriften auch nicht analog angewandt werden.

547 *Brinz*, Pandekten, Bd. III, II, § 432, S. 453 ff., § 440, S. 507 f.; *Isay*, Zur Lehre von den Sammelgeschäften, in: v. Jherings Jahrbücher für Dogmatik, Bd. 36, 1896, S. 409, 439 f., 444 ff.

548 *Dernburg*, Pandekten, Bd. I, § 62 Anm. 8, S. 148; *ders.*, Bürgerliches Recht, Bd. I, § 94, S. 321 f.; *Erb*, Sammelvermögen und Stiftung, S. 196 ff., 202 ff., 207.

549 *Seckel*, Gutachten, Verhandlungen des Dreißigsten Deutschen Juristentages 1910, S. 564, 574, 628, 633 f.

550 *Brinz*, Pandekten, Bd. III, II, § 440, S. 508.

551 *Fischbach*, Das Sammelvermögen, S. 76; *Erb*, Sammelvermögen und Stiftung, S. 82, 93.

552 *A. Roth*, in: Erman, BGB, § 1914 Rn. 1; *Jakob/Uhl*, BeckOGK BGB, § 80 [Stand 1.10.2020] Rn. 186; vgl. auch *Backert*, in: BeckOK BGB, § 80 Rn. 25.

553 *Oertmann*, Komm BGB, AT, § 80 Vorbem. 6; *Enneccerus/Nipperdey*, AT 1, § 117 I. 2., S. 718; *Dickescheid*, in: RGRK, § 1914 Anm. 3; *Zimmermann*, in: Soergel, BGB, § 1914, Rn. 1; *Schneider*, in: MünchKomm BGB, § 1914 Rn. 3; *Laux* JZ 1954, 214, 215.

554 *Neuhoff*, in: Soergel, BGB, Vor § 80 Rn. 35; *Westebbe*, Die Stiftungstreuhand, S. 45 ff.; *Erb*, Sammelvermögen und Stiftung, S. 150 ff.

Sammelvermögen erfüllen.[555] Kritiker[556] halten dieser Meinung entgegen, auch eine unselbstständige Stiftung habe einen dauerhaften Zweck, das Sammelvermögen habe hingegen nur einen vorübergehenden.

Im Folgenden schließt sich eine Auseinandersetzung mit den im weiteren Sinne aktuellen Meinungen an.

## 2. *Unselbstständige Stiftung*

### a. *Allgemeines zur unselbstständigen Stiftung*

Unselbstständige (oder nicht rechtsfähige) Stiftungen haben im Gegensatz zu selbstständigen Stiftungen keine Rechtspersönlichkeit. Es handelt sich dabei um ein Sondervermögen, das von einem oder mehreren Stiftern an eine natürliche oder juristische Person (Stiftungsträger)[557] übertragen und entsprechend dem von den Stiftern vorgegeben Zweck dauerhaft verwaltet wird.[558] Unselbstständige Stiftungen kommen in der Praxis häufiger bei kleinen Stiftungsvermögen vor.[559]

Die unselbstständige Stiftung wird auch als Grundform der Stiftung bezeichnet.[560] Ob der Stiftungsbegriff der h.M. auch für die unselbstständige Stiftung gilt, ist umstritten.[561] Nach herrschender Meinung sollen jedenfalls §§ 80 ff.

---

555 *Westebbe*, Die Stiftungstreuhand, S. 45 f.; *Neuhoff*, in: Soergel, BGB, Vor § 80 Rn. 35; *Erb*, Sammelvermögen und Stiftung, S. 150 ff.

556 *Liermann*, Die unselbstständigen Stiftungen, in: Deutsches Stiftungswesen 1948–1966, S. 229, 233 f.; *Ebersbach*, Handbuch Stiftungsrecht, S. 19 f.; *Weitemeyer*, in: MünchKomm BGB, § 80 Rn. 129; *Hüttemann/Rawert*, in: Staudinger, BGB, Vor §§ 80-88 Rn. 405; *Jakob/Uhl*, in: BeckOGK, § 80 [Stand 1.10.2021] Rn. 186.

557 Laut *Hüttemann/Rawert*, in: Staudinger, BGB, Vor §§ 80-88 Rn. 330 ist in der Praxis eine juristische Person gängigerweise Stiftungsträger– Verein, Kapitalgesellschaft, Genossenschaft oder rechtsfähige Stiftung.

558 Vgl. *BGH*, NJW 2009, 1738, 1738 Rn. 14; DStR 2015, 1123, 1125 Rn. 20; *Herzog*, Die unselbstständige Stiftung des bürgerlichen Rechts, S. 26; *Hüttemann/Rawert*, in: Staudinger, BGB, Vor §§ 80-88 Rn. 319; *Godron*, in: Richter, Stiftungsrecht, § 17 Rn. 2; *Weitemeyer*, in: MünchKomm BGB § 80 Rn. 263.

559 *Neuhoff*, in: Soergel, BGB, Vor § 80 Rn. 32; *Godron*, in: Richter, Stiftungsrecht§ 17 Rn. 4; *Hüttemann/Rawert*, in: Staudinger, BGB, Vor §§ 80-88 Rn. 328.

560 Vgl. *OLG Stuttgart*, NJW 1964, 1231, 1232; *Westebbe*, Die Stiftungstreuhand, S. 23 f., 39; *Schlüter/Stolte*, Stiftungsrecht, Kap. 4 Rn. 6; *Bruns*, Fiduziarische Stiftung als Rechtsperson, JZ 2009, 840, 843; *Hüttemann/Rawert*, in: Staudinger, BGB, Vor §§ 80-88 Rn. 324; *Jakob/Uhl*, BeckOGK BGB, § 80 [Stand 1.10.2021] Rn. 180; *Godron*, in: Richter, Stiftungsrecht, § 17 Rn. 40.

561 Pro: *O. Werner*, in Werner/Saenger/Fischer, Die Stiftung, § 1 Rn. 1 f.; vgl. auch *Schlüter/Stolte*, Stiftungsrecht, Kap. 1 Rn. 2 f.; contra: *Weitemeyer*, in: MünchKomm BGB, § 80 Rn. 263.

BGB nicht, auch nicht analog, auf die unselbstständige Stiftung anwendbar sein.[562]

Die unselbstständige Stiftung ist nicht gesetzlich geregelt und wird nicht wie die selbstständige Stiftung nach §§ 80 ff BGB durch einseitigen Organisationsakt und Anerkennung durch die Stiftungsbehörde errichtet. Vielmehr entsteht sie durch einen Vertrag zwischen Stifter und Stiftungsträger oder aufgrund letztwilliger Verfügung.[563] In der Praxis hat sich die Ansicht durchgesetzt, und auch die herrschende Meinung vertritt dies, dass Stifter und Stiftungsträger aufgrund der Privatautonomie über das Rechtsgeschäft als Grundlage der unselbstständigen Stiftung entscheiden können.[564] Dies hat auch der BGH so bestätigt.[565] Entweder handelt es sich um eine Treuhandstiftung (aufgrund eines Auftragsverhältnisses oder eines Geschäftsbesorgungsvertrags) oder um eine Schenkung unter Auflage[566] und im Falle des Erbrechts um eine letztwillige Verfügung unter Auflagen.[567]

Im weiteren Unterschied zur selbstständigen Stiftung ist der Stiftungsträger kein Organ der unselbstständigen Stiftung,[568] denn das zweckgebundene Stiftungsvermögen wird gerade an diesen zur Verwaltung übertragen.[569] Die unselbständige

---

562 *RGZ* 105, 305, 306 f.; *Ebersbach*, Handbuch Stiftungsrecht, S. 175; *Beuthin*, in: MünchHdb GesR Bd. V, § 77 Rn. 9; *Hüttemann/Rawert*, in: Staudinger, BGB, Vor §§ 80-88 Rn. 324 (m.w.N.); *Weitemeyer*, in: MünchKomm BGB, § 80 Rn. 263; *Wiese*, in: Erman, BGB, Vor § 80 Rn. 10; *Godron*, in: Richter, Stiftungsrecht, § 17 Rn. 32; *Schlüter/Stolte*, Stiftungsrecht, Kap. 4 Rn. 8; krit. *Neuhoff*, in: Soergel, BGB, Vor § 80 Rn. 23.

563 *Hüttemann/Rawert*, in: Staudinger, BGB, Vor §§ 80-88 Rn. 320, 329, 332 ff., 350 ff.; vgl. *Ebersbach*, Handbuch Stiftungsrecht, S. 171; *Frankenberger*, Der funktionale Stiftungsbegriff als Denkmodell eines rechtsformübergreifenden Stiftungsrechts, S. 37 ff.

564 *BGH*, NJW 2009, 1738, 1738 f. Rn. 15; DStR 2015, 1123, 1125 Rn. 20; *OLG Celle*, npoR 2016, 166, 166 f. m. Anm. *Hüttemann/Rawert*, npoR 2016, 168, 168 f.; *OVG Münster* npoR 2016, 257, 257 f. m. Anm. *Hüttemann/Rawert*, npoR 2016, 262, 262 f.; *VG Köln*, Urt. v. 29.11.2012 – 6 K 488/11-, BeckRS 2015, 42982; *Muscheler*, Die unselbstständige Stiftung, Die Stiftung 2007, 59, 72 ff.; *Schiffer/Pruns*, in: NK-BGB, Vor § 80 ff. Rn. 47 ff.; *Backert*, in: BeckOK BGB, § 80 Rn. 24; *Hüttemann/Rawert*, in: Staudinger, BGB, Vor §§ 80-88, Rn. 342 ff.; *Weitemeyer*, in: MünchKomm BGB, § 80 Rn. 274; *Jakob/Uhl*, in: Beck OGK BGB, § 80 [Stand 1.10.2021] Rn. 15, 181.

565 *BGH*, DStR 2015, 1123, 1124.

566 *Jakob/Uhl*, in: BeckOGK BGB, § 80 [Stand 1.10.2021] Rn. 15, 181; *Hüttemann/Rawert*, in: Staudinger BGB, Vor §§ 80-88, Rn. 342 ff.; *Weitemeyer*, in: MünchKomm BGB, § 80 Rn. 263.

567 Vgl. *Weitemeyer*, in: MünchKomm BGB, § 80 Rn. 263, 274.

568 *Hüttemann/Rawert*, in: Staudinger, BGB, Vor §§ 80-88 Rn. 320; *Westebbe*, Die Stiftungstreuhand, S. 85.

569 *Jakob/Uhl*, in: BeckOGK BGB, § 80 [Stand 1.10.2021] Rn. 15.

Stiftung nimmt durch ihren Stiftungsträger am Rechtsverkehr teil.[570] Bei der selbstständigen Stiftung sind Stiftungsvermögen, Stiftungszweck und Stiftungsorganisation in einer juristischen Person vereint.[571]

Im Stiftungsgeschäft legt der Stifter die drei wesentlichen Elemente einer Stiftung, nämlich Stiftungszweck, Stiftungsvermögen und Stiftungsorganisation fest.[572] Bei der unselbstständigen Stiftung besteht das Stiftungsgeschäft in dem Vertrag oder der Verfügung, die angenommen werden muss.[573] Durch das Stiftungsgeschäft wird der Stiftungsträger verpflichtet, das ihm übertragene Stiftungsvermögen nur für die Stiftungszwecke zu verwenden und es wirtschaftlich getrennt von seinem Eigenvermögen zu verwalten (Stiftungsorganisation).[574]

### *b. Sammelvermögen als unselbstständige Stiftung*

Bei der rechtlichen Einordnung des Sammelvermögens als unselbstständige Stiftung argumentiert eine Mindermeinung,[575] das Sammelvermögen habe dem Stiftungsvermögen, dem Stiftungszweck und der Stiftungsorganisation vergleichbare Elemente und die Dauerhaftigkeit des Stiftungszwecks tauge als Abgrenzungskriterium nicht.

*Neuhoff*[576] sieht in einem Sammelvermögen nicht nur eine Sonderform der unselbstständigen fiduziarischen Stiftung, sondern plädiert darüber hinaus für die analoge Anwendung der Regelungen für die rechtsfähige Stiftung bürgerlichen Rechts nach §§ 80ff. BGB.[577] Nach herrschender Meinung ist es hingegen nicht

---

570 *Godron*, in: Richter, Stiftungsrecht, § 17 Rn. 32; vgl. auch *Hüttemann/Rawert*, Staudinger, BGB, Vor §§ 89-88 Rn. 320.

571 *Schlüter/Stolte*, Stiftungsrecht, Kap. 1 Rn. 39.

572 H.M. vgl. *Ebersbach*, Handbuch Stiftungsrecht, S. 15 ff.; *Ellenberger*, Palandt BGB, Vor zu § 80 Rn. 5 ff.; *Wiese*, in: Erman, BGB, Vor § 80 Rn. 1, § 80 Rn. 3; *Jakob/Uhl*, in: BeckOGK BGB, § 80 [Stand 1.10.2021] Rn. 109 ff.; *Hüttemann/Rawert*, in: Staudinger, BGB, Vor §§ 80-88 Rn. 4; *Weitemeyer*, in: MünchKomm BGB, § 80 Rn 2.

573 Vgl. *Schlüter/Stolte*, Stiftungsrecht, Kap. Rn. 47; *Hüttemann/Rawert*, in: Staudinger, BGB, Vor §§ 80-88 Rn. 329.

574 Vgl. *Herzog*, Die unselbstständige Stiftung des bürgerlichen Rechts, S. 18 ff.; *Schlüter/Stolte*, Stiftungsrecht, Kap. 1. Rn. 49; *Hüttemann/Rawert*, in: Staudinger, BGB, Vor §§ 80-88 Rn. 16, 319; *Ebersbach*, Handbuch Stiftungsrecht, S. 17 f.; *Westebbe*, Die Stiftungstreuhand, S. 37; *Godron*, in: Richter, Stiftungsrecht, § 17 Rn. 109, 117; *Jakob/Uhl*, in: BeckOGK BGB, § 80 [Stand 1.10.2021] Rn. 180 f.; 188.

575 *Neuhoff*, in: Soergel, BGB, Vor § 80 Rn. 35; *Erb*, Sammelvermögen und Stiftung, S. 150 ff.

576 *Neuhoff*, in: Soergel, BGB, Vor § 80 Rn. 35; *Westebbe*, Die Stiftungstreuhand, S. 45 ff.

577 *Erb*, Sammelvermögen und Stiftung, S. 55 ff., 210 ff.; *Neuhoff*, in: Soergel, BGB, Vor § 80 Rn. 35 zumindest bei Sammlungen im öffentlichen Interesse.

zulässig, die gesetzlichen Regelungen über die rechtsfähige Stiftung bürgerlichen Rechts analog auf die unselbstständige Stiftung anzuwenden.[578]

*Westebbe*[579] argumentiert, es komme fallweise darauf an, ob die Regelungen für die unselbständige Stiftung auf das Sammelvermögen angewendet werden könnten, weil abgesehen von der Dauerhaftigkeit gleichartige Strukturen bei Sammelvermögen und unselbständiger Stiftung vorlägen. Dazu führt er aus, dass die Dauerhaftigkeit nicht von einer Mindestdauer abhänge, sondern durch die Beständigkeit der Zwecksetzung gegenüber dem Wandel der Verhältnisse gekennzeichnet sei. Die Beständigkeit des Sammelvermögens ergebe sich aus § 1914 BGB, der beim Wegfall der Sammler greife. Die Dauerhaftigkeit des Sammelvermögens sei mit der Dauerhaftigkeit der unselbstständigen Stiftung gleichzusetzen, da letztlich das Risiko des Wandels der Verhältnisse bei jeglichen Vermögenssammlungen gleich und unabhängig von der zeitlichen Dauer sei. Da mittlerweile auch unselbständige Stiftungen mit kurzer Lebensdauer anerkannt würden, sei das Argument, das Sammelvermögen diene nur vorübergehenden Zwecken und sei daher nicht mit der Stiftungseigenschaft vergleichbar, nicht mehr haltbar.[580]

*Neuhoff*[581] führt dazu aus, dass die Dauer als Unterscheidungskriterium zwischen unselbstständiger Stiftung und Sammelvermögen nicht erheblich sei und bezieht sich dabei auf die *Erb'sche*[582] Rechtsvergleichung mit dem englischen Recht.

*Erb*[583] bestätigt in seiner Meinung *Isay*[584] aus der Pandektenliteratur, der die Dauerhaftigkeit als Abgrenzungskriterium ablehnt, weil es Sammelvermögen gebe, deren Zweck ein Menschenleben überdauere und Stiftungen, die nur vorübergehend bestünden. Es seien Stiftungen mit einem vorübergehenden Zweck vorstellbar. Das ergebe sich aus dem englischen Recht, in dem sog. „collecting charities" auf vorübergehende Zwecke gerichtet sein können. Aus der unterschiedslosen Verwendung der englischen „trusteeship" für Sammelvermögen und Stiftungen (im englischen Recht) schließt *Erb* dann, dass die Dauer keine spezifische stiftungsrechtliche Bedeutung habe.[585]

Hiergegen ist einzuwenden, dass Verbrauchsstiftungen nach deutschem Recht zwar zeitlich oder vom Zweck her befristet und damit von vorneherein als

578 *RGZ* 88, 335, 339; 105, 305, 306 f.; *Ebersbach*, Handbuch Stiftungsrecht, S. 175; *Wiese*, in: Erman BGB, § 80 Rn. 10; *Jakob/Uhl*, in: BeckOGK BGB, § 80 [Stand 1.10.2021] Rn. 181; *Hüttemann/Rawert*, in: Staudinger, BGB, Vor §§ 80-88 Rn. 324.

579 *Westebbe*, Die Stiftungstreuhand, S. 46.

580 *Westebbe*, Die Stiftungstreuhand, S. 46 f.

581 *Neuhoff*, in: Soergel, BGB, Vor § 80 Rn. 35.

582 *Erb*, Sammelvermögen und Stiftung, S. 204, 210.

583 *Erb*, Sammelvermögen und Stiftung, S. 203.

584 *Isay*, Zur Lehre von den Sammelgeschäften, in: v. Jherings Jahrbücher für Dogmatik, Bd. 36, 1896, S. 409, 443.

585 *Erb*, Sammelvermögen und Stiftung, S. 203 f.

vorübergehend aufgesetzt werden können, aber trotzdem auf eine gewisse Dauer angelegt sind.[586] Damit werden „vorübergehende Zwecke“ und „auf gewisse Dauer angelegte Zwecke“ unterschiedlich behandelt. Nach dem dieser Arbeit zugrunde gelegten Begriff des Sammelvermögens sind sie aber gerade nicht auf eine gewisse Dauer angelegt. Mit der herrschenden Meinung[587] ist somit daran festzuhalten, dass es beim Sammelvermögen an der Dauerhaftigkeit der Zweckverfolgung fehlt. Denn das Sammelvermögen soll nur vorübergehend zusammengebracht und alsdann durch Verwendung seinem Zweck zugeführt werden.[588] Es soll kurzfristig verbraucht und nicht dauerhaft erhalten werden und hat daher keinen Stiftungscharakter. Der Sammlungszweck wird aus der Substanz, den Spenden, erfüllt. Hingegen bestreitet eine Stiftung ihren Zweck idealtypisch auch dauerhaft aus den Erträgen ihres Vermögens.[589]

*Neuhoff*[590] hält dem entgegen, dass die Dauer als Unterscheidungskriterium zwischen unselbstständiger Stiftung und Sammelvermögen nicht erheblich sei, weil die stiftungshaften Elemente des Sammelvermögens überwögen. Die Stiftungsabsicht sei in der emotional begründeten, spontanen Hilfsbereitschaft zu sehen.[591] Der Spendenaufruf gebe den Zweck der Sammlung vor und damit auch den Stiftungszweck, die eingehenden Spenden entsprächen dem Stiftungsvermögen.[592] *Westebbe*[593] sieht in den organisatorischen Vorkehrungen der Sammler, das Sammelvermögen zweckentsprechend zu verwenden, die Stiftungsorganisation. Hingegen meint *Neuhoff*[594] die Stiftungsorganisation liege in der Sammlergemeinschaft zusammen mit dem Spendenaufruf.

Ungeachtet der Frage, ob die Annahme eines treuhänderischen Dauerschuldverhältnisses für das Sammelvermögen zutreffen kann,[595] fällt es schwer, die so definierten Kernelemente der Stiftung beim Sammelvermögen zu erkennen:

---

586 Vgl. *Hüttemann/Rawert*, in: Staudinger, BGB, § 81 Rn. 54; *Weitemeyer*, in: MünchKomm BGB, § 80 Rn. 136, 143.

587 *Liermann*, Die unselbstständigen Stiftungen, in: Deutsches Stiftungswesen 1948–1966, S. 229, 233; *Ebersbach*, Handbuch Stiftungsrecht, S. 19 f.; *A. Werner*, Die Zustiftung, S. 102 f.; *Godron*, in: Richter, Stiftungsrecht, § 17 Rn. 33; *Weitemeyer*, in: MünchKomm BGB, § 80 Rn. 129, 143; *Hüttemann/Rawert*, in: Staudinger, BGB, Vor §§ 80-88 Rn. 405; *Jakob/Uhl*, MünchKomm BGB, § 80 [Stand 1.10.2021] Rn. 186.

588 So auch schon in der Pandektenliteratur *Regelsberger*, Pandekten, Bd. I, § 87, S. 343.

589 Vgl. *O. Werner*, in: Werner/Saenger/Fischer, Die Stiftung, § 1 Rn. 36.

590 *Neuhoff*, in: Soergel, BGB, Vor § 80 Rn. 35.

591 *Neuhoff*, in: Soergel, BGB, Vor § 80 Rn. 35.

592 *Erb*, Sammelvermögen und Stiftung, S. 150 ff.; *Neuhoff*, in: Soergel, BGB, Vor § 80 Rn. 35; *Westebbe*, Die Stiftungstreuhand, S. 46.

593 *Westebbe*, Die Stiftungstreuhand, S. 46.

594 *Neuhoff*, in: Soergel, BGB, Vor § 80 Rn. 35.

595 *Vgl. Rawert*, Zivilrechtsfragen des Spendens, Non Profit Law Yearbook 2005, 165, 170.

Der Stifter bestimmt über das Wesen seiner Stiftung, indem er das Grundstockvermögen leistet sowie Zweck und Organisation der Stiftung festlegt. Beim Sammelvermögen liegt das nicht in einer Hand.

Die Stiftung veranstaltet ggf. Sammlungen und nimmt ggf. Zustiftungen und die Verwaltung unselbständiger Stiftungen an. Eine Sammlung selbst ist für die Existenz der Stiftung aber nicht erforderlich, um die Zweckverfolgung zu gewährleisten. Hierzu dienen die Erträge aus dem bereits vorhandenen Grundstockvermögen bzw. bei der Verbrauchsstiftung das vorhandene Vermögen selbst.

Beim Sammelvermögen bestimmt der Sammler nur den Zweck und die Organisation der Sammlung. Das Vermögen entsteht erst als das Ergebnis dieser Sammlung durch eine Vielzahl von Spenden. Eine Spende des Sammlers – derer es für die Entstehung eines Sammelvermögens ohnehin nicht bedarf – ist nicht konstitutiv für das Sammelvermögen.

Die Spender eines Sammelvermögens sind in der Regel anonym, z. B. bei der Haus- und Straßensammlung und der herumgereichten Sammelbüchse. Typischerweise spendet dabei eine Vielzahl an Personen. Beides ist nicht stiftungstypisch.[596] Zwar bestimmen Spender und Stifter über den Zweck ihrer Zuwendungen. Aber nur beim Stifter ist dies zugleich die Bestimmung über den Stiftungszweck. Die Spender entscheiden lediglich, ihre Spende dem Zweck der Sammlung gemäß dem Spendenaufruf zu widmen. Beim Sammelvermögen bestimmt der Sammler den Zweck der Sammlung und nicht die Spender. Die Spender eines Sammelvermögens sind keine Stifter.

Hieran zeigt sich auch, dass zwischen dem Sammelvermögen und seinem Träger unterschieden werden muss. Der Sammler ist der Rechtsinhaber, der das Sammelvermögen verwaltet.[597]

Zurecht wird aber darauf hingewiesen, dass sich bei wiederkehrenden Sammlungen oder bei einer längeren Dauer der Sammlungen für einen bestimmten Zweck, wie z. B. bei der Flüchtlingshilfe, aus einem vorübergehenden ein dauerhafter Zweck entwickeln kann und sich dann andere, nicht rechtsfähige oder rechtsfähige Organisationsformen anbieten.[598]

### *aa. Unselbstständige Sammelstiftung*

Ging es soeben um die typische unselbstständige Stiftung, werden im Folgenden Sonderformen untersucht, die möglicherweise Sammelvermögen sein können.

Die Sammelstiftung ist keine gesetzliche Stiftungsform. Vielmehr haben sich in der Praxis einige Stiftungstypen entwickelt, die bisher weder gesetzlich noch

---

596 Vgl. *Liermann*, Die unselbstständigen Stiftungen, in: Deutsches Stiftungswesen 1948–1966, S. 229, 234.

597 *Hüttemann/Rawert*, in: Staudinger. BGB, Vor §§ 80-88 Rn. 403.

598 Vgl. *Neuhoff*, in: Soergel, BGB, Rn. 34; *Weitemeyer*, in: MünchKomm BGB, § 80 Rn. 129; *Erb*, Sammelvermögen und Stiftung, S. 107 ff.

durch Rechtsprechung oder juristische Literatur verbindlich definiert werden.[599] Die Begriffe Sammelstiftung, Einkommens- oder Zuwendungsstiftung[600] oder Verbrauchsstiftung nehmen auf die Art der Vermögensausstattung einer Stiftung Bezug.[601]

Das Kennzeichen von Sammelstiftungen ist ein im Verhältnis zum Zweck geringes Stiftungskapital zu Beginn der Stiftungstätigkeit. Durch später gesammelte oder einzuwerbende Zustiftungen und Spenden wird das Stiftungskapital so vermehrt, dass die dauerhafte Zweckverfolgung gewährleistet wird.[602] Letzteres unterscheidet die Sammelstiftung wieder vom Sammelvermögen, auch wenn sich beide wegen der Sammeltätigkeit ähneln. Die Zuwendungen an ein Sammelvermögen sind zum Verbrauch bestimmt und sollen nicht das Stiftungskapital vermehren.

### *bb. Unselbstständige Verbrauchsstiftung als Sammelstiftung*

Angesichts der gesetzlichen Anerkennung der Verbrauchsstiftung oder Stiftung auf Zeit durch das Ehrenamtsstärkungsgesetz und die ausdrückliche gesetzliche Regelung als Stiftungsform in § 80 Abs. 2 S. 2 BGB[603] muss der Frage nachgegangen werden, ob die Dauerhaftigkeit weiterhin zur Abgrenzung von Sammelvermögen und Stiftung geeignet ist:

„Bei einer Stiftung, die für eine bestimmte Zeit errichtet und deren Vermögen für die Zweckverfolgung verbraucht werden soll (Verbrauchsstiftung), erscheint die dauernde Erfüllung des Stiftungszwecks gesichert, wenn die Stiftung für einen im Stiftungsgeschäft festgelegten Zeitraum bestehen soll, der mindestens zehn Jahre umfasst."

Die Neufassung der stiftungsrechtlichen Vorschriften im BGB,[604] die am 1. Juli 2023 in Kraft tritt, geht sogar darüber hinaus. § 80 Abs. 1 BGB n.F. enthält nunmehr eine Legaldefinition der Stiftung sowie der Verbrauchsstiftung:

„Die Stiftung ist eine mit einem Vermögen zur dauernden und nachhaltigen Erfüllung eines vom Stifter vorgegebenen Zwecks ausgestattete, mitgliederlose juristische Person. Die Stiftung wird in der Regel auf unbestimmte Zeit errichtet,

---

599 *Hüttemann/Rawert*, Staudinger, BGB, Vor §§ 80-88 Rn. 184, 187.

600 Vgl. *Peters/Mercker/Mues*, Die Zuwendungsstiftungsstiftung als aktuelle Entwicklungsform des Stiftungsrechts – untersucht am Beispiel der Kulturstiftung des Bundes, ZSt 2003, 158, 159 ff.; *Hüttemann/Rawert*, Staudinger, BGB, Vor §§ 80-88, Rn. 187, § 80 Rn. 29 ff.

601 Vgl. *Burgard*, Gestaltungsfreiheit im Stiftungsrecht, S. 166 ff.; *Schauhoff*, in: Schauhoff, Hdb Gemeinnützigkeit, § 3 Rn. 25.

602 *Hüttemann/Rawert*, in: Staudinger, BGB, Vor §§ 80-88, Rn. 187, § 80 Rn. 29 f.; *G. Roth*, in: BeckOGK BGB, § 80 [Stand 15.3.2021] Rn. 296.

603 *Weitemeyer*, in: MünchKomm BGB, § 80 Rn. 141, *Hüttemann/Rawert*, in: Staudinger, BGB, § 81 Rn. 57 f.

604 BGBl. I 2021, S. 2947.

sie kann aber auch auf bestimmte Zeit errichtet werden, innerhalb derer ihr gesamtes Vermögen zur Erfüllung ihres Zwecks zu verbrauchen ist (Verbrauchsstiftung)."

In der Satzung der Verbrauchsstiftung ist sowohl die Zeit zu bestimmen, für die die Stiftung errichtet wird als auch wie das Stiftungsvermögen verwendet wird (§ 81 Abs.2 Nr. 1 und Nr. 2 BGB n.F.).

Die Verbrauchsstiftung ist weiterhin anzuerkennen, wenn sie mindestens für 10 Jahre errichtet wird, weil die dauernde und nachhaltige Erfüllung des Stiftungszwecks damit als gesichert erscheint (§ 82 S. 2 BGB n.F.)

Damit ist eine Stiftungsform anerkannt, bei der nicht nur die Erträge des Stiftungsvermögens, sondern das Stiftungsvermögen selbst für die Zweckverfolgung verbraucht werden soll. Das wird nicht nur an § 80 Abs. 1 BGB n.F. sondern auch an der neu eingeführten Definition des Stiftungsvermögens (§ 83b BGB n.F.) deutlich. Dieses besteht bei der Stiftung auf unbestimmte Zeit aus Grundstockvermögen (gewidmetes Vermögen, Zustiftungen und als Grundstockvermögen bestimmtes Vermögen) und sonstigem Vermögen, bei der Verbrauchsstiftung nur aus sonstigem Vermögen. Nach § 83c BGB n.F. ist das Grundstockvermögen ungeschmälert zu erhalten und mit den Nutzungen des Grundstockvermögens der Stiftungszweck zu erfüllen. Das sonstige Vermögen ist also zum Verbrauch bestimmt wie das Sammelvermögen.

Da die Verbrauchsstiftung sowohl als selbstständige als auch als unselbstständige Stiftung zulässig sein soll,[605] lässt sich die unselbständige Verbrauchsstiftung unmittelbar zum Vergleich mit dem Sammelvermögen heranziehen. Denn das Sammelvermögen wird wie das Vermögen der Verbrauchsstiftung zu einem vorübergehenden Zweck zusammengebracht und soll für diesen Zweck verwendet werden.

### *(1) Zeitlich befristete Verbrauchsstiftung*

Die Lebensdauer der zeitlich befristeten Verbrauchsstiftung[606] ist gesetzlich nach § 80 Abs. 2 Satz 2 BGB bzw. nach § 82 S. 2 BGB n.F. auf mindestens 10 Jahre festgelegt, womit die dauernde Erfüllung des Stiftungszwecks als gesichert gilt.[607] Diese Mindestdauer findet allerdings keine Anwendung auf die unselbstständige Verbrauchsstiftung, die einerseits zeitlich befristet und andererseits auf eine gewisse Dauer festgelegt sein muss.[608]

---

605 Vgl. *Weitemeyer*, in: MünchKomm BGB, § 80 Rn. 263; *Hüttemann/Rawert*, in: Staudinger, BGB, Vor §§ 80-88 Rn. 328; *Geibel*, in: BeckOGK BGB, § 80 [Stand 1.10.2020] Rn. 707.

606 Vgl. *Hüttemann/Rawert*, in: Staudinger, BGB, § 80 Rn. 33.

607 *Weitemeyer*, in: MünchKomm BGB, § 80 Rn. 138.

608 *Hüttemann/Rawert*, in: Staudinger, BGB, Vor §§ 80-88 Rn. 319, 328; *Geibel*, in: BeckOGK BGB, § 80 [Stand 1.10.2020] Rn. 707.

Zeitliche Festsetzungensind im Zusammenhang mit dem Sammelvermögen durchaus denkbar. Auch eine Sammlung kann beispielsweise mehrere Tage, Wochen oder Monate dauern und daher über eine gewisse Dauer durchgeführt werden.

Trotzdem wird das Ergebnis der Sammlung, das Sammelvermögen, nach Sammlungsende zeitnah zugewendet. Die Zuwendung an den Begünstigten ist gerade Sinn und Zweck des Sammelvermögens. Das Sammelvermögen soll nicht länger als nötig und nicht dauerhaft als Sammelvermögen bei den Sammlern bzw. Organisatoren verbleiben. Dem würde auch eine Mindesterhaltensdauer beim Sammler widersprechen.

Das Sammelvermögen soll im Gegensatz zur zeitlich befristeten Verbrauchsstiftung gerade nicht ein Vermögen beim Sammler binden, um eine längere oder gewisse dauerhafte oder sich wiederholende Zweckerfüllung zu gewährleisten. Das Sammelvermögen wird für einen Zweck gesammelt und für diesen Zweck zugewendet. Nicht nur Sammlung und Zuwendung, sondern auch die Verwaltung des Sammelvermögens sind vorübergehend.

Der dauerhafte Bestand oder der Bestand für eine Mindestdauer des Sammelvermögens beim Sammler ist kein konstitutives Merkmal des Sammelvermögens. Vielmehr ist der Sammler lediglich eine Art Durchlaufstation.

Wenn die einmalige Sammlung für die gewünschte Zweckerfüllung nicht ausreicht, ist es denkbar, dass mehrere Sammlungen in zeitlichen Abständen veranstaltet werden und jeweils ein Sammelvermögen pro Sammlung zusammenkommt, welches jeweils zeitnah seinem Zweck zugewendet wird.

Im Einzelfall kann es dabei zu einer Sammelstiftung kommen, wenn die gesammelten Zuwendungen nicht zeitnah, sondern zur Vermehrung des Vermögensstocks der Sammler verwendet werden, damit der ursprüngliche Sammlungszweck auch mit den Erträgen des Vermögensstocks verwirklicht werden kann.[609]

Üblicherweise ist das Sammelvermögen jedoch keine unselbstständige Verbrauchsstiftung in Form einer Sammelstiftung, da es nicht zeitlich befristet im Sinne eines Mindestbestands ist.

### *(2) Zweckbefristete Verbrauchsstiftung als Sammelstiftung*

Möglicherweise kommt die zweckbefristete Verbrauchsstiftung als Sammelvermögen in Betracht.

Nach herrschender Meinung war die zweckbefristete Verbrauchsstiftung auch vor der Stiftungsrechtsreform 2013 durch das Ehrenamtsstärkungsgesetz[610] und

---

609 Vgl. *Weitemeyer*, in: MünchKomm BGB, § 80 Rn. 129; *Erb*, Sammelvermögen und Stiftung, S 107 ff.; *Neuhoff*, in: Soergel, BGB, Vor § 80 Rn. 34; zur Einkommensstiftung: *Schauhoff*, in: Schauhoff, Hdb Gemeinnützigkeit, § 3 Rn. 25.

610 BGBl. I 2013, S. 556.

Anerkennung der zeitlich befristeten Verbrauchsstiftung zulässig.[611] Mit der gesetzlichen Regelung in § 80 Abs. 2 Satz 2 BGB ist mittelbar die Zulässigkeit der zweckbefristeten Verbrauchsstiftung bestätigt worden.[612]

Der Stiftungszweck der zweckbefristeten Verbrauchsstiftung ist aufgrund der tatsächlichen Umstände endlich. Bei der rechtsfähigen zweckbefristeten Verbrauchsstiftung gilt § 80 Abs. 2 S. 1 BGB bzw. nach der Stiftungsrechtsreform 2021 zukünftig § 82 S. 1 BGB n.F., da der Gesetzgeber nicht zu erkennen gegeben hat, hieran etwas ändern zu wollen.[613] Die Lebensfähigkeit bemisst sich dabei nach der voraussichtlichen Dauer der Stiftung. Nur für diese muss die Zweckerfüllung gesichert sein,[614] auf die 10-Jahres-Mindestdauer nach § 80 Abs. 2 BGB bzw. § 82 S. 2 BGB n.F. kommt es hier nicht an.[615]

Daher kommt eine Erstreckung der Mindestdauer von 10 Jahren auf die unselbstständige zweckbefristete Verbrauchsstiftung – unbeschadet der mangelnden Analogfähigkeit der Regelungen des BGB – ebenfalls nicht in Betracht.[616]

Auch beim Sammelvermögen ist der Zweck nach den tatsächlichen Umständen endlich. Das Sammelvermögen wird zur Zweckerfüllung verwendet und dient nicht dem Vermögenserhalt. Es ist zu einem vorübergehenden Zweck zusammengebracht worden und soll für diesen Zweck zeitnah verwendet werden.

Allerdings wird auch bei der unselbstständigen zweckbefristeten Verbrauchsstiftung eine Mindestbestandsdauer gefordert, die nicht an starren Grenzen festgemacht wird.[617] Es muss also auch hier, wie bei der unselbstständigen zeitlich

---

611 Vgl. *D. Reuter*, Änderungen des Vereins- und Stiftungsrechts durch das Ehrenamtsstärkungsgesetz, npoR 2013, 41, 46; *Rawert*, Die Stiftung auf Zeit – insbesondere die Verbrauchsstiftung – in der zivilrechtlichen Gestaltungspraxis, npoR 2014, 1, 1; *Muscheler*, Die Verbrauchsstiftung, in: FS für O. Werner, S. 129, 133, 136.

612 Vgl. *Weitemeyer*, in: MünchKomm BGB, § 80 Rn. 138, 147; *D. Reuter*, Die Verbrauchsstiftung, npoR 2010, 69, 71; *ders.*, Änderungen des Vereins- und Stiftungsrechts durch das Ehrenamtsstärkungsgesetz, npoR 2013, 41, 46; *Segna*, Die Verbrauchsstiftung – ein Fremdkörper im Stiftungsrecht?, JZ 2014, 126ff., 130; *Jakob/Uhl*, in: BeckOGK BGB, § 80 [Stand 1.10.2021] Rn. 140.

613 Die Gesetzesbegründung enthält keine Ausführungen zur zweckbefristeten Verbrauchsstiftung, vgl. BR-Drs. 143/21.

614 Vgl. *D. Reuter*, Änderungen des Vereins- und Stiftungsrechts durch das Ehrenamtsstärkungsgesetz, npoR 2013, 41,46 f.; *Rawert*, Die Stiftung auf Zeit – insbesondere die Verbrauchsstiftung – in der zivilrechtlichen Gestaltungspraxis, npoR 2014, 1, 1, 3; *Weitemeyer*, in: MünchKomm BGB, § 80 Rn. 136, 138.

615 *Weitemeyer*, in: MünchKomm BGB, § 80 Rn. 143, 148.

616 Vgl. *Geibel*, in: BeckOGK BGB, § 80 [Stand 1.10.2020] Rn. 707; *Godron*, in: Richter, Stiftungsrecht, § 17 Rn. 6.

617 Vgl. *Geibel*, in: BeckOGK BGB, § 80 [Stand 1.10.2021] Rn. 707.

befristeten Verbrauchsstiftung, auf den Mindestbestand des Vermögens beim Sammler ankommen, was beim Sammelvermögen nicht der Fall ist.

Im Normalfall eines Sammelvermögens liegt also keine unselbstständige zweckbefristete Verbrauchsstiftung vor.

Im Ausnahmefall, z. B. in der Flüchtlingshilfe, kann es auch bei zunächst singulär geplanten Sammlungen zu einer Sammelstiftung kommen, wenn der Zweck mit dieser Sammlung nicht erfüllt werden kann. Es kann sich über Jahre ein kontinuierlicher Sammelprozess entwickeln, weil regelmäßige, längerfristige und umfangreiche Unterstützung erforderlich ist, um den konkreten Zweck zu erfüllen.[618]

### 3. *Zustiftung*

Umgangssprachlich ist eine Zustiftung eine Aufstockung der Mittel einer Stiftung durch eine weitere Zuwendung.[619] Zivilrechtlich wurde die Zustiftung bis zur Verabschiedung des Gesetzes zur Vereinheitlichung des Stiftungsrechts 2021 nicht geregelt. Im Zusammenhang mit der staatlichen Stiftungsaufsicht gibt es zwei landesrechtliche Regelungen, die Zuwendungen zum Stiftungsvermögen als Zustiftung legal definieren.[620] Die rechtswissenschaftliche Literatur vertritt diese Definition ebenfalls.[621] Ab dem 1. Juli 2023 gilt auch nach § 83 Abs. 2 Nr. 2 BGB n.F., dass Zustiftung ein Vermögen ist, welches nach dem Willen des Zuwendenden dem Grundstockvermögen zugeschlagen wird.

Die Zustiftung wird zivilrechtlich als Schenkung behandelt.[622] Mit der Zweckbestimmung entscheidet der Zuwendende, ob er mit seiner Zuwendung die operative Tätigkeit und damit den Zweck der Stiftung oder die Stiftung selbst in ihrem Erhalt (Zustiftung) unterstützen will. Insofern handelt es sich bei einer Zustiftung um eine Großspende mit dem Zweck, das Grundstockvermögen zu erhöhen.

---

618 *Weitemeyer*, in: MünchKomm BGB, § 80 Rn. 129; *Erb*, Sammelvermögen und Stiftung, S. 107 ff.; *Neuhoff*, in: Soergel, BGB, Vor § 80 Rn. 34; *A. Werner*, Die Zustiftung, S. 103 f.

619 *Duden online*, Zustiftung, https://www.duden.de/rechtschreibung/Zustiftung (aufgerufen am 4.9.2021).

620 § 6 Abs. 2 S. 3 SaarlStiftG: "Zuwendungen müssen dem Stiftungsvermögen zugeführt werden, wenn Zuwendende es bestimmen (Zustiftung)."; § 4 Abs. 3 S. 2 SHStiftG: „Dies gilt jedoch nicht für Zuwendungen von Dritten, die nach dem Willen der oder des Zuwendenden dazu bestimmt sind, dem Stiftungsvermögen zugeführt zu werden (Zustiftungen)."

621 *Weitemeyer*, in: MünchKomm BGB § 80 Rn. 252; *Geibel*, in: BeckOGK BGB, § 80 [Stand 1.10.2020] Rn. 638; *Gordon*, in: Richter, Stiftungsrecht, § 7 Rn. 3; vgl. auch *Flues*, Die Zustiftung im Zivilrecht, S. 5 ff., 17; *Hüttemann/Rawert*, in: Staudinger, BGB, Vor §§ 80-88 Rn. 366; *A. Werner*, Die Zustiftung, S. 38 ff., 121.

622 *Weitemeyer*, in: MünchKomm BGB, § 80 Rn. 252; *Geibel*, in BeckOGK BGB, § 80 [Stand 1.10.2021] Rn. 643.

Aus diesem Grund können Zustiftungen auch kein Sammelvermögen sein. Dabei scheitert die Annahme eines Sammelvermögens nicht an der Dauerhaftigkeit der Zustiftung, denn der endgültige Zuwendungszweck kann auch bei einem Sammelvermögen (etwa zur Unterstützung des Baus eines Denkmals) dauerhaft sein.[623] Das Sammelvermögen ist jedoch das Ergebnis einer zeitlich begrenzten Sammlung von Spenden, das vorübergehend besteht,[624] bevor es dem endgültigen, außerhalb des Sammlers liegenden Zweck zugewendet wird. Bei Spenden an eine Stiftung kann ein Sammelvermögen daher nur durch Spenden entstehen, deren endgültiger Zweck die Unterstützung eines bestimmten Projektes oder aller Projekte (Spende ohne Zweckbindung) der Stiftung sind und damit wirtschaftlich für einen Dritten bestimmt sind. Die Zustiftung als Spende zur Erhöhung des Grundstockvermögens dient dem dauerhaften Erhalt der Stiftung selbst. Sie kommt ihr unmittelbar wirtschaftlich selbst zugute und wird nicht für ihre gemeinnützigen Zwecke, für andere verwendet.

### 4. *Gesellschaft bürgerlichen Rechts*

#### a. *Gesellschaft bürgerlichen Rechts zwischen den Sammlern*

Soweit sich mehrere Sammler gegenseitig verpflichten, für einen oder mehrere gleiche bestimmte Zwecke zu sammeln oder solche Sammlungen zu organisieren, bilden sie eine Gesellschaft bürgerlichen Rechts (§§ 705 ff. BGB; GbR).[625] Die GbR kann durch einen formlosen Gesellschaftsvertrag gegründet werden. Voraussetzung ist lediglich die Vereinbarung eines gemeinsamen Zwecks und einer Förderpflicht durch die Gesellschafter.[626] Der Gesellschafterbeitrag kann nach § 706 Abs. 3 BGB neben vermögensmäßiger Zuwendungen auch durch die Erbringung von Diensten, also das Sammeln, die Organisation, die Verwaltung und das Zuwenden der Sammlung an die Begünstigten, erfolgen. Das gemeinschaftliche Vermögen der Gesellschafter besteht aus ihren Beiträgen und den für die Gesellschaft durch die Geschäftsführung erworbenen Gegenständen (§ 718 Abs. 1 BGB).

Die GbR kann auch über ihr gemeinschaftliches Gesellschaftsvermögen verfügen. Bei gemeinschaftlicher Geschäftsführung (§ 709 BGB) geschieht dies durch Zustimmung aller Gesellschafter. Soweit die Geschäftsführung auf einen oder

623 *Schneider*, in: MünchKomm BGB, § 1914 Rn. 8; *Zimmermann*, in: Soergel, BGB, § 1914 Rn. 4; *Bienwald*, Staudinger, BGB, § 1914, Rn. 8 f.; *Locher*, in: jurisPK BGB, § 1914 [Stand 15.10.2019] Rn. 7.

624 Vgl. *Schöpflin*, in: BeckOGK BGB, § 1914 [Stand 1.9.2021] Rn. 10.

625 Vgl. *Wiese*, in: Erman, BGB, Vor § 80 Rn. 13; *Weitemeyer*, in: MünchKomm BGB, § 80 Rn. 129; *Rawert*, Zivilrechtsfragen des Spendens, Non Profit Law Yearbook 2005, 165, 171.

626 *Geibel*, in: BeckOGK BGB, § 705 [Stand 1.1.2019] Rn. 12 f., 29; *Schäfer*, in: MünchKomm BGB, § 795 Rn. 32, 132.

mehrere Gesellschafter übertragen wurde, können diese die Geschäfte im Außenverhältnis alleine führen (§ 710 BGB).

Ob eine Spende aufgrund einer Sammlung auch ein Erwerb im Sinne des § 718 Abs. 1 BGB ist, ist unklar und hängt davon ab, welchen Rechtscharakter die Spende hat. Der Erwerb kann nämlich durch Rechtsgeschäft (z. B. Schenkung), Surrogation oder sonstige Erwerbstatbestände (z. B. Erbschaft) erfolgen.[627] Unterstellt, dass das Sammelvermögen als erworben gelten kann, wäre es dann gemeinschaftliches Gesellschaftsvermögen und durch die Geschäftsführung entsprechend dem Sammlungszweck dem Begünstigten zuzuwenden.

Die Gesellschafter müssten dann allerdings auch, mindestens stillschweigend, vereinbaren, auf ihre Vermögensrechte zu verzichten und insbesondere das Recht auf ordentliche Kündigung gem. § 723 BGB auszuschließen. Ansonsten bestünde die Gefahr, dass ein ausscheidender Gesellschafter mit dem Sammelvermögen gem. § 738 Abs. 1 S. 2 BGB abgefunden werden müsste und der oder die Sammlungszwecke aufgrund einer Kündigung nicht verwirklicht werden könnten.[628]. Auch wenn diese Fallkonstellation nicht ausgeschlossen werden kann,[629] erscheint sie realitätsfern.[630]

Klar ist danach zunächst, dass die GbR nicht selbst ein Sammelvermögen, sondern lediglich Träger eines Sammelvermögens sein kann.[631]

Denkbar wäre, dass die GbR das Sammelvermögen nicht erwirbt, sondern als Treuhänderin erhält. Ob und wie die Sammler über das Sammelvermögen verfügen können, richtet sich aber nach der Rechtsbeziehung zwischen den Sammlern und den Spendern und kann alleine durch die Sammlergesellschaft bürgerlichen Rechts nicht erklärt werden.[632]

### *b. Gesellschaft bürgerlichen Rechts zwischen Spendern und Sammlern*

Möglicherweise könnte beim Sammelvermögen eine GbR zwischen Sammlern und Spendern entstehen.[633] Durch die Zuwendung würde der Spender konkludent

---

627 *C. Schäfer*, in MünchKomm BGB, § 718 Rn. 18 ff.

628 *Rawert*, Zivilrechtsfragen des Spendens, Non Profit Law Yearbook 2005, 165, 171.

629 Zum Ausschluss des Abfindungsanspruchs bei fremdnütziger Zwecksetzung vgl. *Priester*, Nonprofit-GmbH – Satzungsgestaltung und Satzungsvollzug, GmbHR 1999, 149, 155; *Wochner*, Die Stiftungs-GmbH, DStrR 1998, 1835, 1839; siehe auch *BGH*, DB 1997, 1763, 1763 f.; *OLG Hamm*, DB 1997, 1612, 1613.

630 Vgl. *Rawert*, Zivilrechtsfragen des Spendens, Non Profit Law Yearbook 2005, 165, 171.

631 Vgl. *Rawert*, Zivilrechtsfragen des Spendens, Non Profit Law Yearbook 2005, 165, 171.

632 Vgl. *Rawert*, Zivilrechtsfragen des Spendens, Non Profit Law Yearbook 2005, 165, 171.

633 Angenommen von *Joerges*, Spendungsgeschäft und Sammelvermögen, S. 33 f., 37 f.; vgl. ferner *Enneccerus/Nipperdey*, AT 1, § 117 I. 2., S. 718; *v. Gierke*, Deutsches Privatrecht, Bd. 1, § 80 Anm. 43, S. 627 f. Zu Einzelheiten der Destinatäre *Erb*, Sammelvermögen und Stiftung, *S.* 69 ff.

einen formlosen Gesellschaftsvertrag schließen. Der Gesellschaftsbeitrag bestünde in dem Kapitalbeitrag der Zuwendung. Der Gesellschaftsbeitrag der Sammler wäre, wie bei der Sammler-GbR, die Dienstleistung des Sammelns bzw. der Organisation, Verwaltung und Zuwendung von Sammelerlösen.

Auch in dieser Konstellation wäre der oben erwähnte unrealistische stillschweigende Verzicht auf die Vermögensrechte und auf die ordentliche Kündigung erforderlich. Die Spender-Sammler-GbR würde in der Regel[634] spätestens an der mangelnden persönlichen Verbundenheit und dem mangelnden besonderen Vertrauensverhältnis der Gesellschafter als den Kernelementen der Personengesellschaft[635] scheitern.[636] Üblicherweise kennen sich weder die Spender untereinander, noch sind den Sammlern die Spender bekannt. Bei Haus- und Straßensammlungen und bei aufgestellten Sammelbüchsen gibt es eine Vielzahl von anonymen Spendern. Selbst wenn die Spender aufgrund von Überweisungen oder Internetspenden für die Sammler identifizierbar sind, bleiben die Spender füreinander weiter anonym und auch im Verhältnis zu den Sammlern reicht die Identifizierbarkeit nicht aus, um persönliche Verbundenheit und ein besonderes Vertrauensverhältnis zu schaffen. Bei der Spendensammlung geht es nicht um die Personen und die Gemeinschaft, sondern um die Spenden.[637]

### *5. Bruchteilsgemeinschaft*

Bis 1998 wurde von *Diederichsen*[638] vertreten, der Spender sei mit seinem Spendenanteil Miteigentümer des Sammelvermögens nach § 1008 BGB. Das

---

634 Zulässiger und realistischer Einzelfall als Ausnahme von der Regel ist nach *Rawert*, Zivilrechtsfragen des Spendens, Non Profit Law Yearbook 2005, 165, 172, die Spendensammlung mit festgelegten „Mindestbezeichnungen" namentlich bekannter Spender zum Aufbau von Gemeinschafts- oder Bürgerstiftung. Dazu näher *ders.*, Bürgerstiftungen, in: Hdb Bürgerstiftungen, S. 151, 156 ff.; vgl. auch als Vorstufe zur Stiftung die „Zustiftung" an ein Sammelvermögen bei *A. Werner*, Die Zustiftung, S. 104 f.

635 *C. Schäfer*, in: MünchKomm-BGB, § 718 Rn. 8, § 705 Rn. 228 ff.

636 *Rawert*, Zivilrechtsfragen des Spendens, Non Profit Law Yearbook 2005, 165, 171 f.; zusammenfassend zur Kritik am Modell der BGB-Gesellschaft *Koos*, Fiduziarische Person und Widmung, S. 262 ff.; *Erb*, Sammelvermögen und Stiftung, S. 69 ff. – jeweils m.w.N. vor allem aus dem älteren Schrifttum.

637 Vgl. *Rawert*, Zivilrechtsfragen des Spendens, Non Profit Law Yearbook 2005, 165, 171 f.

638 *Diederichsen*, Palandt, BGB, bis 57. Aufl. 1998, § 1914 Rn. 1; seit 58. Aufl. 1999 Verweis auf *Heinrichs*, in: Palandt, BGB, 58. Aufl. 1999, Vor § 80 Rn. 11, der das Sammelvermögen stiftungsähnlich, aber ohne dauerhafte Zwecksetzung sieht, und es wohl einzelfallabhängig als Treuhandvermögen der Sammler oder Bruchteilsgemeinschaft der Spender einordnet. Ebenso z.Zt. *Ellenberger*, in: Palandt, BGB, 80. Aufl. 2021, Vor § 80 Rn. 11.

Sammelvermögen sei eine Bruchteilsgemeinschaft und §§ 741 ff. BGB regelten das Verhältnis der Spender untereinander.

Für diese Theorie spricht, dass die Miteigentümer nicht bekannt oder verbunden sein müssen: Nach §§ 947, 948 BGB entsteht die Gemeinschaft zufällig kraft Gesetzes, also ohne übereinstimmende Willenserklärung bzw. Gründungsakt.[639] In diesem Sinne wären die Spender Bruchteilseigentümer des Sammelvermögens. Soweit die Verwaltung bei einer Bruchteilsgemeinschaft auf einen Teilhaber oder einen Dritten übertragen wird, liegt – bei Unentgeltlichkeit – ein Auftrag vor.[640] Der Spender, der zugleich als Sammler bzw. Organisator der Sammlung fungiert, wäre sowohl Teilhaber als auch Verwalter des Gemeinschaftsvermögens.[641] Ein Sammler bzw. Organisator, der nicht selbst spendet, wäre Verwalter des Gemeinschaftsvermögens aufgrund Auftrags für die Bruchteilsgemeinschaft.

Gegen das Sammelvermögen als Bruchteilsgemeinschaft spricht aber, dass es um eine Gemeinschaft zur Verwertung des Eigentums zu eigenen Zwecken und nicht zu fremden Zwecken geht. Sowohl bei der Abwicklung (§§ 752 ff. BGB) als auch beim Erhalt für einen bestimmten Zeitraum (§ 743 BGB) geschieht dies für die Teilhaber. Es gibt keine Regelungen einer Abwicklung zugunsten Dritter oder direkter Zuwendung des Gemeinschaftseigentums an Dritte. Außerdem können die Spender bzw. Teilhaber nur gemeinschaftlich über das Sammelvermögen als Gemeinschaftsgegenstand im Ganzen verfügen (§ 747 S. 2 BGB). Dabei droht jederzeit, dass ein Spender als Teilhaber die Aufhebung der Gemeinschaft verlangt (§ 749 Abs. 1 BGB) und seine Spende oder seinen Anteil zurückerhält.[642] Zwar handelt es sich hier in der Regel um dispositives Recht, trotzdem bedürfte es juristischer Klimmzüge in Form von konkludenten stillschweigenden Abweichungen von den geltenden Regelungen, damit der Verwalter oder Sammler einem Dritten das Sammelvermögen zuwenden kann. So müsste der Sammler die alleinige Verfügungsgewalt über das Gemeinschaftseigentum erhalten, mittels konkludenter Einwilligung der Spender nach §§ 185 Abs. 1, 183 BGB und gleichzeitigem Verzicht auf das Aufhebungsrecht nach § 749 Abs. 2 und Abs. 3 BGB.[643]

Das erscheint sehr konstruiert sowie fern der Sammel- und Spendenpraxis und überzeugt daher nicht.

---

639 *v. Proff*, in: Staudinger, BGB, § 741 Rn. 21, 49.

640 *RGZ* 162, 122, 125; *Aderhold*, in: Erman, BGB, § 744 Rn. 5; *K. Schmidt*, in: MünchKomm BGB, § 745 Rn. 7.

641 Vgl. zur Übertragung der Verwaltung auf einen Teilhaber *BGH*, NJW 1991, 1299, 1299 f.; NJW 1983, 449, 450.

642 *Rawert* Zivilrechtsfragen des Spendens, NonProfit Law Yearbook 2005, 165, 172 f.

643 *Rawert*, Zivilrechtsfragen des Spendens, NonProfit Law Yearbook 2005, 165, 173.

## 6. *Treuhand oder Schenkung unter Auflage?*

### *a. Treuhandverhältnis*

Bei privaten bzw. nicht-öffentlichen Sammlungen und Sammlungen von nicht gemeinnützigen Organisationen ordnet die überwiegende Literaturmeinung das Sammelvermögen als Treuhandvermögen mit Anwendbarkeit der Auftragsregelungen nach §§ 662ff. BGB ein.[644]

Es gibt verschiedene Formen der Treuhand.[645] Der Begriff Treuhand ist nicht legal definiert.[646] Die Einzelheiten sind umstritten.[647] Die Treuhand ist ein Rechtsverhältnis,[648] welches durch einen Auftrag (§§ 662 ff. BGB) oder durch einen Geschäftsbesorgungsvertrag (§ 675 BGB) entsteht.[649] Kennzeichnend für alle treuhänderischen Konstellationen ist die Übertragung von Rechten oder die Einräumung von Rechtsmacht vom Treugeber an den Treuhänder und die gesteigerte Pflichtenbindung an die Interessen des Treugebers im Innenverhältnis.[650] Letztere

---

644 Vgl. *Neuhoff*, Um der juridical correctness willen: Spende, keine Schenkung!, ZSt 2004, 90 f.; *Schneider*, in: MünchKomm BGB, §1914 Rn. 2; *Gehrlein*, in: BeckOK BGB, § 516 Rn. 5; *Ellenberger*, in: Palandt, BGB, Vor § 80 Rn. 11; *Zimmermann*, in: Soergel, BGB, § 1914 Rn. 1; *Schöpflin*, in: BeckOGK BGB, § 1914 [Stand 1.9.2021] Rn. 4 sieht das Treuhandeigentum der Sammler als Hauptanwendungsfall eines Sammelvermögens; ebenso, *Wiese*, in: Erman, BGB, Vor § 80 Rn. 13; *Chuisi*, in: Staudinger, BGB, § 516 Rn. 31 f. geht von einer Treuhand aus, wenn das Sammelvermögen vollständig weitergegeben werden muss; *Dickescheid*, in: RGRK BGB, § 1914 Rn. 3; *Enneccerus/Nipperdey*, AT 1, § 117 I. 2., S. 718.

645 *Beuthin*, Treuhand an Gesellschaftsanteilen, ZGR 1974, 26, 26 ff.; *Henssler*, Treuhandgeschäft. Dogmatik und Wirklichkeit, AcP 196 (1996), 37, 37 ff.; *Gernhuber*, Die fiduziarische Treuhand, JuS 1988, 355, 356; *Gruber*, Der Treuhandmissbrauch: Zur dogmatischen Rechtfertigung eines Verfügungsschutzes des Treugebers, AcP 200 (2002), 435, 435 ff.; *Rödl/Seifried, Treuhandverhältnisse im Erbschafts- und Steuerrecht,* BB 2006, 20, 20 ff.; *Schubert*, in: MünchKomm BGB, § 164 Rn. 59 ff.; *Maier-Reimer/Finkenauer*, in: Erman, BGB, § 164 Rn. 17 ff.

646 *Schilken*, in: Staudinger BGB, Vor § l64 Rn. 48; *Riesenhuber*, in: BeckOGK BGB, § 662 [Stand 1.8.2021] Rn. 70.

647 Vgl. nur *Schubert*, in: MünchKomm BGB § 164 Rn. 59, 64,70.

648 *Riesenhuber*, in: BeckOGK BGB, § 662 [Stand 1.8.2021] Rn. 70 f.

649 Vgl. *BGH*, NJW 1963, 950, 951; NJW 2002, 2459, 2460; NZG 2005, 41, 43; *Coing*, Die Treuhand kraft privaten Rechtsgeschäfts, S. 137 ff.; *Riesenhuber*, in: BeckOGK BGB, § 662 [Stand 1.8.2021] Rn. 72.

650 Vgl. *Schubert*, in: MünchKomm BGB § 164 Rn. 59; *Schilken*, in: Staudinger BGB, Vor § l64 Rn. 48; *Löhning*, Treuhand: Interessenwahrnehmung und Interessenkonflikt, S. 17 ff.

beschränkt die nach außen eingeräumte Rechtsmacht.[651] Die Treuebindung zwischen Treugeber und Treuhänder ist also besonders stark.[652] Der Treuhandvertrag besteht aus eine Treuhandabrede als schuldrechtlichem Verpflichtungsgeschäft und einer Übertragung von Rechten am Treugut oder einer Einräumung von Rechtsmacht als Verfügungsgeschäft.[653] Im Falle der echten Treuhand oder Vollrechtstreuhand erhält der Treuhänder das Recht am Treugut.[654] Bei der Ermächtigungstreuhand oder unechten Treuhand bleibt der Treugeber Rechtsinhaber und überträgt lediglich die Verfügungsmacht über das Treugut.[655] Bei der Ermächtigungstreuhand bleibt der Treugeber Eigentümer, bei der Vollrechtstreuhand gehört das Treugut nur noch wirtschaftlich zu seinem Vermögen.[656] In der Regel sind Treuhandverhältnisse Dauerschuldverhältnisse, denn sie sind auf eine gewisse Dauer angelegt und umfassen nicht nur eine Sache oder ein Recht.[657] Selbst wenn es sich nur um eine Sache oder ein Recht handelte, ist die Pflicht zur Wahrnehmung fremder Interessen für einen Zeitraum und nicht nur einmaligen Zeitpunkt festgelegt.[658]

Wenn im Falle eines Sammelvermögens durch freigebige Zuwendungen ein Treuhandverhältnis zustande kommt, kann dies nur durch einen unentgeltlichen Auftrag geschehen, da die Geschäftsbesorgung mit einer Vergütung verbunden ist. Entsprechend sind die Auftragsregelungen nach §§ 662ff. BGB anzuwenden. Der Auftragnehmer und entsprechend der Treuhänder ist an die Weisungen des Treugebers gebunden (§§ 662, 665 BGB). Letzterer gibt nicht nur vor, was der Auftragnehmer genau für ihn ausführen soll, sondern auch, wie er dies tun soll.[659] Soweit keine anderweitigen Regelungen getroffen werden, muss den Weisungen genau nachgekommen werden,[660] allerdings hängen Auftragsinhalt und Weisungen beim

651 Vgl. *BGH*, NJW 2004, 1382, 1383; *Herrler*, in: Palandt, BGB, § 903 Rn. 33; *Ellenberger*, in: Palandt, BGB, Überbl. v. § 104 Rn. 25.

652 *Riesenhuber*, in: BeckOGK BGB, § 662 [Stand 1.8.2021] Rn. 9, 73.

653 Vgl. *Schubert*, in: MünchKomm BGB § 164 Rn. 59; *Henssler*, AcP 196 (1996), 37, 37 f., 46.

654 Vgl. *Schubert*, in: MünchKomm BGB § 164 Rn. 61.

655 Vgl. *RGZ*, 118, 330, 332; 133, 234, 241; *Coing*, Die Treuhand kraft privaten Rechtsgeschäfts, S. 96; *Maier-Reimer/Finkenauer*, in: Erman, BGB, Vor § 164 Rn. 17; *Stoffels*, in: NK-BGB, § 164 Rn. 21; *Schubert*, in: MünchKomm BGB, § 164 Rn. 62.

656 *Schubert*, in: MünchKomm BGB, § 164 Rn. 65.

657 Vgl. *Löhning*, Treuhand: Interessenwahrnehmung und Interessenkonflikt, S. 124 f.; *Schubert*, in: MünchKomm BGB, § 164 Rn. 62.

658 Vgl. *Löhning*, Treuhand: Interessenwahrnehmung und Interessenkonflikt, S. 124 f.

659 Vgl. *Martinek/Omlor*, in: Staudinger, BGB, § 662 Rn. 25 ff., § 665 Rn. 1; *F. Schäfer*, in: MünchKomm BGB, § 665 Rn. 7; *K. Schmidt*, „Ersatzformen“ der Stiftung, in: Hopt/Reuter, Stiftungsrecht in Europa, S. 175, 182.

660 *BGH*, NJW 2008, 1309, 1310.

Sammelvermögen vom konkreten Spendenaufruf ab. Theoretisch kann der Treugeber auch während der Auftragsausführung weitere Weisungen erteilen, da er der „Herr" des dem Treuhänder anvertrauten Geschäfts bleibt.[661] Der Treugeber kann seine Weisungen widerrufen, allerdings nur bis zur Durchführung des Auftrags.[662]

Außerdem besteht ein jederzeitiges Kündigungsrecht nach § 671 Abs. 3 BGB. Im Falle einer Insolvenz des Sammlers kann der Spender seine Spende zurückverlangen (§§ 115, 80 InsO i.V. mit § 667 BGB).

Im Hinblick auf die Spende an den Sammler soll dies bedeuten, dass der Spender den Sammler beauftragt, die Spende im Sinne des Spenders dem vom Sammler festgelegten Zweck zuzuführen. Dazu übergibt er die Spende an den Sammler. Nach der Treuhand-These bleibt der Spender also mindestens wirtschaftlicher Eigentümer der Spende bis der Sammler die Spende zweckentsprechend verwendet bzw. dem Begünstigten zuwendet.[663] Das Dauerschuldverhältnis kann der Spender aus besonderem Grund jederzeit kündigen. Auch bei Insolvenz des Spenders kann die Spende zurückgefordert werden.

### *b. BGH Urteil zur Dresdner Frauenkirche – kein Treuhandverhältnis*

Angesichts derMerkmale der Treuhand als eines Auftrags und der Höhe einer typischen Spende ist die Annahme eines solchen Rechtsverhältnisses zwischen Spender und Sammler nicht unbedingt naheliegend. Die durchschnittliche Spende beträgt 40 €[664] und wird überwiesen, per Internet gezahlt oder einem Sammler gegeben. Eine positive Subsumtion unter die Merkmale der Treuhand fällt dabei schwer. Dies sah der BGH auch so und hat in seinem Urteil zur Dresdner Frauenkirche[665] entgegen der Vorinstanz[666] entschieden und festgestellt, dass kein Treuhandverhältnis, sondern eine Schenkung unter Auflage vorlag.

---

661 Vgl. *Martinek/Omlor*, in: Staudinger, BGB, § 665 Rn. 1.

662 *RGZ* 90, 129, 133; *BGHZ*, 103, 143, 145 f.; *OLG Stuttgart*, NJW-RR 2013, 376, 376.

663 Kritisch dazu *Rawert*, Zivilrechtsfragen des Spendens, Non Profit Law Yearbook 2005, 165, 170, 175; *Lieder*, Pflichtteilsergänzungsanspruch wegen Zuwendungen an gemeinnützige Stiftung, ZSt 2004, 74, 76.

664 Vgl. *Deutscher Spendenrat e.V. und GfK*, Bilanz des Helfens 2021, abrufbar unter: https://www.spendenrat.de/wp-content/uploads/Downloads/Bilanz-des-Helfens/bilanz-des-helfens-2021-deutscher-spendenrat.pdf (aufgerufen am 30.8.2021). Auch unter der Annahme, dass der durchschnittliche Spender nur an eine gemeinnützige Organisation spenden würde und entsprechender Multiplikation der durchschnittlichen Spende mit der durchschnittlichen Spendenhäufigkeit von 7mal ist bei dem Betrag von 280 € ein vom Spender gewolltes Treuhandverhältnis nicht naheliegend.

665 *BGH*, NJW 2004, 1382, 1382 ff.

666 *OLG Dresden*, NJW 2002, 3181, 3181 ff.; zustimmend *Gehrlein*, in: BeckOK BGB, § 516 Rn. 5; ablehnend *Rawert*, Charitable Correctness – Das OLG Dresden zu Spenden

Allerdings ging es in dem Fall nicht um die durchschnittliche Spende, sondern um eine Millionenspende zu Lebzeiten an die „Stiftung Frauenkirche Dresden“. Bei diesen Beträgen lässt sich eher vorstellen, dass der Spender sich Befugnisse vorbehält, um die Zuwendung durch die gemeinnützige Organisation zu beeinflussen.[667] Die Tochter des Spenders verklagte die Stiftung nach dem Tod des Spenders auf erbrechtliche Pflichtteilsergänzung gem. § 2329 BGB. Das OLG Dresden[668] hatte die Klage mit der Begründung abgewiesen, es habe sich nicht um eine Schenkung i. S. d. § 2329 BGB, sondern um einen unwiderruflichen Treuhandvertrag gehandelt.

Der BGH hingegen stellte fest, dass für die Treuhand die Beschränkung der im Außenverhältnis eingeräumten Rechtsmacht durch die besondere schuldrechtliche Verpflichtung im Innenverhältnis typisch sei,[669] wofür alleine die Zweckbestimmung der Spende, hier konkretisiert durch einen Stifterbrief, aber nicht ausreiche.[670] Die Kennzeichen eines Treuhandverhältnisses, nämlich das wirtschaftliche Eigentum des Spenders am Treuhandvermögen, sein jederzeitiges Kündigungsrecht aus wichtigem Grund nach § 671 Abs. 3 BGB und der mögliche Vermögensrückfall bei Insolvenz des Spenders gem. §§ 115, 80 InsO i. V. m. § 667 BGB, lägen bei Spenden der vorliegenden Art nicht vor.[671]

Dem ist für die durchschnittliche Spende zuzustimmen. Die übliche Zweckbestimmung im Überweisungsauftrag, bei der Onlinespende oder bei anderen Sammlungsformen ist so allgemein gehalten, dass sich daraus kein besonderes Treueverhältnis begründen lässt. Die Zweckbestimmung enthält i.d.R. keine konkreten Weisungen für die Zuwendung der Spende durch die sammelnde Organisation. Selbst wenn sich aus dem Spendenaufruf ergibt, welche Gegenstände mit einem bestimmten Wert gekauft oder finanziert werden können (z. B. 2 Decken bei 20 €, 1 Monat Trinkwasser für Schulkinder in Afrika für 50 €) bedeutet es nicht, dass jede Spende zu genau diesem Betrag auch so verwendet wird. Vielmehr wird das Sammelvermögen für den Spendenzweck von der Organisation insgesamt verplant und diese entscheidet, wie viele Decken und wieviel Wasser zu welchem

---

und Pflichtteilsergänzungsansprüchen, NJW 2002, 3151, 3152 f.; *Muscheler*, Anm. zu OLG Dresden, ZEV 2002, 417, 417 f.

667 Solche Befugnisse lagen laut *BGH*, NJW 2004, 1382, 1383 nicht vor.

668 *OLG Dresden*, NJW 2002, 3181, 3182; zustimmend *Gehrlein*, in: BeckOK BGB, § 516 Rn. 5; ablehnend *Rawert*, Charitable Correctness – Das OLG Dresden zu Spenden und Pflichtteilsergänzungsansprüchen, NJW 2002, 3151, 3152 f.; *Muscheler*, Anm. zu OLG Dresden, ZEV 2002, 417, 417 f.

669 *RGZ* 153, 366, 369; *BGHZ* 11, 37, 43; 124, 298, 303; *Ellenberger*, in: Palandt, BGB, Überbl. v. § 104 Rn. 25; *Herrler*, in: Palandt, BGB, § 903 Rn. 33.

670 *BGH*, NJW 2004, 1382, 1383.

671 Dazu auch *Lieder*, Pflichtteilsergänzungsanspruch wegen Zuwendungen an gemeinnützige Stiftung, ZSt 2004, 74, 76; *Rawert*, Zivilrechtsfragen des Spendens, Non Profit Law Yearbook 2005, 165, 170, 175.

Zeitpunkt gekauft, transportiert und den Begünstigen zugewendet werden. Der Spender bringt mit der allgemeinen Zweckbestimmung in keiner Weise zum Ausdruck, dass die Sammler nur seinen Auftrag ausführen, sein Geschäft und seine Interessen wahrnehmen sollen. Vielmehr gibt die Spenden sammelnde Organisation die eigentliche Zweckbestimmung des Sammelvermögens vor. Der Spender schließt sich dem an und widmet seine Spende einem der Sammlungszwecke der Organisation. Das „Geschäft" der Zuwendung führt er alleine damit nicht.

### c. *Schenkung unter Auflage*

Im Fall der Frauenkirche urteilte der BGH, dass hier eine Schenkung unter Auflage gem. § 525 BGB vorliege. Voraussetzung dafür sei zunächst eine Schenkung.[672]

Die Schenkung ist eine Zuwendung in Form eines Vermögensvorteils, die im gegenseitigen Einverständnis der Unentgeltlichkeit erfolgt, den Schenker entreichert sowie den Beschenkten bereichert (§ 516 BGB). Der Begriff der Auflage wird vom Gesetz in § 525 BGB verwendet, ist aber nicht legal definiert.[673] Eine Auflage ist eine mit der Schenkung verbundene Abrede, die eine obligatorische Leistungspflicht des Beschenkten bedeutet.[674] Diese kann in jedem rechtlich zulässigem Tun oder Unterlassen[675] gegenüber dem Schenker, dem Beschenkten oder einem Dritten bestehen.[676] Der Beschenkte erhält das Geschenk und es geht in sein Vermögen über. Die Auflage verpflichtet ihn zu einer eigenständigen neuen Leistung,[677] die er auf der Grundlage des Geschenks und aus ihm heraus erfüllt.[678]

Im Zusammenhang mit Spenden oder Sammelvermögen wird in der Regel unproblematisch bejaht, dass es sich bei Spenden um eine Zuwendung in Form

---

672 Vgl. *Koch*, in: MünchKomm BGB, § 525 Rn. 4; *Harke*, in: BeckOGK BGB, § 525 [Stand 1.10.2021] Rn. 1, 11; *Weidenkaff*, in: Palandt BGB, § 525 Rn. 1; *Kühle*, in: jurisPK BGB, § 525 [Stand 1.2.2020] Rn. 1.

673 *Kühle*, in: jurisPK BGB, § 525 [Stand 1.2.2020] Rn. 9.

674 Vgl. *Koch*, in: MünchKomm BGB, § 525 Rn. 2; *Chiusi*, in: Staudinger BGB, § 525 Rn. 4.

675 Allgemeine Meinung: *Weidenkaff*, in: Palandt, BGB, § 525 Rn. 1; *Hähnchen*, in: Erman BGB, § 525 Rn. 2; *Kühle*, in: jurisPK BGB, § 525 [Stand 1.2.2020] Rn. 9; *Koch*, in: MünchKomm BGB, § 525 Rn. 2.

676 Vgl. *Koch*, in: MünchKomm BGB, § 525 Rn. 3; *Harke*, in: BeckOGK BGB, § 525 [Stand 1.10.2021] Rn. 6 f.; *Weidenkaff*, in: Palandt BGB, § 525 Rn. 1.

677 *Chiusi*, in: Staudinger BGB, § 525 Rn. 5; *Kühle*, in: jurisPK BGB, § 525 [Stand 1.2.2020] Rn. 12.

678 *BGH*, Urt. v. 2.10.1981 – V ZR 134/80 –, Rn. 16, juris; *Chiusi*, in: Staudinger BGB, § 525 Rn. 16; *Hähnchen*, in: Erman BGB, § 525 Rn. 2; *Weidenkaff*, in: Palandt BGB, § 525 Rn. 1.

eines Vermögensvorteils handelt, die Parteien sich dabei darüber einig sind, dass diese Zuwendung unentgeltlich erfolgt und der Spender entreichert ist.[679]

*aa. Bereicherung*

Dreh- und Angelpunkt der rechtlichen Diskussion ist hier das Tatbestandsmerkmal der Bereicherung des Sammlers bei einer zweckgebundenen Spende, die nicht für den Sammler selbst, sondern letztlich in voller Höhe für einen Dritten bestimmt ist.

Dabei wurde zunächst vom RG[680] und wird von der nach wie vor[681] herrschenden Literaturmeinung[682] danach unterschieden, ob der Spendenempfänger eine juristische gemeinnützige Person oder eine natürliche Person sei. Da die gemeinnützige Organisation nicht von ihrem satzungsgemäßen Zweck getrennt werden könne, liege in der Verwendung der zweckgebundenen Spende für einen satzungsgemäßen Zweck immer eine Eigenverwendung. Dies sei auch dann der Fall, wenn Wertgleichheit zwischen Spende und Zweckbindung bzw. Auflage bestehe und diese vollständig für den Zweck eingesetzt und an Dritte weitergegeben werden müsse.[683] Dann liege typischerweise eine Schenkung unter Auflage vor.

Dies soll aber nicht bei einem reinen Durchgangserwerb[684] und für natürliche Personen als Sammler gelten.[685]

Das OLG Dresden[686] löste sich zunächst von der Unterscheidung nach der Rechtspersönlichkeit mit dem Argument, es könne auf die Rechtspersönlichkeit nicht ankommen. Vielmehr müsse die Frage der Bereicherung nach dem Gegenstand der Zuwendung und den damit verbundenen Auswirkungen auf das Vermögen des Zuwendungsempfängers beurteilt werden. Lediglich eine unzureichend konkretisierte Zweckbestimmung oder untrennbare Vermischung freier und zweckgebundener Spenden führe zu einer Bereicherung des Sammlers. Beinhalte die konkrete

679 So z. B. zur Frage der Einigkeit über die Unentgeltlichkeit *Kollhosser*, Anm. zu BGH, Urt. v. 10.12.2003 – IV ZR 249/02, ZEV 2004, 117, 118.

680 Vgl. *RGZ* 70, 15, 17 f.; 71, 140, 142 ff.; 105, 305, 308 f.; 112, 210, 211 ff.

681 So *Lieder*, Pflichtteilsergänzungsanspruch wegen Zuwendungen an gemeinnützige Stiftung, ZSt 2004, 74, 79.

682 Vgl. *Koch*, in MünchKomm BGB, § 525 Rn. 5; *Richter*, Das Verhältnis von Zuwendungen an Stiftungen und Pflichtteilsergänzungsansprüche, ZErb 2005, 134, 136; *Weidenkaff*, in: Palandt BGB, § 516 Rn. 6; *Eckert*, in: Soergel BGB, § 516 Rn. 4, 10.

683 *OLG Karlsruhe*, DStR 1993, 177, 177; *Weidenkaff*, in: Palandt BGB, § 516 Rn. 6; *Wimmer-Leonhardt*, in: Staudinger, BGB, 13. Aufl. 2005, § 516 Rn. 29 *Koch*, in: MünchKomm BGB, § 525 Rn. 5; *Richter*, Das Verhältnis von Zuwendungen an Stiftungen und Pflichtteilsergänzungsansprüche, ZErb 2005, 134, 136; *Weidenkaff*, in: Palandt BGB, § 516 Rn. 6; *Eckert*, in: Soergel BGB, § 516 Rn. 4, 10.

684 Vgl. *RGZ* 105, 305, 308 f.

685 *Koch*, in: MünchKomm BGB, § 516 Rn. 12.

686 *OLG Dresden*, NJW 2002, 3181, 3182.

Zweckbestimmung aber eine Weitergabe an Dritte, liege keine Bereicherung und lediglich ein Durchgangserwerb im Rahmen eines Treuhandverhältnisses vor.

Der BGH[687] hat sich dem OLG insofern angeschlossen, als er - ohne sich argumentativ mit der bisherigen Rechtsprechung und herrschenden Meinung auseinanderzusetzen[688] – ebenfalls zu dem Ergebnis kommt, dass nicht danach zu unterscheiden sei, ob die Spende an eine gemeinnützige juristische oder eine natürliche Person geleistet werde, und damit der bisherigen Rechtsprechung eine endgültige Absage erteilt. Als entscheidendes Abgrenzungskriterium führt der BGH[689] mit dem damals neueren Schrifttum[690] die Endgültigkeit der Vermögensübertragung bei jeglicher Spende an. Ist die Vermögensübertragung vom Spender endgültig, ist der Empfänger bereichert. Dies gilt insbesondere dann, wenn der Empfänger die Spende im Falle der Unmöglichkeit der Zweckerreichung behalten darf.[691] Auch bei einer zweckgebundenen Spende will der Spender endgültig dieses Vermögen übertragen und nicht mehr sein wirtschaftlicher Eigentümer sein.[692] Auf die Rechtspersönlichkeit und die Frage, ob die juristische Person untrennbar von ihrem Satzungszweck sei, komme es danach nicht an.[693]

Das Merkmal der Endgültigkeit wieder einschränkend, nimmt der BGH aber ein Treuhandverhältnis an, wenn die Spende an den Spender oder an Dritte in voller Höhe herauszugeben sei. Der BGH betont dabei, dass eine Bereicherung nur bei einer materiell-rechtlich, dauerhaften und nicht nur vorübergehenden oder formalen Vermögensmehrung und bei einer Verwendung für eigene Zwecke vorliege.[694] Insbesondere wenn die Spenden sammelnde Organisation die zweckgebundene Spende als bloße Durchgangs- oder Mittelspersonen in vollem Umfang an Dritte weitergeben müsse, liege keine Schenkung unter Auflage vor.[695]

---

687 *BGH*, NJW 2004, 1382, 1382 ff.

688 Vgl. *Lieder*, Pflichtteilsergänzungsanspruch wegen Zuwendungen an gemeinnützige Stiftung, ZSt 2004, 74, 75.

689 *BGH*, NJW 2004, 1382, 1383 f.

690 *D. Reuter*, Die unselbstständige Stiftung, in: v. Campenhausen/Kronke/Werner, Stiftungen in Deutschland und Europa, S. 203, 220; *Rawert*, Charitable Correctness – Das OLG Dresden zu Spenden und Pflichtteilsergänzungsansprüchen, NJW 2002, 3151, 3152; *Muscheler*, Anm. zu OLG Dresden, ZEV 2002, 417, 417 f.

691 *BGH*, NJW 20014, 1382, 1383.

692 Vgl. *BGH*, NJW 20014, 1382, 1383 mit Verweis auf *Rawert*, Charitable Correctness – Das OLG Dresden zu Spenden und Pflichtteilsergänzungsansprüchen, NJW 2002, 3151, 3152.

693 Indirekt *BGH*, NJW 2004, 1382, 1383 f; hierzu auch *Lieder*, Pflichtteilsergänzungsanspruch wegen Zuwendungen an gemeinnützige Stiftung, ZSt 2004, 74, 76.

694 *BGH*, NJW 2004, 1382, 1383 f.

695 *BGH*, NJW 2004, 1382, 1383 f.; vgl. auch *D. Reuter*, Die unselbstständige Stiftung, in: v. Campenhausen/Kronke/Werner, Stiftungen in Deutschland und Europa, S. 203, 220.

Im Fall der Dresdner Frauenkirche ging der BGH aufgrund der Spendenumstände von einem endgültigen Ausschluss der Rückgabepflicht aus. Da die Spende nicht nur der Erfüllung eigener satzungsgemäßer Zwecke der gemeinnützigen Organisation gewidmet war, sondern diese Verwendung zugleich auch ihr eigenes Vermögen mehrte und nicht an Dritte weitergegeben werden musste, musste der BGH sich nicht weiter mit der Frage der Endgültigkeit bzw. der Bereicherung bei Weitergabe an Dritte auseinandersetzen.

Auch in der neueren Rechtsprechung,[696] die sich auf das BGH Urteil zur Dresdner Frauenkirche stützt, ging es in den Sachverhalten nicht um eine Zweckbestimmung, nach der eine Zuwendung durch die sammelnde Organisation an Dritte erfolgte. Die Frage ist nach wie vor nicht zufriedenstellend beantwortet.

### *bb. Abgrenzung der treuhänderischen Durchgangsspende von der Auflagenschenkungsspende*

Der BGH stellt im Urteil Dresdner Frauenkirche widersprüchlich einerseits fest, dass typischerweise bei einer zweckgebundenen Spende kein Treuhandverhältnis, sondern eine Schenkung unter Auflage vorliege, soweit die Zuwendung endgültig sei. Andererseits solle bei Herausgabe der Spende an Dritte keine endgültige Bereicherung des Sammlers und damit quasi automatisch ein Treuhandverhältnis vorliegen.[697] Es bleibt unklar, woran sich rechtlich festmachen lässt, dass sich alleine aus der Herausgabe der Spende an Dritte ein Treuhandverhältnis mit der besonderen Verpflichtung im Innenverhältnis und ein Durchgangserwerb und keine endgültige Bereicherung des Sammlers ergibt. Es fehlt an einer Abgrenzung zwischen Durchgangsspende und Auflagenschenkungsspende.[698]

Das BGH Urteil wird in der Literatur auch ganz unterschiedlich gewertet. Es gibt Stimmen, die in dem Urteil eine Bestätigung der zweckgebundenen Spende als Schenkung unter Auflage an gemeinnützige Organisationen sehen, auch wenn die Spende in voller Höhe an Dritte weitergegeben werden muss.[699] Andere vertreten weiter die These der immateriellen Bereicherung der gemeinnützigen Organisation bzw. der materiellen Bereicherung aufgrund der Untrennbarkeit der Organisation von ihrem Zweck.[700] Dritte sehen in dem BGH Urteil eine deutliche und endgültige Abkehr von dieser These, unterscheiden nicht zwischen natürlicher und

---

696 *BGH*, NJW 2009, 1738, 1738 ff.; *OLG Celle*, npoR 2016, 166, 166 f. m. Anm. *Hüttemann/ Rawert*, npoR 2016, 168, 168 f.

697 *BGH*, NJW 2004, 1382f, 1383.

698 Vgl. auch *Lieder*, Pflichtteilsergänzungsanspruch wegen Zuwendungen an gemeinnützige Stiftung, ZSt 2004, 74, 76 f.

699 Vgl. *Rawert*, Zivilrechtsfragen des Spendens, Non Profit Law Yearbook 2005, 165, 174. *Richter*, Das Verhältnis von Zuwendungen an Stiftungen und Pflichtteilsergänzungsansprüche, ZErb 2005, 134, 136.

700 Vgl. *Koch*, in: MünchKomm BGB, § 516 Rn. 12, 101; § 525 Rn. 5.

juristischer Person und verlangen mit dem BGH eine (eindeutige) materielle Bereicherung.[701] Im ähnlich gelagerten Abgrenzungsfall der Entstehung der unselbstständigen Stiftung durch Auflagenschenkung oder durch Treuhandverhältnis wird mittlerweile in Anlehnung an den BGH auch die These der immateriellen Bereicherung abgelehnt. Eine neue Konnotation bringt hierbei das zusätzliche Argument, die natürliche Person akzeptiere den Zweck der unselbstständigen Stiftung auch als eigenen Zweck.[702]

Einigkeit besteht nur dahingehend, dass bei einem Durchgangserwerb keine Schenkung unter Auflage, sondern ein Treuhandverhältnis aufgrund eines Auftrags vorliegen soll.[703]

Die Durchgangs- oder Mittelsperson oder der Durchgangserwerb bzw. die Durchgangsspende ist gesetzlich nicht geregelt. Die Rechtsprechung hat hierzu aber Kriterien entwickelt. So ist der Sammler bei einem Durchgangserwerb, wenn auch nur für eine „juristische" oder „logische Sekunde" Inhaber des Rechts,[704] bevor er es dem Begünstigten zuwendet, der endgültig das Eigentum erwirbt.[705]

### *(1) Zeit*

Der Länge des Zeitraums eines Durchgangserwerbs wird aber nicht definiert. Im Urteil zur Dresdner Frauenkirche hat der BGH hierzu festgestellt, dass keine schenkungsrechtliche Bereicherung, sondern ein treuhänderischer Auftrag mit

---

701 *Chiusi*, in: Staudinger BGB, § 516 Rn. 32; *Harke*, in: BeckOGK BGB, § 516 [Stand 1.8.2021] Rn. 42.

702 Siehe *Rawert*, Zivilrechtsfragen des Spendens, Non Profit Law Yearbook 2005, 165, 174; *Hüttemann/Rawert*, in: Staudinger BGB, Vor §§ 80-88 Rn. 340; *Godron*, in: Richter, Stiftungsrecht, § 17 Rn. 21; *Geibel*, in: BeckOGK BGB, Stand 1.10.2020, § 80 Rn. 679; ähnlich *Herzog*, Die unselbstständige Stiftung des bürgerlichen Rechts, S. 54 f.

703 Vgl. nur *RGZ* 62, 386, 390 f.; 71, 140, 144; *BGH*, NJW 2004, 1382, 1383; *Rawert*, Zivilrechtsfragen des Spendens, Non Profit Law Yearbook 2005, 165 2005, 165, 175 f.; *Chiusi*, in: Staudinger BGB, § 516 Rn. 31; *Koch*, in: MünchKomm BGB, § 516 Rn. 12; *Weidenkaff*, in: Palandt BGB, § 516 Rn. 6; *Gehrlein*, in: BeckOK BGB, § 516 Rn. 5; *Harke*, in: BeckOGK BGB, § 516 [Stand 1.10.2021] Rn. 41.

704 H.M., *BGHZ* 20, 88, 89, 101; *Bub*, in: BeckOK BGB, § 185 Rn. 13; *Regenfus*, in: BeckOGK BGB, § 185 [Stand 1.7.2021] Rn. 134 f.; vgl. auch *Marotzke*, Die logische Sekunde – ein Nullum mit Dauerwirkung?, AcP 191 (1991), 177, 181 ff., 186 ff.; a.A. *Schultz*, Abschied vom Durchgangserwerb und der „logischen" Sekunde bei § 185 Abs. 2 Satz 1 Alternative 2 BGB im Steuerrecht, BB 1998, 75, 76.

705 Vgl. *Richter*, Das Verhältnis von Zuwendungen an Stiftungen und Pflichtteilsergänzungsansprüche, ZErb 2005, 134, 136.

Durchgangseigentum vorliege, wenn die Bereicherung nicht dauerhaft und nur vorübergehend sei.[706]

So sieht es auch die zum Durchgangseigentum häufig in Bezug genommene schenkungssteuerrechtliche Rechtsprechung, die eine schenkungssteuerrechtliche Bereicherung einer Durchgangs- oder Mittelsperson verneint, wenn sie die Spende aufgrund einer bestehenden Verpflichtung nur vorübergehend verwahrt und vollumfänglich an einen Dritten weitergeben muss.[707]

Die verwendeten Begriffe „nicht dauerhaft" und „vorübergehend" drücken einen längeren Zeitraum als die „logische oder juristische Sekunde" aus, sind aber weder legal definiert noch klar. Als Obergrenze könnte zwar die spendensteuerrechtliche Regelung, das Gebot der zeitnahen Mittelverwendung nach § 55 Abs. 1 Nr. 5 AO dienen. Allerdings ist danach die Verwendung der Spende in den zwei Kalender- oder Geschäftsjahren, die auf die Spendeneinnahme folgen, als zeitnah zu verstehen.

Es erscheint zu weitgehend, jede zweckgebundene Spende, die im Zeitraum von einer „logischen Sekunde" bis zu zwei Jahren an einen Dritten zugewendet werden soll, als Durchgangsspende zu sehen. Die zeitlichen Begriffe alleine sind zu unbestimmt, um einen Durchgangserwerb zu begründen. Zugleich reicht die Tatsache des nur vorübergehenden Verbleibs einer Spende beim Spendensammler nicht aus, um seine schenkungsrechtliche Bereicherung auszuschließen.

*(2) Wertgleichheit*

Sowohl schenkungssteuerrechtlich als auch zivilrechtlich soll die vollumfängliche Weiterleitung der Spende an Dritte eine weitere Voraussetzung eines Durchgangserwerbs neben dem zeitlichen Faktor sein.

Ohne weiter zu differenzieren, stellen Literatur[708] und Rechtsprechung[709] nur auf den Umstand ab, dass die Spende in voller Höhe alsbald oder zeitnah an Dritte weitergegeben werden muss. Damit findet an dieser Stelle eine rein äußerliche Wert- und Zeitbetrachtung statt, die eine Schenkung ausschließt und das Durchgangseigentum begründen soll.

Es ist zwar richtig, dass die Schenkung unter Auflage zunächst eine Schenkung ist und daher eine Bereicherung vorliegen muss. Trotzdem muss hier berücksichtigt werden, dass es das Institut der Schenkung unter Auflage gibt. Eine Bereicherung ist jedenfalls unproblematisch, wenn die Auflage nicht den Wert der Schenkung erreicht und somit ein Teil beim Beschenkten verbleibt. Vergleichbar ist der Fall, wenn nach dem Spendenaufruf eindeutig ist, dass ein Teil der Spende

706 *BGH*, NJW 2004, 1382, 1383 f.

707 Vgl. *BFH*, BStBl. II 1994, S. 128; Urt. v. 10.3.2005 – II R 55/03, BeckRS 2005, 25007884.

708 *Chiusi*, in Staudinger BGB, § 516 Rn. 27, 29 ff.; *Koch*, in: MünchKomm BGB, § 516 Rn. 12; *Gehrlein*, in: BeckOK BGB, § 516 Rn. 5; *Eckart*, in: Soergel, BGB, § 516 Rn. 10.

709 *RGZ* 62, 386, 390; 71, 140;143; *BGH*, NJW 2004, 1382, 1382 ff.

zur Deckung der allgemeinen Verwaltungskosten des Sammlers verwendet wird. Zuwendung und Auflage müssen mindestens objektiv gleichwertig sein.[710] Die Schenkung bzw. die Bereicherung wird durch diese Gleichwertigkeit nicht ausgeschlossen. Der Gesetzgeber hat mit § 526 BGB gerade die Möglichkeit vorgesehen, dass die Auflage dem Wert der Schenkung entspricht, also äußerlich betrachtet in voller Höhe weitergegeben wird.[711] Die schenkungsrechtliche Auflage bzw. ihr Wert ist für die Frage der schenkungsrechtlichen Bereicherung unerheblich.[712] Der Sammler hat lediglich ein Leistungsverweigerungsrecht gem. § 526 BGB, wenn die Auflage den Wert der Zuwendung übersteigt.[713]

Insofern kann alleine die Wertgleichheit von Auflage und Zuwendung, auch im Zusammenhang mit einer kurzen zeitlichen Verweildauer beim Beschenkten, die Bereicherung nicht ausschließen und keinen treuhänderischen Durchgangserwerb auf Grundlage eines Auftrags begründen. Ansonsten wäre jede zweckgebundene Spende, die in voller Höhe von der gemeinnützigen Organisation an einen Dritten zugewendet werden muss, eine Durchgangsspende und das Institut der „Auflage" bedeutungslos.[714]

Kurzfristige, vorübergehende Zuwendungen können allenfalls ein Indiz für eine mangelnde Bereicherung und ein Durchgangseigentum sein.[715]

#### *(3) Endgültige, materielle oder immaterielle Bereicherung*

Es fehlen also weitere Tatbestandsmerkmale oder Indizien, um entweder die Bereicherung auszuschließen und die Durchgangsspende zu begründen oder vice versa. Konkret fehlt es weiterhin an der Abgrenzung der schenkungsrechtlichen Auflage von dem fiduziarischen Eigentum.

---

710 Allg. Meinung: *Koch*, in: MünchKomm BGB, § 525 Rn. 2, 4; *Gehrlein*, in: BeckOK BGB, § 525 Rn. 3; *Harke*, in: BeckOGK BGB, § 525]Stand 1.10.2021] Rn. 10; *Kühle*, in: jurisPK, § 525 [Stand 1.2.2020] Rn. 5; *Chiusi*, in: Staudinger, BGB, § 525 Rn. 10; *Rawert*, Zivilrechtsfragen des Spendens, Non Profit Law Yearbook 2005, 165, 174; *Lieder*, Pflichtteilsergänzungsanspruch wegen Zuwendungen an gemeinnützige Stiftungen, ZSt 2004, 74, 76.

711 Vgl. *Rawert*, Zivilrechtsfragen des Spendens, Non Profit Law Yearbook 2005, 165, 174; *Herzog*, Die unselbstständige Stiftung des bürgerlichen Rechts, S. 47 ff.; *G. Roth*, Zum Schicksal von Spenden in der Insolvenz, ZInsO 2010, 1617, 1618.

712 Ausführlich *Herzog*, Die unselbstständige Stiftung des bürgerlichen Rechts, S. 49 ff.

713 Vgl. *Rawert*, Zivilrechtsfragen des Spendens, Non Profit Law Yearbook 2005, 165, 174; *Herzog*, Die unselbstständige Stiftung des bürgerlichen Rechts, S. 49 ff.

714 Vgl. *G. Roth*, Zum Schicksal von Spenden in der Insolvenz, ZInsO 2010, 1617, 1618; *Rawert*, Zivilrechtsfragen des Spendens, Non Profit Law Yearbook 2005, 165, 174.

715 Ähnlich *Herrmann*, in Erman, BGB, 14. Aufl. 2014, § 516 Rn. 6, unter Verweis auf *BFH*, NJW 1985, 760, 760, da eine Bereicherung eine gewisse freie Verfügbarkeit erfordere, die bei kurzfristigen, vorübergehenden Zuwendungen zweifelhaft sei.

Der Gesetzeswortlaut kennt zunächst nur den Begriff der Bereicherung, der durch die Zuwendung aus dem Vermögen eines anderen erfolgt. Die Zuwendung bedeutet eine Vermögensminderung des Schenkers. Voraussetzung einer Schenkung sind also eine Entreicherung und eine Bereicherung.[716]

Insbesondere das Reichsgericht hat in seiner Entscheidung zum Bau eines sog. Kolumbariums[717] über den Wortlaut des § 516 BGB hinausgehende Tatbestandsmerkmale der Bereicherung entwickelt,[718] um die Treuhand von der Schenkung unter Auflage abzugrenzen.

Das RG stützt sich auf die Lehre von der Schenkung, nach der die Bereicherung eine „endgültige, materielle, nicht bloß eine formale sei“[719] und verweist dazu auf *Förster/Eccius*, Preußisches Privatrecht[720]. Diese verwenden nur den Begriff „definitive“ Bereicherung.[721] Das RG hat daraus eine „endgültige, materielle“[722] bzw. eine „endgültige und materielle“[723] Bereicherung gemacht. Diese Auffassung wird auch in der Literatur vertreten.[724] Liest man die Textstelle *Förster/Eccius* aber im Zusammenhang, ergibt sich nicht, dass „definitiv“ als „endgültig“ gemeint ist. Vielmehr sind die vorhergehenden Erläuterungen darauf gerichtet, die immaterielle von der materiellen Bereicherung abzugrenzen. Unentgeltliche, sonst zu bezahlende Dienste sind danach Schenkung, da die Handlungspflicht das Vermögen belastet. Auch der Erlass einer begründeten, noch nicht fälligen Forderung mindert das Vermögen des Erlassenden und vermehrt das Vermögen des Begünstigten. Hingegen ist das Ausschlagen eines Erwerbs zugunsten eines Anderen keine Schenkung, da der noch nicht eingetretene Erwerb kein Vermögensbestandteil ist. Gleichfalls ist die Bestellung von Sicherheiten keine Vermögensmehrung. Sodann folgt eine positive Feststellung, worin die Bereicherung liegen kann, nämlich in der Übertragung von Eigentum, der Einräumung dinglicher Rechte, der Forderungsabtretung (dare), Begründung einer Forderung an den Geber (obligare) oder in der Schuld- oder Lastbefreiung gegenüber dem Schenker oder einem Dritten (liberare) -, „in allen Fällen muss die Bereicherung des Vermögens des Beschenkten eine definitive

---

716 *BGH*, NJW 1987, 2816, 2817; *Chiusi*, in Staudinger BGB, § 516 Rn. 15 ff., 27 ff. m.w.N.; *Dendorfer-Ditges/Wilhelm*, in: NK-BGB, § 516 Rn. 11; *Koch*, in: MünchKomm BGB, § 516 Rn. 5.

717 *RGZ* 62, 386, 386 ff.

718 Vgl. *Kollhosser*, in: MünchKomm BGB, 4. Aufl. 2004, § 516 Rn. 10.

719 *RGZ* 62, 386, 390.

720 *Förster/Eccius*, Preußisches Privatrecht, § 122 Die Schenkung, S. 5 ff.

721 *Förster/Eccius*, Preußisches Privatrecht, § 122 Die Schenkung, S. 8.

722 *RGZ* 62, 386, 390.

723 *RGZ* 71, 140;143.

724 *Chiusi*, in: Staudinger BGB, § 516 Rn. 27, 29 ff.; *Koch*, in: MünchKomm BGB, § 516 Rn. 12; *Gehrlein*, in: BeckOK BGB, § 516 Rn. 5; *Eckart*, in: Soergel, BGB, § 516 Rn. 10.

sein".[725] In diesem Zusammenhang ist „definitive" als „tatsächliche", „wirkliche", „reale", „verbindliche", „verpflichtende" oder „materielle" zu verstehen.[726]

Die Formulierung des RG als „endgültig, materielle, nicht bloß formale" könnte in dem obigen Zusammenhang auch als Verstärkung des Begriffs „materielle" und nicht als eigenständiges und kumulatives Tatbestandsmerkmal verstanden werden. Dies kann auch auf die Protokolle[727] gestützt werden, in denen ebenfalls diskutiert wird, ob immaterielle Vermögensgüter auch als Schenkung gelten sollten. Dies wurde mit der Mehrheit der Kommission abgelehnt, da an dem bisherigen Recht festgehalten werden sollte, wonach eine Schenkung nur bei einer „tatsächlichen" Vermögensverschiebung vorliegen sollte.

Das RG versucht sein Argument zu verstärken, indem es auf die Protokolle[728] verweist, nach denen die Mehrheit in Fällen der Spenden an Organisationen zur Verwendung für wohltätige Zwecke keine Schenkung sehen wollte. Im Rahmen der Frage der Vermögensverschiebung bei einer Schenkung wurde der Formulierungsvorschlag der Kennzeichnung des Schenkungsgegenstands als „wirtschaftliches Gut" erwogen. Fraglich war dann, ob die Gebrauchsleihe oder die unentgeltliche Dienstleistung eine Schenkung seien. Es ging also hier ebenfalls um die Frage, ob eine immaterielle Bereicherung auch eine Schenkung sei. Die Mehrheitsmeinung war aber der Ansicht, es sei nicht alles, was gemeinhin im Volksmund eine Schenkung sei, auch rechtlich eine Schenkung und führte dazu aus:

„Von einer Seite wurde darauf hingewiesen, dass z. B. Beiträge, die zu einem durch das Zusammenwirken Vieler zu erreichenden Zwecke gegeben werden, etwa zur Errichtung eines Denkmals für eine verdienten Mann, keine Geschenke seien, auch nicht als solche angesehen werden und dass es sich ebenso verhalte mit Beiträgen zu wohltätigen Zwecken; zwar seien die Wohltaten, die mit dem gesammelten Gelde erwiesen werden sollen, Geschenke, aber diejenigen, welche zusammentreten, um die Mittel zur Erweisung der Wohltaten aufzubringen, wollen nicht den Geschäftsführer, dem Verein oder der Anstalt ein Geschenk machen, sondern sich an dem Unternehmen mit dem gespendeten Gelde beteiligen, sei es als eigentliche, sei es als stille Gesellschafter."[729]

Eine Begründung, warum bei der Spende an die Einrichtung keine tatsächliche Vermögensverschiebung vorliegen sollte, wird von den Protokollen nicht geliefert.

---

725 *Förster/Eccius*, Preußisches Privatrecht, § 122 Die Schenkung, S. 7 f.

726 „Definitiv" leitet sich vom lateinischen Adverb „definitus" ab, das mit „bestimmt, deutlich" übersetzt wird. Es stammt vom Verb „definire", das wiederum mit abgrenzen, näher bestimmen/ bezeichnen/ andeuten/abgrenzen/ definieren, bestimmen/ festsetzen/ feststellen, abschließen oder beschränken übersetzt werden kann (vgl. *Stowasser*, Lateinisch-deutsches Schulwörterbuch).

727 Protokolle, Bd. II, 2 f.

728 *RGZ* 62, 386, 390 f.; Protokolle, Bd. II, 4.

729 Protokolle, Bd. II, 4.

Auch das RG, dass zwar die These der Gesellschafterbeteiligung in Frage stellt und sie an dieser Stelle zurecht unbeantwortet lässt, übernimmt lediglich diese Meinung und stellt fest, die Mehrheit der Kommission sehe in Zuwendungen an Sammelorganisationen, also Sammelvermögen, genauso wenig eine Schenkung unter Auflage wie im Falle von Zuwendungen zu einem gemeinnützigen Zweck.[730] Das überzeugt jedoch nicht. Höchstens könnte aus dem Zitat abgeleitet werden, dass es auf den Willen der Beteiligten ankommt.

Insbesondere hätte die Hinzuziehung der Protokolle und Diskussionen der Kommission zum Sammelvermögen hier weitergeholfen.[731] Denn danach sollte die Rechtsnatur solcher Sammlungen durch Komitees, also von Sammelvermögen, gerade nicht durch den Gesetzgeber geklärt oder festgeschrieben werden, weil es zu unterschiedlichen Konstellationen mit unterschiedlichen Ergebnissen kommt:

„Die Rechtsverhältnisse bei den durch ein sog. Komitee veranstalteten Sammlungen können verschieden beurteilt werden..... die Absicht der Beteiligten bei der Hingabe und Empfangnahme des Geldes werde je nach den Umständen eine verschiedene sein und hiernach müssten auch die Rechte und Befugnisse des sog. Komitees verschieden beurteilt werden. Man werde sich jedenfalls im BGB einer Entscheidung der theoretischen Fragen zu enthalten und lediglich zu prüfen haben, ob die Aufnahme von bestimmten positiven Vorschriften empfehlenswert sei."[732]

Demzufolge kann nicht pauschal eine Bereicherung und eine Schenkung (unter Auflage) an die gemeinnützige Organisation oder die Sammelorganisation oder den Sammler verneint werden, weil die Spende zweckgebunden ist und an einen Dritten zugewendet werden muss.

### *(a) Gemeinnützige Spende an juristische oder natürliche Personen*

In einer weiteren Entscheidung hat das RG[733] dann zwischen Zuwendungen an juristische und natürliche Personen unterschieden. Die juristische Person sei von ihrem Zweck nicht zu trennen und wer dieser Organisation eine Zuwendung macht, will ihre Zwecke fördern. Verwendet die Organisation die Zuwendungen zweck- oder satzungsgemäß, so sei dies eine Verwendung für die Organisation selbst. Sie erhält die Zuwendungen nicht als Mittelsperson, sondern zur Erreichung ihrer Ziele und ist damit selbst materiell bereichert. Es käme nicht darauf an, dass der Wert der Zuwendung für ihre endgültige Bestimmung verwendet werde. Die Bereicherung höre nicht auf, eine Bereicherung und ein Schenkung zu sein, nur weil der zugewendete Betrag sofort für den vorgesehenen Zweck verwendet werde.[734] Das RG führt weiter aus, dass bei Feststellung fiduziarischen Eigentums, nämlich bei der

---

730 *RGZ* 62, 386, 390 f.

731 Protokolle, Bd. VI, 313 f.

732 Protokolle, Bd. VI, 314.

733 *RGZ* 71, 140, 140 ff.

734 *RGZ* 71, 140, 143 f.

Pflicht zur Herausgabe an einen Dritten, keine Bereicherung vorläge. Das sei insbesondere dann der Fall, wenn der Zuwendungsempfänger nur eine Mittels- und Durchgangsperson sei, die die Zuwendung(en) nur vorübergehend für den Dritten verwahrt und sie ihm nach Sammlungsende übergibt.[735] Außerdem stellt das RG fest, dass jeder Einzelfall daraufhin überprüft werden müsse, ob es sich um eine Bereicherung oder um fiduziarisches Eigentum handele.[736]

Diese Abgrenzung ist ungenau. Die Formulierung deutet an, dass die Herausgabepflicht an einen Dritten per se fiduziarisches Eigentum sei und vernachlässigt, dass sie auch durch die schenkungsrechtliche Auflage begründet sein kann. Auch die Annahme fiduziarischen Eigentums im Falle einer Mittelsperson und ihrer vorübergehenden Verwahrung der Zuwendung für einen Dritten kann nur Indizcharakter haben. Ob es sich tatsächlich um eine Mittelsperson bzw. eine vorübergehende Verwahrung und eine treuhänderische Vereinbarung handelt, muss anhand der Umstände des Einzelfalls festgestellt werden, wie das RG selbst feststellt.

Die höchstrichterliche Rechtsprechung hat die Unterscheidung zwischen juristischer und natürlicher Person in der Folge zunächst bestätigt,[737] was in der Literatur großen Anklang gefunden.[738]

Aus dem Indizcharakter einer vorübergehenden und in vollem Umfang weiterzugebenden Spende zu gemeinnützigen Zwecken, die von natürlichen Personen gesammelt werden, werden in der Literatur Tatbestandsmerkmale des Treuhandverhältnisses.[739]

Zur Abgrenzung der Bereicherung der natürlichen Person wird auch ausgeführt, diese sei nicht materiell bereichert, wenn sie die Zuwendung in vollem Umfang an einen Dritten herausgeben muss. Die Gleichwertigkeit von Auflage und Zuwendung sei nur bei der juristischen Person bereichernd. Die Zuwendung und die Auflage seien im eigenen Interesse, in Verfolgung eines eigenen Zweckes der juristischen Person und eine immaterielle Förderung des Satzungszwecks, oder die juristischen Personen haben einen zeitlichen Nutzungsvorteil.[740] Der natürlichen

---

735 *RGZ* 71, 140, 144.

736 *RGZ* 71, 140, 144.

737 *RGZ* 105, 305, 308 f.

738 *Koch*, in: MünchKomm BGB, § 516 Rn. 12; *Muscheler*, Der Zuwendungsvertrag zwischen Stifter und Destinatär, NJW 2010, 341, 343; *Wimmer-Leonhard*, in: Staudinger, BGB, 13. Aufl. 2005, § 516 Rn. 29; *Eckert*, in: Soergel BGB, § 516 Rn. 4, 10; *Weidenkaff*, in: Palandt BGB, § 516 Rn. 6; *Richter*, Das Verhältnis von Zuwendungen an Stiftungen und Pflichtteilsergänzungsansprüchen, ZErb 2005, 134, 136; *Gehrlein*, in: BeckOK BGB, § 516 Rn. 5; *Kühle*, in: jurisPK BGB, § 516 [Stand 1.2.2020] Rn. 27.

739 Vgl. *Eckert*, in: Soergel, BGB, § 516 Rn. 10; *Chiusi*, in: Staudinger, BGB, § 516 Rn. 31.

740 *Koch*, MünchKomm BGB, § 516 Rn. 12; § 525 Rn. 5; *Kollhosser*, in: MünchKomm BGB, 4. Aufl. 2004, § 525 Rn. 2.

Person müsse nach dem subjektiven Parteiwillen zumindest eine geringfügige Bereicherung verbleiben.[741]

Gegner der sog. Differenzierungsthese[742] argumentieren, dass das Schenkungsrecht keine Begründung für die Unterscheidung anhand der Rechtsform liefere. Auf die Rechtsform komme es nicht an.[743]

Das hat zunächst das OLG Dresden[744] und im Anschluss der BGH im Falle der Dresdner Frauenkirche[745] ähnlich gesehen und der Unterscheidung nach der Rechtsform eine Absage erteilt. Das OLG Dresden argumentiert, dass nicht die Rechtspersönlichkeit des Empfängers, sondern die Auswirkungen der Zuwendung auf sein Vermögen maßgeblich seien. Es mache keinen Unterschied im Hinblick auf die Bereicherung, ob eine natürliche Person oder eine gemeinnützige Organisation für einen bestimmten Zweck sammle und das Ergebnis einem Dritten zuwende. Der Sammler müsse objektiv und gefestigt bereichert sein. Das sei aber nicht der Fall, wenn eine Zweckbindung zur Verwendung bestehe und diese hinreichend konkretisiert sei.[746] Der BGH hingegen sieht durch die konkretisierte, bestimmungsgemäße Verwendung die Bereicherung nicht gefährdet. Vielmehr sei ausschlaggebend, ob die Verwendung der Zuwendung für eigene das Vermögen mehrende Zwecke erfolge. Ob der Empfänger der Zuwendung dabei eine juristische Person sei, sei irrelevant.[747] Mit den weiteren Argumenten des RG zur Differenzierung und der diesbezüglichen schenkungsrechtlichen Diskussion hat der BGH nicht weiter Stellung bezogen.[748]

#### *(b) Fremder oder eigener Zweck und eigener Nutzen*

Im Fall der Dresdner Frauenkirche lag eine Eigenverwendung vor. Insoweit konnte der BGH die Frage nach der Notwendigkeit einer Differenzierung zwischen

---

741 Vgl. *RGZ* 105, 305, 308 f.? , *Eckert*, in: Soergel, BGB, § 516 Rn. 10.

742 So *Settels*, Destinationsleistungen und andere satzungsmäßige Zuwendungen als Schenkungen, S. 51, mit Verweis auf *Chiusi*, in: Staudinger, BGB, § 516 Rn. 32.

743 *Chiusi*, in: Staudinger, BGB, § 516 Rn. 32; *Harke*, in: BeckOGK BGB, § 516 [Stand 1.10.2021] Rn. 42; *Rawert*, Charitable Correctness – Das OLG Dresden zu Spenden und Pflichtteilsergänzung, NJW 2002, 3151, 3152; *ders.*, Zivilrechtsfragen des Spendens, Non Profit Law Yearbook 2005, 165, 174; *K. Schmidt*, „Ersatzformen" der Stiftung, in: Hopt/Reuter, Stiftungsrecht in Europa, S. 175, 182; *Hüttemann/Rawert*, in: Staudinger, BGB, Vor. §§ 80-88 Rn. 340; *Herzog*, Die unselbstständige Stiftung des bürgerlichen Rechts, S. 54 f.

744 *OLG Dresden*, NJW 2002, 3181, 3181 ff.

745 *BGH*, NJW 2004, 1382, 1382 ff.

746 *OLG Dresden*, NJW 2002, 3181, 3182.

747 *BGH*, NJW 2004, 1382, 1384.

748 *Lieder*, Pflichtteilsergänzungsanspruch wegen Zuwendungen an gemeinnützige Stiftung, ZSt 2004, 74, 75.

natürlicher und juristischer Person offen lassen. Mit dem Argument, dass die Verwendung der Zuwendung für eigene das Vermögen mehrende Zwecke erfolgen muss, deutet der BGH allerdings an, dass eine zweckgebundene Spende, die Dritten zugewendet werden muss, nicht dem eigenen Zweck entspreche, das eigene Vermögen des Sammlers nicht mehren könne und damit ein Durchgangseigentum vorliege. Gerade wenn die Rechtspersönlichkeit keine Rolle mehr spielt, kann es auf die Verwendung der Zuwendung für einen eigenen oder fremden Zweck aber nicht ankommen. Auch die natürliche Person kann sich den Sammlungszweck zu eigen machen und sich wie ein gemeinnütziger Sammler gerieren. Dann ist der Zweck einer wohltätigen Sammlung und eines Sammelvermögens immer eine eigener, unabhängig von der Rechtspersönlichkeit des Sammlers.[749] Diese Ansicht hat in der Literatur inzwischen Zustimmung gefunden..[750]

Für die weitere Eingrenzung des BGH, dass die Verwendung das eigene Vermögen mehren müsse, also zum eigenen Nutzen sei, findet sich keine Begründung. Im Gegenteil kennt das Gesetz sogar zweckgebundene Schenkungen, von denen der Beschenkte keinen eigenen Nutzen hat.[751]

Diese Kriterien führen bei der Abgrenzung zwischen Durchgangsspende und Auflagenschenkungsspende nicht weiter.

### *(c) Endgültige Bereicherung oder endgültige Entreicherung?*

Kommen wir noch einmal zurück auf den Aspekt der Endgültigkeit. Der BGH bezieht sich bei seiner Argumentation nicht nur auf die „endgültige" Bereicherung des RG. Er stützt sich auf die damals neuere Literaturmeinung,[752] dass eine schenkungsrechtliche Bereicherung vorliegt, wenn die Vermögensübertragung

---

749 Vgl. *Rawert*, Zivilrechtsfragen des Spendens, Non Profit Law Yearbook 2005, 165, 174; *Hüttemann/Rawert*, in: Staudinger BGB, Vor §§ 80-88 Rn. 340; *Godron*, in: Richter, Stiftungsrecht, § 17 Rn. 21; *Geibel*, in: BeckOGK BGB, § 80 [Stand 1.10.2020] Rn. 679; *Herzog*, Die unselbstständige Stiftung des bürgerlichen Rechts, S. 54.

750 *Lieder*, Pflichtteilsergänzungsanspruch wegen Zuwendungen an gemeinnützige Stiftung, ZSt 2004, 74, 77 begründet dies mit dem Argument der „Endgültigkeit", die die Zweckunterscheidung überflüssig mache.

751 *K. Schmidt*, „Ersatzformen" der Stiftung, in: Hopt/Reuter, Stiftungsrecht in Europa, S. 175, 182; *Rawert*, Charitable Correctness – Das OLG Dresden zu Spenden und Pflichtteilsergänzung, NJW 2002, 3151, 3152; *Lieder*, Pflichtteilsergänzungsanspruch wegen Zuwendungen an gemeinnützige Stiftung, ZSt 2004, 74, 76.

752 *Rawert*, Charitable Correctness – Das OLG Dresden zu Spenden und Pflichtteilsergänzung, NJW 2002, 3152, 3152; *Muscheler*, Anm. zu OLG Dresden, ZEV 2002, 417, 417 f.; *D. Reuter*, Die unselbstständige Stiftung, in: v. Campenhausen/Kronke/Werner, Stiftungen in Deutschland und Europa, S. 203, 220.

endgültig sein soll.[753] Der Spender will sich auch bei einer zweckgebundenen Spende endgültig von seinem Vermögen trennen.[754]

Das bezieht sich aber nur auf die Endgültigkeit der Entreicherung.[755] Dass die Zuwendung entsprechend der Zweckbestimmung an einen Dritten weitergleitet wird, ändert nichts an der Entreicherung und an der gewollten Vermögensverschiebung vom Spender. Werden Rückgabepflichten bei einer zweckgebundenen Spende ausdrücklich ausgeschlossen, z. B. bei Unmöglichkeit, macht der Spender damit deutlich, dass er genau diese endgültige Entreicherung und gerade keine Treuhand mit Rückgabepflichten will.[756] Die Vermögensverschiebung ist grundsätzlich nicht mehr umkehrbar, d. h. sie fällt nicht auf den Spender zurück.[757] Der Spender will das Eigentum damit übertragen. Er ist endgültig und tatsächlich entreichert.

Strikt davon zu trennen ist aber die Endgültigkeit der Bereicherung. Versteht man „endgültig" im Sinne von „tatsächlich", „materiell" ist der Sammler auch bei der zweckgebundenen Spende zunächst tatsächlich bereichert, weil die Spende in sein Eigentum übergeht. Das ihm zur Verfügung stehende Vermögen ist materiell vermehrt.

Daran ändert auch die Auflage oder die Zweckgebundenheit der Spende nichts, nach der diese an einen Dritten weitergeleitet werden soll. Die Weiterleitung ist schon begrifflich nicht die Umkehr des Vermögenstransfers. Die dahingehend vom BGH angeführte Begründung mit Verweis auf Reuter,[758] dass keine Bereicherung vorliege, wenn die Zuwendung an einen Dritten herausgegeben werden muss, führt letztlich wieder zur reinen Abzugspostenbetrachtung[759]. Denn eine Verpflichtung, dass das schenkungsweise zugewandte Vermögen dauerhaft in

---

753 *BGH*, NJW 2004, 1382, 1383.

754 *Rawert*, Charitable Correctness – Das OLG Dresden zu Spenden und Pflichtteilsergänzung, NJW 2002, 3152, 3152 f.

755 Vgl. *Rawert*, Charitable Correctness – Das OLG Dresden zu Spenden und Pflichtteilsergänzung, NJW 2002, 3152, 3152.

756 *BGH*, NJW 2004, 1382, 1383.

757 *Rawert*, Charitable Correctness – Das OLG Dresden zu Spenden und Pflichtteilsergänzung, NJW 2002, 3152, 3152; vgl. auch für die vergleichbare Situation der unselbstständigen Stiftung: *D. Reuter*, in: MünchKomm BGB, 4. Aufl. 2001, Vor § 80 Rn. 85, 89; *ders.*, in: v. Campenhausen/Kronke/Werner, Stiftungen in Deutschland und Europa, S. 203, 208 ff.; a.A. *Westebbe*, Die Stiftungstreuhand, S. 142.

758 *D. Reuter*, Die unselbstständige Stiftung, in: v. Campenhausen/Kronke/Werner, Stiftungen in Deutschland und Europa, S. 203, 220.

759 Ähnlich *Rawert*, Zivilrechtsfragen des Spendens, Non Profit Law Yearbook 2005, 165, 174; vgl. auch *Herzog*, Die unselbstständige Stiftung des bürgerlichen Rechts, S. 46 ff.

voller Höhe im Eigentum des Beschenkten bleibt, ist keine Voraussetzung einer Bereicherung.[760]

Der Sammler kann über die Spende im Rahmen der Zweckbestimmung entsprechend der Auflage verfügen.

Für die Endgültigkeit einer Spende an Spenden sammelnde Organisationen spricht auch die steuerrechtliche Komponente.

Spenden sammelnde Organisationen sind häufig gemeinnützig und damit steuerbegünstigt i.S. der §§ 51 ff. AO.[761] Spenden an gemeinnützige Organisationen sind als Sonderausgaben steuerlich absetzbar und können von Erbschafts- und Schenkungssteuer befreit werden. Aufgrund der §§ 55 I Nr. 4, 61 AO muss der Vermögenstransfer vom Spender an den Sammler für einen gemeinnützigen Zweck auch steuerrechtlich endgültig und nicht umkehrbar sein.[762] Dies wird nur durch eine schuldrechtliche Schenkung bewirkt.[763] Bei einem Treuhandverhältnis, bei dem der Spender wirtschaftlicher Eigentümer bleibt und das Risiko des Rückfalls

---

760 Vgl. *Harke*, in: BeckOGK BGB, § 516 Rn. 33, 43; *Schaub*, Sponsoring und andere Verträge zur Förderung überindividueller Zwecke, 2009, S. 673.

761 *Rawert*, Charitable Correctness – Das OLG Dresden zu Spenden und Pflichtteilsergänzungsansprüchen, NJW 2002, 3151,3152.

762 Vgl. *Rawert*, Zivilrechtsfragen des Spendens, Non Profit Law Yearbook 2005, 165, 167 f.; *ders.*, Charitable Correctness – Das OLG Dresden zu Spenden und Pflichtteilsergänzungsansprüchen, NJW 2002, 3151, 3152 f.

763 *Rawert*, Zivilrechtsfragen des Spendens, Non Profit Law Yearbook 2005, 165, 167 f.; *ders.*, Charitable Correctness – Das OLG Dresden zu Spenden und Pflichtteilsergänzungsansprüchen, NJW 2002, 3151, 3152 f; so für den vergleichbaren Fall der unselbstständigen Stiftung *ders.*, Die staatsfreie Stiftung, in: FS für Hopt, S. 177, 183 f.; *Hüttemann/Rawert*, in: Staudinger BGB, Vor §§ 80-88 Rn. 335; *Frankenberger*, Der funktionale Stiftungsbegriff als Denkmodell eines rechtsformübergreifenden Stiftungsrechts, S. 38 f.; *Herzog*, Die unselbstständige Stiftung des bürgerlichen Rechts, S. 34 ff.; *D. Reuter*, Die unselbstständige Stiftung, in: v. Campenhausen/Kronke/Werner, Stiftungen in Deutschland und Europa, S. 203, 208 ff.; a.A. *Westebbe*, Die Stiftungstreuhand, S. 142. Einschränkend muss hier auf die Praxis der Finanzverwaltung hingewiesen werden, die aufgrund der wirtschaftlichen Betrachtungsweise des Steuerrechts (*Weitemeyer*, in: MünchKomm BGB, § 80 Rn. 268, 343) auch Treuhandverträge als Rechtsgrundlage steuerbegünstigter unselbstständiger Stiftungen akzeptiert, da der Stifter von der Wahrnehmung seiner Eigentümerrechte ausgeschlossen werden kann, somit ein Rückfall des Vermögens auf den Stifter nicht mehr möglich ist und seine Zuwendung entsprechend als endgültig und umkehrbar betrachtet werden kann (vgl. *Hüttemann/Rawert*, in: Staudinger, BGB, Vor §§ 80-88 Rn. 342).

besteht, liegt keine endgültige Entreicherung und keine endgültige Vermögenswidmung für den gemeinnützigen Zweck vor.[764]

Ob dies Motivation oder Bedingung des Spenders ist, kann dahingestellt bleiben. Die steuerliche Begünstigung gilt unabhängig von der Höhe der Spende, so dass auch die kleine Spende oder die Durchschnittsspende von 40 € darunter fällt. Nach §§ 10 b EStG, 50 Abs. 4 EStDV akzeptiert das Finanzamt sogar bei Spenden bis 200 € und bei Katastrophenfällen den „vereinfachten" Spendennachweis durch Einzahlungsbeleg, Kontoauszug oder Buchungsbestätigung. Es bedarf also keiner Zuwendungsbestätigung der gemeinnützigen Organisation. Das zeigt, dass der steuerliche Begünstigungsaspekt zentral in der Spendenpraxis ist und die Spender dafür ihre Spende bewusst endgültig der Organisation zukommen lassen wollen.

*(4) Dauerhaft*

Zusätzlich zur Endgültigkeit der Bereicherung forderte das RG[765], dass die Vermögensverschiebung dauerhaft sei, geradezu immer Bestand habe. Für den BGH kam es hierauf im Fall der Dresdner Frauenkirche nicht an, weil die Zuwendung das Vermögen der Stiftung vermehrte. Der BGH hat den Begriff der dauerhaften Bereicherung zwar nicht verwendet, durch den Hinweis auf ein Durchgangseigentum bei einer Herausgabepflicht der gesamten Spende an den Spender oder einen Dritten aber festgestellt, dass eine vorübergehende Bereicherung keine Bereicherung sei.

Dass im Regelfall eine Bereicherung des Sammlers und endgültige Vermögensverschiebung zu ihm vorliegt, wurde oben dargelegt.

Eine immerwährende Vermögensverschiebung ist auch sonst keine rechtliche Voraussetzung einer Bereicherung. Das Gesetz ermöglicht tatsächlich den Widerruf einer Schenkung unter Auflage und schließt ihn nicht aus. Alleine die Verbindung der Schenkung mit der Auflage in Form der Zweckzuwendung kann nicht dazu führen, hier keine Schenkung anzunehmen.[766]

*(5) Ermessensspielraum*

Selbst bei einer endgültigen Entreicherung des Spenders ist immer noch offen, wann bei einer zeitnahen und vollständigen Zuwendung an Dritte eine Durchgangsspende vorliegt, da die Bereicherung des Sammlers wie festgestellt nicht dauerhaft sein muss.

---

764 Vgl. *Rawert*, Charitable Correctness – Das OLG Dresden zu Spenden und Pflichtteilsergänzung, NJW 2002, 3151, 3152.

765 *RG* 62, 386, 390 f.

766 Vgl. *Harke*, in: BeckOGK BGB, § 516 Rn. 33, 43; *Schaub*, Sponsoring und andere Verträge zur Förderung überindividueller Zwecke, 2009, S. 673.

Entscheidend ist dabei, ob der Spender so genaue Vorgaben zur Zweckbindung und Verwendung durch den Sammler macht, dass der Sammler keinen eigenen Ermessenspielraum mehr hat. Führt der Sammler lediglich diese Angaben aus, so erscheint er als Treuhänder.[767] Soll der Sammler von vorneherein nach dem Willen des Spenders in ganz bestimmter Weise zuwenden, dann ist er nicht bereichert, sondern erfüllt einen Auftrag.[768]

Hat der Sammler aber eine gewisse, freie Verfügungsgewalt, kann er bei der Zuwendung nach eigenem Ermessen vorgehen. Somit liegt keine Treuhand, sondern eine Schenkung vor.[769] Dass diese gewisse, freie Verfügungsmacht bei kurzfristigen, vorübergehenden Spenden zweifelhaft sein kann,[770] schließt sie jedoch nicht aus.

So stellt auch die schenkungssteuerrechtliche Rechtsprechung auf das treuhänderische Element der mangelnden Dispositionsfreiheit ab. Nicht allein die alsbaldige Weitergabe der Spende in voller Höhe ist maßgeblich. Vielmehr wird ein Durchgangserwerb dabei nur angenommen, wenn die Durchgangsperson keine eigenen Entscheidungen hinsichtlich der Zuwendung treffen kann.[771]

Zugespitzt formuliert hat der Sammler bei einer Durchgangsspende lediglich eine Ausführungsfunktion wie die Bank, die einen Überweisungsauftrag ausführt. Der Sammler darf in keiner Weise vom Auftrag abweichend disponieren. Spender und Begünstigter, Verwendungszweck und Beträge müssen dabei genau definiert sein.[772] Denn nur wenn der Spender regelt, wie und wann und in welcher Höhe mit der Spende verfahren werden soll, ist er derjenige, der als Treugeber darüber bestimmt. Er ist weiterhin der Eigentümer, eine endgültige Vermögensverschiebung ist nicht gewollt. Der Sammler handelt im Interesse des Spenders, also in fremden Interesse.

Damit lässt sich feststellen, dass bei Ausschluss eines Treuhandverhältnisses dieses nicht durch die Zuwendung an einen Dritten wieder zu einer Treuhand wird. Denn der Schenkungscharakter ergibt sich aus der Verwendungsbestimmung, der schuldrechtlichen Grundlage der Zuwendung und nicht aus der formalen Betrachtung, ob die Zuwendung in voller Höhe weitergeleitet wird.[773]

---

767 *Rawert*, Zivilrechtsfragen des Spendens, Non Profit Law Yearbook 2005, 165, 175.

768 *Harke*, in: BeckOGK BGB, § 516 [Stand 1.10.2021] Rn. 42.

769 Vgl. *Herrmann*, in: Erman, BGB, 14. Aufl. 2014, § 516 Rn. 6; *Rawert*, Zivilrechtsfragen des Spendens, Non Profit Law Yearbook 2005, 165, 170, 175; *Harke*, in: BeckOGK BGB, § 516 [Stand 1.10.2021] Rn. 42.

770 Vgl. *BFH*, NJW 1985, 760, 760; *Herrmann*, in: Erman, BGB, 14. Aufl. 2014, § 516 Rn. 6.

771 *BFH*, BStBl. II 1994, S. 128; Urt. v. 10.3.2005 II R 55/03, BeckRS 2005, 25007884; *Gebel*, in: Troll/Gebel/Jülicher/Gottschalk, ErbStG, § 7 Rn. 237.

772 Ausführlich *Rawert*, Zivilrechtsfragen des Spendens, Non Profit Law Yearbook 2005, 165, 170, 175.

773 Vgl. *Harke*, in: BeckOGK BGB, § 516 [Stand 1.10.2021] Rn. 42.

*(6) Schuldrechtliche Vereinbarung*

Die alsbaldige und vollumfängliche Zuwendung der Spende an einen Dritten ist also nur dann eine Durchgangsspende, wenn sich aus der Verwendungsbestimmung keinerlei Ermessen oder Dispositionsfreiheit für den Sammler ergibt.

Die Verwendungsbestimmung als schuldrechtliches Verpflichtungsgeschäft muss ausgelegt werden. Was haben die Parteien vereinbart und gewollt? Die Verpflichtung kann ausdrücklich oder konkludent vereinbart sein.[774] Bei einer Spende ergibt sich das in der Regel aus dem Spendenaufruf,[775] auf den durch die Zweckbestimmung der Spende Bezug genommen wird.

Eine Durchgangsspende ist bei einer zweckgebundenen Spende daher nur denkbar, wenn die Spende in voller Höhe genau für den angegebenen Spendenzweck vom Sammler weitergeleitet werden muss. Dabei müssen der Spendenzweck, der Begünstigte und die Höhe der Zuwendungen so genau definiert sein, dass dem Sammler bei der Weiterleitung der Spende kein Ermessen mehr zusteht.[776]

Im Übrigen erhält der Sammler bzw. die Spenden sammelnde Organisation die Spende und sie geht in sein bzw. ihr Vermögen über. Aufgrund der Zweckbindung der Spende ist er bzw. sie zu einer eigenständigen neuen Leistung verpflichtet,[777] die aus dem Wert der Spende und im Rahmen der Zweckbestimmung nach dem eigenen Ermessen der Organisation zu erfüllen ist.[778]

Ist für den Spender erkennbar, dass die Spende zu einem gewissen Teil zur Deckung der allgemeinen Verwaltungskosten des Sammlers verwendet wird, ist unproblematisch von einer Bereicherung des Sammlers auszugehen und es liegt eine Schenkung unter Auflage vor.

Die lediglich allgemeine Angabe eines bestimmten Projekts einer gemeinnützigen Organisation (z. B. „Australien", „Ebola")[779] in der Zweckbestimmung der Spende, bedeutet zwar eine Verpflichtung für die Spenden sammelnde Organisation, die Spende für diesen fremden Zweck einzusetzen, reicht aber für die Annahme einer besonderen Verpflichtung im Sinne eines Treuhandvertrages zwischen Spender und Sammler nicht aus. Diese Art der Zweckbestimmung ist so unkonkret, dass die Sammler selbst sachlich über die Verteilung und Verwendung

---

774 Vgl. *BGH*, NJW 2004, 1382, 1383; *BFH*, BStBl. II 1994, S. 128.

775 *Rawert*, Zivilrechtsfragen des Spendens, Non Profit Law Yearbook 2005, 165, 176 f.

776 Vgl. *Rawert*, Zivilrechtsfragen des Spendens, Non Profit Law Yearbook 2005, 165, 175.

777 *Chiusi*, in: Staudinger BGB, § 525 Rn. 4; *Kühle*, in: jurisPK BGB, § 525 [Stand 1.2.2020] Rn. 12.

778 Vgl. *BGH*, Urt. v. 2.10.1981 – V ZR 134/80 –, Rn. 16, juris; *Chiusi*, in: Staudinger, BGB, § 525 Rn. 16; *Hähnchen*, in: Erman, BGB, § 525 Rn. 2; *Weidenkaff*, in: Palandt BGB, § 525 Rn. 1.

779 Aktuelle Projekte des *Deutschen Roten Kreuzes*, abrufbar unter: https://www.drk.de/spenden/privatperson-spenden/jetzt-spenden/ (aufgerufen am 4.9.2021).

der Mittel entscheiden können.[780] Sie spricht die Spender an, die nicht nur allgemein eine bestimmte Organisation, sondern ein bestimmtes Projekt oder einen bestimmten Zweck unterstützen wollen. Das trifft auf eine Vielzahl der zweckgebundenen Spenden zu, die als Sammelvermögen zwar dem Satzungszweck der gemeinnützigen Organisation entsprechen, aber an Dritte weitergeleitet werden.

Wenn sich spendensammelnde Organisationen für den Spender erkennbar vorbehalten, die zweckgebundene Spende satzungsgemäß auch für andere satzungsgemäße gemeinnützige Zwecke einzusetzen, bestimmt der Spender mit seiner zweckgebundenen Spende, dass diese vom Sammler auch anderweitig verwendet werden kann. Dieser Vorbehalt ist in der Praxis hilfreich, um bei Unmöglichkeit der Zweckerreichung[781] oder bei Zweckerfüllung nicht Gefahr zu laufen, Spender ermitteln, das Einverständnis hinsichtlich einer anderen Verwendung einholen oder die Spende zurückzahlen zu müssen, wie im Falle des Spendenaufrufs von „Ärzte ohne Grenzen" im Zusammenhang mit dem Tsunami im Jahre 2005.[782] Darf die Spende auch in diesen Fällen behalten werden, ist ein endgültiger Vermögenstransfer an die sammelnde Organisation gewollt, es liegt eine Schenkung unter Auflage vor.[783]

Entsprechend bevorzugen Spenden sammelnde Organisationen allgemeine und nicht zweckgebundene Spenden, da sie dann von vorneherein die Dispositionsfreiheit haben, um die Spenden am effizientesten für ihre gemeinnützigen Projekte einsetzen zu können.[784]

### cc. *Spenden an natürliche Personen, Sammelvermögen, private Sammlungen sowie Haus- und Straßensammlungen*

Bei den klassischen Sammelvermögen durch Haus- und Straßensammlungen, das Aufstellen von Sammelbüchsen oder bei privaten Sammlungen ist offensichtlich, dass die Spende für fremde Zwecke gesammelt und das Sammelvermögen an Dritte herausgegeben werden muss.

Nach den obigen Ausführungen, insbesondere nach dem BGH Urteil zur Dresdner Frauenkirche sind hierbei keine anderen Maßstäbe an natürliche oder

780 Vgl. *Rawert*, Zivilrechtsfragen des Spendens, Non Profit Law Yearbook 2005, 165, 175.

781 *BGH*, NJW 2004, 1382, 1383.

782 Vgl. Ärzte ohne Grenzen, Jahresbericht 2005, S. 29, abrufbar unter: https://www.aerzte-ohne-grenzen.de/sites/default/files/attachments/jahresbericht-2005.pdf (aufgerufen am 29.8.2021).

783 Vgl. *BGH*, NJW 2004, 1382, 1383; *Chiusi*, in: Staudinger BGB, § 516 Rn. 32.

784 Vgl. *DZI*, DZI Spenden-Tipps, Zweckgebundene Spenden, abrufbar unter: https://www.dzi.de/wp-content/pdfs_Spendentipps/zweckgebundene_Spenden.pdf (aufgerufen am 27.8.2021).

juristische Personen als Sammelorganisationen anzulegen.[785] Die Rechtsform ist unerheblich.[786]

In Bezug auf das Sammelvermögen, das durch anonyme Spenden, z. B. in Sammelbüchsen zustande kommt, sind nicht nur die Verwendungsbestimmung, sondern auch die Umstände der Spende maßgeblich für die Frage, ob ein treuhänderischer Auftrag oder ein Durchgangserwerb vorliegt.[787] Durch Spendenaufruf und ggf. Zweckbindung sowie die anonyme Spendenleistung konkretisiert sich der Spenderwille. Will oder kann der Spender hier noch die Geldzuwendung an den Begünstigten durch den Sammler beeinflussen?

Auf die steuerlichen Aspekte kommt es bei diesen Sammlungen nicht an. Bei anonymen Spenden, auch an gemeinnützige Organisationen, geht es dem Spender offensichtlich nicht um die steuerliche Begünstigung.[788] Bei privaten Spendensammlungen kommen steuerliche Begünstigungsaspekte schon gar nicht zum Tragen.

Wer anonym Geld in eine Sammelbüchse wirft, hat faktisch keine Möglichkeit mehr, die Geldzuwendung durch den Sammler zu beeinflussen.[789] Ein Rückfall einer Spende in unbekannter Höhe an einen unbekannten Spender ist ebenfalls nicht möglich. Dessen ist sich der anonyme Spender auch bewusst. Er will daher ein endgültiges Vermögensopfer.[790]

Wobei hierbei zu unterscheiden ist, ob der Sammler zugleich der Organisator der Sammlung ist oder von den Organisatoren zur Sammlung eingesetzt wurde. Der Sammler und Organisator in Personalunion ist dann der Beschenkte. Der klassische Sammler mit der Sammelbüchse, der für eine Spenden sammelnde Organisation sammelt, ist hier nur die Zahlstelle. Er ist selbst nicht bereichert, nicht beschenkt, sondern treuhänderisch verpflichtet, sein Sammelvermögen an die Organisation, gemeinnützig oder nicht, bzw. den Organisator der Sammlung auszuhändigen. Dieser ist dann in der Regel der Beschenkte und der aus der Auflage zur Leistung an einen Dritten Verpflichtete.

Gerade bei privaten Sammlungen können die Umstände aber auch zu einem Treuhandverhältnis führen. Besonders dann, wenn die Spender und ihre Spenden nicht anonym, sondern bekannt sind und erfasst werden, der Spendenzweck

---

785 *BGH*, NJW 2004, 1382, 1383; *Lieder*, Pflichtteilsergänzungsanspruch wegen Zuwendungen an gemeinnützige Stiftung, ZSt 2004, 74, 76 f., *Rawert*, Zivilrechtsfragen des Spendens, Non Profit Law Yearbook 2005, 165, 170.

786 *BGH*, NJW 2004, 1382, 1383; *Lieder*, Pflichtteilsergänzungsanspruch wegen Zuwendungen an gemeinnützige Stiftung, ZSt 2004, 74, 76f, *Rawert*, Zivilrechtsfragen des Spendens, Non Profit Law Yearbook 2005, 165, 170.

787 *BGH*, NJW 2004, 1382, 1383.

788 *Rawert*, Zivilrechtsfragen des Spendens, Non Profit Law Yearbook 2005, 165, 170.

789 *Rawert*, Zivilrechtsfragen des Spendens, Non Profit Law Yearbook 2005, 165, 170.

790 *Rawert*, Zivilrechtsfragen des Spendens, Non Profit Law Yearbook 2005, 165, 170, 179.

hinreichend konkretisiert und der Sammler keinen Entscheidungsspielraum bei der Zuwendung der Spende hat, oder wenn eine ausdrückliche diesbezügliche Vereinbarung getroffen wird.[791]

### *7. Ergebnis*

Die Haltung des Gesetzgebers zur Rechtsnatur des Sammelvermögens hat sich letztlich erneut bestätigt.[792] Nach wie vor kann es keine einheitliche rechtliche Einordnung für die unterschiedlichen Konstellationen eines Sammelvermögens geben. Denn da die Fallgestaltungen bei einem Sammelvermögen unterschiedlich sein können, muss bei der Kategorisierung weiterhin differenziert werden.[793]

Auf die Rechtspersönlichkeit des Sammlers kommt es nicht an. Sowohl private Sammler als auch institutionelle, wie z. B. gemeinnützige, Organisationen können Sammlungen durchführen, deren Ergebnis ein Sammelvermögen ist.

In den meisten Fällen wird es sich bei Sammelvermögen und Spenden um Schenkungen unter Auflagen handeln.

Freie Spenden an gemeinnützige Organisationen zur Unterstützung ihrer Satzungszwecke sind i.d.R. Schenkungen.

Zweckgebundene Spenden an gemeinnützige Organisationen oder an private Sammler und daraus resultierende Sammelvermögen sind Schenkungen unter Auflagen, wenn Spender und Betrag bekannt sind und der Sammler einen Ermessenspielraum bei der Zweckverwendung der Spende hat.

Sammelvermögen durch anonyme Spenden, insbesondere durch Haus- und Straßensammlungen, sind Schenkungen unter Auflagen.

Hat die Sammelorganisation keinen Ermessenspielraum bei der Zweckzuwendung der Spende, weil die Beteiligten, Spendenbetrag, Zweck etc. ganz genau konkretisiert sind, handelt es sich um eine Treuhandverhältnis durch Auftrag nach §§ 662ff. BGB.

Um eine Durchgangsspende handelt es sich, wenn die zweckgebundene Spende alsbald, in voller Höhe und ohne jeglichen Ermessensspielraum an einen Dritten zugewendet werden muss. In diesem Fall liegt ebenfalls ein Treuhandverhältnis durch Auftrag vor.

---

791 *Rawert,* Zivilrechtsfragen des Spendens, Non Profit Law Yearbook 2005, 165, 170.

792 Vgl. Protokolle, Bd. VI, 313 f.

793 Vgl. *Laux*, Sammelvermögen, JZ 1953, 214, 214; *Rawert*, Zivilrechtsfragen des Spendens, Non Profit Law Yearbook 2005, 165, 175 f., 182.

## III. Zivilrechtliche Ansprüche zwischen den Beteiligten am Sammelvermögen

Für die Beteiligten am Sammelvermögen - Initiator, Sammler, Spender und Begünstigte[794] - ergeben sich aus der typischen Spende bzw. dem typischen Sammelvermögen als Schenkung unter Auflage Konsequenzen für ihre Ansprüche.

### *1. Ansprüche des Begünstigten gegen den Spender*

Soweit der Sammler die Spende ohne eigene Ermessensprüfung an den Begünstigten weiterleiten muss, liegt eine echte Durchgangsspende und damit ein Schenkungsversprechen des Spenders an den Begünstigten vor. Der Spender soll endgültig entreichert und der Begünstigte endgültig bereichert werden. Eine konkludente Einigung über die Unentgeltlichkeit der Zuwendung zwischen Spender und Begünstigten besteht vor der Zuwendung an den Sammler noch nicht. Die schuldrechtliche Einigung über die Unentgeltlichkeit und der Vollzug der Schenkung finden im Gegensatz zum Fall der Handschenkung nach § 516 Abs. 1 BGB nicht gleichzeitig statt. Ein direkter Vollzugsanspruch des Begünstigten gegen den Spender scheitert in aller Regel bereits am Fehlen der Form des § 518 BGB. Eine Heilung nach § 518 Abs. 2 BGB tritt nicht durch die Zuwendung der Spende an den Sammler, sondern erst durch die Zuwendung des Sammlers an den Begünstigten ein.

### *2. Ansprüche des Begünstigten gegen den Sammler*

In dem Fall einer Familie, deren Haus einem Feuer zum Opfer fiel, veranstalteten Mitglieder des Ortsbeirats eine Spendensammlung für die Notleidenden. Sie schalteten eine Anzeige in einer Zeitung, in der sie um Spenden baten, um die „aufgetretene Not zu lindern“. Das Sammelvermögen wurde dann nur teilweise an die Familie ausgezahlt, da die Familie nach dieser Zahlung keine Notlage mehr darlegen konnte. Die von der Familie daraufhin erhobene Klage entschied das OLG Frankfurt 1986 abschlägig.[795] Ein Auszahlungsanspruch auf das Sammelvermögen gegen den Sammler könne sich nur dann ergeben, wenn nach dem Spendenaufruf der Sammler das Sammelvermögen lediglich und ohne weitere Prüfung an die Familie auszahlen solle. Das sei hier aufgrund der deutlichen Zweckbindung, die “aufgetretene Not zu lindern“ nicht der Fall.

Das OLG hat für die Herleitung des Kriteriums der Sachprüfung auf die damalige Rechtsprechung zu Auszahlungsansprüchen gegenüber Stiftungen[796]

794 Vgl. *Erb,* Sammelvermögen und Stiftung, S. 56 f. Siehe ferner *Bolou,* Schuldrechtliche Beurteilung des Spendenwesens, S. 25 ff.

795 *OLG Frankfurt a.M.*, NJW-RR 1987, 56, 56 f.

796 *BGH*, NJW 1957, 708, 708 f.

zurückgegriffen. Danach soll ein Zahlungsanspruch gegen die Stiftung bestanden haben, wenn die Stiftungssatzung dies zuerkannt habe, alle Voraussetzungen und Bedingungen nach der Satzung erfüllt waren und die Stiftungsorgane nach dem Stifterwillen keine eigene Auswahl treffen konnten.[797]

Indem das OLG eine Auszahlungspflicht an der Sachprüfung durch die Sammler hat scheitern lassen, hat es im Umkehrschluss die Voraussetzungen definiert, unter denen ein begründeter Anspruch im Falle einer Durchgangsspende bestünde. Denn die Sachprüfung ist die Ermessensausübung, die die Durchgangsspende von eine Spende als Schenkung unter Auflage unterscheidet. Wenn also der Beirat nach dem Spendenaufruf lediglich die Zahlstelle zur Weiterleitung der Spenden gewesen wäre, hätte der Anspruch Bestand gehabt. Allerdings dann nicht aufgrund des Spendenaufrufs als separater Anspruchsgrundlage im Sinne einer Auslobungserklärung gem. § 657 BGB.[798] Beim Vorliegen einer Durchgangsspende liegt ja in der Regel ein Schenkungsvertrag zwischen Spender und Begünstigtem vor. Der Sammler wird entsprechend dem Spendenaufruf gem. §§ 662 ff. BGB unentgeltlich beauftragt, wie eine Bank bei der Überweisung zu agieren und die Spende ohne weiteres an den Begünstigten auszukehren. Tut er dies nicht, sondern behält die Spenden, hat er diese ohne rechtlichen Grund erlangt und ist ungerechtfertigt auf Kosten des Begünstigten bereichert. Dieser hat also einen Herausgabeanspruch wegen ungerechtfertigter Bereicherung (§§ 812 Abs. 1 S. 1 Alt. 1, 818 BGB) gegen den Sammler.

Auszahlungsansprüche können natürlich nicht nur bei einer Durchgangsspende bestehen. Die Frage ist aber, woraus sich ein Zahlungsanspruch des Begünstigten ergeben kann, bei einer Schenkung zwischen Spender und Sammler mit der Auflage der Zuwendung an den Begünstigten. Hierbei ist der Spendenaufruf insofern maßgeblich, als die Parteien sich typischerweise nicht ausdrücklich, sondern konkludent darüber einigen, dass der Spendenaufruf den Zweck der Auflage nach § 525 BGB festlegt und somit Bestandteil des Schenkungsvertrags wird.

Handelt es sich bei der Schenkung unter Auflage dann um einen echten Vertrag zugunsten Dritter nach § 328 Abs. 1 BGB, der dem Begünstigten einen eigenen Leistungs- hier also Vollzugsanspruch gem. § 241 Abs. 1 S. 1 BGB gegen den Sammler gibt? Zwar ist im Zweifel nach § 330 S. 2 BGB anzunehmen, dass bei einer unentgeltlichen Zuwendung mit der Maßgabe, an einen Dritten zu leisten, diesem unmittelbar das Recht zustehen soll, die Leistung fordern, also ein echter Vertrag zugunsten Dritter vorliegt.[799] Der Begünstigte und der Schenker wären dann als

797 Vgl. *BGH*, NJW 1957, 708, 709; *OLG Frankfurt a.M.*, NJW-RR 1987, 56, 56.

798 Vgl. *Rawert*, Zivilrechtsfragen des Spendens, Non Profit Law Yearbook 2005, 165, 176.

799 Vgl. *Rawert*, Zivilrechtsfragen des Spendens, Non Profit Law Yearbook 2005, 165, 177; dazu auch *OLG Frankfurt*, WM 1987, 1248, 1249 m. Anm. *Hammen*, WM 1987, 1249, 1250, der aber eine Schenkung bei vollumfänglicher Zuwendung an einen Dritten ablehnt.

Gesamtgläubiger i. S. d. § 428 BGB vollzugsberechtigt aus § 525 Abs. 1 BGB.[800] Allerdings kommt die Auslegungsregel des § 330 S. 2 BGB erst zum Tragen, wenn die Auslegung nach § 328 Abs. 2 BGB zu keinem Ergebnis führt.[801] Entsprechend ist erst einmal aus den Umständen, insbesondere aus dem Zweck des Vertrages zu entnehmen, ob der Dritte unmittelbar berechtigt sein soll.

Das kann bei nicht-öffentlichen Sammlungen, privaten Sammlungen sowie Sammelvermögen zu ganz bestimmten Zwecken für ganz bestimmte Personen vorkommen und gewollt sein. Z. B. bei einer Sammlung zugunsten einer Familie, damit ein bestimmtes Kind an einer Klassenfahrt teilnehmen kann.

Die Spende als echter Vertrag zugunsten Dritten unterliegt als Schenkung unter Auflage auch der Formvorschrift des § 518 BGB,[802] die allerdings bei Sammlungen meistens unbeachtet bleibt.[803] Das wäre für den Begünstigten unerheblich, da er den Vollzug der Auflage verlangen kann, sobald die Missachtung der Form zwischen Schenker und Sammler geheilt ist (§ 518 Abs. 2 BGB), also der Sammler die Spende erhalten hat.[804] Für die Heilung des Formfehlers des Schenkungsvertrags zwischen Spender und Sammler spielt die Erfüllung der Auflage durch Leistung an den Begünstigten keine Rolle.[805] Für den seltenen Fall der notariell beurkundeten Spende als Schenkung unter Auflage könnte der Begünstigte schon vor dem Vermögenstransfer vom Spender an den Sammler die Zuwendung an ihn geltend machen.[806]

Üblicherweise wird ein unmittelbarer Leistungsanspruch des Begünstigten aber von Spender und Sammler nicht gewollt und der Spendenaufruf so gestaltet sein, dass diesbezüglich keine Zweifel aufkommen. Vielmehr entspricht es einer üblichen Sammlung und einer Spende als Schenkung unter Auflage, dass der Sammler entsprechend der Auflage an einen Dritten leisten muss, ohne dass dieser einen eigenen Anspruch auf die Leistung erwirbt also ein unechter Vertrag zugunsten Dritter vorliegen kann.

Sollten die Umstände aber Raum für die Zweifelsauslegung nach § 330 S. 2 BGB geben, ist die oben schon angesprochene Bestimmbarkeit des Dritten bei Spendenaufrufen häufig nicht möglich. Begünstigte Zwecke und Personen werden zumeist nur allgemein eingegrenzt, um sie von anderen ähnlichen Zwecken abgrenzen zu können (z. B. „Buschfeuer in Australien“, „Erdbebenopfer“). Das reicht für einen

800 *Koch*, in: MünchKomm-BGB, § 525 Rn. 14; *Kühle*, in: jurisPK BGB, § 525 [Stand 1.2.2020] Rn. 29.
801 *Gottwald*, in: MünchKomm BGB, § 330 Rn. 1.
802 Vgl. *Koch*, in: MünchKomm BGB, § 518 Rn. 17.
803 *Rawert*, Zivilrechtsfragen des Spendens, Non Profit Law Yearbook 2005, 165, 177.
804 *Koch*, in: MünchKomm BGB, § 518 Rn. 17.
805 *Rawert*, Zivilrechtsfragen des Spendens, Non Profit Law Yearbook 2005, 165, 177.
806 *Rawert*, Zivilrechtsfragen des Spendens, Non Profit Law Yearbook 2005, 165, 177.

Vertrag zugunsten Dritter nicht aus, denn der Dritte muss bestimmbar sein.[807] Nicht zwingend ist dabei eine individuelle Bestimmbarkeit. Eine definierte Personengruppe ist auch bestimmbar (z. B. die Bewohner des Dorfes XY).[808]

Sieht der Spendenaufruf in einem solchen Fall keine Regelung zur Verteilung innerhalb der Personengruppe vor, liegt die Verteilung im Zweifel im billigen Ermessen des Sammlers (§ 315 BGB). Dann hätte ein Begünstigter aus diesem Personenkreis keinen Anspruch auf eine Leistung, sondern nur einen Anspruch auf eine Entscheidung in billigem Ermessen.[809]

### *3. Vollzugsanspruch des Spenders*

Bei der Schenkung unter Auflage kann der Schenker den Vollzug der Auflage verlangen, wenn er seinen Teil der Leistung des Schenkungsversprechens erfüllt hat (§ 525 Abs. 1 BGB).[810] Hat der Spender dem Sammler seine zweckgebundene Spende zugewendet, kann er also die weitere Verwendung vom Sammler für den begünstigten Zweck als Vollzug der Auflage nach § 525 Abs. 1 BGB verlangen. In der Praxis ist allerdings nur bei Großspendern vorstellbar, dass sie den Vollzug auch im Sinne eines Kontrollrechts für die vorgegebene Zweckverwendung durch den Sammler verlangen und ggf. die Schenkungsvereinbarung diesbezügliche spezielle Vereinbarungen enthält.

Denn bei anonymen Spenden ist weder der Vollzugsanspruch durchsetzbar, noch eine Kontrolle der Zweckzuwendung möglich. Die Situation ist für Kleinspender vergleichbar. Diese sind zwar nicht anonym, aber i.d.R. sind ihre Spenden lediglich mit dem Zweck aus dem Spendenaufruf benannt („Stichwortspende") und enthalten keine speziellen Vereinbarungen. Dadurch wird konkludent auf den Vollzugsanspruch verzichtet,[811] was unstreitig möglich ist.[812]

Der Spenderverzicht auf das Vollzugsverlangen betrifft nur das Verhältnis zwischen Spender und Sammler und berührt mögliche Leistungsansprüche des Begünstigten im Falle eines echten Vertrags zugunsten Dritter nicht.[813]

---

807 *BGH*, NJW-RR 2008, 683, 684; *Löwisch*, in: Staudinger BGB, § 328 Rn. 6, 47 ff.; *Bayer*, in: Erman BGB, § 328 Rn. 47 ff.

808 Oder *RGZ* 106, 120, 126 f.: "Jeder Arzt, der sich im Bezirk eines der Ortsvereine niederlässt und den im Landesarztvertrag festgesetzten Bindungen entspricht."

809 Nach *Rawert*, Zivilrechtsfragen des Spendens, Non Profit Law Yearbook 2005, 165, 177, ein unwahrscheinlicher und praxisferner Fall.

810 *Kühle*, in: jurisPK BGB, § 525 [Stand 1.2.2020] Rn. 30; *Chiusi*, in: Staudinger BGB, § 525 Rn. 29 f.

811 Vgl. *Rawert*, Zivilrechtsfragen des Spendens, Non Profit Law Yearbook 2005, 165, 178.

812 Vgl. nur *Kühle*, jurisPK BGB, § 527 [Stand 1.2.2020] Rn. 10; *Weidenkaff*, in: Palandt BGB, § 527 Rn. 1.

813 *Rawert*, Zivilrechtsfragen des Spendens, Non Profit Law Yearbook 2005, 165, 178.

### 4. *Übererfüllung des Sammlungszwecks und Unmöglichkeit – Herausgabeansprüche des Spenders*

Die Spendenfreudigkeit der Menschen, insbesondere bei Katastrophen kann auch dazu führen, dass der Zweck einer Sammlung erreicht wird und nicht mehr alle Spenden für diesen Zweck verwendet werden können. Wie im Fall „Ärzte ohne Grenzen“, die im Spendenaufruf zur medizinischen Hilfe für die Opfer des Tsunamis 2005 die Zweckbindung so konkret und eng gefasst hatten, dass der Zweck schnell erreicht war und ein Spendenüberschuss entstand.[814] Spender mussten kontaktiert und um Zustimmung zur Verwendung der Spenden für einen anderen Zweck gebeten werden bzw. Spenden zurück erstattet werden.[815]

In einem solchen Fall ist der Sammlungszweck erfüllt. Der Sammler kann nicht weiter leisten, weil er die nach der Zweckbindung geschuldeten Leistungen bereits erbracht hat. Der angestrebte Erfolg bzw. die endgültige Zweckerfüllung liegt vor.[816] Daher handelt es sich um eine tatsächliche Unmöglichkeit gem. § 275 Abs. 1 BGB.[817] Bei Unmöglichkeit entfällt die Leistungspflicht nach § 275 Abs. 1 BGB, hier die Vollziehung der Auflage der Schenkung.[818]

Wird die Auflage nicht vollzogen, kann der Spender gem. § 527 Abs. 1 BGB die Herausgabe seiner Spende wegen ungerechtfertigter Bereicherung fordern: es gelten die Voraussetzungen des Rücktrittsrechts bei gegenseitigen Verträgen. Nach dem seit 2002 geltenden Schuldrecht reicht das Vorliegen der Unmöglichkeit durch die Zweckerreichung dafür aus. Auf ein Verschulden der Unmöglichkeit des Sammlers als Schuldner kommt es nicht mehr an.[819] Der Spender kann als Schenker gem. §§ 326 Abs. 5, 323 Abs. 1 BGB zurücktreten.

---

814 Ärzte ohne Grenzen, Jahresbericht 2005, S. 29, abrufbar unter: https://www.aerzte-ohne-grenzen.de/sites/default/files/attachments/jahresbericht-2005.pdf (aufgerufen am 29.8.2021); vgl. *Rawert,* Zivilrechtsfragen des Spendens, Non Profit Law Yearbook 2005, 165, 178.

815 Ärzte ohne Grenzen Jahresbericht 2005, S. 29, abrufbar unter: https://www.aerzte-ohne-grenzen.de/sites/default/files/attachments/jahresbericht-2005.pdf (aufgerufen am 29.8.2021)

816 Vgl. *Ernst,* in: MünchKomm BGB, § 275 Rn. 158 f.; *Hüttemann/Rawert,* in: Staudinger, BGB, § 87 Rn. 5.

817 Vgl. für den im Hinblick auf die Unmöglichkeit vergleichbaren Fall der Zweckänderung bei Stiftungen: *Weitemeyer,* in: MünchKomm BGB, § 87 Rn. 8; *Hüttemann/Rawert,* in: Staudinger, BGB, § 87 Rn. 5.

818 Vgl. *Rawert,* Zivilrechtsfragen des Spendens, Non Profit Law Yearbook 2005, 165, 178; *Klausch,* Unmöglichkeit und Unzumutbarkeit, S. 56 ff.

819 Nach altem Schuldrecht war gem. § 325 Abs. 1, § 326 Abs. 1 BGB a.F. das Vertretenmüssen der Unmöglichkeit die Voraussetzung für das Rücktrittsrecht des Gläubigers der Leistung bei gegenseitigen Verträgen. A.A. *Kühle,* in: jurisPK BGB,

§ 527 Abs. 1 BGB verweist hinsichtlich der Rechtsfolgen auf das Bereicherungsrecht nach §§ 818 ff. BGB.[820] Danach besteht ein eingeschränktes Rückgaberecht und zwar auf den Teil der Spende bzw. der Schenkung, den der Sammler zur Vollziehung der Auflage hätte verwenden müssen.[821] In dem typischen Fall, dass eine Geldspende insgesamt einer bestimmten Zweckverwendung gewidmet ist, kommt es darauf an, ob die Auflage (mit dieser Spende) gar nicht oder teilweise erfüllt wurde. Wurde die gesamte Spende nicht für den Zweck verwendet, da bereits Unmöglichkeit eingetreten war, so ist die gesamte Spende zurück zu erstatten. Ist die Spende nur teilweise für den Zweck verwendet worden, besteht ein Anspruch auf Rückerstattung des nicht verwendeten Teils.[822] Wobei letzteres in der Praxis großen Schwierigkeiten begegnen wird und nur bei Großspenden realistisch ist. Sollte es sich um eine Sachspende handeln, kommt es darauf an, ob der Wert der Sachspende oder die Sachspende selbst für die Auflage verwendet werden sollte. Ist letzteres der Fall, wird der Sammler zur Herausgabe der gesamten Sachspende verpflichtet sein,[823] im Übrigen darf der Sammler die Sachspende behalten und ist nach § 818 Abs. 2 BGB zum Wertersatz in Höhe der Kosten zur Erfüllung der Auflage verpflichtet.[824]

Problematisch wird bei Zweckerreichung des Sammlungszwecks jegliches Rückforderungsrecht aus § 527 Abs. 1 BGB von anonymen Spendern, Kleinspendern oder Spendern, deren Spendenhöhe unbekannt ist. Allerdings kann aufgrund der Anonymität bzw. der unbekannten oder geringen Spendenhöhe auch hinsichtlich eines Herausgabeanspruchs von einem konkludenten Verzicht des Spenders ausgegangen werden kann.[825] Die oben verwandte Argumentation zum Verzicht auf den Vollzugsanspruch des Spenders findet hier uneingeschränkt Anwendung.

*Rawert*[826] führt zur Unterstützung des Arguments §323 Abs. 6 BGB an, nach dem ein Rücktrittsrecht des Gläubigers ausgeschlossen ist, wenn er für den rücktrittsberechtigenden Umstand zumindest überwiegend verantwortlich ist. Hierbei handelt

---

§ 527 [Stand 1.2.2020] Rn. 8, der das Verschulden weiterhin als (ungeschriebenes) Tatbestandsmerkmal sieht.

820 *Harke*, in: BeckOGK BGB, § 527 [Stand 1.8.2021] Rn. 6; *Koch*, in: MünchKomm BGB, § 527 Rn. 3.

821 *Harke*, in: BeckOGK BGB, § 527 [Stand 1.8.2021] Rn. 6 f.; *Koch*, in: MünchKomm BGB, § 527 Rn. 3; *Kühle*, in: jurisPK BGB, § 527 [Stand 1.2.2020] Rn. 11.

822 Vgl. *Harke*, in: BeckOGK BGB, § 527 [Stand 1.8.2021] Rn. 9.

823 Vgl. *Koch*, in: MünchKomm BGB, § 527 Rn. 3; *Chiusi*, in: Staudinger, BGB, § 527 Rn. 11.

824 Vgl. *Harke*, in: BeckOGK BGB, § 527 [Stand 1.8.2021] Rn. 8; *Koch*, in: MünchKomm BGB, § 527 Rn. 3; *Chiusi*, in: Staudinger, BGB, § 527 Rn. 11; *Kühle*, in: jurisPK BGB, § 527 [Stand 1.2.2020] Rn. 11.

825 Vgl. *Rawert*, Zivilrechtsfragen des Spendens, Non Profit Law Yearbook 2005, 165, 179.

826 *Rawert*, Zivilrechtsfragen des Spendens, Non Profit Law Yearbook 2005, 165, 179.

es sich um eine verschuldensunabhängige Risikoverteilung, denn die Verantwortlichkeit ist nicht gleichzusetzen mit einem "Vertretenmüssen".[827] Nach *Rawert* trägt danach der Spender das Risiko der vorzeitigen Erfüllung oder des Wegfalls des Sammlungszwecks, wenn der Sammler die Unmöglichkeit nicht zu vertreten hat, weil der Spender auf Basis des Spendenaufrufs den Zweck der Spende bestimmt.[828] Hiergegen ist einzuwenden, dass der anonyme Spender und Kleinspender nicht die Möglichkeit besonderer Vereinbarungen mit dem Sammler hat und nur auf Basis des Spendenaufrufs über die Zweckbindung seiner Spende entscheidet. Hinsichtlich des Spendenaufrufs hat alleine der Sammler die Möglichkeit, den Zweck so zu weit zu fassen oder auf die Verwendung der Spende für einen anderen Zweck im Falle einer Zweckerfüllung bzw. eines Wegfalls des Sammlungszwecks hinzuweisen, dass es nicht zu Rücktrittsrechten kommen kann. Insofern liegt es in der Risikosphäre des Sammlers, dass es zu Rücktrittsrechten von Spendern kommen kann. Im Hinblick auf anonyme Spender, anonyme Spendenhöhe und Kleinspender ist ein Ausschluss der Gläubigerrechte nach § 323 Abs. 6 BGB auch nicht erforderlich, da der spenderseitige Verzicht auf die Herausgabe ausreicht.

Wie darf der Sammler Spenden verwenden, bei denen auf die Herausgabe konkludent verzichtet wurde, wenn zu viel für den konkreten Sammlungszweck gespendet wurde? Aus der Zweckbindung der Auflage ergibt sich, dass die dem Sammler geschenkte Spende für einen bestimmten Zweck und in bestimmter Höhe verwendet werden soll. Soweit die Vollziehung zu diesem Zweck unmöglich geworden ist, ist lediglich „dieser Zweck" unmöglich geworden. Erhalten bleibt die in der Auflage zum Ausdruck kommende Spenderabsicht, die Spende für einen außerhalb der eigenen Sphäre des Sammlers liegenden (fremden) Zweck zu verwenden, es sei denn, der Spendenaufruf sieht ausdrücklich etwas anderes vor. Zumindest der anonyme Spender will also keine eigene Verwendung der Spende durch den Sammler, sondern im Zweifel für einen anderen, der ursprünglichen Widmung ähnlichen Zweck. Er hat dem Sammler schon ein eigenes Ermessen bei der Zweckverwendung im Rahmen der Auflage eingeräumt.

Zwar ist die Spende nach wie vor eine Schenkung unter Auflage und es liegt kein durch Auftrag begründetes Treuhandverhältnis vor. Aber auch die schenkungsrechtliche Auflage nach § 525 BGB kann treuhänderische Pflichten wie Verwaltung und Verwendung der Spende beinhalten.[829] Insofern ist es hier zulässig, von Weisungen des Auftraggebers im Sinne eines vermuteten Willen des Auftraggebers

827 Vgl. *Rawert,* Zivilrechtsfragen des Spendens, Non Profit Law Yearbook 2005, 165, 179; *Ulber,* in: Erman, BGB, § 323 Rn. 63 f.

828 Vgl. *Rawert,* Zivilrechtsfragen des Spendens, Non Profit Law Yearbook 2005, 165, 179.

829 *Rawert,* Zivilrechtsfragen des Spendens, Non Profit Law Yearbook 2005, 165, 179; für den ähnlich gelagerten Fall der nichtrechtsfähigen Stiftung *K. Schmidt,* „Ersatzformen" der Stiftung, in: Hopt/Reuter, Stiftungsrecht in Europa, S. 175, 183.

abzuweichen, wenn eine Billigung dieser Abweichung bei Kenntnis der Sachlage durch den Auftraggeber anzunehmen ist.

Ist die jeweilige Spende nicht anonym und keine Kleinspende, ist der Sammler verpflichtet, die Spender von der Unmöglichkeit des Vollzugs der Auflage und der geplanten alternativen Verwendung nach dem vermuteten Willen des Spenders bzw. der Spender im Sinne der Anzeigepflicht analog § 665 S. 2 BGB zu informieren.[830] Der Spender hat nun de facto die Möglichkeit, sein oben erwähntes Rücktrittsrecht auszuüben. Sofern er aber der alternativen Verwendung zustimmt oder eine ganz andere Verwendung bestimmt, ist dies als Weisungskorrektur auszulegen und vom Sammler zu vollziehen.[831] Der Spender kann sich auch gar nicht dazu äußern. Nach herrschender Meinung kann der Beauftragte bei Schweigen des Auftraggebers und nach dem Verstreichenlassen einer angemessenen Frist von der Weisung abweichen.[832] Entsprechend ist der Sammler nach Abwarten einer angemessenen Frist zur alternativen Verwendung der Spende berechtigt, wenn der Spender sich nicht äußert. Der Sammler ist dann gegenüber dem Spender analog § 666 BGB über diese von den ursprünglichen Weisungen abweichende Verwendung auskunfts- und rechenschaftspflichtig.[833]

Eine ähnliche Systematik findet sich auch öffentlich-rechtlich in den noch geltenden Sammlungsgesetzen der Länder Rheinland-Pfalz, Thüringen und Saarland.[834] Die Sammlungsgesetze gehen davon aus, dass es zu einem Sammlungsüberschuss kommen kann. Sie ermöglichen es den zuständigen Behörden, die jeweilige Sammlungserlaubnis davon abhängig zu machen, dass der Sammler einen anderen Zweck für den Fall angeben muss, dass der Sammlungsertrag höher sein sollte als für den Sammlungszweck benötigt wird.[835] Für den Fall, dass die Behörde die Sammlungserlaubnis nicht davon abhängig gemacht hat und ein Überschuss für den Sammlungszweck gesammelt wird, kann die Behörde auf § 6 Sammlungsgesetze[836] zurückgreifen, wenn sich nachträglich zeigt, dass der Sammlungszweck nicht zu verwirklichen ist. Soweit der Sammler dann keinen alternativen Sammlungszweck vorschlagen kann, bestimmt die Behörde unter Berücksichtigung des

830 Vgl. *F. Schäfer*, in: MünchKomm BGB, § 665 Rn. 18.

831 Vgl. *F. Schäfer*, in: MünchKomm BGB, § 665 Rn. 18.

832 Vgl. *Schwab*, in: NK-BGB, § 665 Rn. 8; *Sprau*, in: Palandt BGB, § 665 Rn. 6; *Seiler*, in: MünchKomm BGB, 6. Aufl. 2012, § 665 Rn. 22 f.; im Ergebnis zustimmend *Martinek/Omlor*, in: Staudinger BGB, § 665 Rn. 12 f.; a.A. *F. Schäfer*, in: MünchKomm BGB, § 665 Rn. 19; *Riesenhuber*, in: BeckOGK BGB, § 665 Rn. 44 f.; RGZ 106, 26, 31.

833 *Rawert,* Zivilrechtsfragen des Spendens, Non Profit Law Yearbook 2005, 165, 179.

834 So *Rawert,* Zivilrechtsfragen des Spendens, Non Profit Law Yearbook 2005, 165, 180.

835 § 2 Abs. 2 Nr. 2 SammlG RP; § 2 Abs. 2 Nr. 2 SaarlSammlG; § 2 Abs. 2 Nr. 2 ThürSammlG.

836 § 6 Abs. 3 SammlG RP; § 6 Abs. 2 SaarlSammlG; § 6 Abs. 3 ThürSammlG.

mutmaßlichen Willens der Spender einen anderen Verwendungszweck und führt den Sammlungsertrag diesem neuen Zweck zu.[837]

Mit § 61 Abs. 1 AO verlangt auch eine ähnliche steuerrechtliche Regelung von gemeinnützigen Körperschaften, dass sie in ihrer Satzung einen anderen steuerbegünstigten Zweck festlegen, für den Fall, dass der ursprüngliche begünstigte Zweck wegfällt. Denn aufgrund der Vermögensbindung gemeinnütziger Mittel darf die Organisation die überschüssigen Mittel weder behalten noch zurückzahlen, sondern muss sie – ggf. auf dem Umweg über ihre Anfallberechtigten - vielmehr für den satzungsgemäßen Alternativzweck verwenden.[838]

Entsprechend ist es in der Praxis mittlerweile üblich, den Zweck im Spendenaufruf für zweckgebundene Spenden weit zu formulieren und/oder mit dem Hinweis zu versehen, dass bei einem Überschuss für diesen Zweck, Spenden auch für alternative Zwecke der Spenden sammelnden Organisation verwendet werden.[839] Damit können bei einem Sammlungsüberschuss zeit- und kostenintensive Ermittlungen von Spendern, die Einholung ihrer Zustimmung zur Umwidmung ihrer Spende oder die Rückzahlung von Spenden verhindert werden.

### 5. *Ansprüche Dritter auf das Sammelvermögen*

Auch Dritte könnten als Gläubiger bei Insolvenz und Zwangsvollstreckung Ansprüche gegen den Sammler oder den Spender auf das Sammelvermögen geltend machen.[840] Dabei kommt es auf die Eigentumsfrage an, denn nach § 35 InsO wird nur das dem Schuldner gehörende Vermögen erfasst. In der Zwangsvollstreckung ist dies nicht ganz eindeutig geregelt. Zum einen basiert § 771 ZPO darauf, dass nur in das Vermögen des sich aus dem Titel ergebenden Vollstreckungsschuldners vollstreckt werden kann.[841] Zum anderen kann nach § 771 ZPO dem Eigentümer als Drittem ein Widerspruchsrecht bei der Zwangsvollstreckung gegen einen anderen zustehen.

Für den üblichen Fall der Spende als Schenkung unter Auflage besteht zwischen Spender und Sammler ein Schenkungsvertrag, aufgrund dessen der Sammler Eigentümer der Spende wird. Daher können Gläubiger des Sammlers in sein Vermögen, also auch in das Sammelvermögen vollstrecken. Die schenkungsrechtliche

837 § 6 Abs. 3 SammlG RP; § 6 Abs. 2 SaarlSammlG; § 6 Abs. 3 ThürSammlG.

838 Vgl. *Rawert,* Zivilrechtsfragen des Spendens, Non Profit Law Yearbook 2005, 165, 180.

839 Vgl. z. B. *WWF*: Die zweckgebundene Spende zur Rettung von Waldelefanten in Afrika ist mit dem Hinweis versehen, dass überschüssige Spendenerträge in anderen dringenden WWF-Projekten eingesetzt werden; abrufbar unter: https://www.wwf.de/spenden-helfen/fuer-ein-projekt-spenden/waldelefanten/spende-formular-waldelefanten (aufgerufen am 4.9.2021).

840 Vgl. *Rawert,* Zivilrechtsfragen des Spendens, Non Profit Law Yearbook 2005, 165, 180 f.

841 Vgl. *BGHZ* 11, 37, 41 m.w.N.

Auflage begründet nur einen Vollzugsanspruch des Begünstigten, welche die Zwangsvollstreckung beim Sammler nicht im Sinne einer Drittwiderspruchsklage nach § 771 ZPO hindern kann. Auch der Spender hat nach Vollzug der Schenkung an den Sammler keinen Anspruch mehr auf die Spende und keine Möglichkeit der Drittwiderspruchsklage nach § 771 ZPO. Auch mögliche Rückgewähransprüche bei Unmöglichkeit der Sammlungszweckerfüllung sind nur Verschaffungsansprüche, die kein Aussonderungsrecht begründen.[842] Anders ist es für den Sammler, der aufgrund der Schenkung Eigentümer der Spende wird. Der Sammler kann die Vollstreckung durch Gläubiger des Spenders mit der Drittwiderspruchsklage nach § 771 ZPO abwehren.[843]

Als Eigentum des Sammlers wird das Sammelvermögen im Falle der Sammlerinsolvenz Teil der Insolvenzmasse gem. § 35 InsO. Üblicherweise bestehen keine Aus- oder Absonderungsrechte nach §§ 47, 51 InsO für Spender und Begünstigte. Dazu müssten persönliche oder dingliche Rechte vorliegen, die dazu führen, dass das Sammelvermögen bzw. Spenden nicht zur Insolvenzmasse gehört. Oder Spender und Begünstigte müssten Sicherungsrechte oder Zurückbehaltungsrechte haben, die sich üblicherweise nicht aus dem Spendenaufruf ergeben. Da das Sammelvermögen im Eigentum des Sammlers steht, fällt es nicht in die Insolvenzmasse bei Insolvenz des Spenders oder des Begünstigten.

Handelt es sich allerdings um den unüblichen Fall einer Durchgangsspende oder eines ausdrücklich vereinbarten Treuhandverhältnisses mit Auftrag ist die Eigentumslage anders und daher auch die Vollstreckungs- und Insolvenzrechte.[844] Hier handelt es sich um Verwaltungstreuhandverhältnisse, bei denen der Spender als Treugeber aufgrund der Beschränkung der Rechtsmacht des Treuhänders im Innenverhältnis sachlicher und wirtschaftlicher Eigentümer der Spende bleibt.[845] Der Insolvenzverwalter kann gem. § 103 InsO wählen, ob er den treuhänderischen Auftrag ausführt und die Spende dem Begünstigten zuwendet oder den Treuhandvertrag nicht erfüllen will.[846] Bei Nichterfüllung hat der Spender das Recht zur Aussonderung nach § 47 InsO zum Schutz seiner Spende, bei Zwangsvollstreckung in das Vermögen des Sammlers das Abwehrrecht nach § 771 ZPO.[847] Der Sammler selbst hat aufgrund der Treuhandvereinbarung keine eigenen Rechte bzgl. des Sammelvermögens und kann es daher nicht aus der Insolvenzmasse ab- oder

842 Vgl. *Brinkmann*, in: Uhlenbruck, InsO, § 47 Rn. 60; *Ganter*, in: MünchKomm InsO, § 47 Rn. 347.

843 Vgl. *Rawert*, Zivilrechtsfragen des Spendens, Non Profit Law Yearbook 2005, 165, 180.

844 Vgl. *Rawert*, Zivilrechtsfragen des Spendens, Non Profit Law Yearbook 2005, 165, 181.

845 Vgl. *BGH*, NJW-RR 1993, 301, 301.

846 Vgl. *Ganter*, in: MünchKomm InsO, § 47 Rn. 369a; *Budde*, Die doppelte Treuhand in der Restrukturierungspraxis, ZInsO 2011, 1369, 1376.

847 Vgl. *BGH*, NJW-RR 1993, 301, 301; *BAG*, NJOZ 2009, 60, 68 f. Rn. 29; Brinkmann, in: Uhlenbruck, InsO, § 47 Rn. 79; Ganter, in: MünchKomm InsO, § 47 Rn. 359, 369a.

aussondern bzw. die Vollstreckung verhindern. Er ist nur der fremdnützige Treuhänder des Sammelvermögens und im Interesse des Treugebers tätig.[848]

Bei Vollstreckung in das Vermögen oder Insolvenz des Spenders gehört seine Spende zu seinem Vermögen bzw. dann zur Insolvenzmasse. Das Treuhandverhältnis bzw. der Auftrag des Spenders erlischt gem. § 115 InsO.[849] Dem Sammler stehen keine Abwehrrechte zu, insbesondere kann er nach h.M. nicht aussondern nach § 47 InsO.[850]

Im Ergebnis ist das Sammelvermögen in der Insolvenz des Sammlers bzw. bei der Vollstreckung in sein Vermögen nicht insolvenzfest und kann nicht mehr dem Sammlungszweck zugewendet werden. Das ist für den guten Zweck und die Begünstigten zwar von Nachteil[851] im Vergleich zum Treuhandmodell, bei dem der Insolvenzverwalter die Zuwendung anstelle des Sammlers vornehmen oder der Spender aussondern kann und dann selbst die Spende dem Begünstigten zuwenden könnte. Für den Spender ist es aber für seine Schenkung unter Auflage folgerichtig. Der Spender will die endgültige Vermögensverschiebung zum Sammler. Er wählt den Sammler und den Zweck selbst aus. Ist der Spender anonym oder spendet er unbekannte bzw. kleine Beträge, verzichtet er darüber hinaus konkludent auf Auflagenvollzugs- oder Rückzahlungsrechte. Er nimmt freiwillig das Insolvenzrisiko des Sammlers in Kauf.[852]

## B. Das Sammelvermögen im Öffentlichen Recht

Das Öffentliche Recht kennt den Begriff „Sammelvermögen" nicht. Es befasst sich aber in Sammlungsgesetzen mit öffentlichen Sammlungen von Spenden[853] und verwendet in diesem Zusammenhang den Begriff des „Sammlungsertrags", ohne diesen jedoch weiter zu definieren.[854] Dabei fallen nur öffentliche Sammlungen unter die öffentlich-rechtliche Aufsicht.

Das Recht der öffentlichen Sammlung ist nur noch in drei Bundesländern durch Sammelgesetze geregelt (Rheinland-Pfalz, Saarland, Thüringen). Die übrigen Bundesländer haben ihre jeweiligen Sammlungsgesetze zwischen 1997 und

---

848 Vgl. *BGH*, NJW-RR 1993, 301, 301; *BGHZ* 11, 37, 41 f.; *Rawert*, Zivilrechtsfragen des Spendens, Non Profit Law Yearbook 2005, 165, 181.

849 Vgl. *BGH*, NZI 2012, 803, 804 Rn. 12; NZI 2016, 21, 25 Rn. 41 f.; *Brinkmann*, in: Uhlenbruck, InsO, § 47 Rn. 83; *Ganter*, in: MünchKomm InsO, § 47 Rn 359.

850 Vgl. *BGH*, NJW-RR 2012, 1129, 1130 *Rn.* 12; *Ganter*, in: MünchKomm InsO, § 47 Rn 371.

851 Vgl. *Rawert*, Zivilrechtsfragen des Spendens, Non Profit Law Yearbook 2005, 165, 181.

852 So *Rawert*, Zivilrechtsfragen des Spendens, Non Profit Law Yearbook 2005, 165, 181.

853 Vgl. § 1 der Sammlungsgesetze für Rheinland-Pfalz, Saarland, Thüringen.

854 Vgl. insbesondere §§ 2, 6 der Sammlungsgesetze für Rheinland-Pfalz, Saarland, Thüringen.

2013 außer Kraft gesetzt. In Sachsen-Anhalt (1997), Nordrhein-Westfalen (1998), Berlin (2004), Hamburg (2005) und Bremen (2005), Brandenburg (2006), Niedersachsen (2006), Bayern (2007), Schleswig-Holstein (2008), Hessen (2009), Sachsen (2009), Mecklenburg-Vorpommern (2010) und Baden-Württemberg (2013) wurden die Sammlungsgesetze als Maßnahme der Deregulierung ersatzlos aufgehoben.[855] In diesen Bundesländern werden Sammlungen nur noch am Maßstab der polizeirechtlichen Generalklausel zur Gefahrenabwehr gemessen.[856]

## I. Einordnung in das Gefahrenabwehrrecht - Polizeirechtliche Generalklausel

Nach der polizeirechtlichen Generalklausel sind Polizei und Ordnungsbehörden berechtigt, beim Vorliegen einer Gefahr für die öffentliche Sicherheit nach pflichtgemäßem Ermessen einzuschreiten.[857] In Bezug auf Spendensammlungen bedeutet dies, dass die Behörden im Einzelfall reaktiv gegen eine Spendensammlung tätig werden können, soweit durch die Sammlung die öffentliche Sicherheit gefährdet wird.

Präventive Kontrollen von Spendensammlungen sind nur indirekt auf Basis von Vorschriften möglich, die nicht auf Sammlungen bezogen sind und Erlaubnisvorbehalte enthalten – und natürlich nur, wenn diese Vorschriften anwendbar sind. In der Regel handelt es sich dabei um Landesrecht, so dass die Voraussetzungen für präventiven Kontrollen je nach Bundesland unterschiedlich sein können.

So kann eine Sondernutzungserlaubnis nach dem Straßen- und Wegerecht erforderlich sein, wenn anlässlich einer Sammlung Sammelbehälter oder Informationsstände auf öffentlichen Wegen aufgestellt werden sollen.[858] Für die Durchführung einer Lotterie oder einer Tombola ist in Hamburg die Erlaubnis des Glücksspielreferats der Innenbehörde einzuholen, auch wenn die Erlöse einer gemeinnützigen Organisation zugutekommen oder von ihr durchgeführt werden.[859] Soweit nur ein Teil des Sammlungsertrages wohltätigen Zwecken zugewandt wird (z. B. „50 Prozent der heutigen Einnahmen gehen an die Flutopfer“), können in Hamburg je

855 Vgl. *Arndt*, Zeitgemäße Neubelebung der Sammlungsgesetze der Länder, npoR 2011, 41, 41 f.

856 Vgl. *Arndt*, Zeitgemäße Neubelebung der Sammlungsgesetze der Länder, npoR 2011, 41, 43.

857 Siehe nur: §§ 1, 3 PolGBW.

858 Vgl. z. B. § 19 Hamburgisches Wegegesetz (HWG).

859 §§ 4, 18 GlüStV 2021; *Hamburger Behörde für Inneres und Sport*, Informationen zur Veranstaltung Kleiner Lotterien, abrufbar unter: https://www.hamburg.de/Dibis/form/pdf/201105_Informationen_Kleine_Lotterien_Onlinedienst.pdf (aufgerufen am 6.9.2021).

nach Einzelfall gewerbeordnungs- oder gaststättenrechtliche Erlaubnisse erforderlich sein.[860]

Die Prüfung hinsichtlich der Erteilung einer solchen Erlaubnis (Sondernutzung, Glücksspiel, gewerberechtlich oder gaststättenrechtlich) kann sich aber immer nur auf den konkreten Erlaubnistatbestand beziehen - also z. B. bei der Sondernutzung auf die Sicherheit und Leichtigkeit des Verkehrs. Eine Prüfung der ordnungsgemäßen Durchführung der Sammlung bzw. des Sammlers und einer zweckentsprechenden Verwendung der Mittel erfolgt hierbei nicht.[861]

## II. Sammlungsgesetze

### *1. Gegenstand und Inhalt der Sammlungsgesetze*

#### *a. Gegenstand der Sammlungsgesetze*

Die noch geltenden Sammlungsgesetze in Rheinland-Pfalz, Saarland und Thüringen sind Landesgesetze. Die Gesetze sind nur in wenigen Ausnahmefällen materiell unterschiedlich, im Übrigen weitgehend wortgleich. Sie sind trotz der Anknüpfung an die „öffentlichen Sicherheit und Ordnung" kein Polizeirecht mehr,[862] sondern regeln als Sonderordnungsrecht die Spendensammlungen.[863]

Die Sammlungsgesetze verwenden die Begriffe Spende, Sammlung, Sammlungsertrag, Geldspenden, Sachspenden, geldwerte Leistungen, gemeinnützige Zwecke und mildtätige Zwecke ohne Legaldefinition.

Der Begriff Sammlungsertrag setzt sich zusammen aus den Wörtern Sammlung und Ertrag. Aus der Verwendung des Begriffs im Sammlungsgesetz ergibt sich, dass damit der Ertrag an Spenden gemeint ist, den die Veranstalter einer bestimmten erlaubnis- oder nicht erlaubnispflichtigen Sammlung insgesamt von Spendern gesammelt haben. Der Sammlungsertrag entspricht daher einem Sammelvermögen.

Laut § 1 der Sammlungsgesetze können Spenden in Geld, Sachen oder geldwerten Leistungen bestehen.[864]

---

860 Vgl. *Arndt*, Zeitgemäße Neubelebung der Sammlungsgesetze der Länder, npoR 2011, 41, 43; *Hamburger Behörde für Inneres und Sport*, abrufbar unter: https://www.hamburg.de/praxistipps/115796/sammlungen-und-spenden/ (aufgerufen am 6.9.2021).

861 Vgl. *OVG NRW*, Beschl. v. 2.8.2006 – 11 A 2642/04-, Rn. 23 ff., juris; *VG Augsburg*, Urt. v. 25.11.2009 – Au 6 K 09.247, BeckRS 2009, 48073.

862 Ausdrücklich so in Rheinland-Pfalz: *Schaden/Beckmann/Stollenwerk*, PdK, RP SammlG, § 1 Erläuterungen Nr. 1.1., nach Art. 7, 7. RechtsbereinigungsG v. 5.10.1990 – GVBl. 1990, S. 289 f. – LandesVO über Zuständigkeiten nach dem SammlG für Rheinland-Pfalz vom 11.12.1990 (GVBl. 1990, Nr. 391).

863 *Arndt*, Zeitgemäße Neubelebung der Sammlungsgesetze der Länder, npoR 2011, 41, 41; *Rawert*, Zivilrechtsfragen des Spendens, Non Profit Law Yearbook 2005, 165, 166 f.

864 § 1 Abs. 1 SammlG RP, § 1 Abs. 1 ThürSammlG, § 1 Abs. 1 SaarlSammlG.

In Anwendung der höchstrichterlichen Rechtsprechung[865] umfasst der Spendenbegriff im Sammlungsrecht die unentgeltliche Austeilung oder Darreichung. Damit beinhaltet er milde Gaben für gute Zwecke, also etwas, was zur Hilfe, Unterstützung, Förderung einer Sache oder Person geleistet wird.[866] Ein vorübergehender Zweck und eine Gemeinnützigkeit sind keine Voraussetzungen einer Spende im Sinne des Sammlungsgesetzes.

Die Sammlungsgesetze regeln die öffentliche Sammlung unter Berücksichtigung auch räumlicher Anknüpfungspunkte. Eine öffentliche Sammlung ist dabei die Aufforderung zu Geld- oder Sachspenden oder zu Spenden geldwerter Leistungen auf Straßen oder Plätzen, in Gastwirtschaften oder anderen jedermann zugänglichen Räumen (Straßensammlung) oder von Haus zu Haus (Haussammlung) oder durch Spendenbriefe (Briefsammlung).[867]

Die Sammlungsgesetze unterscheiden zwischen erlaubnispflichtigen bzw. -bedürftigen und nicht erlaubnispflichtigen bzw. -bedürftigen Sammlungen.[868] Sie enthalten Berichtspflichten für die Durchführung genehmigter Sammlungen. Außerdem werden Überwachungsmöglichkeiten für nicht erlaubnispflichtige Sammlungen durch Spendenbriefe, öffentliche Aufrufe und das Aufstellen von Sammelbehältern geregelt.[869] Diese Überwachungsmöglichkeiten reichen von behördlichen Auskunftsrechten bis hin zum Sammlungsverbot.[870] Sollte der Sammlungsertrag bzw. das Sammelvermögen in einem Missverhältnis zum Sammlungszweck stehen, kann die Behörde Auflagen erlassen und sogar einen Ersatzzweck festsetzen.[871]

Bei Verstößen gegen das Sammlungsgesetz drohen Rechtsfolgen wie der Entzug der Verwaltung der Spenden, der Einsatz eines Treuhänders, Einzug des Sammlungsertrags oder das Verbot der Sammlung. Ein Verstoß gegen das Sammlungsgesetz oder gegen Auflagen der Aufsichtsbehörde kann eine Ordnungswidrigkeit sein.[872]

---

865 *BVerfG*, NJW 1993, 1253, 1254.

866 Vgl. *BVerfG*, NJW 1993, 1253, 1254; *Arndt*, Zeitgemäße Neubelebung der Sammlungsgesetze der Länder, npoR 2011, 41, 41.

867 *Weber*, in: Creifelds, Rechtswörterbuch, öffentliche Sammlung, 26. Edition 2021; § 1 SammlG RP, § 1 SaarlSammlG, § 1 ThürSammlG.

868 Vgl. § 1 SammlG RP, § 1 ThürSammlG, § 1 SaarlSammlG.

869 Vgl. *v. Hippel*, Grundprobleme von Nonprofit-Organisationen, S. 291 f.

870 Vgl. § 9 der Sammlungsgesetze für Rheinland-Pfalz, Saarland, Thüringen,

871 Vgl. § 9 Abs. 2 und 5 SammlG RP, § 9 Abs. 3 und 4 SaarlSammlG, § 9 Abs. 3 und 5 ThürSammlG; *v. Hippel*, Grundprobleme von Nonprofit-Organisationen, S. 291 f., 295.

872 §§ 4, 7, 9, 11 SammlG RP, §§ 4, 7, 9, 10 SaarlSammlG, §§ 4, 7, 9, 10, 11 ThürSammlG.

### *b. Inhalt der bestehenden Sammlungsgesetze*

#### *aa. Erlaubnispflichtige und nicht erlaubnispflichtige Sammlungen*

Die Sammlungsgesetze enthalten präventive Erlaubnisvorbehalte für bestimmte öffentliche Sammlungen: Die Veranstalter von Straßen- und Haussammlungen bedürfen einer vorherigen Erlaubnis, wenn mit den Sammlungen um Geld- oder Sachspenden geworben wird.[873] Im Saarland und in Thüringen ist auch der Vertrieb von Waren unter Hinweis auf gemeinnützige oder mildtätige Zwecke eine erlaubnispflichtige Sammlung, in Rheinland-Pfalz ist dies eine nicht erlaubnispflichtige Sammlung.[874]

Öffentliche Sammlungen sind erlaubnispflichtig, wenn ein persönlicher Kontakt des Sammlers zu dem möglichen Spender vorkommt.[875] Der Spender steht dann unter einem gewissen psychischen Druck, sich sofort vor Ort und von Angesicht zu Angesicht mit dem Sammler entscheiden zu müssen, ohne sich über die Seriosität und Förderungswürdigkeit des Sammlungsträgers informieren zu können.[876] Typischerweise ist dies bei Straßen- oder Haussammlungen der Fall.

Aber auch bei telefonischer Spendenwerbung hat die Rechtsprechung auf einen persönlichen Kontakt erkannt, womit auch diese einer Erlaubnis bedürfen.[877] Eine derartige Sammelaktion sei als „von Haus zu Haus"[878] zu verstehen, da unmittelbar von Person zu Person eingewirkt werden würde. Dies ergebe sich aus Wortlaut, Systematik und Sinn und Zweck des Sammlungsgesetzes, nämlich, das

---

873 § 1 Abs. 1 und 2 der Sammlungsgesetze für Rheinland-Pfalz, Saarland, Thüringen,

874 § 1 Abs. 2 Nr. 1 SaarlSammlG, ThürSammlG, § 1 Abs. 2 Nr. 3 SammlG RP. Blindenwaren waren früher hiervon ausgenommen; das Blindenwarenvertriebsgesetz wurde mit Wirkung zum 14.9.2007 aufgehoben durch Artikel 30 Zweites Gesetz zum Abbau bürokratischer Hemmnisse insbesondere in der mittelständischen Wirtschaft (MEG II) v. 7.9.2007, BGBl. I 2007, S. 2246.

875 Vgl. *v. Hippel*, Grundprobleme von Nonprofit-Organisationen, S. 292.

876 Vgl. die Begründung des Entwurfs für das Sammlungsgesetz von Mecklenburg-Vorpommern, LT-Drucks. 2/1037, S. 14.

877 Das *OVG Münster*, NVwZ-RR 1998, 426, 426 entschied dies bei einer Telefonmarketing-Aktion von Waren, bei denen 5 Prozent des Verkaufspreises einer Behinderteneinrichtung zu Gute kommen sollten unter Bezugnahme auf die ständige Rechtsprechung des BGH zur Telefonwerbung (siehe nur *BGH*, GRUR 1970, 523, 524; Urt. v. 16.3.1999 Az. XI ZR 76/98, Wolters Kluwer Online). Das Sammlungsgesetz für Nordrhein-Westfalen wurde kurz danach mit Wirkung zum 1.1.1998 aufgehoben.

878 Vgl. § 1 Abs. 1 Nr. 2 der Sammlungsgesetze für Rheinland-Pfalz, Saarland, Thüringen: Nach dem in den Sammlungsgesetzen üblichen Wortlaut sind Sammlungen „von Haus zu Haus", insbesondere mit Sammellisten (Haussammlungen) erlaubnispflichtig.

Spendenwesen umfassend zu ordnen, um die öffentliche Sicherheit und Ordnung zu wahren.[879]

Die Mitgliederwerbung von Vereinen wird entsprechend als Spendensammlung eingeordnet, wenn der Mitgliedsbeitrag „einer Spende vergleichbar" ist und diesem gar keine oder keine wesentliche Gegenleistung gegenübersteht.[880] Insbesondere reine „Fördermitgliedschaften" werden daher mangels nennenswerter Gegenleistung als erlaubnispflichtigen Sammlungen angesehen. Hierbei werden nicht einmal übliche mitgliedschaftliche Rechte gewährt (z. B. das Stimmrecht).[881]

Davon abgesehen gibt es Sammlungen, die mangels dieser persönlichen Einwirkung nicht erlaubnispflichtig sind. So erfolgen Spendenaufrufe in Briefen,[882] der Presse oder in einem anderen Medium sowie das reine Aufstellen von Sammelbehältern in der Regel ohne direkte Einwirkung von Person zu Person und sind daher nicht erlaubnispflichtig.[883]

Gleichfalls sind nicht-öffentliche Sammlungen erlaubnisfrei, da sie sich nur an einen privaten Kreis und nicht die Öffentlichkeit richten.[884] Hierzu gehören etwa Haussammlungen, die z. B. eine Institution wie ein Sportverein unter seinen Mitgliedern für die Finanzierung eines Jugendtrainingscamps durchführt. Ebenso fallen hierunter private Sammlungen, wie beispielsweise die von Elternvertreter eines Kindergartens für die Anschaffung von Spielgeräten organisierte Sammlung innerhalb eines mit ihm durch persönliche Beziehungen verbundenen Personenkreises, nämlich den Eltern der Kindergartenkinder.

Soweit Sammlungen in räumlichem und zeitlichem Zusammenhang mit einer Versammlung oder einer sonstigen Veranstaltung in geschlossenen Räumen unter den Teilnehmern der Veranstaltung durchgeführt werden, richten sie sich ebenfalls nicht an die Öffentlichkeit und unterliegen keiner Erlaubnispflicht.[885]

---

879 So *OVG Münster*, NVwZ-RR 1998, 426, 426 zum mit Wirkung zum 1.1.1998 aufgehobenen SammlG NRW.

880 *BVerwG*, NJW 1991, 2037, 2038.

881 Siehe *VGH München*, NVwZ 1990, 1095, 1095 f.; ähnlich *BayObLGSt* 1991, 101, 103 f., jeweils zum mit Wirkung zum 1.1.2008 aufgehobenen bayerischen SammlG.

882 Spendensammlungen durch Spendenbriefe müssen in Saarland und Thüringen der zuständigen Behörde vor Beginn der Sammlung angezeigt werden (§ 9 Abs. 2 SaarlSammlG, § 9 Abs. 2 ThürSammlG).

883 Vgl. *Schaden/Beckmann/Stollenwerk*, PdK, RP SammlG, Erläuterungen, § 1 Erläuterungen Nr. 1, 4 ff.

884 Vgl. § 1 Abs. 2 Nr. 1 SammlG RP, § 1 Abs. 3 Nr. 1 SaarlSammlG, § 1 Abs. 3 Nr. 1 ThürSammlG; *Schaden/Beckmann/Stollenwerk*, PdK, RP SammlG, Erläuterungen, § 1 Erläuterungen Nr. 5 f.

885 § 1 Abs. 2 Nr. 2 SammlG RP, § 1 Abs. 3 Nr. 2 SaarlSammlG, § 1 Abs. 3 Nr. 2 ThürSammlG.

Öffentliche Spendenaufrufe im Internet, sind öffentliche Sammlungen im Sinne des jeweiligen § 9 Sammlungsgesetz, soweit sie im Geltungsbereich eines Sammlungsgesetzes – also in Rheinland-Pfalz, Saarland oder Thüringen - abgerufen werden können. Mangels persönlicher Einwirkung sind diese öffentlichen Sammlungen nicht erlaubnispflichtig nach § 1 des jeweiligen Sammlungsgesetzes.[886]

Soweit ein echtes Spenden-Crowdfunding in Thüringen, Saarland und/ oder Rheinland-Pfalz abrufbar wäre, wäre es ein öffentlicher Spendenaufruf über das Internet und damit als Sammlung i.S. des § 9 Sammlungsgesetz für Rheinland-Pfalz, Saarländisches Sammlungsgesetz und/oder Thüringer Sammlungsgesetz zu sehen.

Zwar bedürfen nicht erlaubnispflichtige Sammlungen keiner vorherigen Genehmigung, sie können aber von der jeweils zuständigen Behörde überprüft werden. Auch für diese Sammlungen können Auflagen bis hin zum Sammlungsverbot verhängt werden, um die öffentliche Sicherheit und Ordnung zu schützen.[887] In der Praxis wird dies aber nur reaktiv nach einem vorherigen Hinweis auf eine Sammlung erfolgen können.[888]

### *bb. Erlaubnispflichtige Sammlungen*

#### *(1) Voraussetzungen für die Sammlungserlaubnis*

Es gibt einen Katalog von Tatbeständen, unter denen die Erlaubnis einer anmeldepflichtigen Sammlung zu erteilen bzw. zu versagen ist.[889]

Die polizeirechtliche Generalklausel ist hinsichtlich Sammlungen konkretisiert worden, so dass bei Störung der öffentlichen Sicherheit und Ordnung durch die Sammlung selbst, durch die Verwirklichung des Sammlungszwecks oder durch die Verwendung des Sammlungsertrags keine Sammelerlaubnis erteilt werden kann. Die ordnungsgemäße Durchführung der Sammlung und die zweckentsprechende einwandfreie Verwendung des Sammlungsertrages müssen ebenfalls gewährleistet sein. Insbesondere dürfen die Kosten der Sammlung in keinem offensichtlichen Missverhältnis zu dem Reinertrag der Sammlung stehen.

Bei einer Straßensammlung zum Vertrieb von Waren (§ 1 Abs. 2 Nr. 1 Saarländisches Sammlungsgesetz, Thüringer Sammlungsgesetz) oder einer Altkleider- bzw. Altmaterialiensammlung (§ 1 Abs. 2 Nr. 3 Saarländisches Sammlungsgesetz), die den Eindruck beim Käufer bzw. Spender weckt, er würde durch den Kauf bzw. die Materialspende gemeinnützige oder mildtätige Zwecke fördern, oder einer Straßensammlung zum Verkauf von Eintrittskarten für öffentliche künstlerische Veranstaltungen mit dem Hinweis auf die Mitwirkung blinder Künstler (§ 1 Abs. 2 Nr. 2 Thüringer Sammlungsgesetz; § 1 Abs. 2

---

886 Vgl. *OVG Koblenz*, Beschl. v. 23.6.2008 – 7 A 10285/08, BeckRS 2008, 36456, Rn. 9.

887 Vgl. § 9 der Sammlungsgesetze für Rheinland-Pfalz, Saarland, Thüringen.

888 Siehe *Hölzel*, Das Sächsische Sammlungsgesetz, LKV 1997, 243, 244.

889 Vgl. § 2 Abs. 1 der Sammlungsgesetze für Rheinland-Pfalz, Saarland, Thüringen.

Nr. 2 Saarländisches Sammlungsgesetz), muss in Thüringen und Saarland gewährleistet sein, dass mindestens ein Viertel des Verkaufspreises für gemeinnützige oder mildtätige Zwecke verbleibt (§ 2 Abs. 1 Nr. 4 Thüringer Sammlungsgesetz, § 2 Abs. 1 Nr. 3 Saarländisches Sammlungsgesetz).

Eine Erlaubnis kann auch mit Auflagen versehen werden und nur erteilt werden, wenn der Antragsteller einen weiteren Zweck angibt, für den Fall, dass der angegebene Sammlungszweck nur mit einem bestimmten Mindestbetrag verwirklicht werden kann und das Erreichen dieses Mindestbetrages zweifelhaft ist, oder auch für den Fall, dass die Sammlung mehr einbringen sollte als für die Zweckerreichung benötigt wird.[890]

Nach den Sammlungsgesetzen in Rheinland-Pfalz und Thüringen kann die Erlaubnis versagt werden, wenn die gleichzeitige Durchführung mehrerer Sammlungen in demselben Gebiet zu einer Belästigung der Öffentlichkeit führen kann.[891] Die Behörde muss den Veranstaltern aber zuvor Gelegenheit geben, die Anträge auf Erlaubniserteilung so zu ändern, dass ein anderer Zeitraum für die Durchführung der Sammlung angegeben wird. Dabei wird die Bevölkerung nicht automatisch belästigt, wenn gleichzeitig verschiedene Sammlungen durchgeführt werden, wie dies gerade bei Unglücksfällen und Katastrophen der Fall sein kann.[892] In der Praxis sei dies bei den großen Wohlfahrtsverbänden in Rheinland-Pfalz unproblematisch, da sie ihre Sammlungstermine abstimmen würden.[893]

*(2) Pflichten des Veranstalters, Überwachung durch die Behörde*

Die Erlaubnisbehörde kann vom Veranstalter Auskünfte über die Sammlung verlangen, um die Sammlung überwachen und prüfen zu können. Außerdem ist der Veranstalter verpflichtet, auf Anforderung der Behörde eine Abrechnung über das Ergebnis der Sammlung und die Verwendung des Ertrages zu erteilen.[894]

Der Veranstalter kann nicht ohne Genehmigung der Erlaubnisbehörde den ganzen oder Teile des Sammlungsertrags anders als zum ursprünglichen angegebenen Zweck verwenden. Er darf, unter Berücksichtigung des mutmaßlichen Willens der Spender, einen anderen Zweck vorschlagen, wenn sich nachträglich zeigt, dass der ursprünglich angegebene Sammlungszweck nicht verwirklicht werden kann. Soweit der Veranstalter hierzu nicht bereit oder in der Lage ist, so bestimmt die Erlaubnisbehörde den anderen Zweck und hat auch hierbei den mutmaßlichen Willen der Spender zu berücksichtigen.[895]

---

890 § 2 Abs. 2 Nr. 1 und Nr. 2 SaarlSammlG, § 2 Abs. 2 Nr. 1 und Nr. 2 ThürSammlG, § 2 Abs. 2 Nr. 1 und Nr. 2 SammlGRP.

891 § 2 Abs. 3 SammlG RP, § 2 Abs. 3 ThürSammlG.

892 *Schaden/Beckmann/Stollenwerk*, PdK, RP SammlG, § 2 Erläuterungen Nr. 2.5.

893 *Schaden/Beckmann/Stollenwerk*, PdK, RP SammlG, § 2 Erläuterungen Nr. 2.5.

894 § 5 SammlG RP, § 5 SaarlSammlG, § 5 ThürSammlG.

895 § 6 der Sammlungsgesetze für Rheinland-Pfalz, Saarland, Thüringen.

Die Erlaubnisbehörde bestimmt ebenfalls unter Berücksichtigung des mutmaßlichen Willens der Spender, für welchen anderen Zweck der Sammlungsertrag zu verwenden ist, wenn sie die Erlaubnis nach Beginn der Sammlung zurücknimmt oder widerruft.[896]

*(3) Treuhänder*

Eine besondere Schutznorm für den Sammlungsertrag bzw. das Sammelvermögen findet sich in §§ 7 Sammlungsgesetze. Die Behörde kann nämlich einen Treuhänder bestellen, wenn die Sammelerlaubnis nach Beginn der Sammlung zurückgenommen oder widerrufen wird.[897] Die Einschränkung der Erlaubnis nach § 4 Sammlungsgesetze ist dabei kein Wegfall der Erlaubnis im Sinne von § 7 Sammlungsgesetze.[898]

Zu einer Treuhänderbestellung kann es kommen, wenn aufgrund des Unvermögens oder des Unwillens des Veranstalters oder der Sammler während der Sammlung und/oder bei der Verwendung des Sammlungsertrags Missstände auftreten. Lassen sich diese Missstände nicht auf andere Weise beseitigen und ist die zweckentsprechende Verwendung des Sammlungsertrages gefährdet, kann die Behörde einen Treuhänder für die Verwaltung des Sammlungsertrags einsetzen.[899] Die Bestellung des Treuhänders ist dabei das letzte Mittel. Zuvor sollte die Behörde versuchen, den Veranstalter zu einem Wechsel der entsprechenden Personen zu veranlassen.[900]

Der Treuhänder übt anstelle des Veranstalters das Verwaltungs- und Verfügungsrecht über den Sammlungsertrag zum Zweck seiner bestimmungsgemäßen Verwendung aus. Er führt diese Geschäfte unter Aufsicht der Erlaubnisbehörde im eigenen Namen aus, ist aber kein gesetzlicher Vertreter.[901] Vielmehr ist er in seiner rechtlichen Stellung dem Insolvenzverwalter nachgebildet.[902] Der Treuhänder hat die Pflichten des Veranstalters zu erfüllen und ist berechtigt, den Sammlungsertrag und die Sammlungsunterlagen in Besitz zu nehmen und zu diesem Zweck die Geschäftsräume und in Rheinland-Pfalz und Thüringen auch die Wohnung des Veranstalters zu betreten. Der Veranstalter verliert hingegen die Verfügungsbefugnis über den Sammlungsertrag.[903] Die Treuhänderbestellung muss in Rheinland-Pfalz im Staatsanzeiger und im Saarland im Amtsblatt veröffentlicht werden.[904]

---

896 § 4 Abs. 3 SammlG RP, § 4 SaarlSammlG, ThürSammlG.
897 § 7 Abs. 1 Nr. 1 der Sammlungsgesetze für Rheinland-Pfalz, Saarland, Thüringen.
898 *Schaden/Beckmann/Stollenwerk*, PdK, RP SammlG, § 7 Erläuterungen Nr. 1.
899 § 7 Abs. 1 Nr. 2 der Sammlungsgesetze für Rheinland-Pfalz, Saarland, Thüringen.
900 *Schaden/Beckmann/Stollenwerk*, PdK, RP SammlG, § 7 Erläuterungen Nr. 1.
901 § 7 Abs. 2 SammlG RP, ThürSammlG, § 7 Abs. 3 SaarlSammlG.
902 *Schaden/Beckmann/Stollenwerk*, PdK, RP SammlG, § 7 Erläuterungen Nr. 2.
903 § 7 Abs. 2 SammlG RP, § 7 Abs. 2 und 3 SaarlSammlG, ThürSammlG.
904 § 7 Abs. 3 SammlG RP, § 7 Abs. 2 SaarlSammlG.

Das saarländische Sammlungsgesetz ordnet die entsprechende Anwendung des § 82 Insolvenzordnung an.[905] In Rheinland-Pfalz wird es entsprechend angewendet.[906]

Ein Treuhänder kann aber nur eingesetzt werden, wenn der eigentliche Veranstalter keine Gewähr zur Erfüllung der gesetzlichen Pflichten bei der Sammlung bietet. Ein Sammelpfleger nach § 1914 BGB wird hingegen von Amts wegen bestellt, wenn der Veranstalter als verfügungsberechtigte Rechtspersönlichkeit weggefallen ist und es sich um Sammlungen für einen nur vorübergehenden Zweck handelt. Z. B. bei Veranstaltung der Sammlung durch eine Einzelperson, die stirbt oder geschäftsunfähig wird.[907]

#### *cc. Überwachung nicht erlaubnispflichtiger Sammlungen*

Ausgenommen kirchliche, religiöse und weltanschauliche Sammlungen (§ 12 bzw. § 13 der Sammlungsgesetze) regelt § 9 der Sammlungsgesetze die Überwachung von nicht erlaubnispflichtigen Sammlungen. Damit können die wesentlichen sammlungsrechtlichen Instrumente der erlaubnispflichtigen Sammlungen auch auf erlaubnisfreie, aber überwachbare Sammlungen angewendet werden.[908]

Sammlungen durch Spendenbrief oder andere öffentliche Aufrufe sind mangels persönlicher Ansprache nicht erlaubnispflichtig, unterliegen aber der Überwachung durch die zuständige Behörde. Die Behörde kann diejenigen Auskünfte und Unterlagen verlangen, die sie nach pflichtgemäßem Ermessen für nötig hält, um die ordnungsgemäße Durchführung der Sammlung und die zweckentsprechende einwandfreie Verwendung des Sammlungsertrages überwachen bzw. prüfen zu können.[909]

Die Behörde kann Auflagen im Sinne von § 2 der Sammlungsgesetze erteilen und sowohl die Durchführung als auch die Fortsetzung der Sammlung von der Erfüllung dieser Auflagen abhängig machen, auch unter Fristsetzung.

Die Sammlung oder ihre Fortsetzung kann auch verboten werden, wenn die Gefahr besteht, dass durch die Sammlung oder die Verwendung des Sammlungsertrages die öffentliche Sicherheit oder Ordnung verletzt wird. Soweit es keine Gewähr gibt, dass die Sammlung ordnungsgemäß durchgeführt und der Sammlungsertrag zweckentsprechend einwandfrei verwendet wird, kann ebenfalls die Sammlung oder ihre Fortsetzung verboten werden. Gleiches gilt, wenn befürchtet

---

905 § 7 Abs. 2 Satz 2 SaarlSammlG.

906 Vgl. die Ausführungen zur Anwendung des § 82 InsO innerhalb des Sammlungsrechts in: *Schaden/Beckmann/Stollenwerk*, PdK, RP SammlG, § 7 Erläuterungen Nr. 3 ff.

907 S.o. Teil 2, A.I.2.a.dd, Teil 2 A.I.2.b.aa; *Schaden/Beckmann/Stollenwerk*, PdK, RP SammlG, § 7 Erläuterungen Nr. 4 ff.

908 *Schaden/Beckmann/Stollenwerk*, PdK, RP SammlG, § 9 Erläuterungen Nr. 1.

909 § 9 der Sammlungsgesetze für Rheinland-Pfalz, Saarland, Thüringen.

werden muss, dass ein offensichtliches Missverhältnis zwischen Unkosten und Reinertrag der Sammlung entstehen wird.

Die Behörde kann dann, oder wenn der Veranstalter zu einer zweckentsprechenden Verwendung nicht bereit oder in der Lage ist, den Zweck für die Verwendung der Sammlung unter Berücksichtigung des mutmaßlichen Willens der Spender bestimmen.

Gemäß § 9 Abs. 5 Thüringer Sammlungsgesetz, Saarländisches Sammlungsgesetz, § 9 Abs. 6 Sammlungsgesetz für Rheinland-Pfalz gilt deren jeweiliger § 7 entsprechend, so dass auch ein Treuhänder für das Sammelvermögen einer nichterlaubnispflichtigen Sammlung durch die Behörde bestellt werden kann.

### *dd. Zuständigkeiten*

In Rheinland-Pfalz sind die allgemeinen Ordnungsbehörden für die Durchsetzung eines Sammlungsverbotes nach § 9 POG Rheinland-Pfalz zuständig, da das Sammlungsgesetz selbst hierfür keine Rechtsgrundlage bietet. Im Übrigen ergibt sich die sachliche Zuständigkeit nach § 1 Nr. 2 VwORG, die örtliche nach § 3 VwVfG in Verbindung mit § 1 LVwVfG.[910]

Im Saarland (§ 11 Saarländisches Sammlungsgesetz) und in Thüringen (§ 12 Thüringer Sammlungsgesetz) regeln die Sammlungsgesetze die Zuständigkeit.

### *ee. Rechtsfolgen bei Verstößen*

Bei Verstößen gegen das Sammlungsgesetz drohen ein Verbot der Sammlung, der Einzug des Sammlungsertrags, der Entzug der Verwaltung der Spenden, der Einsatz eines Treuhänders anstelle des Veranstalters und ein Bußgeld. Der Verstoß gegen das Sammlungsgesetz oder gegen Auflagen der Aufsichtsbehörde kann eine Ordnungswidrigkeit sein. Ordnungswidrigkeiten sind unrichtige oder unvollständige Angaben gegenüber der Erlaubnisbehörde, um sich die Sammelerlaubnis zu erschleichen, Veranstaltung einer erlaubnisbedürftigen Sammlung ohne Genehmigung, Fortsetzung einer verbotenen Sammlung oder Verwendung des Sammlungsertrags zu einem anderen als dem genehmigten Zweck.

Ordnungswidrig handelt auch, wer einer Auflage zuwiderhandelt, einer Vorlage- oder Auskunftspflicht nicht fristgerecht nachkommt oder Sammlungsunterlagen, den Sammlungsertrag oder Teile davon einem bestellten Treuhänder vorenthält oder entzieht.

Wer ein Kind oder einen Jugendlichen abweichend von § 8 der Sammlungsgesetze zu einer Sammlung einsetzt, kann ebenfalls mit einem Bußgeld belangt werden.

Ordnungswidrigkeiten können in diesen Fällen mit einer Geldbuße bis zu 5000 € geahndet werden.

---

910 Vgl. *Schaden/Beckmann/Stollenwerk*, PdK, RP SammlG, § 9 Erläuterungen nach Nr. 7.

Bei Einzug des Sammlungsertrags oder der damit beschafften Gegenstände einer nicht erlaubten Sammlung, führt die Behörde sie einem gemeinnützigen Zweck zu unter Berücksichtigung des mutmaßlichen Willens der Spender.[911]

#### *ff. Ausnahmen vom Sammlungsgesetz*

Sammlungen von Kirchen, Religionsgemeinschaften und Weltanschauungsgemeinschaften und ihrer Gliederungen in oder vor ihren dem Gottesdienst oder der Pflege der Weltanschauung dienenden Gebäuden, Räumen und Grundstücken sowie hiermit in örtlichem Zusammenhang stehenden Veranstaltungen, fallen nicht unter die Sammlungsgesetze. Allerdings nur, wenn es sich bei dem Veranstalter um eine Körperschaft des öffentlichen Rechts handelt.[912]

Lediglich die Jugendschutzvorschriften und die zugehörigen Bußgeldvorschriften der Sammlungsgesetze sind hier anwendbar.[913] Im Übrigen unterliegen die Sammlungen solcher Körperschaften nicht den Regularien der Sammlungsgesetze. Befreit sind nicht nur die Kollekten sondern auch der ansonsten erlaubnispflichtige Warenvertrieb, wenn dieser im Rahmen des § 12 bzw. § 13 der Sammlungsgesetze erfolgt.[914]

## III. Ergebnis

In den Ländern Thüringen, Saarland und Rheinland-Pfalz bestehen Sammlungsgesetze, bei denen besonders in Rheinland-Pfalz ein effektiver Schutz des Sammelvermögens durch aktive Behörden gegeben ist.[915] Mit den Sammlungsgesetzen haben die Behörden präventive Überwachungsmöglichkeiten von Haus- und Straßensammlungen. Sie können den Sammlungsträger prüfen, ggf. keine Sammlungserlaubnis erteilen oder die Erlaubnis mit bestimmten Auflagen versehen. Sammlung und Verwendung des Sammelertrags können überwacht und z. B. bei Missbrauch ein Treuhänder eingesetzt werden. Die Behörden können bei Sammlungen durch Spendenbriefe und öffentliche Spendenaufrufe, insbesondere auch im Internet, Auskünfte von den Sammlern verlangen und aufgrund der Auskünfte oder Nichterteilung der Auskünfte weitere Maßnahmen ergreifen.

In den Ländern ohne Sammlungsgesetze ist das Sammeln allein reaktiv durch das allgemeine Polizei- und Ordnungsrecht geschützt. Bevor der Staat eingreifen kann, muss eine Gefahr oder Störung der öffentlichen Sicherheit vorliegen und

---

911 § 11 SammlG RP, § 10 SaarlSammlG, ThürSammlG.

912 § 12 SammlG RP, SaarlSammlG, § 13 ThürSammlG.

913 §§ 8, 11 Abs. 1 Nr. 8, Abs. 2 und 4 SammlG RP, §§ 8, 10 Abs. 1 Nr. 8, Abs. 2 und 3 SaarlSammlG, §§ 8, 10 Abs. 1 Nr. 9, Abs. 2 und 3 ThürSammlG.

914 *Schaden/Beckmann/Stollenwerk*, PdK, RP SammlG, § 12 Erläuterungen Nr. 2.

915 Vgl. *DZI*, Spenden-Tipps, Sammlungsgesetze, abrufbar unter: https://www.dzi.de/wp-content/pdfs_Spendentipps/Sammlungsgesetze.pdf (aufgerufen am 27.8.2021).

bekannt werden. Selbst wenn ein solcher Fall vorliegt, führt das nicht zu einer Kontrolle der ordnungsgemäßen Durchführung der Sammlung bzw. des Sammlers und einer zweckentsprechenden Verwendung des Sammelertrags. Im Fall einer Genehmigungspflicht für die Durchführung einer Sammlung aufgrund eines Erlaubnisvorbehalts in öffentlich-rechtlichen Vorschriften werden nicht die Sammlung, sondern nur die Voraussetzungen dieser Genehmigung geprüft.[916]

# C. Steuerrechtliche Regelung des Sammelvermögens

Allgemein werden Spenden mit dem Steuerrecht assoziiert. Das liegt natürlich daran, dass Spenden an gemeinnützige Organisationen als Sonderausgaben steuerlich geltend gemacht werden können. Grundsätzlich wird in Deutschland das gemeinnützige Engagement steuerlich gefördert. Dies geschieht sowohl durch steuerliche Begünstigung des Einzelnen (Geber), als auch durch steuerliche Begünstigung von Organisationen (Empfänger).[917]

Sowohl im Einkommensteuergesetz, im Körperschaftsteuergesetz, im Gewerbesteuergesetz als auch in der Abgabenordnung finden sich eine Vielzahl von Normen zu Spenden. Diese regeln im Wesentlichen die Tatbestandsvoraussetzungen des Spendenabzugs und die Wertermittlung von Spenden.

Der Begriff Sammelvermögen wird im Steuerrecht nicht verwendet. Es gibt allerdings vereinzelt Regelungen zu Zuwendungen bzw. Spenden, die im Hinblick auf das Vorliegen eines Sammelvermögens zu untersuchen sind.

## I. Zuwendungen und Spenden

Zuwendungen sind steuerlich beim Geber abzugsfähig, wenn der Empfänger eine gemeinnützige Körperschaft oder eine Körperschaft öffentlichen Rechts zur Förderung gemeinnütziger Zwecke ist.[918] Zuwendungen sind gem. § 10b Abs. 1 EStG als Spenden und Mitgliedsbeiträge definiert,[919] ohne dass im Weiteren die Spende selbst legal definiert wird. Aufgrund dieses Mangels hat die höchstrichterliche Rechtsprechung den Spendenbegriff entwickelt, der auch von der steuerrechtlichen Literatur verwendet wird.[920] Danach ist eine Spende eine freiwillige und

---

916 Ausführlich *Arndt*, Zeitgemäße Neubelebung der Sammlungsgesetze der Länder, npoR 2011, 41, 43 ff.

917 Vgl. *Schauhoff*, in: Schauhoff, Hdb Gemeinnützigkeit, Grundlegung Rn. 1 f.

918 *Schauhoff*, in: Schauhoff, Hdb Gemeinnützigkeit, § 11 Rn. 21.

919 Vgl. *Seer*, in: Kirchhof/Seer, EStG, § 10b EStG Rn. 5; *Pauli*, in: Stumpf/Suerbaum/Schulte/Pauli, Stiftungsrecht, E, EStG §10b Rn. 12.

920 Ständige Rechtsprechung, *BFHE* 144, 439, 441; 163, 197, 198 f.; 168, 35, 36 f.; *BFH*, DStR 2006, 1975, 1976; *Seer*, in: Kirchhof/Seer, EStG, § 10b EStG Rn. 7 ff.; *Brandl*, in: Brandis/Heuermann, EStG, § 10b EStG Rn. 16 ff.

unentgeltliche Zuwendung eines Steuerpflichtigen zur Förderung steuerbegünstigter Zwecke. Die Spende wird im Steuerrecht wiederum als Oberbegriff für alle Spenden gesehen, unabhängig davon, ob diese zeitnah zur Verwirklichung der steuerbegünstigten Zwecke des Empfängers (§ 10b Abs. 1 EStG, § 55 Abs. 1 Nr. 5 AO) oder im Falle einer Stiftung in das Stiftungsvermögen (§ 10b Abs. 1a EStG, § 62 Abs. 3 Nr. 2 und 3 AO) gespendet werden.[921]

Dabei ist der Begriff „zeitnah" steuerlich durch § 55 Abs. 1 Nr. 5 S. 1 und 3 AO definiert. Danach müssen die Mittel spätestens in den auf den Zufluss folgenden zwei Kalenderjahren oder Wirtschaftsjahren für die steuerbegünstigten Zwecke verwendet werden, um als zeitnah zu gelten.

### 1. *Allgemeine Voraussetzungen*

#### a. *Freiwilligkeit*

Die Freiwilligkeit ist bei einer Spende gegeben, wenn sie ohne rechtliche Verpflichtung geleistet oder, wenn aus selbstloser Freigebigkeit eine Zahlungsverpflichtung eingegangen wird.[922] Letzteres bedeutet, dass die Spendenmotivation und der Förderwille ausschlaggebend für die Leistung sein müssen.[923] Das wird in der Regel bejaht, wenn die Spendenleistung ohne Erwartung eines besonderen Vorteils erbracht wird.[924]

#### b. *Unentgeltlichkeit*

Die Spende ist unentgeltlich, wenn sie ohne Gegenleistung erfolgt. Es darf sich dabei also nicht um ein Austauschverhältnis handeln.[925] Das geldwerte Vermögen des Spenders muss sich durch die Spende verringern. Die Spende muss ihn endgültig wirtschaftlich belasten.[926] Auch hier liegt die Spendenmotivation im Vordergrund, nämlich die Leistung zur Förderung der Sache und ohne Erwartung eines besonderen Vorteils in Form einer Gegenleistung.[927] Die Unentgeltlichkeit entfällt, wenn der Leistende eine Gegenleistung oder einen Vorteil erhält, die bzw.

---

921 Vgl. *Flues*, Die Zustiftung, S. 172.

922 *Pauli*, in: Stumpf/Suerbaum/Schulte/Pauli, Stiftungsrecht, E, EStG § 10b Rn. 13; *Unger*, in: BeckOK EStG, § 10 b EStG Rn. 74.

923 *BFH*, BStBl. II 1988, S. 220, 221; BStBl. II 1991, S. 258, 259; DStR 2006, 1975, 1976.

924 Vgl. *BFHE* 163, 197, 198 f.; *BFH*, BStBl. II 1991, S. 258, 259.

925 *BFH*, DStR 2006, 1975, 1976; *Seer, in:* Kirchhof/Seer, EStG, § 10b EStG Rn. 8.

926 *BFH*, DStRE 2011, 670, 671; DStR 2019, 608, 612; *Pauli*, in: Stumpf/Suerbaum/Schulte/Pauli, Stiftungsrecht, E, EStG 10b Rn. 16; *Unger*, in: BeckOK EStG, § 10 b EStG Rn. 92.

927 *BFHE* 163, 197, 198; DStR 2006, 1975, 1976; *Unger*, in: BeckOK EStG, § 10 b EStG Rn. 92.

der nicht zwingend wirtschaftlich sein muss.[928] Aus der Spende wird so u.U. ein Sponsoring.[929]

### c. Verwendung

Voraussetzung für das Vorliegen abziehbarer Aufwendungen bzw. einen Sonderabgabenabzug (§ 9 Abs. 1 Nr. 2 KStG für Körperschaften als Spender,[930] § 10b Abs. 1 S. 1 EStG für natürliche Personen als Spender) ist die tatsächliche Verwendung der Spende für einen steuerbegünstigten Zweck.[931] § 9 Abs. 1 Nr. 2 KStG und § 10b Abs. 1 S. 1 EStG verweisen auf die steuerbegünstigten Zwecke nach §§ 52 bis 54 AO,[932] die für den Empfänger der Spende die Zuwendungsverpflichtung regeln. Danach dürfen die Spenden nur zeitnah für satzungsgemäße steuerbegünstigte, also gemeinnützige, mildtätige oder kirchliche (§ 51 Abs. 1 S. 1 AO) Zwecke verwendet werden (§ 55 Abs. 1 Nr. 1 S. 1, § 55 Abs. 1 Nr. 5 S. 1 und 3 AO). Dabei hat sich der gesetzliche Oberbegriff „steuerbegünstigte Zwecke" nicht gegen den sowohl im allgemeinen Sprachgebrauch als auch in der Fachliteratur faktisch verwendeten Oberbegriff „Gemeinnützigkeit" auch für die kirchlichen und mildtätigen Zwecke durchsetzen können.[933] Gemeinnützigkeit im engeren Sinne liegt vor, wenn eine Körperschaft die Allgemeinheit auf materiellem, geistigem oder sittlichem Gebiet selbstlos fördert (§ 52 Abs. 1 S. 1 AO);[934] der Katalog der in § 52 Abs. 2 genannten anerkannten gemeinnützigen Zwecke (z. B. die Förderung von Wissenschaft und Forschung) ist gem. § 52 Abs. 2 S. 2 AO nicht abschließend.

Der Spender darf auf die Spendenbescheinigung des Empfängers vertrauen (§ 9 Abs. 3 KStG, § 10b Abs. 4 EStG), die er gegenüber dem Finanzamt als Nachweis für die tatsächlichen Verwendung der Spende für den steuerbegünstigten Zweck durch den Spendenempfänger verwenden kann.[935]

---

928 *BFH,* DStR 2006, 1975, 1976; Urt. v. 9.12.2014 - X R 4/11, Rn. 40, BFH Entscheidungen online; *Brandl,* in: Brandis/Heuermann, EStG, § 10b EStG Rn. 18; *Unger,* in: BeckOK EStG, § 10 b EStG Rn. 79; krit. *FG Düsseldorf,* Beschl. v. 2.6.2009 – 16 V. 896/09 A(E, AO), Rn. 29 ff., juris.

929 Vgl. *Seer,* in: Kirchhof/Seer, EStG, § 10b EStG Rn. 9. Die Abgrenzung zwischen Spende und Sponsoring ist häufig nicht trennscharf möglich; vgl. *Schlüter/Stolte,* Stiftungsrecht, Kap. 7 Rn. 185 ff.

930 *Schauhoff,* in: Schauhoff, Hdb Gemeinnützigkeit, § 11 Rn. 4.

931 *BFHE* 168, 35, 37 f.

932 Ausführlich zum Abzug von Zuwendungen nach § 10b EStG, § 9 Abs. 1 Nr. 2 KStG und § 9 Nr. 5 GewStG: *OFD Koblenz,* Vfg. v. 16.2.2009 -S 2223/S 2751/G 1425 A – St 33 1, NWB HAAAD-16022.

933 Vgl. *Hüttemann,* Gemeinnützigkeits- und Spendenrecht, Kap. 3 Rn. 3.1; *Hüttemann/ Rawert,* in: Staudinger, BGB, Vor §§ 80-88 Rn. 430.

934 Vgl. *Hüttemann/Rawert,* in: Staudinger, BGB, Vor §§ 80-88. Rn. 434.

935 Vgl. *Seer,* in: Kirchhof/Seer, EStG, § 10b EStG Rn. 12, 66.

## *2. Spendenarten*

Spenden sind Geld- oder Sachspenden.[936]

### *a. Geldspende*

Die gebräuchlichste Spendenart ist die Geldspende. Da unter einer Spende der Wert verstanden wird, der aus dem geldwerten Vermögen des Spenders zur Förderung des begünstigten Zwecks abfließt, wird bei der Geldspende die Höhe des zugewandten Betrages in der Spendenbescheinigung ausgewiesen.[937]

### *b. Sachspende*

Die Sachspende ist die Zuwendung von Wirtschaftsgütern nach § 10b Abs. 3 S. 1 EStG. Dazu zählen Sachen i.S. von § 90 BGB (wie z. B. Altkleider[938]), aber auch immaterielle Wirtschaftsgüter (z. B. gewerbliche Schutzrechte, Beteiligungen an Kapitalgesellschaften). Der Wert der Sachspende wird nach dem gemeinen Wert des zugewendeten Gegenstands ermittelt, wobei der gemeine Wert nicht im EStG definiert wird. Gem. § 9 Abs. 2 Bewertungsgesetz bestimmt sich der gemeine Wert durch den Preis, der im gewöhnlichen Geschäftsverkehr nach der Beschaffenheit des Wertgegenstands bei einer Veräußerung zu erzielen wäre. Dies ist der Marktwert. Dabei wird ein funktionierender Markt mit einer Nachfrage nach dem gespendeten Wertgegenstand vorausgesetzt, ansonsten erfolgt eine Schätzung.[939]

### *c. Nutzungen und Leistungen, Aufwandspende*

Nutzungen und Leistungen können nicht als Spenden abgezogen werden (§ 10b Abs. 3 S. 1 EStG, § 9 Abs. 2 S. 2 KStG). Auch Zeit- und Arbeitskraftspenden sind üblicherweise keine steuerlich abzugsfähigen Spenden. Allerdings kann ein nachträglicher Verzicht auf bestimmte Zahlungsansprüche eine Aufwandsspende sein.[940]

---

936 Vgl. *Seer*, in: Kirchhof/Seer, EStG, § 10b EStG Rn. 5.

937 Vgl. *Schlüter/Stolte*, Stiftungsrecht, Kap. 7 Rn. 177.

938 Die Bewertung von Sachspenden in Form von gebrauchten Sachen, insbesondere Altkleidern ist wegen der nicht immer vorhandenen Nachfrage, also mangels Marktes problematisch. Häufig wird der reine Lumpen- oder Materialwert bescheinigt; vgl. *Schauhoff*, in: Schauhoff, Hdb Gemeinnützigkeit, § 11 Rn. 56; *Schlüter/Stolte*, Stiftungsrecht, Kap. 7 Rn. 169.

939 *BFH*, NJW 1990, 143, 144; vgl. *Pauli*, in: Stumpf/Suerbaum/Schulte/Pauli, Stiftungsrecht, E, EStG § 10b Rn. 48; *Unger*, in: BeckOK EStG, § 10 b EStG Rn. 324.

940 Vgl. *BMF*, BStBl. I 2014, S. 1584 Rn. 2 ff., ergänzt (Rn. 3) durch *BMF*, BStBl. I 2016, S. 994; *Schauhoff*, in: Schauhoff, Hdb Gemeinnützigkeit, § 11. Rn. 21; § 11 Rn. 66.

Unter dem Oberbegriff Aufwandsspende (§ 10 b Abs. 3 S. 5 EStG) wird zum einen der Verzicht auf Aufwendungsersatzansprüche i. S. d. § 670 BGB[941] verstanden, die insbesondere die ehrenamtliche Tätigkeit betreffen,[942] zum anderen der Verzicht auf vertraglich vereinbarte Vergütungen (Rückspende[943]). Tatsächlich werden hier steuerlich kein Aufwand und keine Zeit o.ä. gespendet. Vielmehr besteht beim Spender ein Anspruch auf Zahlung von Geld, das er dem Gläubiger spenden will. Statt einer Auszahlung und anschließenden Rückzahlung als Spende verzichtet der Spender auf die Auszahlung. Daher handelt es sich strukturell um eine Geldspende.[944]

## II. Das Sammelvermögen

Der Begriff Sammelvermögen wird im Steuerrecht nicht verwendet. Es gibt allerdings vereinzelt Regelungen zu Zuwendungen bzw. Spenden, die indirekt auf das Vorliegen eines Sammelvermögens hinweisen, wie zum Beispiel § 62 Abs. 3 Nr. 3 AO, der auf einen Spendenaufruf Bezug nimmt, oder § 58 AO, der die Zulässigkeit von Spendensammelkörperschaften regelt. Bei der Untersuchung dieser Regelungen ist nicht nur zu berücksichtigen, ob die unterschiedlichen Spendenbegriffe im Steuer- und Zivilrecht zu einem unterschiedlichen Begriff des Sammelvermögens führen, sondern auch, ob ein eventuell steuerrechtliches Sammelvermögen auch steuerrechtlich abweichend von der Spende behandelt wird.

941 Vgl. *Pauli*, in: Stumpf/Suerbaum/Schulte/Pauli, Stiftungsrecht, E, EStG § 10b Rn. 52.

942 *BMF*, BStBl. I 2014, S. 1584 Rn. 1 f., ergänzt (Rn. 3) durch *BMF*, BStBl. I 2016, S. 994, regelt die steuerliche Anerkennung von Aufwandsspenden i. S. d. § 10b Abs. 3 Sätze 5 und 6 EStG. Aufwendungsersatzansprüche i. S. d. § 670 BGB können sogenannte Aufwandsspenden sein. Es wird allerdings vermutet, dass ehrenamtliche Mitglieder und Förderer (des Vereins) unentgeltlich und ohne Aufwendungsersatzanspruch tätig werden. Der Gegenbeweis kann durch eine von vorneherein getroffene schriftliche Vereinbarung geführt werden. Der nachträgliche Verzicht auf diesen Anspruch kann dann eine Aufwandsspende sein, bei der es sich um eine Geldzuwendung handelt. Ein tatsächlicher Geldfluss ist dafür nicht erforderlich. Der vereinbarte Ersatzanspruch bestimmt die Höhe der Zuwendung.

943 Vgl. *Brandl*, in: Brandis/Heuermann, EStG, § 10b EStG Rn. 130; *BMF*, BStBl. I 2014, S. 1584 Rn. 2 f., ergänzt (Rn. 3) durch *BMF*, BStBl. I 2016, S. 994; *Rausch/Meirich*, Spenden durch Verzicht auf einen vertraglichen Anspruch, DStR 2017, 2769, 2770.

944 Vgl. *Rausch/Meirich*, Spenden durch Verzicht auf einen vertraglichen Anspruch, DStR 2017, 2769, 2770; *Schauhoff*, in: Schauhoff, Hdb Gemeinnützigkeit, § 11 Rn. 21; § 11 Rn. 61 ff.; differenziert *Hüttemann*, Gemeinnützigkeits- und Spendenrecht, Kap. 8 Rn. 8.44 f.

### *1. Sammelvermögen als anderes privatrechtliches Zweckvermögen i.S. von § 1 Abs. 1 Nr. 5 KStG*

Körperschaften sind gem. § 1 Körperschaftssteuergesetz (KStG) körperschaftssteuerpflichtig. Sie können nach § 5 Abs. 1 Nr. 9 KStG von der Steuerpflicht befreit werden, wenn sie gemeinnützige, mildtätige oder kirchliche Zwecke verfolgen (§ 51 Abs. 1 S. 2 AO). § 1 Abs. 1 KStG enthält einen abschließenden Katalog solcher Körperschaften. Dazu gehören neben den Kapitalgesellschaften (§ 1 Abs. 1 Nr. 1 KStG) und sonstigen juristischen Privatrechtspersonen, wie rechtsfähiger Verein und rechtsfähige Stiftung (§ 1 Abs. 1 Nr. 4), u. a. auch nichtrechtsfähige Vereine, Anstalten und Stiftungen sowie andere privatrechtliche Zweckvermögen (§ 1 Abs. 1 Nr. 5 KStG).

Das Zweckvermögen[945] ist ein unbestimmter Rechtsbegriff im Steuerrecht. Rechtsprechung und Lehre haben den Begriff definiert. Nach der auf den Reichsfinanzhof zurückgehenden Definition ist ein Zweckvermögen eine wirtschaftlich selbstständige, einem bestimmten Zweck gewidmete Vermögensmasse, die aus dem Vermögen des Widmenden ausgeschieden ist und aus der eigene Einkünfte fließen.[946] Der formalrechtliche Eigentümer kann nicht mehr frei über die Vermögensmasse verfügen, da diese dauerhaft dem bestimmten Zweck gewidmet ist und nur dafür verwendet werden darf.[947]

Der Begriff des Zweckvermögens in § 1 Abs. 1 Nr. 5 KStG soll aber weit verstanden werden und verschiedene zivilrechtliche Vermögen erfassen, die selbstständig neben dem sonstigen Vermögen des Steuerpflichtigen stehen.[948]

Das Sammelvermögen nach § 1914 BGB wird in der steuerrechtlichen Literatur[949] und in den Körperschaftssteuerrichtlinien 2004 und 2015[950] ausdrücklich als weiteres körperschaftliches Zweckvermögen genannt. Das durch eine öffentliche Sammlung für einen vorübergehenden, bestimmten und gemeinnützigen Zweck zusammengebrachte Vermögen ist daher ein Zweckvermögen.[951]

---

945 Ausführlich zum Zweckvermögen: *Tyarks*, Körperschaftsteuerrechtliche Zweckvermögen des privaten Rechts und ihre Behandlung im Umsatzsteuerrecht, insbesondere S. 25 ff., 31 ff., 74 ff.

946 Vgl. *BFH*, Urt. v. 5.11.1992 – I R 39/92, BeckRS 1992, 22010487; *Lampert*, in: Gosch, KStG, § 1 Rn. 92.

947 Vgl. *Tyarks*, Körperschaftssteuerrechtliche Zweckvermögen des privaten Rechts und ihre Behandlung im Umsatzsteuerrecht, 64 f.

948 Vgl. *BFHE* 201, 287, 289, 291; vgl. *Lampert*, in: Gosch, KStG, § 1 Rn. 92.

949 Vgl. *Streck*, Die Steuerpflicht nichtrechtsfähiger Stiftungen und anderer Zweckvermögen, StuW 1975, 135, 135, 143; *Schauhoff*, in: Schauhoff, Hdb Gemeinnützigkeit, § 6 Rn. 1, 4.; *Martini*, in: Winheller/Geibel/Jachmann-Michel, Gesamtes Gemeinnützigkeitsrecht, KStG, § 1 KStG Rn. 76; *Lampert*, in: Gosch, KStG, § 1 Rn. 92.

950 R 2 Abs. 5 S. 2 KStR 2004, abgelöst durch R 1.1 Abs. 5 S. 2 KStR 2015.

951 *Schauhoff*, in: Schauhoff, Hdb Gemeinnützigkeit, § 6 Rn. 2.

Damit ein Sammelvermögen i.S. des § 1914 BGB als körperschaftsrechtliches Zweckvermögen nach § 1 Abs. 1 Nr. 5 KStG als gemeinnützig gilt und von der Körperschaftssteuer befreit werden kann, muss gem. § 5 Abs. 1 Nr. 9 KStG eine Satzung oder sonstige Verfassung vorliegen, die den gemeinnützigen Zweck von vornherein bestimmt. Außerdem müssen Richtlinien für Sammler vorliegen, die den gemeinnützigkeitsrechtlichen Vorschriften entsprechen. Sie sorgen für eine Zweckbindung.[952] Weitere Voraussetzung ist auch, dass Erträge erwirtschaftet werden.

Es existieren keine steuerrechtlichen Entscheidungen zu Sammelvermögen als körperschaftssteuerpflichtigen Zweckvermögen. Die Literatur[953] verweist in diesem Zusammenhang auf Entscheidungen[954] zur Körperschaftssteuerpflicht von nicht-rechtsfähigen Personenvereinigungen, deren Grundsätze auch auf ein Sammelvermögen anzuwenden wären. Danach ist insbesondere § 3 Abs.1 KStG ein Auffangtatbestand, dessen Zweck die Besteuerung des Einkommens aus einer Vermögensmasse ist. Ein Zweckvermögen ist dann selbst Körperschaftssteuersubjekt, wenn es weder nach KStG oder EStG bei einem anderen Steuerpflichtigen angerechnet wird.[955]

Nach dem Gesagten kann ein Sammelvermögen Steuerrechtssubjekt sein, wenn durch seinen Einsatz Erträge erwirtschaftet werden. Als gemeinnützige Körperschaft ist das Sammelvermögen steuerlich begünstigt, wenn es darüber hinaus gewisse organisatorische Voraussetzungen wie Satzung und Sammlerrichtlinien im Sinne gemeinnützigkeitsrechtlicher Vorschriften erhält.

In der Praxis wird das kaum vorkommen. Die typischen und hier untersuchten Sammelvermögen entstehen aufgrund eines Sammelaufrufs und einer Sammlung für einen bestimmten vorübergehenden Zweck. Bei gemeinnützigen Körperschaften bedarf es nicht des Umwegs über das Zweckvermögen für die körperschaftssteuerliche Begünstigung. Bei privaten Sammlern spielt der finanzielle Vorteil einer körperschaftssteuerlichen Begünstigung als gemeinnütziges Zweckvermögen keine Rolle. Der Aufwand, die Voraussetzungen für die steuerliche Anerkennung als gemeinnütziges Zweckvermögen durch eine Satzung und Sammlerrichtlinien zu erfüllen, ist für ein durch öffentliche Sammlung entstandenes Sammelvermögen

---

952 Vgl. *Streck*, Die Steuerpflicht nichtrechtsfähiger Stiftungen und anderer Zweckvermögen, StuW 1975, 135, 143; *Schauhoff*, in: Schauhoff, Hdb Gemeinnützigkeit, § 6 Rn. 4.

953 Vgl. *Schauhoff*, in: Schauhoff, Hdb Gemeinnützigkeit, § 6 Rn. 1, 4; *Martini*, in: Winheller/Geibel/Jachmann-Michel, Gesamtes Gemeinnützigkeitsrecht, KStG, § 1 KStG Rn. 76; *Lampert*, in: Gosch, KStG, § 1 Rn. 92.

954 Vgl. nur *BFHE* 71, 664, 664 f.; 141, 405, 419 ff.; Urt. v. 5.11.1992 – I R 39/92, BeckRS 1992, 22010487.

955 Vgl. *BFHE* 71, 664, 664 f.; 141, 405, 419 ff.; *Hüttemann/Herzog*, Steuerfragen bei gemeinnützigen nichtrechtsfähigen Stiftungen, DB 2004, 1001, 1003.

meist zu groß. In der Regel wird ein solches Sammelvermögen zudem weder angelegt werden noch werden Erträge erwirtschaftet, auch wenn es im Einzelfall von der Sammlung und dem Zeitpunkt der Zweckzuwendung abhängen mag. Es ist zwar nicht auszuschließen, dass bei einem finanziell erheblichen Sammelvermögen, das nicht unmittelbar, sondern erst nach einem Jahr zugewendet wird, auch Erträge fließen, wenn das Sammelvermögen zumindest auf ein Konto eingezahlt wird, auf dem das Geld verzinst wird. In einem solchen Einzelfall könnte sich der Aufwand zur Erreichung des Status' einer steuerbegünstigten Vermögensmasse lohnen, wenn etwa absehbar ist, dass es sich nicht nur um einen einmaligen vorübergehenden Zweck der Sammlung handelt. Dann böte sich womöglich die unselbständige Verbrauchsstiftung als die geeignetere Organisationsform an.

## *2. Sammelvermögen nach Spendenaufrufen nach § 62 Abs. 3 Nr. 3 AO?*

In § 62 Abs. 3 Nr. 3 AO geht es um eine Ausnahme vom Gebot der zeitnahen Mittelverwendung nach § 55 Abs. 1 Nr. 5 AO. Danach müssen Zuwendungen nicht zeitnah verwendet werden, die aufgrund eines Spendenaufrufs der Körperschaft fließen, der Beträge zur Aufstockung des Vermögens erbittet.

Nach dem Wortlaut ist nur der Fall geregelt, dass die Körperschaft selbst zur Spende in das Vermögen aufruft. Die Literatur[956] meint aber, dass von § 62 Abs. 3 Nr. 3 AO auch die Spenden in das Vermögen erfasst werden, die aufgrund von Spendenaufrufen Dritter fließen, wenn der Spendenaufruf mit Billigung der Körperschaft erfolgt.

Da steuerrechtlich vom Oberbegriff Spende sowohl diejenige zur zeitnahen Verwendung als auch diejenige in das Vermögen der Körperschaft - bei Stiftungen Zustiftungen – erfasst werden,[957] ist fraglich, ob es bei Spendenaufrufen für den bestimmten Zweck der Aufstockung des Körperschaftsvermögens zu einem Sammelvermögen kommen kann. Selbst wenn man dies generell als möglich unterstellt, liegt im Falle des § 62 Abs. 3 Nr. 3 AO jedoch kein Sammelvermögen vor. Da das Steuerrecht mit § 1 Abs. 1 Nr. 5 KStG als weiteres Zweckvermögen das Sammelvermögen nach § 1914 BGB meint,[958] gilt für das Sammelvermögen im Steuerrecht ebenfalls, dass es vorübergehend und nicht dauerhaft ist. Die in § 62 Abs. 3 Nr. 3 AO erwähnten Zuwendungen aufgrund von Spendenaufrufen sind von vorneherein nicht zur zeitnahen, sondern zur Verwendung zwecks Sicherung des dauerhaften Erhalts der Körperschaft bestimmt. Solche Zuwendungen unterliegen auch ohne Spendenaufruf nicht dem Gebot der zeitnahen Mittelverwendung,

956 Vgl. *Theuffel-Werhahn*, in: Winheller/Geibel/Jachmann-Michel, Gesamtes Gemeinnützigkeitsrecht, AO, § 62 AO, Rn. 193; *Schiffer*, Die Stiftung in der Beraterpraxis, § 8 Rn. 63; *Hüttemann*, Das Gesetz zur weiteren steuerlichen Förderung von Stiftungen, DB 2000, 1584, 1585; *ders.*, Gemeinnützigkeits- und Spendenrecht, Kap. 5 Rn. 5.157.

957 *Flues*, Die Zustiftung, S. 172.

958 S.o. Teil 2, C.II.1.

wenn der Zuwendende ausdrücklich erklärt, dass seine, in diesen Fällen üblicherweise größere, Spende für das Körperschaftsvermögen bestimmt ist (§ 62 Abs. 3 Nr. 2 AO). In § 62 Abs. 3 Nr. 3 AO ist somit lediglich der Sonderfall[959] geregelt, dass es zu Zuwendungen in das Vermögen der Körperschaft aufgrund von Spendenaufrufen kommt. Die Gesamtheit solcher Zuwendungen ist nicht vorübergehend und kann daher auch steuerlich kein Sammelvermögen sein.

### 3. *Besondere Sammlungen*

Das Steuerrecht kennt einige Sonderregelungen aufgrund verschiedener Sammlungsgründe, Zuführungsarten und Sammlungsarten.

#### a. *Sammlungen in Katastrophenfällen (§ 55 Abs. 1 Nr. 1 S. 1 AO)*

Eine steuerlich begünstigte Körperschaft darf nach § 55 Abs. 1 AO ihre Mittel nur für ihre eigenen satzungsmäßigen Zwecke verwenden. „Mittel" wird nicht legal definiert. Der vom BFH geprägte Begriff „Mittel",[960] dem sich auch Finanzverwaltung[961] und Steuerrechtsliteratur[962] angeschlossen haben, umfasst sämtliche Vermögenswerte einer Körperschaft. Darunter fallen also Zuwendungen als Spenden und Mitgliedsbeiträge, Zuschüsse, Rücklagen, Erträge aus der Vermögensverwaltung und Gewinne aus Zweckbetrieben sowie das entsprechende Vermögen.

In Katastrophenfällen erlaubt die Finanzverwaltung per Verwaltungsanweisung üblicherweise eine zeitweise Ausnahme von dem Gebot, die Mittel für eigene satzungsgemäße Zwecke zu verwenden.[963] Alle steuerlich begünstigten Körperschaften können dann Spenden für die Katastrophenhilfe sammeln, ohne die Satzung ändern zu müssen, oder ihre Steuerbegünstigung zu verlieren. Voraussetzung ist, dass diese gesammelten Spenden an eine (gemeinnützige oder) mildtätige Körperschaft, eine inländische Dienststelle des öffentlichen Rechts oder inländische öffentlich-rechtliche Körperschaft weitergeleitet werden. Die sammelnde steuerlich begünstigte Körperschaft darf die Spendenbescheinigungen für diese Spenden mit dem Hinweis auf die Sonderaktion ausstellen.[964]

---

959 Es gibt keinen Hinweis in den Materialien, warum so spezifisch Zuwendungen aufgrund eines Spendenaufrufs der Körperschaft geregelt wurden (vgl. *Hüttemann*, Das Gesetz zur weiteren steuerlichen Förderung von Stiftungen, DB 2000, 1584, 1585).

960 *BFHE* 165, 484, 488; *BFH*, BStBl. II 2002, S. 162, 164; DStR 2017, 1754, 1759 f.

961 Vgl. AEAO Nr. 2 zu § 55 Abs. 1 S. 1 AO.

962 Vgl. nur *Schauhoff*, in: Schauhoff, Hdb Gemeinnützigkeit, § 9 Rn. 70; *Hüttemann*, Gemeinnützigkeits- und Spendenrecht, Kap. 5 Rn. 5.22.

963 Vgl. *Gersch*, in: Klein AO, § 55 Rn. 4.

964 Vgl. *Gersch*, in: Klein AO, § 55 Rn. 4.; *BMF*, DStR 2015, 1178: Hilfe für Nepal; BStBl. I 2015, S. 754; BStBl. I 2016, S. 1425; DStR 2020, 795: Hilfe für Flüchtlinge in Deutschland bis zum 31.12.2021; 9.4.2020, DStR 2020, 795: Coronakrise bis 31.12.2020.

Beim Ergebnis der Sammlung für den bestimmten Zweck der Katastrophenhilfe, den die sammelnde steuerbegünstigte Körperschaft dann weiterleitet, handelt es sich um ein Sammelvermögen. Die steuerrechtliche Folge ist der Erhalt der Steuerbegünstigung. Anknüpfungspunkt ist allerdings die Spende und nicht das Sammelvermögen.

### *b. Sammlungen durch Hilfspersonen (§ 57 Abs. 1 AO)*

Wenn eine gemeinnützige Körperschaft selbst Spenden zur unmittelbaren Verwendung für einen bestimmten Zweck sammelt, handelt es sich um ein Sammelvermögen.

Es ist zulässig, dass die gemeinnützige Körperschaft dabei zum Sammeln oder für den Aufruf entgeltlich[965] Hilfspersonen (§ 57 Abs. 1 AO) einsetzt und damit unmittelbar ihren eigenen gemeinnützigen Zweck verwirklicht. Das Handeln der Hilfspersonen wird ihr zugerechnet. Die Hilfsperson hat dabei auf Weisung der gemeinnützigen Körperschaft zu handeln (AEAO Nr. 2 S. 2 zu § 57). Hilfspersonen können natürliche und juristische Personen sein.[966]

Wenn ein Dritter unentgeltlich, aber weisungsgebunden zum Spenden an eine gemeinnützige Körperschaft aufruft und daraufhin an diese Körperschaft gespendet wird, schadet dies der Gemeinnützigkeit der Körperschaft ebenfalls nicht.[967]

Das Sammelvermögen entsteht erst bei der gemeinnützigen Körperschaft, und die Steuerbegünstigung erfolgt je Spender.

### *c. Spendensammelorganisationen/ Fördermittelkörperschaften (§ 58 AO)*

In § 58 AO werden bestimmte Betätigungen von Körperschaften aufgelistet, die steuerlich unschädlich für die Gemeinnützigkeit sind. Zum einen ist dies die Förderung anderer Körperschaften durch Beschaffung von Mitteln, zum anderen die teilweise Verfolgung nicht gemeinnütziger Zwecke.

Nach § 58 Nr. 1 AO können reine Spenden und Fördermittel sammelnde Organisationen als gemeinnützig anerkannt werden, auch wenn sie keinen anderen Satzungszweck[968] als die Mittelbeschaffung für andere Organisationen haben.[969] Diese Organisationen müssen nicht unmittelbar und ausschließlich gemeinnützige

---

965 Vgl. *Schiffer*, Die Stiftung in der Beraterpraxis, § 10 Rn. 190 ff.

966 *Scherff*, Gemeinnützigkeitsrechtliche Aspekte in Holding-Strukturen, DStR 2003, 727, 728; *Pauli*, in: Stumpf/Suerbaum/Schulte/Pauli, Stiftungsrecht, E, AEAO zu § 57 Nr. 2.

967 Vgl. *Schiffer*, Die Stiftung in der Beraterpraxis, § 10 Rn. 203.

968 Die Beschaffung von Mitteln muss als Satzungszweck festgelegt sein: AEAO zu § 58 Nr. 1.

969 Vgl. *Theuffel-Werhahn*, in: Winheller/Geibel/Jachmann-Michel, Gesamt Gemeinnützigkeitsrecht, AO, § 58 Nr. 1 AO Rn. 6, 9.

Zwecke verfolgen. Allerdings dürfen die Spendensammlungen bzw. die beschafften Mittel nur an ihrerseits gemeinnützige Körperschaften weitergeben werden.[970]

Nach § 58 Abs. 2 AO können gemeinnützige Körperschaften auch teilweise ihre Mittel anderen gemeinnützigen Körperschaften zuwenden.

Im Steuerrecht ist es ein anerkannter gemeinnütziger Zweck, Spenden für einen bestimmten gemeinnützigen Zweck eines anderen zu sammeln und somit Sammelvermögen zusammenzubringen. In der Regel wird hierbei auch zwischen der Spendensammelkörperschaft als Träger des Sammelvermögens und dem Sammelvermögen selbst unterschieden werden müssen. Lediglich im Falle eines Sammelvermögens nach § 1914 BGB, das als gemeinnütziges körperschaftssteuerbefreites Zweckvermögen nach § 1 Abs. 1 Nr. 5, § 5 Abs. 1 Nr. 9 KStG seine Mittel (teilweise) einer anderen gemeinnützigen Körperschaft zuwendet, wären Träger und Sammelvermögen (teilweise) identisch. Ein Sammelvermögen nach § 1914 BGB setzt nicht voraus, dass der vorübergehende bestimmte Zweck durch den Sammler selbst verwirklicht werden muss.

Ein aktueller praktischer Fall ist in Literatur oder Rechtsprechung nicht zu finden.

### *d. Der praktische Fall*

Nicht nur gemeinnützige Körperschaften, auch natürliche Personen oder gewerbliche Unternehmen sammeln. Hat ein Spender aufgrund eines eigenen Spendenaufrufs zum Beispiel per Sammelbüchse gesammelt, um den Ertrag einer gemeinnützigen Körperschaft zu spenden, entsteht ein Sammelvermögen.

Ein typischer Fall wäre ein Unternehmen, das eine Spendensammlung über seine Belegschaft organisiert, das Ergebnis verdoppelt und das Sammelvermögen einer gemeinnützigen Organisation spendet.

Ebenfalls typisch ist eine natürliche Person, die sich für einen bestimmten gemeinnützigen Zweck engagiert und dafür Spenden sammelt und sie dann weiterleitet.

In diesem Falle handeln die Sammler nicht weisungsgebunden und werden nicht als Hilfsperson von der gemeinnützigen Körperschaft eingesetzt. Die Sammler sind auch weder gemeinnützige Körperschaft noch öffentlich-rechtliche bzw. öffentlich-rechtlich kirchliche Körperschaften. Insofern handelt es sich bei dem

---

970 Die entsprechende Gesetzesänderung des § 58 Nr. 1 AO durch das InvestitionszulagenG v. 20.12.2000 (BStBl. I 2001, S. 28, 33) schloss damit die missbräuchliche Nutzung von Förder- oder Spendensammelkörperschaften als Sammler steuerbegünstigter Spenden für die Verwendung bei nicht gemeinnützigen Körperschaften aus; vgl. Bericht Finanzauschuss zu dem Gesetzesentwurf BT-Drs. 14/4626 vom 16.11.2007; *J. Maier*, Die Besteuerung der Stiftung nach der Reform, BB 2001, 494, 503; *Pauli*, in: Stumpf/Suerbaum/Schulte/Pauli, Stiftungsrecht, E, AO § 58 Rn. 5.

Sammler auch nicht um eine Spendensammelorganisation nach § 58 AO und das Sammelvermögen ist keine Durchlaufspende im steuerlichen Sinne.

Die Annahme des Sammelvermögens schadet der Gemeinnützigkeit der empfangenden Körperschaft nicht. Bei der Unmittelbarkeit und der Verwendung für eigene Zwecke nach §§ 55 ff. AO ist immer nur die Gemeinnützigkeit der sammelnden Körperschaft betroffen. Im Zweifel kennt die empfangende Körperschaft nicht die Sammelvorgeschichte und versteht das ihr zugewandte Vermögen als eine Spende. Je nach Zweckbestimmung kann die empfangende gemeinnützige Körperschaft das Sammelvermögen zeitnah verwenden oder dem Vermögen zuführen (vgl. § 62 AO).

Soweit es sich bei den Spenden nicht um Kleinbeträge aus der Sammelbüchse handelt und der Sammler seinerseits ein Treuhandkonto einrichtet und eine Spenderliste erstellt, auf denen er Namen, Adressen und Spendenhöhe notiert und diese an die gemeinnützige Organisation weitergibt, können die einzelnen Spender eine Spendenbescheinigung der gemeinnützigen Körperschaft erhalten und die Spende steuerlich geltend machen.[971]

## III. Ergebnis

Das Steuerrecht enthält eine Vielzahl von Regeln zu verschiedenen Spendenarten, Sammelmethoden und der Spendenverwendung, nicht aber zum Sammelvermögen. Die Regelungen zu Spenden im EStG/ GewStG und KStG dienen in erster Linie zur Bestimmung der steuerlichen Abzugsfähigkeit, anrechenbaren Höhe und dem Zeitpunkt des Abzugs von Spenden. Das Finanzamt prüft die steuerliche Geltendmachung der Spende.

Gleichzeitig wird gesetzlich (§ 10b Abs. 1 EStG) „Zuwendung" als Oberbegriff für Spenden und Mitgliedsbeiträge verwendet.[972] Der nicht legal definierte Spendenbegriff ist von der steuerrechtlichen Rechtsprechung[973] entwickelt worden und bedeutet, dass eine Spende eine freiwillige und unentgeltliche Zuwendung eines Steuerpflichtigen zur Förderung steuerbegünstigter Zwecke ist. Als Spende gilt im Steuerrecht sowohl eine Spende zur zeitnahen Verwirklichung der steuerbegünstigten Zwecke des Empfängers (§ 55 Abs. 1 Nr. 5 AO) als auch Spenden in das Vermögen einer Körperschaft bzw. im Falle einer Stiftung in das Stiftungsvermögen (§ 62 Abs. 3 Nr. 2 und 3 AO).[974]

---

971 Vgl. § 50 EStDV zum vereinfachten Zuwendungsnachweis sowie *BMF*, DStR 2020, 795: Hilfe für Flüchtlinge in Deutschland bis zum 31.12.2021.

972 Vgl. *Seer*, in: Kirchhof/Seer, EStG, § 10b EStG Rn. 5; *Pauli*, in: Stumpf/Suerbaum/Schulte/Pauli, Stiftungsrecht, E, EStG § 10b Rn. 12.

973 Ständige Rechtsprechung, *BFHE* 144, S. 439, 441; 163, S. 197, 198; 168, S. 35, 36 f.; *BFH*, DStR 2006, 1975, 1976; *Seer*, in: Kirchhof/Seer, EStG, § 10b EStG Rn. 7 ff.; *Brandl*, in: Brandis/Heuermann, EStG, § 10b EStG Rn. 16 ff.

974 Vgl. *Flues*, Die Zustiftung, S. 172; vgl. zu Mittelbegriff und zeitnahen Verwendungspflicht, *Hüttemann*, Gemeinnützigkeits- und Spendenrecht, Kap. 5 Rn. 5.22, 5.70 ff.

Anknüpfend an den zivilrechtlichen Begriff des Sammelvermögens kann ein Sammelvermögen nach § 1914 BGB ein körperschaftsbefreites Zweckvermögen i.S. von § 1 Abs. 1 Nr. 5, § 3 Abs. 1 KStG sein. Auchhier gilt, dass es vorübergehend zusammengetragen und nicht auf Dauerhaftigkeit eingerichtet ist. Entsprechend kann das durch eine öffentliche Sammlung für einen vorübergehenden, bestimmten und gemeinnützigen Zweck zusammengebrachte Vermögen grundsätzlich ein Zweckvermögen im Sinne des KStG sein. Freilich gilt dies nur, wenn das Sammelvermögen Erträge erwirtschaftet und gewisse formelle und organisatorische Voraussetzungen im Hinblick auf Satzung und Gemeinnützigkeitsvoraussetzungen erfüllt.[975]

Da die Öffentlichkeit einer Sammlung nicht Voraussetzung eines Sammelvermögens ist, sondern lediglich im Falle der Anordnung einer Pflegschaft nach § 1914 BGB vorliegen muss, kann aus dem oben Gesagten die folgende Definition des Sammelvermögens im Steuerrecht abgeleitet werden:

Ein Sammelvermögen ist das Ergebnis einer Sammlung von Zuwendungen für einen bestimmten, vorübergehenden Zweck, das dann den Status eines Zweckvermögens i. S. d. § 1 Abs. 1 Nr. 5 KStG hat, wenn es Erträge erwirtschaftet und bestimmten Voraussetzungen hinsichtlich Satzung und Gemeinnützigkeit genügt.

## D. Das Sammelvermögen und die Spende im Strafrecht sowie Terrorismusfinanzierung durch Spenden

Obwohl der Schwerpunkt der Arbeit im Zivilrecht liegt, ist es unerlässlich auch auf die Rolle der Spende und des Sammelvermögens im Strafrecht hinzuweisen, um so die Bedeutung der Spende und des Sammelvermögens in unserer Gesellschaft herauszuarbeiten. Zudem wird in § 89c StGB das Sammeln von Vermögenswerten unter Strafe gestellt, so dass zu untersuchen ist, ob hier ein strafrechtliches Sammelvermögens vorliegt und ggf. definiert wird.

### I. Spendenbetrug gem. § 263 StGB, Untreue gem. § 266 StGB

Seitdem Bettelei aufgrund des Wegfalls des § 361 Nr. 3 und 4 StGB a.F. im Zuge der Strafrechtsreform von 1974[976] keine Straftat mehr ist, bedarf es keiner Abgrenzung zwischen Sammeln und Betteln mehr. Strafrechtlich kommt lediglich noch der Spenden- und Schenkungsbetrug gem. § 263 StGB in Betracht.

Aus jüngerer Zeit gibt es drei einer größeren Öffentlichkeit bekannt gewordene Fälle, bei denen ein Großteil der Spenden nicht direkt dem Sammlungszweck

975 S.o. Teil 2, C.II.1; *Schauhoff*, in: Schauhoff, Hdb Gemeinnützigkeit, § 6 Rn. 2.

976 BGBl. I 1974, S. 469, § 361 Nr. 3 und 4 StGB wurde durch Art. 326 Abs. 3, Art. 19 Nr. 206 EGStGB zum 2.4.1974 außer Kraft gesetzt.

zu Gute kam. Strafrechtlich war zu prüfen, ob ein sogenannter Spendenbetrug[977] vorlag.

Der Gründer des Vereins „Hatun und Can“ wurde wegen Spendenbetrugs vom Berliner Landgericht zu vier Jahren und zehn Monaten Freiheitsstrafe verurteilt.[978] Im Jahr 2006 gründete der Angeklagte besagten Verein, der den Namen eines bekannten Ehrenmordfalls trägt. Satzungsgemäßer Zweck war, Hilfs- und Schutzmaßnahmen für Frauen zu fördern oder selbst durchzuführen, die von sogenannten Zwangsehen bedroht oder bereits in einer solchen leben. In den Jahren 2007 bis 2010 sammelte der Gründer, gestützt durch öffentlichkeitswirksame Werbung, ca. 708.000 € an Spenden. Darunter war auch eine Großspende von 500.000 €. Lediglich etwa 17.000 € kamen unmittelbar dem Vereinszweck zugute, ca. 256.000 € verwandte der Angeklagte nachweisbar für seine private Lebensführung. Der Rest konnte beschlagnahmt werden.

Etwas anders lag der Fall der „Krebsforschung“,[979] bei dem von einer gGmbH mit großem Werbeaufwand über fünf Jahre ca. 12,5 Mio. € Spenden gesammelt und im Endeffekt im Fünf-Jahresdurchschnitt betrachtet nur 18,73 Prozent direkt dem Spendenzweck zugutekamen. 63,34 Prozent waren für Spendenwerbung, ein weiterer Teil für Verwaltungskosten ausgegeben worden.

Das Gericht kam zu dem Ergebnis, dass die Verursachung hoher Spendenwerbungskosten alleine noch kein Betrug sei, solange nicht ausdrücklich Angaben zur Höhe der Verwaltungs- und Organisationskosten gemacht werden. Der Hinweis bei der Spendenwerbung, die Spenden „zeitnah“ und „effektiv“ einzusetzen, beinhalte aber keine tatsächliche Erklärung über die Höhe der Werbungs- und Verwaltungskosten.[980]

Auch eine beabsichtigte zweckwidrige Spendenverwendung konnte das Gericht nicht erkennen. Werbungs- und Verwaltungskosten dienten per se mittelbar dem Zweck. Nur aufgrund einer dauerhaft hohen Werbungskostenquote könne nicht auf Absicht zur zweckwidrigen Verwendung der Spenden geschlossen werden. Hierzu müssten Anhaltspunkte für nicht marktgerechte, überhöhte Kosten der Spendenwerbung und ggf. für Scheinabrechnungen vorliegen, die im Endeffekt als verdeckte Zahlungen persönlich bereichernd wirken.[981]

Das OLG Celle verneinte auch den Tatvorwurf der Untreue nach § 266 StGB. Durch die Vertragsabschlüsse unter den verschiedenen beteiligten Gesellschaften könne die gGmbH zwar ihren Gemeinnützigkeitsstatus verlieren, ein Verstoß gegen die Selbstlosigkeit nach § 55 AO begründe aber keinen Pflichtverstoß im Sinne des § 266 StGB, da § 55 AO nicht den Zweck habe, das Vermögen der gGmbH

977 *Rengier*, StrafR BT 1, § 13 Betrug (§ 263) Rn. 149-154.

978 *BGH*, Beschl. v. 13.9.2012 – 5 StR 244/12, BeckRS 2012, 20136.

979 *OLG Celle*, npoR 2012, 202, 202 ff.

980 *OLG Celle*, npoR 2012, 202, 203.

981 *OLG Celle*, npoR 2012, 202, 204 f.

zu schützen. Auch der Verlust der - in diesem Falle zunächst nur vorläufigen - Anerkennung der Gemeinnützigkeit aufgrund der hohen Kosten für die Spendenwerbung stelle keine schadensgleiche Vermögensgefährdung im Sinne des § 266 StGB dar. Diese sei keine unmittelbare Folge der Pflichtverletzung, sondern hänge von weiteren Zwischenschritten ab.[982]

Einen klassischen Fall von Spendenbetrug hatte das OLG München zu verhandeln.[983] Die Täterin hatte vorgegeben, Spenden für eine Bahnhofsmission und Suppenküche zu sammeln, tatsächlich wollte sie aber die Spenden von Anfang an für sich behalten.

In seinen Ausführungen bestätigte das OLG die h.M. und ständige Rechtsprechung des BGH und führte aus, dass eine bewusste Selbstschädigung[984] den Spendenbetrug nicht ausschließe.[985] Der Schutzzweck der Norm greife hier, weil eine Dispositionswirkung und damit eine Minderung des Opfervermögens eingetreten sei. Die Spender hätten durch die täuschungsbedingte Hingabe der Geldspenden rechtlich geschützte Vermögenswerte verloren und entsprechend sei bei ihnen ein Vermögensschaden eingetreten.[986] Ob ein Schaden eingetreten sei, sei objektiv nach dem Prinzip der bilanzierten Gesamtbewertung zu beurteilen. Im Ergebnis bedeutet dies, dass ein Schaden vorliegt, wenn der Saldo bei Vergleich des Vermögens des Opfers vor und nach der irrtumsbedingten Vermögensverfügung negativ ist.

Der Gedanke der sozialen Zweckverfehlung wird hier als Element des vermögensstrafrechtlichen Schadensbegriffs herangezogen.[987] Damit lassen sich die Fälle bewusster Selbsttäuschung abgrenzen, bei der nicht vermögensrelevante Motive des Spenders enttäuscht werden. So liegt dann kein Betrug vor, wenn der Sammler dem Spender vorspiegelt, ein Nachbar habe eine hohe Spende geleistet und dadurch den Spender veranlasst, ebenfalls eine (hohe) Spende für diesen

---

982 *OLG Celle*, npoR 2012, 202, 206 ff.

983 *OLG München*, wistra 2014, 33, 33 f.

984 Anders die Mindermeinung, die der Zweckverfehlungstheorie folgt und eine unbewusste Selbsttäuschung nicht ausreichen lässt. Der überwiegende Teil der Vertreter dieser Rechtsauffassung kommt dennoch zu einer Betrugsstrafbarkeit, wenn die Spende aufgrund einer sozialen Zweckverfehlung sinnlos und unwirtschaftlich wird; vgl. *Kühl*, in: Lackner/Kühl, StGB, § 263 Rn. 55 f.; *Perron*, in: Schönke/Schröder, StGB, § 263 Rn. 41, 101 f.

985 *BGH*, NJW 1992, 2167, 2167; NJW 1995, 539, 539; *Kindhäuser*, in: NK-StGB, § 263 Rn. 296; *Rengier*, StrafR BT 1, § 13 Betrug (§ 263) Rn. 148; *Satzger*, in: Satzger/Schluckebier/Widmaier, StGB, § 263 Rn. 235 ff.

986 Vgl. auch *Hecker*, Strafrecht BT: Spendenbetrug, JuS 2014, 561, 562 f.

987 *BGHSt* 19, 37, 45; *BGH*, NJW 1995, 539, 539; NStZ 2006; 624. 625; *Kindhäuser*, in: NK-StGB, § 263 Rn. 296; *Rengier*, StrafR BT 1, § 13 Betrug (§ 263) Rn. 150 f.; *Satzger*, in: Satzger/Schluckebier/Widmaier, StGB, § 263 Rn. 239.

wohltätigen Zweck zu geben. Das gespendete Geld kommt dabei dem Sammelzweck zugute.[988]

Eine verfassungsrechtlich unzulässige „Verschleifung“[989] der Tatbestandsmerkmale Vermögensverfügung und Vermögensschaden liege nach dem OLG nicht vor, da die Bejahung einer Vermögensverfügung nicht automatisch zur Annahme eines Vermögensschadens führe.[990]

## II. Terrorismusfinanzierung durch Spenden und Geldwäsche

Ein Spendenbetrug durch die Verantwortlichen, z. B. Vorstandsmitglieder eines Vereins, kommt auch in Fällen in Betracht, in denen die Organisationen über den eigentlichen Spendenzweck täuschen, und die Spender unbewusst kriminelle oder terroristische Organisationen unterstützen. Die tateinheitlich verwirklichte Bildung oder Unterstützung einer kriminellen oder terroristischen Vereinigung nach § 129, § 129a/ b StGB fällt dabei allerdings schwerer ins Gewicht.

Spenden sind eine große und wichtige Einnahmequelle für terroristische Organisationen.[991] Die nordirische IRA hatte in den 1960er und 1970er Jahren eine eigene Sammlungsorganisation namens Irish Northern Aid (Noraid) in den USA, die erheblich zur Finanzierung der IRA beitrug.[992]

In Einzelfällen nutzen terroristische Vereinigungen über Kontakte zu islamischen Hilfsorganisationen die hohe, religiös bedingte Spendenbereitschaft bestimmter Zielgruppen aus. Denn Spende bzw. Almosen an Bedürftige, das sogenannte „Zakat“, ist eine religiöse Pflicht für Muslime und gehört zu den fünf Säulen des Islam.[993] So berichtet der „Spiegel“[994] unter Berufung auf den Verfassungsschutz,

---

988 *Rengier*, StrafR BT 1, § 13 Betrug (§ 263) Rn. 152 ff.; *Hecker* Strafrecht BT: Spendenbetrug, JuS 2014, 561, 563; *Satzger*, in: Satzger/Schluckebier/Widmaier, StGB, § 263 Rn. 240.

989 *BVerfGE* 130, 1, 47 ff.

990 *OLG München*, wistra 2014, 33, 34; *Hecker* Strafrecht BT: Spendenbetrug, JuS 2014, 561, 563.

991 Vgl. *Zöller*, Terrorismusstrafrecht, S. 613; *Sieber/Vogel*, Terrorismusfinanzierung, S. 10 f., 17; *Fröba*, Die Reichweite des § 129a StGB bei der Bekämpfung des transnationalen Terrorismus, S. 191 f.

992 *Zöller*, Terrorismusstrafrecht, S. 613.

993 *Zöller*, Terrorismusstrafrecht, S. 613 f.; *Gouvin*, Bringing Out the Big Guns (2003), Baylor Law Review 2003, Vol. 55, 955, 976 f.

994 *Baumgärtner/Diehl/Knobbe*, Verein „Helfen in Not“ - Spendengelder flossen offenbar an syrische Terrorgruppen, Der Spiegel v. 7.10.2016, abrufbar unter: https://www.spiegel.de/politik/ausland/syrien-helfen-in-not-spenden-gelangten-offenbar-an-terrorgruppen-a-1115613.html (aufgerufen am 4.9.2021).

dass zu Spendengalas islamischer Hilfsvereine in Deutschland bis zu 2000 Besucher kommen und dabei bis zu 50.000 € gesammelt werden.[995]

Häufig fördern auch bestimmte Staaten aus religiösen oder politischen Gründen terroristische Vereinigungen.[996] Letztere betreiben neben illegalen auch legale Geschäfte, im Gegensatz zur organisierten Kriminalität.[997] Sowohl eine Spende als auch das Spendensammeln ist zunächst einmal legal und eine alltägliche und gesellschaftlich akzeptierte Tätigkeit.[998] Wird die Spende jedoch bewusst oder absichtlich zur Unterstützung einer terroristischen Vereinigung oder einer geplanten Straftat einer solchen Vereinigung gegeben, gesammelt, entgegengenommen oder verwendet, kann dies als Terrorismusfinanzierung (§ 89c StGB) oder als Unterstützung terroristischer Vereinigungen eine strafbare Handlung nach § 129a bzw. b StGB sein.

Es kommt vor, dass sammelnde Organisationen über ihre humanitären oder mildtätigen Zwecke täuschen und terroristische Organisationen oder Zwecke unterstützen. So hat zum Beispiel die „Internationale Humanitäre Hilfsorganisation“ Spenden für humanitäre Hilfe eingeworben, aber sogenannte Sozialvereine im Gaza-Streifen unterstützt, die wiederum zu der radikalislamischen Palästinenserorganisation Hamas gehörten.[999] Ebenso sollen die Vereinigung „Ansaar International“ und neun ihrer Teilorganisationen nicht nur Waisendörfer und Brunnen gebaut, sondern mit Spendengeldern auch terroristische Organisationen in Syrien, dem Gaza-Streifen und Somalia unterstützt haben.[1000]

Unabhängig von einer möglichen Strafbarkeit wegen Spendenbetrugs der Organisatoren nach § 263 StGB droht Vereinen, die terroristische Vereinigungen oder Zwecke durch Spenden unterstützen, Vereinsverbot – und sogar Auflösung (§ 3 Abs. 1 Satz 1 Alt. 3 VereinsG i. V. m. Art. 9 Abs. 2 Alt. 3 GG) sowie die Beschlagnahme des Vermögens (§ 11 Vereinsgesetz). So ist es auch der „Internationalen Humanitären Hilfsorganisation“ (23.6.2010) und „Ansaar International“ (5.5.2021) ergangen.[1001] Das Innenministerium hat seit Inkrafttretens des Vereinsgesetzes

---

995 Laut *Baumgärtner/Diehl/Knobbe,* Verein „Helfen in Not“ - Spendengelder flossen offenbar an syrische Terrorgruppen, Der Spiegel v. 7.10.2016, abrufbar unter: https://www.spiegel.de/politik/ausland/syrien-helfen-in-not-spenden-gelangten-offenbar-an-terrorgruppen-a-1115613.html (aufgerufen am 4.9.2021).

996 *Zöller,* Terrorismusstrafrecht, S. 614.

997 Vgl. *Zöller,* Terrorismusstrafrecht, S. 615 f.

998 Vgl. *Max-Planck-Gesellschaft,* Strafrechtliche Konzepte gegen Terrorismusfinanzierung, 29.1.2016, abrufbar unter: www.mpg.de/9916569/terrorismusfinanzierung (aufgerufen am 4.9.2021).

999 Vgl. *BVerwG,* NVwZ-RR 2012, 648, 648 ff.

1000 https://www.tagesschau.de/investigativ/swr/verbot-ansaar-international-101.html (aufgerufen am 4.9.2021).

1001 *BVerwG,* NVwZ-RR 2012, 648, 648 ff.; *BVerfGE 149, 160, 192 ff.; Bundesministerium des Inneren,* Pressemitteilung v. 5.5.2021, abrufbar unter: https://www.bmi.bund.de/

1964 15 islamistische, 93 ausländerextremistische, eine linksextremistische, 20 rechtsextremistische und 33 Rocker-Vereinigungen bzw. Organisationen aus dem Bereich der organisierten Kriminalität verboten.[1002]

Kriminelle Personen und kriminelle Organisationen begehen auch häufig Geldwäsche. Auch hierbei können Spenden eine besondere Rolle spielen. So ist ein Kinderschutzverein nicht nur wegen Spendenbetrugs sondern auch wegen Geldwäsche durchsucht worden. Der Bank war aufgefallen, dass vom Vereinskonto hohe Beträge auf diverse andere Konten ohne Vereinsbezug überwiesen wurden. Sie erstatte Anzeige wegen des Verdachts der Geldwäsche.[1003]

Auch gegen einen angestellten Monsignore der Vatikanbank wurde im Hinblick auf dubiose Geldgeschäfte und Geldwäsche ermittelt. Er soll vermeintliche Spenden für ein Immobilienprojekt gesammelt und Spendern von über 10.000 € diese Beträge später in bar zurückgezahlt haben.[1004] In einem ähnlichen Fall wurde Anklage u. a. wegen Geldwäsche gegen einen Kardinal wegen der Verwendung von Spenden für einen Immobilienerwerb erhoben.[1005] Der bisherige Höhepunkt solcher Skandale ist die erstmalige Verurteilung eines Täters zu einer Gefängnisstrafe durch das Gericht des Vatikans. Der ehemalige Vatikanbankchef und sein Anwalt sind wegen Geldwäsche und Unterschlagung zu langjährigen Haftstrafen verurteilt worden. Es ging um 59 Mio. € und verschiedene Immobilien, wobei kein Zusammenhang mit Spendengeldern erwähnt wurde.[1006] Allerdings wird im Vatikan zur Bekämpfung der Geldwäsche immer weniger Bargeld verwendet.[1007]

---

SharedDocs/pressemitteilungen/DE/2021/05/verbotsverfahren-ansaar.html (aufgerufen am 4.9.2021).

1002 Vgl. *Bundesministerium des Inneren*, abrufbar unter: https://www.bmi.bund.de/DE/themen/sicherheit/extremismus-und-terrorismusbekaempfung/vereinsverbote/vereinsverbote-node.html (aufgerufen am 4.9.2021).

1003 *Tageszeitung* v. 7.12.12, Kinderhilfsverein unter Geldwäsche-Verdacht, abrufbar unter www.tz.de/muenchen/stadt/muenchner-kinderhilfsverein-unter-geldwaesche-verdacht-meta-2655099.html (aufgerufen am 4.9.2021).

1004 Vgl. *Der Spiegel* v. 21.1.2014, Vatikanbank-Affäre, Neue Geldwäsche-Vorwürfe gegen Scarano, abrufbar unter www.spiegel.de/panorama/justiz/vatikanbank-skandal-geldwaesche-ermittlungen-gegen-nunzio-scarano-a-944668.html (aufgerufen am 4.9.2021).

1005 *Rüb*, Finanzskandal der Kirche – Wenn der Vatikan einen Kardinal anklagt, Frankfurter Allgemeine Zeitung vom 27.8.2021, abrufbar unter: https://www.faz.net/aktuell/politik/ausland/finanzskandal-der-kirche-wenn-der-vatikan-einen-kardinal-anklagt-17421476.html (aufgerufen am 4.9.2021).

1006 https://www.tagesschau.de/ausland/ex-vatikanbankchef-urteil-101.html (aufgerufen am 4.9.2021).

1007 https://www.vaticannews.va/de/vatikan/news/2021-07/vatikan-asif-bericht-finanz-wirtschaft-kontrolle-geld-pruefung.html (aufgerufen am 4.9.2021).

Insbesondere Banken, Finanzdienstleister, Versicherungen und eine Reihe weiterer Gewerbetreibender bzw. Berufsgruppen aber auch ein Großteil Spenden sammelnder Organisationen sind nach dem Geldwäschegesetz zu bestimmten Meldungen verpflichtet und können sich durch Bereitstellen oder Sammeln von Vermögensgegenständen strafbar machen.

### 1. *Terrorismusfinanzierung § 89c StGB*

In den Augen des Gesetzgebers hat die Finanzierung terroristischer Organisationen und haben Straftaten aus Zuwendungen Dritter eine so erhebliche Bedeutung, dass er mit § 89c StGB im Jahr 2015 einen eigenen Straftatbestand für die Terrorismusfinanzierung geschaffen hat.[1008] Strafbar ist danach das Sammeln, Entgegennehmen und Zurverfügungstellen von Vermögenswerten mit dem Wissen oder der Absicht, dass diese Vermögenswerte von einem anderen oder selbst zur Begehung einer schweren staatsgefährdenden Gewalttat i.S. des Katalogs des § 89c verwendet werden.

Die damit einhergehende Verlagerung der Strafbarkeit in das Vorfeld der Tat wird in der Literatur z.T. kritisch gesehen.[1009] Die besondere Struktur des § 89c StGB mit erhöhten Anforderungen an den subjektiven Tatbestand ähnelt allerdings der Struktur des § 89a StGB, die nach der Rechtsprechung[1010] für erforderlich, aber auch ausreichend zur Konformität mit dem Grundgesetz gehalten wird. Schutzgut des abstrakten Gefährdungsdelikts ist die äußere und innere Sicherheit des Staates. Mittelbar werden auch Individualrechtsgüter geschützt, nämlich durch die Bezugnahme auf, die diese schützenden Strafvorschriften, welche in § 89c StGB genannt werden.[1011]

---

1008 Vgl. BT-Drs. 18/40487, S. 8; *Biehl*, Erweiterung des strafrechtlichen Instrumentariums zur Terrorismusbekämpfung, JR 2015, 561, 563 f.; vgl. auch vgl. *Sieber/Vogel*, Terrorismusfinanzierung, S. 29 ff., 152 ff.; *J. Schäfer*, in: MünchKomm StGB, § 89c Rn. 5: zugleich kam der Gesetzgeber damit Art. 2 Abs. 1 des Übereinkommens vom 9.12.1999 der Financial Action Task Force (FATF) der Organisation für wirtschaftliche Zusammenarbeit und Entwicklung nach, der eine erhöhte Mindeststrafe und den Verzicht auf die zuvor in § 89a StGB enthaltene Erheblichkeitsschwelle empfahl. Mit § 89c StGB wurde zudem auch die Resolution 2178 (2014) des Sicherheitsrates der Vereinen Nationen vom 24.9.2014, Nr. 6 Buchst. b umgesetzt, der fordert, dass die Finanzierung von Reisen zu terroristischen Zwecken strafbar sein soll.

1009 Vgl. *Puschke*, Der Ausbau des Terrorismusstrafrechts und die Rechtsprechung des Bundesgerichtshofs, StV 2015, 457, 459 ff.

1010 Vgl. *BGH*, NJW 2014, 3459, 3459, Rn. 7 ff.; NJW 2017, 2928, 2930 f., Rn. 25 ff.; *J. Schäfer*, in: MünchKomm StGB, § 89a Rn. 8.

1011 *J. Schäfer*, in: MünchKomm StGB, § 89c Rn. 2f.

Im objektiven Tatbestand wird unter Absatz 1 die Finanzierung der Tat eines anderen und in Absatz 2 die Finanzierung einer eigenen Tat unter Strafe gestellt. Tathandlung ist das Sammeln, Entgegennehmen und Zurverfügungstellen von Vermögensverwerten. Die Begriffe werden nicht legal definiert.

Sammeln ist jede Tätigkeit, die auf ein planmäßiges, konstantes Entgegennehmen oder Einfordern von Vermögenswerten zielt[1012] und beinhaltet auch das Zusammentragen im Sinne eines Ansammelns.[1013] Zum Teil wurde hierbei das Ansammeln nicht als ausreichend erachtet, sondern ein interaktives erfolgsbezogenes Verhalten („Einsammeln") gefordert.[1014] Dies wird allerdings nicht vom Wortlaut des Gesetzes und vom Willen des Gesetzgebers unterstützt. Auch Sparen wird als Sammeln erfasst.[1015] Auch der Strafgrund der abstrakten Gefahr, die durch das unkontrollierte Einbringen von Geld in terroristische Organisationen entsteht, setzt nicht voraus, dass das Vermögen durch eine Interaktion entsteht.[1016]

„Entgegennehmen der Vermögenswerte" bedeutet die Empfangnahme ohne vorherige Aufforderung zu Spende.[1017] Beispielsweise ist der Eingang eines Geldbetrags auf dem Bankkonto des Täters eine Entgegennahme.[1018]

Überlässt ein Täter einem Dritten oder sich selbst zweckgerichtet und unmittelbar oder mittelbar Vermögenswerte, so gilt dies als Zurverfügungstellen. Dies bedeutet zum Beispiel die Übergabe, Aushändigung, Überweisung oder das Verschaffen der Möglichkeit der Gewahrsamserlangung.[1019]

Vermögenswerte sind Geld, bewegliche und unbewegliche Sachen mit Vermögenswert, Rechte einschließlich Forderungen, aber auch Tatmittel wie Kraftfahrzeuge und Waffen.[1020] Die Vermögenswerte müssen nicht erheblich sein, auch niedrige Werte erfüllen den Tatbestand.[1021]

Subjektiv setzt die Tatbestandserfüllung mindestens bedingten Vorsatz voraus. Soweit eine nach Absatz 1 fremde Tat finanziert wird, muss der Täter darüber

---

1012 *Fischer*, StGB, § 89c Rn. 4.; *J. Schäfer*, in: MünchKomm StGB, § 89c, Rn. 8.

1013 *BGH*, NJW 2021, 2751, 2751 f. m.w.N.

1014 Vgl. *Paeffgen*, in: NK-StGB, § 89c Rn. 7; *Sternberg-Lieben*, in: Schönke/Schröder, StGB, § 89c Rn. 3; *Gazeas/Grosse-Wilde/Kießling*, Die neuen Tatbestände im Staatsschutzstrafrecht – Versuch einer ersten Auslegung der §§ 89a, 89b und 91 StGB, NStZ 2009, 593, 599.

1015 *BGH*, NJW 2021, 2751, 2751 f. m.w.N; Beschl. v. 7.3.2019 – AK 5/19 -, Rn. 34, 38 ff., BeckRS 2019, 5425; *J. Schäfer*, in: MünchKomm StGB, § 89c Rn. 8.

1016 *J. Schäfer*, in: MünchKomm, StGB, § 89c Rn. 8.

1017 Vgl. *El-Ghazi*, in: Herzog, GwG, § 89c Rn. 23; *Sternberg-Lieben*, in: Schönke/Schröder, StGB, § 89c Rn. 3.

1018 Vgl. *Zöller*, Terrorismusstrafrecht, S. 574.

1019 Vgl. *Fischer*, StGB, § 89c Rn. 4; *J. Schäfer*, in: MünchKomm StGB, § 89c Rn. 10.

1020 *Sternberg-Lieben*, in: Schönke/Schröder, StGB, § 89c Rn. 3; *Fischer*, StGB, § 89c Rn. 3.

1021 *J. Schäfer*, in: MünchKomm StGB, § 89c Rn. 12.

hinaus entweder sicher wissen oder wollen (Absicht), dass der Dritte die Vermögenswerte für eine in § 89c Abs. 1 Satz 1 StGB genannte Straftat verwendet. Finanziert der Täter eine eigene Tat, muss er in der Absicht handeln, die entsprechende Tat zu begehen.[1022]

### 2. *Unterstützung einer kriminellen oder einer terroristischen Vereinigung durch Geldspende oder Spendensammlung als Straftat gem. § 129 StGB, § 129a StGB, § 129b StGB?*

Die Bildung einer kriminellen oder terroristischen Vereinigung und die Beteiligung in ihr als Mitglied ist laut § 129 und § 129a StGB strafbar.

Eine kriminelle Vereinigung liegt vor, wenn die Zwecke oder Tätigkeiten der Vereinigung darauf gerichtet sind, Straftaten zu begehen (§ 129 Abs. 1 StGB).

Eine terroristische Vereinigung liegt nach § 129a Abs. 1 und 2 StGB dann vor, wenn die Zwecke oder die Tätigkeit der Vereinigung darauf gerichtet sind, schwere staatsgefährdende Gewalttaten wie Mord, Totschlag, Völkermord, Verbrechen gegen die Menschlichkeit, Kriegsverbrechen, Straftaten gegen die persönliche Freiheit oder die Ausübung schwerer körperlicher oder seelischer Gewalt gegen Menschen, gemeingefährliche Straftaten und Ähnliches zu begehen.

Darüber hinaus ist auch die Unterstützung einer kriminellen oder einer terroristischen Vereinigung strafbar (§ 129 Abs. 1, § 129a Abs. 5 Satz 1, § 129b Abs. 1 Satz 1 StGB). Die Unterstützungshandlung liegt in der Förderung des Fortbestands oder der Verwirklichung der Ziele einer solchen Vereinigung, ohne dass der Täter selbst Mitglied dieser Vereinigung sein muss.[1023]

Die Tatbestandsverwirklichung durch Unterstützen wird als eine zur Täterschaft verselbständigte Form der Beihilfe betrachtet.[1024]

Ausreichend ist dabei laut ständiger Rechtsprechung des BGH[1025] jede Tätigkeit, die den Zusammenhalt und die innere Organisation einer solchen Vereinigung unmittelbar fördert, die die Realisierung geplanter Straftaten durch diese Vereinigung erleichtert oder die sich in irgendeiner Weise positiv auf die Aktionsmöglichkeiten und Zwecksetzung der Vereinigung auswirkt und dadurch ihre Gefährlichkeit stärkt.[1026] Eine derartige positive Auswirkung der

---

1022 Vgl. *Biehl*, Erweiterung des strafrechtlichen Instrumentariums zur Terrorismusbekämpfung, JR 2015, 561, 564; *J. Schäfer*, in: MünchKomm StGB, § 89c Rn. 15.

1023 Vgl. *BGH*, NJW 1984, 1049, 1049; NJW 2009, 3448, 3462, Rn. 134; *J. Schäfer*, in: MünchKomm StGB, § 129 Rn. 107.

1024 Vgl. *BGH*, NJW 1965, 260, 261; NJW 1980, 64, 64; NStZ 2016, 528, 529; *J. Schäfer*, in: MünchKomm StGB, § 129 Rn. 111.

1025 *BGH*, NJW 2009, 3448, 3462, Rn. 136; NJW-Spezial 2013, 121, 121; NJW 2013, 3257, 3258 f., Rn. 20 f; NJW 2013, 3257, 3258, Rn. 19; NStZ 2016, 528, 529.

1026 *BGH*, NJW 2009, 3448, 3462, Rn. 136.

Unterstützungshandlung muss allerdings anhand von belegbaren Fakten nachweisbar sein.[1027] Die Unterstützungshandlung selbst muss nicht strafbar sein.[1028]

So eine unterstützende Tätigkeit kann auch die finanzielle Unterstützung in Form einer Geldspende oder des Spendensammelns sein.[1029] Im Gegensatz zur Strafbarkeit der Terrorismusfinanzierung nach § 89c StGB kommt es bei der Unterstützung einer kriminellen oder terroristischen Vereinigung darauf an, dass die Spende oder das Sammeln objektiv etwas bewirken, auch wenn der Nutzen nicht messbar sein muss.[1030] Es ist daher nicht auszuschließen, dass bereits die Zusage einer Sach- oder Geldspende den Tatbestand erfüllt, auch wenn es nicht zur Leistung kommt. Abgrenzend zum straflosen Versuch ist dabei aber erforderlich, dass alleine schon die Zusage objektiv nützlich für die Organisation ist, also in irgendeiner Weise einen positiven Effekt auf die Aktionsmöglichkeiten der Vereinigung oder ein Mitglied hat.

Damit die Unterstützungshandlung auch subjektiv den Tatbestand erfüllt, muss mindestens Eventualvorsatz vorliegen.[1031]

### *3. § 18 Absatz 1 Außenwirtschaftsgesetz*

Der Rat der Europäischen Union hat Wirtschaftssanktionen zur Terrorismusbekämpfung beschlossen, deren Verletzung nach § 18 Abs. 1 AWG strafbar ist.[1032] Danach macht sich ein Wirtschaftsteilnehmer strafbar, der finanziell mit gelisteten potentiellen Terroristen oder einer möglicheren Terrororganisation interagiert. Hierbei kommt es nicht darauf an, ob finanzielle Mittel im Wissen oder Wollen für terroristische Zwecke gegeben wurden. Vielmehr reicht es aus, dass der Wirtschaftspartner auf einer Liste erfasst ist.[1033] Diese sogenannten Terroristenlisten konkretisieren Bereitstellungsverbote der Vereinten Nationen und der Europäischen Union.[1034] Über die Erfassung von Personen und Organisationen, die als terroristisch eingestuft oder des Terrorismus verdächtigt werden, entscheidet ein Ausschuss der Vereinten Nationen auf der Grundlage der Sicherheitsrats-Resolutionen 1267 (1999), 131 und 1989 (2011), 132 und andererseits der Rat der Europäischen Union gemäß Verordnung (EG) Nr. 2580/2001 des Rates vom 27.12.2001. Allgemein

---

1027 *BGH,* NJW-Spezial 2013, 121, 121; NJW 2013, 3257, 3258 f., Rn. 20 f.

1028 *BGH,* Beschl. v. 14.7.2016 – StB 23/16, Rn. 9, BeckRS 2016, 14698.

1029 Vgl. *Figura,* in: Herzog, GwG, § 1 Rn. 12; *Sternberg-Lieben/Schittenhelm,* in: Schönke/Schröder, StGB, § 129 Rn. 15 a.

1030 Vgl. *BGH,* NJW 1980, 64, 64; NJW 1984, 1049, 1049;NStZ 2016, 538, 539.

1031 Vgl. *J. Schäfer,* in: MünchKomm StGB, § 129 Rn. 124.

1032 *Sieber/Vogel,* Terrorismusfinanzierung, S. 85.

1033 Vgl. *Max-Planck-Gesellschaft,* Strafrechtliche Konzepte gegen Terrorismusfinanzierung, 29.1.2016, abrufbar unter: www.mpg.de/9916569/terrorismusfinanzierung (aufgerufen am 4.9.2021).

1034 *Sieber/Vogel,* Terrorismusfinanzierung, S. 85.

gesprochen verbieten die Verordnungen jedermann, irgendeinen Vermögensvorteil den gelisteten Personen oder Organisationen bereitzustellen.[1035]

Als irgendein Vermögensvorteil gelten dabei Gelder, andere finanzielle Vermögenswerte und wirtschaftliche Ressourcen.[1036] Mit „Bereitstellen" ist das mittelbare oder unmittelbare Zurverfügungstellen gemeint, womit die gelistete Person oder Organisation unmittelbare Verfügungsbefugnis über die Vermögenswerte erlangt.[1037]

Dies kann z. B. durch Schenkung, Verkauf, Tausch oder Rückgabe erfolgen.[1038] Insofern kann für eine Spende nichts anderes als für die Schenkung gelten. Das Sammeln von Vermögenswerten oder von Spenden selbst ist keine Form der Bereitstellung, da noch keine Verfügungsbefugnis des Zuwendungsempfängers besteht. Erst das Zurverfügungstellen des Sammelvermögens oder einzelner Spenden, die Zuwendung an die gelistete Person oder Organisation ist ein Bereitstellen. Daher kann die unmittelbare Schenkung oder Spende und auch die Zuwendung eines Sammelvermögens an eine solche gelistete Person oder Organisation die Tathandlung des Bereitstellens nach § 18 AWG erfüllen.

Im subjektiven Tatbestand reicht Eventualvorsatz in Bezug auf die Bereitstellung von Vermögenswerten aus. Dieser bedingte Vorsatz muss sich auch auf die tatsächlichen Umstände beziehen, die den Ausschlag für die Listung einer Person oder Organisation geben.[1039] Unkenntnis von der Listung lässt den Vorsatz nicht entfallen.[1040]

Wer fahrlässig einer gelisteten Person oder Organisation Vermögenswerte zukommen lässt, kann eine Ordnungswidrigkeit nach § 19 AWG begehen.

### *4. Geldwäsche (§ 261 StGB, § 1 Abs. 2 GwG)*

Wer unmittelbar oder mittelbar aus Straftaten stammende Vermögensgegenstände umtauscht, transferiert, verschleiert, erwirbt, besitzt oder verwendet, betreibt Geldwäsche.[1041] Der Straftatbestand der Geldwäsche und die flankierenden Normen des StGB, der StPO, des GWG, der AO und der ZollVG dienen der Bekämpfung moderner Kriminalitätsformen wie der organisierten Kriminalität und der Terrorismusfinanzierung.[1042]

---

1035 Vgl. zum Ganzen: *Sieber/Vogel*, Terrorismusfinanzierung, S. 50, 85, 87 f.

1036 Art. 1 Nr. 1, Art. 2 Abs. 1 (b) der Verordnung (EG) Nr. 2580/2001.

1037 *EuGH*, DNotZ 2008, 688, 691 f.; *OLG Düsseldorf*, Beschl. v. 4.4.2014 – 3 RVs 154/13 -, BeckRS 2014, 08969; *Sieber/Vogel*, Terrorismusfinanzierung, S. 87.

1038 *Rat der Europäischen Union*, Bewährte Praktiken der EU für die wirksame Umsetzung restriktiver Maßnahmen vom 24.4.2008, 8666/1/08 REV 1, Rn. 48.

1039 Vgl. *Wagner*, in: MünchKomm StGB, AWG, Vor § 17, Rn. 69.

1040 Vgl. *OLG Düsseldorf*, Beschl. v. 4.4.2014 – 3 RVs 154/13 -, BeckRS 2014, 08969.

1041 *Fischer*, StGB, § 261 Rn. 4a.

1042 Vgl. *Neuheuser*, in: MünchKomm StGB, § 261 Rn. 1.

Die Strafbarkeit der Geldwäsche soll verhindern, dass kriminell erworbene Vermögenswerte in den legalen Finanz- und Wirtschaftskreislauf gelangen und dadurch profitabel verwertet werden können. Die Strafverfolgungsbehörden können hierüber illegale Finanzströme zurückverfolgen sowie kriminelle Organisationen zerschlagen und zugleich eine Unterwanderung der deutschen Wirtschaft durch kriminelle Organisationen abwehren.[1043]

Zur strafgesetzlichen Regelung des § 261 StGB kommen Melde-, Identifizierungs- und Dokumentationspflichten nach dem Geldwäschegesetz hinzu. Insbesondere für Finanzdienstleister, aber auch für andere Gewerbetreibende, Rechtsanwälte, Notare, Wirtschaftsprüfer u.ä. (§ 2 GWG) gilt nach dem Geldwäschegesetz eine Pflicht, Geschäftspartner unter anderem auf eine Terrorismusbeteiligung hin zu überprüfen und im Verdachtsfall die zuständigen Behörden einzuschalten. In wirtschaftlichen Risikobereichen sollen so Geschäfte mit kriminellen oder terroristischen Organisationen und damit eine der Möglichkeiten der Finanzierung von Kriminalität und Terrorismus eingedämmt werden.[1044]

Auch bei Non Profit Organisationen besteht ein potentielles Risiko, dass sie in Einzelfällen zur Terrorismusfinanzierung durch Geldwäsche missbraucht oder zu diesen Zwecken gezielt gegründet werden, insbesondere, wenn sie „in hohem Maße Bargeld sammeln".[1045] Kriminell erworbene Sachen oder Geld können als Spende über eine Spenden sammelnde Organisation sowohl tatsächlich einem guten Zweck dienen, wie etwa Kindern in Kriegsgebieten zu helfen, als auch für einen weiteren kriminellen Zweck, wie z. B. Waffenkauf für Terroristen, verwendet werden. Der Schwerpunkt bei der Geldwäsche ist der durch kriminelle Tat erworbene Vermögenswert, quasi die „dreckige Spende".

Seit der am 25. Mai 2018 in Kraft getretenen Neufassung des Gesetzes zur Geldwäsche[1046] besteht eine Pflicht zu Meldungen an ein Transparenzregister über die wirtschaftlichen Eigentümer von Organisationen, die im Wirtschaftsverkehr agieren. So soll der Missbrauch von juristischen Personen und anderweitigen Organisationen zur Geldwäsche, Steuerhinterziehung und Terrorismusfinanzierung verhindert

---

1043 BGHSt 50, 347, 354; *Hecker*, in: Schönke/Schröder StGB, § 261 Rn. 2.

1044 Vgl. *Max-Planck-Gesellschaft*, Strafrechtliche Konzepte gegen Terrorismusfinanzierung, 29.1.2016, abrufbar unter: www.mpg.de/9916569/terrorismusfinanzierung (aufgerufen am 4.9.2021).

1045 Vgl. *FATF*, Sektorale Risikoanalyse – Terrorismusbekämpfung durch (den Missbrauch von) Non-Profit-Organisationen in Deutschland 2020, 4 f, 27 ff., 53; abrufbar unter: https://www.bmi.bund.de/SharedDocs/downloads/DE/publikationen/themen/sicherheit/sektorale-risikoanalyse.pdf?__blob=publicationFile&v=8 (aufgerufen am 3.9.2021).

1046 Gesetz zur Umsetzung der Änderungsrichtlinie zur Vierten EU-Geldwäscherichtlinie, BGBl. I 2019, S. 2602.

werden.[1047] So bestehen auch für rechtsfähige Stiftungen und eingetragene Vereine nach § 20 Abs. 1 GwG und für nicht rechtsfähige, nicht gemeinnützige[1048] Stiftungen nach § 21 Abs. 2 GwG Meldepflichten zum Transparenzregister.[1049]

### *a. Geldwäsche § 261 StGB*

Tatobjekt einer Geldwäsche ist jeglicher aus einer in § 261 StGB genannten Vortat herrührende Vermögensgegenstand, also Geld, bewegliche und unbewegliche Sachen sowie Rechte.[1050] Herrühren ist nicht definiert. Der Begriff ist daher auszulegen. Es soll jedenfalls eine Kausalbeziehung zwischen Vortat und Vermögensgegenstand bestehen.[1051]

Jedes Verbrechen (§ 261 Abs. 1 Nr. 1 StGB) und die in § 261 StGB Abs. 1 Nr. 2 -5 aufgeführten Vergehen gelten als Vortaten. Davon abweichend ist jedes Vergehen eine rechtswidrige Vortat, wenn ein Mitglied einer terroristischen Vereinigung es begeht (§ 261 Abs. 1 Nr. 5, 2. Halbsatz StGB).

Es kommt nicht darauf an, ob der Täter bei der Vortat Täter oder Teilnehmer war, oder es sich um die Straftat eines Dritten handelt.[1052]

Das Tatobjekt kann ein Austauschobjekt sein, ein durch Leistung veränderter Vermögensgegenstand oder die Summe aus legalen und illegalen Vermögensgegenständen.

Im Falle von Geldspenden und Sammelvermögen könnte es sich dabei sowohl um direkt durch strafbare Vortaten erlangtes Geld als auch um den Erlös einer Verwertungshandlung von anderweitigen Gegenständen aus einer strafbaren Vortat handeln und insofern ein Austauschobjekt sein. Soweit es sich um Sachspenden handeln sollte, könnten diese Gegenstände unmittelbar aus strafbarer Vortat stammen oder Austauschobjekte sein, indem sie durch strafbar erlangtes Geld oder durch Tausch mit strafbar erlangten Gegenständen erworben wurden.

Eine zusammengesetzte Spende könnte auch aus einem legalen und einem illegalen Anteil an Geld oder an Sachen bestehen. Hierbei gelten die Grundsätze der

---

1047 *Bundesfinanzministerium*, Monatsbericht August 2017, Analysen und Berichte – Vierte EU-Geldwäscherichtlinie – Novellierung des Geldwäschegesetzes, abrufbar unter https://www.bundesfinanzministerium.de/Monatsberichte/2017/08/Inhalte/Kapitel-3-Analysen/3-3-EU-Geldwaescherichtlinie-Novellierung-Geldwaescheges etz.html (aufgerufen am 4.9.2021).

1048 *Geibel*, in BeckOGK BGB, § 80 [Stand 1.10.2020] Rn. 721 f; *Nadwornik*, Praxishinweise zum Transparenzregister für gemeinnützige Stiftungen, npoR 2017, 233, 234.

1049 *Korte*, in BeckOK GwG, § 20 Rn. 6 ff., § 21 Rn. 19 ff.

1050 *BGH*, NJW 2015, 3254, 3254, Rn. 4; *Fischer*, StGB, § 261 Rn. 6, 7; *Hecker*, in: Schönke/Schröder StGB, § 261 Rn. 4.

1051 *BGH*, NJW 2009, 1617, 1618; NStZ-RR 2010, 109, 111.

1052 Vgl. *BGH*, NJW 2000, 3725, 2725 f.; BT-Drs. 13/865, 11; *Neuheuser*, in: MünchKomm StGB, § 261 Rn. 49.

Rechtsprechung zur Nämlichkeit der Sache gem. § 259 BGB.[1053] Lassen sich die Gegenstände nicht trennen und zuordnen, gilt die Gesamtheit als bemakelt,[1054] jedenfalls soweit der illegale Anteil bei wirtschaftlicher Betrachtungsweise nicht völlig unerheblich ist.[1055] Einen Anteil von 5,9 Prozent sieht der BGH hierbei als erheblich an.[1056] Umgekehrt gilt ebenfalls, dass auch Bruchteile eines gesamt illegal erworbenen Vermögens oder Gegenstandes als Tatobjekt in Frage kommen.[1057] Das heißt wird nur eine Teilsumme oder ein Teilgegenstand der illegal erworbenen Gesamtsumme oder Gesamtmenge gespendet, ist auch diese Teilsumme weiterhin „bemakelt".

Es gibt drei Tatbestände der Geldwäsche: den sog. Verschleierungstatbestand (Abs. 1 Var. 1 und 2), den Vereitelungs- und Gefährdungstatbestand (Abs. 1 Var. 3 ff.) sowie den sog. Isolierungstatbestand (Abs. 2 Nr. 1 und 2).

Der Verschleierungstatbestand umfasst das Verschleiern der Herkunft des Vermögensgegenstands und das Verbergen. Tätigkeiten, die den Zugriff auf das Tatobjekt erschweren, indem es unüblich untergebracht wird, sind Verbergen.[1058] Verschleiern umfasst irreführende Tätigkeiten mit dem Ziel, die wahre Herkunft des Tatobjekts zu verbergen, wie z. B. das Zurverfügungstellen und die Nutzung eines Kontos zum Empfang illegaler Gelder zum Zwecke der Barauszahlung.[1059] Eine solche Verschleierung wäre als Tathandlung einer Spenden sammelnden Organisation denkbar. Soweit ein Täter bemakeltes Geld spendet, um es dem Zugriff der Strafverfolgungsbehörden zu entziehen, käme je nach Fallkonstellation sowohl ein Verbergen als auch ein Verschleiern in Betracht.

Vereitelung und Gefährdung ist darauf gerichtet, die Nachverfolgung des Finanzstroms über die „Papierspur" (Herkunft, Auffinden, Einziehung, Sicherstellung) zu vereiteln oder konkret zu gefährden.[1060] Zur Vereitelung muss die Maßnahme der Behörden zumindest teilweise verhindert werden.[1061] Droht die Verhinderung der gesamten Maßnahme, handelt es sich um ein Gefährden. Dies kann z. B. durch Verbringen von Bargeld[1062] oder anderen Vermögensgegenständen ins Ausland

---

1053 Vgl. *BGH*, NJW 1958, 1244, 1244 f.

1054 Vgl. *Neuhauser*, in: MünchKomm StGB, § 261 Rn. 62 ff.

1055 *BGH*, NJW 2015, 3254, 3254 f., Rn. 5 f.; *OLG Karlsruhe*, NJW 2005, 767, 769 f.

1056 *BGH*, NJW 2015, 3254, 3254 f., Rn. 5 f.

1057 *Neuheuser*, in: MünchKomm StGB, § 261 Rn. 66.

1058 *Hecker*, in: Schönke/Schröder, StGB, § 261 Rn. 14; *Jahn*, in: Satzger/Schluckebier/Widmaier, StGB, § 261 Rn. 44 f.

1059 Vgl. *Hecker*, in: Schönke/Schröder, StGB, § 261 Rn. 14.

1060 *Neuheuser*, in: MünchKomm StGB, § 261 Rn. 76.

1061 *Kühl*, in: Lackner/Kühl, StGB, § 261 Rn. 7; *Altenhain*, in: NK-StGB, § 261 Rn. 110; *Hecker*, in: Schönke/Schröder, StGB, § 261 Rn. 15.

1062 *BGH*, NStZ 2016, 538, 539; *Kühl*, in: Lackner/Kühl, StGB, § 261 Rn. 7; *Hecker*, in: Schönke/Schröder, StGB, § 261 Rn. 15.

oder durch Überweisung ins Ausland geschehen.[1063] Denkbar sind dabei verschiedene Tathandlungen durch Spender und Spenden sammelnde Organisationen, die bemakelten Vermögensgegenstände in Deutschland sammeln oder spenden und/oder ins Ausland verbringen oder überweisen.

Beim Isolierungstatbestand wird die Strafverfolgungstätigkeit abstrakt gefährdet, indem bemakelte Vermögensgegenstände verschafft, verwahrt oder verwendet werden und zwar für sich selbst oder einen Dritten.[1064]

Der Täter verschafft, wenn er eine eigene tatsächliche Verfügungsgewalt über den Vermögensgegenstand durch eine im Einverständnis mit dem Vortäter vorgenommene Übertragungshandlung erhält. Der Vortäter kann nun nicht mehr über die Sache verfügen oder auf sie einwirken.[1065] Dies kann z. B. durch Weiterleiten eines Geldbetrages, der auf einem Konto eingegangen ist, an einen Dritten verwirklicht werden.[1066] Dies setzt voraus, dass zwischen Vortäter und Täter Einvernehmen herrscht. Ein kollusives Zusammenwirken ist hingegen nicht erforderlich.[1067] Indem eine Spenden sammelnde Organisation bei der Annahme einer Spende weiß, dass es sich um bemakelte Vermögensgegenstände handelt, kann sie sich diese verschaffen.

Verwahren bedeutet, dass die bemakelten Vermögensgegenstände für eine spätere Verwendung durch einen Dritten oder für sich selbst in Gewahrsam genommen werden.[1068] Beispielsweise durch Einzahlung auf ein Konto und dem dortigen Belassen. Allein der Kontoinhaber kann darüber verfügen.[1069]

Der Täter muss mindestens mit bedingtem Vorsatz handeln. Der Vorsatz muss sich auf Tatobjekt, die Herkunft aus strafbarer Vortat und auf Tathandlung und Taterfolg beziehen. Hierbei sind ggf. die Anforderungen der einzelnen Tatbestandsvarianten zu beachten. Hinsichtlich der Herkunft des Tatobjekts aus einer strafbaren Vortat kann dabei nach § 261 Abs. 5 StGB allerdings Leichtfertigkeit ausreichen.[1070] Der in Bezug auf die anderen Tatbestandsmerkmale zumindest bedingt vorsätzlich handelnde Täter[1071] erkennt dabei leichtfertig nicht die Herkunft des Tatobjekts

---

1063 Vgl. *Neuheuser*, Die Strafbarkeit des Bereithaltens und Weiterleitens des durch „Phishing" erlangten Geldes, NStZ 2008, 492, 495; *Flatten*, Zur Strafbarkeit von Bankangestellten bei der Geldwäsche, S. 84 ff.; *Hecker*, in: Schönke/Schröder, StGB, § 261 Rn. 15.

1064 *Neuheuser*, in: MünchKomm StGB, § 261 Rn. 80 f.

1065 *BGH*, NZWiSt 2015, 195, 196 mit kritischer Anm. *Floeth*, NZWiSt 2015, 196, 197 f.

1066 Vgl. *BGH*, NStZ-RR 2013, 253, 253.

1067 *Neuheuser*, in: MünchKomm StGB, § 261 Rn. 82.

1068 *BGH*, wistra 2017, 66, 67, Rn. 23.

1069 Vgl. *BGH*, wistra 2017, 66, 67, Rn. 23; *Neuheuser*, Die Strafbarkeit des Bereithaltens und Weiterleitens des durch „Phishing" erlangten Geldes, NStZ 2008, 492, 496.

1070 *Neuheuser*, in: MünchKomm StGB, § 261 Rn. 104, 106.

1071 *BGH*, NJW 2008, 2516, 2516.

aus einer strafbaren Vortat. Die Leichtfertigkeit wird hier mit der groben Fahrlässigkeit des Zivilrechts,[1072] unter Berücksichtigung der individuellen Kenntnisse und Fähigkeiten des Täters, gleichgesetzt.[1073]

Hinsichtlich einer möglichen Leichtfertigkeit müssen konkrete Umstände vorliegen, aus denen der Täter eine strafbare Vortat hätte erkennen können.[1074] Dabei können beispielsweise die besondere Höhe einer Geldsumme oder der Wert im Zusammenhang mit dem Vermögensinhaber sowie die Kenntnis vom Ausmaß und dem Organisationsgrad der Vortaten[1075] solche konkreten Umstände darstellen.[1076]

Es handelt sich um ein Fahrlässigkeitsdelikt mit vorsatzbezogenen Tatbestandsmerkmalen. Der Versuch ist nicht strafbar, da § 261 Abs. 3 StGB bei Leichtfertigkeit genauso wenig anwendbar ist wie die Reglung nach Abs. 4 über besonders schwere Fälle.[1077] Gleichfalls ist die Teilnahme an einer leichtfertigen Geldwäsche nicht möglich, also nicht strafbar.

Bei der Geldwäsche kommt es nicht darauf an, dass der Täter selbst den wirtschaftlichen Wert der bemakelten Sache erhält. Vielmehr geht es darum, dass durch die Geldwäsche der Vermögensgegenstand wieder einen Wert erhält und in den Wirtschaftskreislauf gebracht wird. Dass möglicherweise am Ende eine wohltätige Aktion steht und das „dreckige“ Geld etwas Gutes tut, ändert nichts daran, dass es durch Straftat erworben und zusätzlich gewaschen wurde. Es kann dadurch nicht entmakelt werden. Insofern ist Geldwäsche durch Spenden, Sammelvermögen, Spender, Sammler und Spenden sammelnde Organisationen denkbar.

### *b. Verpflichtungen nach dem Geldwäschegesetz und Transparenzregister*

#### *aa. Verpflichtungen nach dem Geldwäschegesetz*

Verpflichtete nach dem Geldwäschegesetz müssen besondere Sorgfaltspflichten beachten und interne Risiken nach § 5 GWG analysieren und managen (§ 4 GWG), um zu verhindern, dass das Unternehmen bzw. die Organisation zur Geldwäsche oder Terrorismusfinanzierung missbraucht wird.

Terrorismusfinanzierung ist die Bereitstellung oder Sammlung finanzieller Mittel in Kenntnis dessen, dass sie für terroristische Aktivitäten verwendet werden

1072 Vgl. §§ 277, 300 Abs. 1, 521, 599, 680, 932 Abs. 2, 968 BGB.

1073 *BGH*, NJW 2006, 1297, 1299, Rn. 29; NJW 2008, 2516, 2517.

1074 *BGH*, NJW 2008, 2516, 2517; NZWiSt 2015, 195, 196 m. Anm. *Floeth*, NZWiSt 2015, 196, 197 f.; *OLG Karlsruhe*, NZWiSt 2016, 395, 396 f. m. zust. Anm. *Floeth*, NZWiSt 2016, 397, 399 f.

1075 *BGH*, NZWiSt 2015, 195, 196, m. Anm. *Floeth*, NZWiSt 2015, 196, 197 f.

1076 *Neuheuser*, MünchKomm StGB, § 261 Rn. 108 f.

1077 *Neuheuser*, Die Strafbarkeit des Bereithaltens und Weiterleitens des durch „Phishing“ erlangten Geldes, NStZ 2008, 492, 497 Fn. 58.

bzw. verwendet werden sollen. Geldwäsche ist das Verschleiern illegal erwirtschafteter Vermögenswerte durch ihr Einbringen in den legalen Wirtschaftskreislauf.

Die Verpflichteten müssen nach §§ 10-17 GWG Kunden nennen, Transaktionen und Geschäftsbeziehungen auf Auffälligkeiten hin beobachten und interne Sicherungsmaßnahmen treffen (§ 6 GWG), die dem analysierten Risiko entsprechen. Insbesondere müssen Verdachtsfälle gemeldet sowie alle Daten und Maßnahmen dokumentiert werden (§ 8 GWG). Bei einem geringen Risiko gelten vereinfachte Sorgfaltspflichten (§ 14 GWG).

Die Nichteinhaltung der Pflichten kann zu Bußgeldern führen.

*bb. Transparenzregister*

In Umsetzung der 4. EU-Geldwäscherichtlinie ist eine Neufassung des Geldwäschegesetzes mit einem Transparenzregister am 26. Mai 2017 in Kraft getreten, seitdem mehrfach geändert und an EU-Recht angepasst worden.[1078] Mit der jüngsten Änderung durch das Transparenzregister- und Finanzinformationsgesetz vom 25.6.2021[1079] wurde das Transparenzregister zum 1.8.2021 vom Auffangregister zum Vollregister. Die bisherige Mitteilungsfiktion aus § 20 Abs. 2 GwG a.F. entfällt, so dass nun trotz Eintragung in einem anderen Register eine Meldung zum Transparenzregister erforderlich ist.[1080] Lediglich für eingetragene Vereine besteht nach § 20a GwG insofern eine Ausnahme, dass die Meldung durch die vereinsregisterführenden Stellen und nicht durch die Vereine selbst erfolgt.[1081]

§§ 18- 26a GWG regeln das Transparenzregister in Deutschland. Aus dem Register lassen sich Angaben zu den wirtschaftlich Berechtigten von Unternehmen ersehen. Die erhöhte Transparenz soll den Missbrauch von Gesellschaften und Organisationen zu Zwecken der Verschleierung illegaler Vermögenswerte zur Geldwäsche, ihrer Vortaten wie Steuerbetrug und Terrorismusfinanzierung erschweren.

Dafür ist es erforderlich zu wissen, wer der wirtschaftlich Berechtigte ist – also die natürliche Person, die hinter einer juristischen Person steht, letztlich Begünstigter ist und die eigentliche Lenkung innehat. Mitteilungspflichtig sind u. a. Kapitalgesellschaften, Stiftungen und Vereine. Wirtschaftlich Berechtigter ist jede natürliche Person, in deren Eigentum oder unter deren Kontrolle ein Unternehmen letztlich steht. Dazu gehören insbesondere natürliche Personen, die unmittelbar oder mittelbar mehr als 25 Prozent der Kapitalanteile halten, mehr als

---

1078 *St. Reuter*, Neues vom Transparenzregister, NGZ 2020, 178, 178; *Goette*, Die Reform des Transparenzregister- und Finanzinformationsgesetzes, DStR 2021, 1551, 1551f.

1079 BGBl. I 2021, S. 2083.

1080 *Goette*, Die Reform des Transparenzregister- und Finanzinformationsgesetzes, DStR 2021, 1551, 1553.

1081 *Goette*, Die Reform des Transparenzregister- und Finanzinformationsgesetzes, DStR 2021, 1551, 1553f.

25 Prozent der Stimmrechte kontrollieren, oder auf vergleichbare Weise Kontrolle ausüben. Bei Stiftungen sind es Treugeber, Vorstand, Begünstigte und Personen, die unmittelbar oder mittelbar einen beherrschenden Einfluss auf die Finanzen der Stiftung haben.

Einblick in das Transparenzregister erhalten Aufsichts- und Strafverfolgungsbehörden und Personen, die nach dem Geldwäschegesetz zum Einholen von Auskünften verpflichtet sind, aber auch weitere Personen, Non-profit-Organisationen oder Journalisten, sofern sie ein berechtigtes Interesse nachweisen können.[1082]

### 5. *Vereinsverbot und Beschlagnahme*

Sollte ein Verein sich der Geldwäsche oder der Unterstützung einer terroristischen Vereinigung strafbar gemacht haben, droht ein Vereinsverbot gem. § 4 VereinsG. Das Vermögen kann beschlagnahmt werden. (§§ 4 Abs. 4 VereinsG i. V. m. §§ 94 ff. StPO).

## III. Ergebnis

Spende und Sammelvermögen können Gegenstand strafbarer Handlungen, insbesondere von Spendenbetrug und Untreue sein. In der Praxis müssen Fälle von unseriösen Sammlungen, Sammlern und Trickbetrügern aber bekannt werden, damit überhaupt Ermittlungen angestellt und dagegen vorgegangen werden kann. Es muss also schon etwas passiert oder eine Gefahr eingetreten sein und es bedarf ausreichender Anhaltspunkte (§ 152 Abs. 2 StPO) für die Verfolgung einer Straftat. Vermutungen reichen nicht aus. Zu einer Strafverfolgung wird es daher häufig nicht kommen. Für Fälle eklatanter ineffektiver Verwaltung und Verwendung des Sammelvermögens ist das Strafrecht nicht das geeignete Schutzinstrument,[1083] da die Tatbestandsmerkmale von Betrug und Untreue schwerlich erfüllt werden, wie der „Krebsforschungsfall“ des OLG Celle[1084] zeigt.

Präventive Wirkung können die Vorschriften zur Geldwäsche und Terrorismusfinanzierung haben, da sie in Bezug auf Spenden sammelnde Organisationen bestimmte Dokumentations- und Meldepflichten vorsehen. Auch hier kommt es auf die Transparenz der Verwendung der Spendengelder an. Außerdem sind besondere interne Kontrollen und der Aufbau von Compliance Systemen für gemeinnützige Organisationen gefragt.[1085]

1082 Vgl. *St. Reuter*, Neues vom Transparenzregister, NGZ 2020, 178, 180.

1083 Vgl. *Ballhausen* u.a., Streitgespräch, Transparenz im Dritten Sektor, BLJ 2014, 104, 114.

1084 *OLG Celle*, npoR 2012, 202, 202 ff.

1085 Vgl. *FATF*, Sektorale Risikoanalyse – Terrorismusbekämpfung durch (den Missbrauch von) Non-Profit-Organisationen in Deutschland 2020, 55; abrufbar unter: https://www.bmi.bund.de/SharedDocs/downloads/DE/publikationen/the

Generell ist es schwierig, einen konkreten Zusammenhang zwischen bestimmten Vermögenswerten und einer terroristischen Aktivität oder einem terroristisch Handelnden nachzuweisen.[1086] Das wäre wohl bei einer Spenden sammelnden Organisation, die zu Missbrauchszwecken verwendet wurde, ebenfalls so. Reaktiv kann es zu einem Vereinsverbot und zur Vermögensbeschlagnahme kommen.

---

men/sicherheit/sektorale-risikoanalyse.pdf?__blob=publicationFile&v=8 (aufgerufen am 3.9.2021).

1086 *Max-Planck-Gesellschaft*, Strafrechtliche Konzepte gegen Terrorismusfinanzierung, 29.1.2016, abrufbar unter: www.mpg.de/9916569/terrorismusfinanzierung (aufgerufen am 4.9.2021).

# Teil 3: Schutz und Kontrolle von Sammelvermögen, Sammlungen und Spenden

## A. Staatlicher Schutz und staatliche Kontrolle

Wie wird das Sammelvermögen eigentlich kontrolliert und somit geschützt? Wann und wie wird es gesammelt und an den Zuwendungsempfänger ausgehändigt? Welche Abzüge werden für Aufwand und Verwaltung getätigt?

Soweit ein durchsetzbarer zivilrechtlicher Anspruch eines Beteiligten im Zusammenhang mit dem Sammelvermögen oder von Spenden entstanden ist, kann dieser gerichtlich geltend machen werden. Das gilt jedoch nicht bei anonymen Spenden.[1087]

Zivilrechtlich kann ein Pfleger für das Sammelvermögen bestellt werden, soweit das Sammelvermögen durch eine öffentliche Sammlung zustande gekommen ist und die Veranstalter weggefallen sind. In der Praxis sind Pflegschaften nach § 1914 BGB selten. Fehlverhalten des Veranstalters oder Missbrauch des Sammelvermögens durch den Veranstalter ist kein Anordnungsgrund für die Pflegschaft. In solchen Fällen verweisen Gesetzgeber und Literatur auf die öffentlich-rechtlichen Sammlungsgesetze.[1088]

Mittelbar könnten die Stiftungsbehörden der jeweiligen Bundesländer Sammlungen und Sammelvermögen einer rechtsfähigen Stiftung kontrollieren. Die Stiftungsaufsicht ist aber eine reine Rechtsaufsicht, deren Aufgabe nicht der Schutz der durch die Stiftung begünstigten Destinatäre ist und die nach der Anerkennung der Stiftung lediglich generell über die Erfüllung des Satzungszwecks wacht, aber nicht im Einzelfall die konkrete Zweckerfüllung prüft.[1089]

Öffentlich-rechtlich gibt es nur noch in Thüringen, Saarland und Rheinland-Pfalz eine Kontrolle des Sammelvermögens durch Sammlungsbehörden aufgrund der Sammlungsgesetze. In den übrigen 13 Bundesländern ist ein staatliches Eingreifen lediglich auf Basis der polizeirechtlichen Generalklausel möglich. Jegliches behördliches Einschreiten dient nur der Gewährleistung oder Wiederherstellung der öffentlichen Sicherheit und Ordnung bzw. der Gefahrbeseitigung, jedoch nicht der Prüfung von Sammlung, Sammler oder ordnungsgemäßer Verwendung des Sammelvermögens. Mit der Abschaffung der Sammlungsgesetze haben diese Bundesländer die Prüfung der Sammler und die Koordinierung von Sammlungen

1087 Teil 2, A.III.
1088 Teil 2, A.I.2.
1089 Einleitung.

an die gemeinnützigen Organisationen, insbesondere DZI und Spendenrat e.V., delegiert. Im Übrigen sollen die Spenden sammelnden Organisationen selbst dafür sorgen, dass der Spender ihnen vertraut.[1090]

Im Steuerrecht ist die Spende oder das Sammelvermögen zwar nicht Schutzgut staatlicher Aufsicht, Prüfung oder Kontrolle. Zumindest ist aber die steuerrechtliche Einordnung als Spende oder Sponsoring und insbesondere die Anerkennung als gemeinnützige Organisation für die Spenden sammelnden Organisationen entscheidend. Damit sind zweckentsprechende Spenden weitgehend gewährleistet.[1091]

Die Strafe soll zunächst eine generalpräventive Wirkung haben.[1092] Lässt sich der Täter davon nicht abschrecken und nutzt die Spendenbereitschaft anderer und seine Sammlerposition missbräuchlich aus und verwendet er das Sammelvermögen nicht zweckentsprechend, sondern eigennützig oder zu kriminellen Zwecken, kann er sich des Spendenbetrugs, der Untreue, der Geldwäsche oder der Unterstützung terroristischer Vereinigungen strafbar machen.[1093]

Eine bundesrechtliche Regelung gibt es bezüglich der Kontrolle und/oder des Schutzes des Sammelvermögens nicht. Dies verwundert angesichts der Tatsache nicht, dass es abgesehen von der Pflegschaft für das Sammelvermögen nach § 1914 BGB auch keine bundesrechtliche Regelung zum Sammelvermögen selbst gibt.

Für die Praxis ergeben sich hieraus lediglich ein partieller Schutz und keine Kontrolle über Spenden und Sammelvermögen.

Insofern bleibt zu prüfen, inwieweit eine Kontrolle durch Private mittels Selbstverpflichtung, Corporate Governance Kodex oder Qualitätsauszeichnungen erfolgt, welchen Schutzradius derartige Kontrollen haben und, ob sie effektiv sind.

## B. Schutz und Kontrolle durch Private

Soweit das Sammelvermögen durch eine Spenden sammelnde Organisation zusammengetragen wird, können sich aus interner und externer Kontrolle womöglich gewisse Schutzwirkungen für das Sammelvermögen durch Private ergeben. Diese Mechanismen sind generell durch die Organisationsform bedingt und gesetzlich vorgesehen oder freiwillige Maßnahmen zur Selbstregulierung. Letztere können wiederum eine reine interne Selbstregulierung sein oder darüber hinaus durch externe Dritte kontrolliert werden.

Missbrauchsfälle und mangelnde Transparenz haben zu einem gewissen Imageschaden für den Dritten Sektor und zu einer Vertrauenskrise von Spendern und vielleicht auch Stiftern geführt. Forderungen nach mehr Transparenz und Publizität sind laut geworden. Zusammen mit dem wachsenden Wettbewerb um Spenden hat dies zu einer Zunahme freiwilliger Satzungsvorgaben in

1090 Teil 2, B.

1091 Teil 2, C.

1092 Vgl. *Kinzig*, in: Schönke/Schröder, StGB, Vor §§ 38 ff. Rn. 3 ff. m.w.N.

1093 Teil 2, D.

Form von internen Selbstverpflichtungen und externen Qualitätskennzeichen in Deutschland geführt.[1094] Zum einen bezieht sich das auf Vorschriften zur Rechnungslegung, zum anderen auch auf darüber hinausgehende Kodizes und andere Qualitätsmaßnahmen.

# I. Interne Kontrollmechanismen

## *1. Organisationsformabhängige Kontrollmechanismen*

Die genauen Kontrollmechanismen oder -möglichkeiten hängen dabei von der Organisationsform ab. Die beiden häufigsten gemeinnützigen Organisationsformen sind der Verein und die Stiftung.[1095] Für diese sieht das Gesetz keine Kontrollorgane wie beispielsweise einen Aufsichtsrat vor. Es gibt auch keine gesetzlichen Regelungen oder Leitlinien für die Leitungsorgane.[1096]

Darüber hinaus sind Vereine und Stiftungen keine Kaufleute und nicht verpflichtet, ihre Bücher nach den handelsrechtlichen Vorschriften zu führen. Für den Fall, dass sie (zusätzlich) einen wirtschaftlichen Geschäftsbetrieb führen, gelten die Vorschriften nur für diesen,[1097] wobei dann natürlich auch die steuerlichen Buchführungspflichten zu beachten sind.[1098]

Gemeinnützigkeitsrechtlich müssen Vereine und Stiftungen den Nachweis für die Gemeinnützigkeit durch ordnungsgemäße Aufzeichnungen über ihre Einnahmen und Ausgaben führen.[1099] Formvorschriften gibt es hierzu nicht. In Bezug auf Spenden und Sammelvermögen müssen der Eingang von Spenden nachgewiesen und eine Vermögensaufstellung bzw. Bilanzierung dergestalt erfolgen, dass die satzungsgemäße und zeitnahe Mittelverwendung und z. B. die Erhöhung des Vermögens bei Zustiftungen ausgewiesen und nachgewiesen werden können. Dabei werden die Mittel der

---

1094 *v. Schönfeld*, Leitungs- und Kontrollstrukturen in gemeinnützigen Organisationen, S. 99; vgl. *Schöbel*, Corporate Governance im Stiftungsrecht, S. 95 ff.; *v. Hippel/Walz*, Rechtsvergleichender Generalbericht, in Walz/v. Auer/v. Hippel, Spenden- und Gemeinnützigkeitsrecht in Europa, S. 89, 199, 205 ff., *Wilke*, Transparenz im Spendenwesen: Siegel, Selbstregulierung, Watchdogs, Non Profit Law Yearbook 2004, 181, 205.

1095 *Hüttemann*, Gutachten G zum 72. Deutschen Juristentag 2018, G 9, G 13 mit Verweis auf den ZiviZ-Survey 2017, abrufbar unter: https://www.ziviz.info/ziviz-survey-2017 (aufgerufen am 6.9.2021).

1096 Siehe § 26 Abs. 1 Satz 2, § 86 Satz 1 BGB; vgl. *v. Hippel*, Grundprobleme von Nonprofit Organisationen, S. 245; *v. Schönfeld*, Leitungs- und Kontrollstrukturen bei gemeinnützigen Organisationen, S. 55 f.

1097 Vgl. *Römer*, in: Richter, Stiftungsrecht, § 19 Rn. 330.

1098 vgl. hierzu bzgl. Stiftungen *Vogt*, Publizität im Stiftungsrecht, S. 70 ff.

1099 vgl. hierzu bzgl. Stiftungen *Vogt*, Publizität im Stiftungsrecht, S. 72.

gemeinnützigen Organisation nicht im Einzelnen identifiziert und konkret zugeordnet, sondern alle Vermögenswerte werden saldiert.[1100]

Die Chance mit der Reform des Stiftungsrechts 2021 eine Verbesserung der „Foundation Governance" zu bewirken, indem beispielsweise Kontrollorgane, Rechnungslegungspflichten und Publizitätspflichten für größere Stiftungen gesetzlich geregelt werden, wurde zunächst vertan.[1101] Aufgrund des zum 1.1.2024 in Kraft tretenden Zuwendungsempfängerregisters[1102] und des zum 1.1.2016 einzurichtenden Stiftungsregisters und den damit verbundenen steigenden öffentlichen Transparenzerwartungen kann aber von weiteren Schritten in Richtung Transparenz und Governance ausgegangen werden.[1103]

### *a. Besonderheiten beim Verein*

Vereine haben Mitglieder, die ihre gesetzlich vorgesehenen Schutz-, Vorteils- und durch Mitverwaltungsrechte auch Kontrollrechte[1104] im Rahmen der Gestaltungsfreiheit selbst oder über die Mitgliederversammlung gem. §§ 36, 37 BGB ausüben können.[1105] In Bezug auf die Verwendung von Spende oder Sammelvermögen spielen diese internen Rechte[1106] aber höchstens im Rahmen des Auskunftsrechts und des Rechenschaftsberichts des Vorstands nach § 27 Abs. 3 BGB und § 666 BGB eine Rolle. Sowohl die gesetzlichen[1107] als auch die Anforderungen der Rechtsprechung sind nicht besonders

---

1100 Vgl. *BFH*, DStR 2017, 1754, 1758, Rn. 51 ff., 1759, Rn. 59 ff.; *F. Wallenhorst/R. Wallenhorst*: Zur gemeinnützigen Mittelverwendung, DStR 2018, 851, 851 f., 853.

1101 *Arnold*, Teil 3: Die Rechtsstellung der Organe und das Stiftungsregister, npoR 2021, 84, 87 f.

1102 Art. 21 JStG 2020, BGBl. I 2020, S. 3096. Das Register wird vom Bundeszentralamt für Steuern geführt werden.

1103 Vgl. *Hüttemann*, Das neue Zuwendungsempfängerregister – ein erster Schritt für mehr Transparenz im gemeinnützigen Sektor, npoR 2021, 121, 127.

1104 Vgl. auch *v. Schönfeld*, Leitungs- und Kontrollstrukturen in gemeinnützigen Organisationen, S. 38, der darüber hinaus postuliert, dass Kontrolle Informationen über und Steuerung der Organisationsleitung bedeutet und den neuen Oberbegriff Steuerungsrechte einführt.

1105 *v. Hippel*, Grundprobleme von Nonprofit Organisationen, S. 242 ff.; *v. Schönfeld*, Leitungs- und Kontrollstrukturen in gemeinnützigen Organisationen, S. 38 f.; *Segna*, Vorstandskontrolle in Großvereinen, S. 214 ff.

1106 Vgl. *Segna*, Vorstandskontrolle in Großvereinen, S. 202, 225 ff.; *Hartnick*, Kontrollprobleme bei Spendenorganisationen, S. 541; vgl. auch *v. Schönfeld*, Leitungs- und Kontrollstrukturen in gemeinnützigen Organisationen, S. 41.

1107 So *Segna*, Rechnungslegung und Prüfung von Vereinen – Reformbedarf im deutschen Recht, DStR 2006, 1568, 1568 f.

hoch.[1108]

Zu beachten ist auch, dass der Vorstand seiner die Rechenschaftspflicht gegenüber den Mitgliedern erst nach Ende seiner Amtsperiode nachkommen muss.[1109] Als mögliche Konsequenz können die Mitglieder den Vorstand nicht entlasten oder nicht wieder wählen. Klagen und Rechtsprechung zum Einsichts- und Auskunftsrecht gibt es kaum.[1110] Die Informationsrechte der Vereinsmitglieder schneiden in der Praxis schlechter ab als in der Theorie.[1111]

Ob Mitgliedern darüber hinaus Schadenersatzansprüche oder andere Klagerechte gegen den Verein zustehen, wird in der Literatur zurückhaltend beantwortet.[1112] Überwiegend wird dem Mitglied aber eine Beseitigungsklage gegen den Verein zugestanden, wenn seine mitgliedschaftlichen Rechte rechtswidrig vom Vorstand verletzt wurden.[1113]

Hinzukommt, dass die Mitglieder ihre Rechte häufig nicht wahrnehmen, da sie die Mitgliederversammlungen nicht besuchen.[1114] Soweit ihnen der Verein oder die Handlungen des Vorstands nicht gefallen, treten sie eher aus.[1115]

---

1108 Vgl. *OLG Brandenburg*, Urt. v. 28.5.2008, Az. 7 U 176/07, Rn. 39, 43, 49, 51, Wolters Kluwer Online.

1109 *Segna*, Rechnungslegung und Prüfung von Vereinen – Reformbedarf im deutschen Recht, DStR 2006, 1568, 1569. Teilweise verlangt die Rechtsliteratur aber eine periodische Rechnungslegung des Vorstands, die sich am Kalender- oder Geschäftsjahr orientiert; vgl. *Galli*, Die Rechnungslegung nichtwirtschaftlicher gemeinnütziger Vereine, DStR 1998, 263, 263 m.w.N.

1110 *BGH*, DStR 2003, 847, 848; *LG Stuttgart*, NJW-RR 2001, 1478, 1478; vgl. auch *Hartnick*, Kontrollprobleme bei Spendenorganisationen, S. 273f., 554; *v. Schönfeld*, Leitungs- und Kontrollstrukturen bei gemeinnützigen Organisationen, S. 43 f.

1111 *v. Schönfeld*, Leitungs- und Kontrollstrukturen in gemeinnützigen Organisationen, S. 43.

1112 Z. B. wird die Actio pro Socio allerhöchstens in Ausnahmefällen als sinnvoll erachtet, wenn alle vereinsinternen Klärungsgelegenheiten gescheitert sind; *Segna*, Vorstandskontrolle in Großvereinen, S. 262 f.

1113 *Grunewald*, Auskunftserteilung und Haftung des Vorstands im bürgerlichrechtlichen Verein, ZIP 1989, 962, 965 f.; *Segna*, Vorstandskontrolle in Großvereinen, S. 242 ff.

1114 *Hansmann*, The economics of non profit organizations, in: Hopt/v. Hippel, Comparative Corporate Governance of Non-Profit-Organizations, S. 60, 68; *Bär*, Die Schranken der inneren Vereinsautonomie, S. 178; *Segna*, Vorstandskontrolle in Großvereinen, S. 177 f.; *Hartnick*, Kontrollprobleme bei Spendenorganisationen, S. 553 f.

1115 *Leuschner*, in: MünchKomm BGB, § 38 Rn. 15, § 39 Rn. 1; *Hartnick*, Kontrollprobleme bei Spendenorganisationen, S. 554; *v. Schönfeld*, Leitungs- und Kontrollstrukturen in gemeinnützigen Organisationen, S. 53.

Für den Verein sehen §§ 57, 58 BGB eine Satzung mit einem Mindest- und einem Sollinhalt vor. Das sind in der Tat minimale Vorgaben,[1116] die nur rudimentäre Kontrollstrukturen beinhalten. Die Satzung kann natürlich weitergehende Regelungen enthalten.

### *b. Besonderheiten bei der Stiftung*

Für eine mitgliederlose Stiftung gelten nach § 86 BGB im Wesentlichen die Vorschriften des Vereins. Insbesondere sind die Stiftungsorgane nach §§ 27 Abs. 3 i. V. m. § 666 BGB ebenfalls zur Auskunft und Rechenschaftslegung verpflichtet.[1117] Hinsichtlich der Rechnungslegung wird insofern auf die Ausführungen zum Verein verwiesen.

Nach der Streichung der Verweisungen auf das Vereinsrecht in § 86 BGB mit der Stiftungsrechtsreform 2021 regelt § 84a Abs. 1 BGB n.F. zukünftig direkt die Anwendbarkeit der §§ 664 bis 670 BGB für die Organmitglieder der Stiftung.[1118]

Die Landesstiftungsgesetze[1119] enthalten konkretere, aber sehr unterschiedliche Anforderungen[1120] zur Rechnungslegung, z. B. eine Jahresabrechnung und eine Vermögensübersicht. Bei der Rechnungslegung von Stiftungen geht es darum, den Nachweis gegenüber der Stiftungsbehörden zu führen, dass die Mittel dem satzungsgemäßen Stiftungszweck entsprechend verwendet wurden und das Stiftungsvermögen erhalten wurde. Sinn und Zweck ist nicht die Information von Gesellschaftern oder Gläubigern wie bei der handelsrechtlichen Rechnungslegung.[1121] Welchen buchhalterischen Grundsätzen die Rechnungslegung von Stiftungen tatsächlich folgen soll, ist nicht gesetzlich geregelt und in der Literatur umstritten.[1122] Als Minimalkonsens sollen aber die formalen Grundsätze

---

1116 Ähnlich *Kußmaul/Meyering*, in MünchHdb GesR V, § 97 Rn. 6.

1117 Vgl. *Vogt*, Publizität im Stiftungsrecht, S. 58.

1118 Vgl. *Arnold*, Teil 3: Die Rechtsstellung der Organe und das Stiftungsregister, npoR 2021, 84, 85; *Gollan/Richter*, Der Referentenentwurf zur Stiftungsrechtsreform – So nicht, bitte!, npoR 2021, 29, 29.

1119 §§ 7 Abs. 3, 9 Abs. 2 Nr. 3 BaWüStiftG; Art. 16 BayStiftG; § 8 Abs. 1 Nr. 2 BerlStiftG; § 6 Abs. 2 BdbStiftG; § 12 Abs. 2 Nr. 2 BremStiftG; § 4 Abs. 4 HambStiftG;§ 7 Nr. 2 HessStiftG; § 4 Abs. 2 Nr. 2 MeckVorPStiftG; § 11 Abs. 3 NdsStiftG; § 7 Abs. 1 NRWStiftG; § 7 SachsAnStiftG; §§ 4 Abs. 7, 10 Abs. 1 Nr. 1, 2 SHStiftG; § 8 Abs. 4 ThürStiftG.

1120 *Vogt*, Publizität im Stiftungsrecht, S. 60 ff., 66.

1121 Ausführlich *Orth*, Zur Rechnungslegung von Stiftungen, DB 1997, 1341, 1343; *Kußmaul/Meyering*, Die Rechnungslegung der Stiftung, DStR 2004, 371, 372; *Vogt*, Publizität im Stiftungsrecht, S. 66 f.

1122 Vgl. *Vogt*, Publizität im Stiftungsrecht, S. 68; *Carstensen*, Die ungeschmälerte Erhaltung des Stiftungsvermögens, WPg 1996, 781, 790; für die Anwendung der Grundsätze der Kameralistik: *Orth*, Zur Rechnungslegung von Stiftungen, DB 1997, 1341, 1350.

ordnungsgemäßer Buchführung wie Klarheit, Übersichtlichkeit, Richtigkeit und Vollständigkeit der Dokumentation, Belegprinzip und formelle Bilanzkontinuität Anwendung finden.[1123]

Hinsichtlich der Rechnungslegungsvorschriften wird es auch nach der Stiftungsrechtsreform 2021 erst einmal bei den Landesregelungen bleiben. Obwohl die wesentlichen stiftungszivilrechtlichen Regelungen aus den Landesstiftungsgesetzen einheitlich im BGB geregelt werden, gibt es keine bundesweiten Rechnungslegungspflichten.[1124]

Stiftungssatzungen können über die zivilrechtlichen und stiftungsrechtlichen Vorgaben hinausgehen und so freiwillig bestimmte Rechnungslegungsprinzipien festlegen.[1125]

### c. *Publizität*

Die Rechnungslegung von Vereinen und Stiftungen an sich bedeutet nicht automatisch eine Veröffentlichung, so dass Mitglieder, Stifter, Destinatäre, potentielle Spender dadurch keine Informationen über die Verwendung der Mittel erhalten. Nach BGB und Landesstiftungsgesetzen besteht keine Veröffentlichungspflicht. Eine solche besteht nach § 3 Publizitätsgesetz i. V. m. § 325 Abs. 1 S. 1 HGB nur für Vereine, deren Zweck auf einen wirtschaftlichen Geschäftsbetrieb gerichtet ist, und rechtsfähige Stiftungen, die ein Gewerbe betreiben und die für die meisten Vereine und Stiftungen extrem hohen Hürden nach § 1 Publizitätsgesetz nehmen. Dabei müssen zwei der drei folgenden Bedingungen erfüllt werden: eine Bilanzsumme von über 65 Mio. €, Umsatzerlöse über 130 Mio. € und/oder Beschäftigung von mehr als 5000 Arbeitnehmern.[1126] In der Praxis werden diese kaum erfüllt.[1127]

---

1123 *Kußmaul/Meyering*, Die Rechnungslegung der Stiftung, DStR 2004, 371, 372; dies., in: MünchHdb GesR V, § 97 Rn. 13; vgl. *Orth*, Zur Rechnungslegung von Stiftungen. DB 1997, 1341, 1350 f.

1124 *Arnold*, Teil 3: Die Rechtsstellung der Organe und das Stiftungsregister, npoR 2021, 84, 87 f.; *Hüttemann*, Das neue Zuwendungsempfängerregister – ein erster Schritt für mehr Transparenz im gemeinnützigen Sektor, npoR 2021, 121, 127, schlägt im Hinblick auf das Zuwendungsempfängerregister die Entwicklung einheitlicher Rechnungslegungsvorschriften für den gemeinnützigen Sektor durch die Finanzverwaltung und Vertreter des gemeinnützigen Sektors vor.

1125 *Kußmaul/Meyering*, in: MünchHdb GesR V, § 97 Rn. 16.

1126 Vgl. *Vogt*, Publizität im Stiftungsrecht, S. 76; zur Problematik wirtschaftlicher Aktivitäten, mangelnder Publizität und Corporate Governance in Vereinen vgl. nur *Westermann*, Reformüberlegungen zum BGB-Gesellschafts- und Vereinsrecht, NZG 2017, 921, 922 f.; *Wagner*, Die Entwicklungen im Vereinsrecht, NGZ 2017, 768, 769 ff.

1127 Vgl. *Krimmer/Weitemeyer/Kleinpeter/Vogt/v. Schönfeld*, Transparenz im Dritten Sektor, S. 106 ff., 108.

Mit dem zum 1.1.2026 in Kraft tretenden Stiftungsregistergesetz wird die negative Publizität von Stiftungen bürgerlichen Rechts eingeführt.[1128] Die für jedermann mögliche Einsichtnahme in das Stiftungsregister wird gem. § 15 S. 2 StiftRG beschränkt und Dokumenteninhalte und Daten unkenntlich gemacht, soweit ein berechtigtes Interesse der Stiftung oder eines Dritten (z. B. Destinatären) daran besteht.[1129] Dies kann sowohl personenbezogene Daten als auch Regelungen zur Vermögensverwaltung betreffen.[1130] In erster Linie weist das Stiftungsregister den gesetzlichen Vertreter der Stiftung aus, erleichtert rechtsgeschäftliche Handlungen der Stiftung und die Durchsetzung von Gläubigeransprüchen aufgrund der im Register enthaltenen Informationen.[1131]

Aus Sicht der Spender wünschenswerte Informationen über die Verwendung der Mittel im Sinne einer Publizitätspflicht der Rechnungslegung, zumindest für Großstiftungen, sehen weder der das neue Stiftungsrecht noch das StiftRG vor.[1132]

Rechnungslegungspublizität ist auch (noch) nicht mit dem neuen Zuwendungsempfängerregister (ab 1.1.2024) verbunden, wird aber als folgerichtig in den nächsten Jahren erwartet.[1133] Aus Sicht des Spenders eines typischen Sammelvermögens gibt das Register aber immerhin nützlich Auskunft über den Gemeinnützigkeitsstatus einer Zuwendungen empfangenden Organisation.

## 2. *Freiwillige Selbstverpflichtung und Selbstregulierung*

Interne und freiwillige Kontrollmöglichkeiten sind Eigenkontrolle, Selbstverpflichtung bzw. Selbstregulierung oder andere schützende Maßnahmen. Damit diese als institutionelle Vorgaben für eine Kontrolle innerhalb des Leitungsorgans oder durch weitere Gremien verbindlich sind, müssen sie in der Satzung festgelegt sein.[1134] Ansonsten können sie die Organe der Organisation nicht binden.[1135]

---

1128 *Rüdiger Werner*, Der Regierungsentwurf eines Gesetzes zur Vereinheitlichung des Stiftungsrechts, ErbR 2021, 482, 486.

1129 *Rüdiger Werner*, Der Regierungsentwurf eines Gesetzes zur Vereinheitlichung des Stiftungsrechts, ErbR 2021, 482, 486 f.; *Arnold*, Teil 3: Die Rechtsstellung der Organe und das Stiftungsregister, npoR 2021, 84, 88 f.

1130 Regierungsentwurf BR-Drs. 143/21, S. 113, Begründung zu § 15 StiftRG-RegE.

1131 Vgl. *Gollan/Richter*, Der Referentenentwurf zur Stiftungsrechtsreform – So nicht, bitte!, npoR 2021, 29, 34.

1132 Vgl. *Arnold*, Teil 3: Die Rechtsstellung der Organe und das Stiftungsregister, npoR 2021, 84, 87 f.

1133 Vgl. *Hüttemann*, Das neue Zuwendungsempfängerregister – ein erster Schritt für mehr Transparenz im gemeinnützigen Sektor, npoR 2021, 121, 127.

1134 Vgl. *Zöllner/Noack*, in: Baumbach/Hueck, GmbHG, § 53 Rn. 7.

1135 *Zöllner/Noack*, in: Baumbach/Hueck, GmbHG, § 53 Rn. 15.

Zunächst haben einige Vereine und Stiftungen in ihrer Satzung freiwillige Kontrollorgane oder die Voraussetzungen dafür festgelegt.[1136] Mangels gesetzlicher Leitlinien und der Abhängigkeit von den jeweiligen Satzungsregelungen sagt diese Tatsache an sich noch nichts über die Rechte und effektiven Kontrollmöglichkeiten solcher Aufsichtsgremien aus.[1137]

Weiterhin haben viele Vereine und Stiftungen in ihren Satzungen Kontrollmaßnahmen festgelegt, die über die gesetzlichen Minimalanforderungen hinausgehen.[1138] In der Vereinspraxis werden die Mitgliedschaftsrechte teilweise nicht erweitert, sondern beschränkt,[1139] z. B. durch die Unterteilung in stimmberechtigte und nicht- stimmberechtigte Mitglieder.[1140]

Häufig handelt es sich bei freiwilligen Selbstverpflichtungen aber auch um Regelungen zur Rechnungslegung, z. B. nach HGB. Dabei ist diese Rechnungslegung für kleine und mittlere gemeinnützige Organisationen unverhältnismäßig aufwendig.[1141]

Entspricht der Jahresabschluss den Grundsätzen kaufmännischer Rechnungslegung und gibt er die tatsächlichen finanziellen Verhältnisse wieder, so kann der Wirtschaftsprüfer einen Bestätigungsvermerk entsprechend § 322 HGB erteilen.[1142] Soweit die Rechnungslegung weniger aufwendig betrieben wird, die Einnahmen- und Ausgabenrechnung sowie eine Vermögensübersicht den Rechnungslegungs- und Prüfungsmaßstäben des Instituts der Wirtschaftsprüfer in Deutschland e. V. (IDW)[1143] entspricht,

---

1136 Vgl. Krimmer/Weitemeyer/Kleinpeter/Vogt/v. Schönfeld, Transparenz im Dritten Sektor, S 161.

1137 Kritisch insoweit *v. Schönfeld*, Leitungs- und Kontrollstrukturen in gemeinnützigen Organisationen, S. 56 f.; vgl. auch *Schmidt-Schmiedebach*, Stiftung und Governance Kodex, S. 55 ff.

1138 So für Vereine *Segna*, Rechnungslegung und Prüfung von Vereinen- Publizitätsbedarf im deutschen Recht, DStR 2006, 1568, 1569.

1139 Vgl. *Segna*, Vorstandskontrolle in Großvereinen, passim.; *v. Schönfeld*, Leitungs- und Kontrollstrukturen in gemeinnützigen Organisationen, S. 50; *Bär*, Die Schranken der inneren Vereinsautonomie, S. 177 f., 366.

1140 *v. Schönfeld*, Leitungs- und Kontrollstrukturen in gemeinnützigen Organisationen, S. 50 mit Beispielen.

1141 Vgl. für Stiftungen *Cornelius/Loleit*, Bilanzierung und Kapitalerhalt: Rechnungslegung für kleinere und mittlere Stiftungen, StiftungsBrief 12/ 2013, 235, 235 ff.

1142 Krimmer/Weitemeyer/Kleinpeter/Vogt/v. Schönfeld, Transparenz im Dritten Sektor, S. 161.

1143 Dabei sind spezielle Standards entwickelt worden wie die IDW Verlautbarungen zur Rechnungslegung: Rechnungslegung von Stiftungen (IW RS HFA 5), Stand: 6.12.2013, WPg Supplement 1/2014, 117 ff.; Prüfung von Stiftungen (IDW PS 740), Stand: 25.2.2000, WPg 8/2000, 385 ff.; Prüfung von Vereinen (IDW PS

kann der Wirtschaftsprüfer die Ordnungsmäßigkeit der Rechnungslegung bescheinigen.[1144]

Über die Rechnungslegung hinaus geht es aber um Regelungen zur guten oder ethischen Führung, die auch für Dritte - also mit gewisser Außenwirkung - eine Art Mindestqualität zeigen sollen.[1145] Hierzu greifen Vereine und Stiftungen häufig auf Verhaltenskodizes zurück.

### *a. Kodizes*

Mittlerweile sind zahlreiche Kodizes gemeinnütziger Organisationen, insbesondere von Dachverbänden entstanden.[1146] An sich sind Kodizes unverbindliche Regelsammlungen, die gerade nicht durch einen staatlichen Gesetz- oder Regelgeber entstanden sind.[1147] Viele Governance Codes im Dritten Sektor gehen auf den Deutschen Corporate Governance Kodex von 2002[1148] zurück,[1149] der allerdings je nach Unternehmensform und Größe verpflichtend sein kann. „Corporate Governance Codes" oder „Kodizes" genannte Regelwerke legen Standards für gute und verantwortliche Unternehmensführung fest.[1150] Die Einhaltung derartiger

---

750), Stand: 9.9.2010 (WPg Supplement 1/ 2011, 1); IDW Stellungnahme zur Rechnungslegung: Besonderheiten der Rechnungslegung Spenden sammelnder Organisationen (IDW RS HFA 21), Stand: 11.3.2010, WPg Supplement 2/2010, 50 ff., wobei letzterer in der Literatur zum Teil als nicht anwendbar für gemeinnützige Organisationen gesehen wird so *Hüttemann*, Gemeinnützigkeits- und Spendenrecht, Kap. 5 Rn. 5.38; *ders.*, Das neue Zuwendungsempfängerregister – ein erster Schritt für mehr Transparenz im gemeinnützigen Sektor, npoR 2021, 121, 127.

1144 Vgl. *Krimmer/Weitemeyer/Kleinpeter/Vogt/v. Schönfeld*, Transparenz im Dritten Sektor, S. 161; *G. Roth*, in: BeckOGK, Stand 15.3.2021, § 80 Rn. 441 f., 444 ff.

1145 *v. Hippel/ Walz*, Rechtsvergleichender Generalbericht, in: Walz/v. Auer/v. Hippel, Spenden- und Gemeinnützigkeitsrecht in Europa, S. 89, 205 f.

1146 Vgl. *v. Schönfeld*, Leitungs- und Kontrollstrukturen in gemeinnützigen Organisationen, S. 99; *Schöbel*, Corporate Governance im Stiftungsrecht, S. 95 ff.

1147 *v. Schönfeld*, Leitungs- und Kontrollstrukturen in gemeinnützigen Organisationen, S. 91.

1148 *Regierungskommission*, Deutscher Corporate Governance Kodex, frühere Fassungen, abrufbar unter: https://www.dcgk.de/files/dcgk/usercontent/de/download/kodex/D_CorGov_Endfassung_2002_02_23.pdf (aufgerufen am 5.9.2021).

1149 *Krimmer/Weitemeyer/Kleinpeter/Vogt/v. Schönfeld*, Transparenz im Dritten Sektor, S. 162 f.; *v. Schönfeld*, Leitungs- und Kontrollstrukturen in gemeinnützigen Organisationen, S. 91, 99 m.w.N.

1150 Vgl. *Europäische Kommission*, EU-Aktionsplan v. 21.5.2003, COM (2003) 284, S. 10: „the system by which companies are directed and controlled", abrufbar unter: https://eur-lex.europa/LexUriServ.do?uri=COM:2003:0284:FIN:DE:PDF

Standards soll ein Qualitätsniveau des Unternehmens bzw. mittlerweile auch der gemeinnützigen Organisation sichern und werbewirksam demonstrieren.[1151] Viele gemeinnützige Organisationen betreiben soziale Dienste und Einrichtungen wie Krankenhäuser, Seniorenpflegeeinrichtungen oder Kindergärten und befinden sich damit im Wettbewerb zu kommerziellen Betreibern, die in der Regel gesetzlichen Pflichten zur Kontrolle, Rechnungslegung und Publizität unterliegen. Das Konzept der Governance hat als Schwerpunkt Rechenschaftspflichten und Schutz der Stakeholderinteressen,[1152] die bei den anderen bekannten Steuerungskonzepten wie Management und Controlling nicht im Vordergrund stehen.[1153] „Stakeholder" werden dabei die verschiedenen Interessengruppen oder Interessenten genannt, die Einfluss auf die Verwirklichung der Organisationsziele haben oder selbst davon beeinflusst werden.[1154] Für Spenden sammelnde Organisationen kommen hierbei neben z. B. Arbeitnehmern, Lieferanten und Geschäftspartnern auch noch Spender, Stifter und Destinatäre hinzu.[1155] Im Falle der Gemeinnützigkeit ist die Allgemeinheit wegen des Allgemeinwohls nach § 52 Abs. 1 AO ebenfalls eine Interessengruppe.[1156] Auf diese Interessengruppen soll u. a. durch verschiedene, auch ethische,[1157] Regelungen zur seriösen Spendenwerbung und zu Werbe- und

---

(aufgerufen am 6.9.20021); siehe auch bei *Hopt*, Vergleichende Corporate Governance – Forschung und internationale Regulierung, ZHR 2011, 444, 448 f.

1151 Vgl. *Krimmer/Weitemeyer/Kleinpeter/Vogt/v. Schönfeld*, Transparenz im Dritten Sektor, S. 162.

1152 Vgl. *Veltmann,* in: Werner/Saenger/Fischer, Die Stiftung, § 17 Rn. 1 ff.

1153 Vgl. *Meyer/Maier,* Corporate Governance in Non-Profit-Organisationen: Verständnisse und Entwicklungsperspektiven, Zeitschrift für Wirtschafts- und Unternehmensethik, 13/2012, 9, 11 f., 13 ff., abrufbar unter: https://epub.wu.ac.at/5616/1/Meyer_Maier_2012_ZFWU_Corporate-Governance.pdf (aufgerufen am 5.9.2021).

1154 Vgl. *v. Schönfeld*, Leitungs- und Kontrollstrukturen in gemeinnützigen Organisationen, S. 32 f.

1155 Vgl. *National Council for Voluntary Organisations*, Accountability and Transparency, NCVO Publications, June 2004, 8, abrufbar unter: https://www.ncvo.org.uk/images/documents/policy_and_research/charity_law_and_regulation/accountability_and_transparency_2004.pdf (aufgerufen am 5.9.2021); auch *Koss*, Anforderungen an die Rechenschaftspflicht von gemeinnützigen Organisationen, Non Profit Law Yearbook 2003, 113, 115 f.

1156 Vgl. *v. Schönfeld*, Leitungs- und Kontrollstrukturen in gemeinnützigen Organisationen, S. 32 f.

1157 Vgl. den ethischen Schwerpunkt des Deutschen Fundraising Verbands, abrufbar unter https://www.dfrv.de/wp-content/uploads/2017/09/Ethikregeln-für-Organisationen.pdf (aufgerufen am 5.9.2021).

Verwaltungsausgaben[1158] in den zahlreichen Kodizes im Dritten Sektor zugegangen werden.

### *b. Rechtsnatur*

Die Rechtsnatur von Governance Codes im Dritten Sektor ist genauso unklar, wie die des Deutschen Corporate Governance Kodex. Da die Kodizes im gemeinnützigen Bereich zumeist auf dem Deutschen Corporate Governance Kodex basieren, werden die hierzu angestellten Überlegungen in der Literatur übernommen.[1159] Zusammenfassend[1160] lässt sich sagen, dass die Kodizes keine klassische Rechtsquelle sind. Es handelt sich um ein „Novum",[1161] für welches entweder ein existierender Rechtsquellenbegriff erweitert oder eine neue Kategorie geschaffen werden müsste.[1162] Insofern wird im Sinne einer neuen Kategorie von einer Form der Selbstregulierung, nämlich einer freiwilligen Selbstverpflichtung eigener Art gesprochen.[1163]

### *c. Pluralität von Kodizes im Dritten Sektor*

Wenn ein Governance Code sich in einem Verband oder gar dem Dritten Sektor durchgesetzt hätte und damit einheitliche Regeln zur Sicherung eines bestimmten Qualitätsniveaus herrschen würden, könnte auch von Verbandsselbstregulierung oder Selbstregulierung gesprochen werden.[1164] In der Praxis ist der Dritte Sektor

---

1158 Vgl. *Wilke*, Transparenz im Spendenwesen: Siegel, Selbstregulierung, Watchdogs, Non Profit Law Yearbook 2004, 181, 203.

1159 So *Krimmer/Weitemeyer/Kleinpeter/Vogt/v. Schönfeld*, Transparenz im Dritten Sektor, S. 162 f.

1160 Ausführlicher *v. Schönfeld*, Leitungs- und Kontrollstrukturen im gemeinnützigen Sektor, S. 95 f.; *Krimmer/Weitemeyer/Kleinpeter/Vogt/v. Schönfeld*, Transparenz im Dritten Sektor, S. 162 ff.; *Bayer/Scholz*, in: Spindler/Stilz, AktG, § 161 Rn. 16; *Hoffmann-Becking*, in: MünchHdb GesR IV§ 34 Rn. 12 ff.; *Bachmann*, in: Kremer/Bachmann/Lutter/v. Werder, DCGK, Teil 2 Rn. 97 ff.

1161 *Ulmer*, Der Deutsche Corporate Governance Kodex, ZHR 166 (2002), 150, 152; *M. Littger*, DCGK – Funktion und Verwendungschancen, S. 99 f.; *Weiss*, Hybride Regulierungsinstrumente, S. 81 f.

1162 Vgl. *Weiss*, Hybride Regulierungsinstrumente, S. 50 f.

1163 Vgl. *Krimmer/Weitemeyer/Kleinpeter/Vogt/v. Schönfeld*, Transparenz im Dritten Sektor, S. 164 f.; wobei nach *Bachmann*, in: Kremer/Bachmann/Lutter/v. Werder, DCGK, Teil 2 Rn. 73, 94 ff., diese rechtstheoretische Debatte für die Rechtsanwendung fruchtlos sei.

1164 So *v. Hippel/Walz*, Rechtsvergleichender Generalbericht, in: Walz/v. Auer/v. Hippel, Spenden- und Gemeinnützigkeitsrecht in Europa, S. 89, 205; *Wilke*, Transparenz im Spendenwesen: Siegel, Selbstregulierung, Watchdogs, Non Profit Law Yearbook 2004, 181, 184.

davon weit entfernt. Die gemeinnützigen Governance Kodizes bieten ein buntes Bild.[1165] Es gibt sehr viele unterschiedliche Kodizes. Die meisten beschäftigen sich mit Leitungsorganen, ihrer Kontrolle, ihrer Bezahlung und ihren möglichen Interessenkonflikten. Das ist angesichts der mangelnden gesetzlichen, organisationsformabhängigen Vorgaben nachvollziehbar. Viele enthalten Vorgaben zur Rechnungslegung, Prüfung und Veröffentlichung der Finanzen. Einige beschäftigen sich mit Kommunikation und ethischer Spendenwerbung.[1166] Es werden unterschiedliche Schwerpunkte gesetzt. Teilweise enthalten die Kodizes detaillierte Regelungen, die so übernommen und umgesetzt werden können, teilweise enthalten sie nur allgemeine Rahmenregelungen, die dann konkretisiert werden müssen. In manchen Fällen wird die Einhaltung des Kodex durch Dritte überprüft. In vielen Fällen nicht.[1167] Einige gemeinnützige Einrichtungen oder Organisationen haben eigene Governance Codes auf Basis der Governance Kodizes eigener Dachverbände oder anderer Verbände entwickelt. Andere Governance Kodizes sind nur für die Dachorganisation und ihre Mitglieder geschaffen worden.[1168]

Diese Unterschiede und die Schwierigkeit, eine Einheitslösung zu finden, sind durch die Vielfalt an Organisationen, Rechtsformen, Größe, Zwecke, Finanzierung etc. im Dritten Sektor begründet. Vom einzelnen Sammler über rein mitgliedschaftlich orientierte Vereine, Einrichtungen zur freien und sozialen Wohlfahrtspflege durch Krankenhäuser, Senioreneinrichtungen, Kindergärten u.ä. bis hin zu großen Stiftungen und Kapitalgesellschaften sind in diesem Bereich verschiedenerlei Spendensammler und Institutionen vertreten.[1169]

Letztlich muss jede Organisation sehen, welche unterschiedlichen Stakeholder sie hat und welche von diesen Stakeholdern sie mit einem Kodex oder jeglicher Art von transparenter Selbstverpflichtung ansprechen will. Vor dem Hintergrund des Spenden-, Sammlungs- und Sammelvermögensschwerpunktes dieser Arbeit interessieren hier die Spender als Stakeholder. Allerdings ist das Spendenwesen kein

---

1165 Vgl. *Wilke*, Transparenz im Spendenwesen: Siegel, Selbstregulierung, Watchdogs, Non Profit Law Yearbook 2004, 181, 182 f.; empirisch *Krimmer/Weitemeyer/Kleinpeter/Vogt/v. Schönfeld*, Transparenz im Dritten Sektor, S. 162 ff., 178.

1166 Ausführlich *v. Schönfeld*, Leitungs- und Kontrollstrukturen in gemeinnützigen Organisationen, S. 99 ff., 103; *Krimmer/Weitemeyer/Kleinpeter/Vogt/v. Schönfeld*, Transparenz im Dritten Sektor, S. 162 ff., 178.

1167 Krimmer/Weitemeyer/Kleinpeter/Vogt/v. Schönfeld, Transparenz im Dritten Sektor, S. 178.

1168 Vgl. die Untersuchung einzelner Kodizes bei *Krimmer/Weitemeyer/Kleinpeter/Vogt/v. Schönfeld*, Transparenz im Dritten Sektor, S. 162 ff.; *Wilke*, Transparenz im Spendenwesen: Siegel, Selbstregulierung, Watchdogs, Non Profit Law Yearbook 2004, 181, 184, 202 ff.

1169 Vgl. *Krimmer/Weitemeyer/Kleinpeter/Vogt/v. Schönfeld*, Transparenz im Dritten Sektor, S. 3, 9 f., 14, 16 ff.

Synonym für den Dritten Sektor.[1170] Im Finanzierungsmix gemeinnütziger Organisationen liegt der Spendenanteil nämlich nur bei ca. 18,8 Prozent in Deutschland (2018).[1171] Dieser Anteil bedeutet je nach statistischer Untersuchung und Jahr jedoch immerhin ca. 5[1172] bzw. 8[1173] oder sogar 12 Mrd. €[1174] pro Jahr. Da die statistischen Ergebnisse der verschiedenen Untersuchungen[1175] aufgrund unterschiedlicher Methoden, Erhebungszeiträume und Veröffentlichungen zum Teil stark voneinander abweichen,[1176] sind daraus schwer konkrete Aussagen abzuleiten.

Schaut man sich auf Basis des Ziviz-Surveys 2017[1177] die beiden Hauptorganisationsformen im Dritten Sektor, Vereine und Stiftungen[1178] an, ergibt sich ein differenzierteres Bild der Bedeutung von Spenden. Selbst bei sehr großen Vereinen (mehr als 1 Mio. € Einnahmen), deren Spendenanteil geringer ist als bei kleinen Vereinen, liegt der Anteil von Spenden und Sponsorengeldern bei 9 Prozent. Im Durchschnitt der Vereine ist der Anteil sogar 19 Prozent.[1179] Zwar sind

---

1170 So ähnlich Wilke, *Wilke*, Transparenz im Spendenwesen: Siegel, Selbstregulierung, Watchdogs, Non Profit Law Yearbook 2004, 181, 182 vor dem Hintergrund der Johns-Hopkins-Studie von 1995.

1171 *Priemer/Corcoran-Schliemann/Geue/Krimmer/Schulz-Sandhof*, Finanzierung der Zivilgesellschaft, S. 113, 121, in: Krimmer, Datenreport Zivilgesellschaft, 2019, bezugnehmend auf Daten von 2018, abrufbar unter: https://www.ziviz.de/sites/ziv/files/datenreport_zivilgesellschaft.pdf (aufgerufen am 30.8.2021).

1172 *Spendenrat e.V. und GfK*, Bilanz des Helfens 2021, abrufbar unter: https://www.spendenrat.de/wp-content/uploads/Downloads/Bilanz-des-Helfens/bilanz-des-helfens-2021-deutscher-spendenrat.pdf (aufgerufen am 30.8.2021).

1173 *DZI*, DZI Spenden-Almanach 2020, 8f., abrufbar unter: https://www.dzi.de/wp-content/pdfs_Spenderberatung/DZI%20Spenden-Almanach%202020.pdf (aufgerufen am 30.8.2021)

1174 *Deutscher Fundraising Verband*, abrufbar unter: https://www.dfrv.de/blog/2019/11/28/pressemitteilung-spendenpotenzial/ (aufgerufen am 30.8.2021).

1175 Siehe auch weitere beim DZI aufgeführte Spendenstatistiken, z. B. DIW-Wochenbericht 8/2020, SOEPpaper 1074/2020 u. a., abrufbar unter: https://www.dzi.de/downloads/ (aufgerufen am 6.9.2021).

1176 Vgl. *Schulz-Sandhof*, Wie viel wird in Deutschland gespendet – 4 oder 8 Milliarden Euro?, Maecenata Observatorium, 2017 (17); *Adloff*, Zur Soziologie des Spendens – Empirische Befunde und theoretische Ansätze, in: Walz/v. Auer/v. Hippel, Spenden- und Gemeinnützigkeitsrecht in Europa, S. 613, 619 f.

1177 Die ausführliche Untersuchung von *Krimmer/Weitemeyer/Kleinpeter/Vogt/v. Schönfeld*, Transparenz im Dritten Sektor, S. 14 f. erfolgte auf Basis des Ziviz-Surveys 2012, der alle vier Jahre erhoben wird.

1178 Vgl. *Krimmer/Weitemeyer/Kleinpeter/Vogt/v. Schönfeld*, Transparenz im Dritten Sektor, S. 24, 30.

1179 Vgl. *Krimmer/Weitemeyer/Kleinpeter/Vogt/v. Schönfeld*, Transparenz im Dritten Sektor, S. 29 f.

nur 8 Prozent der Stiftungen große Stiftungen mit mehr als 1 Mio. € Einnahmen und einem niedrigen Anteil von 1 Prozent an Spenden- und Sponsorengeld. Aber dafür ist der Anteil bei den übrigen kleinen Stiftungen höher, so dass im Durchschnitt aller Stiftungen der Spenden- und Sponsorengeldanteil sogar bei 23 Prozent liegt.[1180] Spenden sind also ein wichtiger Bestandteil der Finanzierung gemeinnütziger Organisationen.

Daher werden im Folgenden lediglich Kodizes für Spendensammler und Spenden sammelnde Organisationen untersucht.

### *3. Kodizes für Spenden sammelnde Organisationen*

Die erste Stufe eines Kodexes ist die interne und freiwillige Selbstverpflichtung. Wobei mit freiwillig das Gegenteil einer gesetzlichen Pflicht gemeint ist. Häufig bewirkt nämlich eine Verbandsmitgliedschaft die Pflicht zur Selbstverpflichtung. Einige Kodizes sehen in einer zweiten Stufe die Überprüfung der Einhaltung der Selbstverpflichtung oder der Rechnungslegung durch Dritte bzw. eine Zertifizierung oder Qualitätsauszeichnung vor. Letztere können auch in einigen Fällen unabhängig von einem Kodex erfolgen. Sowohl die Überprüfung als auch jegliche Qualitätsauszeichnungen fallen unter die später folgende Kategorie der „Externen Kontrollmechanismen durch Private“. An dieser Stelle werden im Hinblick auf die interne Selbstverpflichtung lediglich drei der Kodizes für Spenden sammelnde Organisationen dargestellt, die auf Spender als Stakeholder besonders eingehen. Das ist bei den enger am Deutschen Corporate Governance Kodex ausgerichteten Kodizes häufig nicht der Fall.[1181]

#### *a. Grundsätze des Deutschen Fundraising Verbands*

Der Deutsche Fundraising Verband e.V. ist ein gemeinnütziger Dachverband für Spendensammler, Spenden sammelnde Organisationen und Dienstleister in diesem Bereich sowie für alle Personen, die sich für das Spendensammeln oder Fundraising interessieren, oder, in den Worten des Verbandes, „für eine Kultur des Gebens einsetzen“.[1182] Der Verband selbst ist keine Spenden sammelnde Organisation. Das Sammeln von Spenden ist quasi das „Kerngeschäft“ seiner Mitglieder.

---

1180 Vgl. Krimmer/Weitemeyer/Kleinpeter/Vogt/v. Schönfeld, Transparenz im Dritten Sektor, S. 33.

1181 Vgl. u. a. AWO-Governance-Kodex, Corporate Governance Kodex der Lebenshilfe e.V.; Arbeitshilfe 182 der katholischen Kirche, Diakonischer Corporate Governance Kodex. Diese Arbeit ist keine empirische Untersuchung der Kodizes im Dritten Sektor, sondern untersucht nur ausschnittweise die Kodizes im Hinblick auf Spenderrechte und Schutz des Sammelvermögens.

1182 *Deutscher Fundraising Verband*, Profil, abrufbar unter: https://www.dfrv.de/ueber-uns/profil-2/profil-3/ (aufgerufen am 4.9.2021).

Für sie ist die Einhaltung zweier Kodizes für gutes und ethisches Fundraising verpflichtend, die „Grundregeln für eine gute, ethische Fundraising-Praxis“[1183] und die „Charta der Spenderrechte“.[1184] Die Anerkennung ist Voraussetzung für die Mitgliedschaft im Verein (§ 4 Satzung[1185]). Darüber hinaus empfiehlt der Verband allen im Dritten Sektor Tätigen, nicht nur gemeinnützigen Organisationen und nicht nur Mitgliedern des Verbands, die Charta der Spenderrechte anzuwenden.[1186]

Im Gegensatz zu den Kodizes anderer gemeinnütziger Organisationen und Verbände fokussieren sich die Regelungen des Deutschen Fundraising Verbandes auf die Spender, Spenderrechte, das Verhalten von Sammlern und den Umgang mit den Spenden. Die 19 Grundregeln sind allgemein gehaltene Grundsätze u. a. zum ethischen Spendensammeln, zur Transparenz, zur ethischen Werbung, zur effektiven und effizienten Mittelverwendung, Erfassung und Kontrolle der Wirkungen der Mittel, zur Vergütung und zu Interessenskonflikten. Der Selbstverpflichtungscharakter wird durch die Formulierung in der 1. Person Plural verstärkt.

Die Charta der Spenderrechte soll dem fairen und transparenten Umgang mit Spendern dienen und ausdrücklich ihre gesetzlich geregelten Rechte anerkennen. Durch die Formulierung der Spenderrechte in der 3. Person Plural wird den Mitgliedern oder Anwendern der Charta vorgegeben, dass sie sich gegenüber den Spendern entsprechend der Charta verhalten sollen. Eine Veröffentlichung der Charta oder Umsetzung in eigene Regelungen ist nicht vorgesehen. Die Charta enthält u. a. Regelungen zur zweckbestimmten Verwendung zweckgebundener Spenden, zur Rechnungslegung, zur Rechnungslegungstransparenz und zur Transparenz der Vergütung der Sammler sowie der Information über die Struktur der Organisation. Alle Informationen sollen wahr, möglichst umfassend und zeitnah erfolgen. Im Hinblick auf die Rechnungslegung wird die allgemeine Vorgabe zur Vollständigkeit und Nachvollziehbarkeit gemacht. Der Anteil der Werbe- und Verwaltungskosten soll im Verhältnis zu den durch die Werbung erzielten Einnahmen

---

1183 Für Einzelmitglieder, abrufbar unter: https://www.dfrv.de/wp-content/uploads/2017/07/Ethikregeln_Einzelmitglieder_Stand_2017.pdf; für Dienstleister, abrufbar unter: https://www.dfrv.de/wp-content/uploads/2017/07/Ethikregeln_Dienstleister_Stand_2017.pdf; für Organisationen, abrufbar unter: https://www.dfrv.de/wp-content/uploads/2017/07/Ethikregeln_Organisationen_Stand_2017.pdf (alle aufgerufen am 4.9.2021).

1184 *Deutscher Fundraising Verband*, Charta der Spenderrechte, abrufbar unter: https://www.dfrv.de/wp-content/uploads/2017/06/Charta-der-Spenderrechte.pdf (aufgerufen am 4.9.2021).

1185 *Deutscher Fundraising Verband*, Satzung, abrufbar unter: https://www.dfrv.de/wp-content/uploads/2019/10/Satzung_Stand_030519-FINAL1pdf.pdf (aufgerufen am 4.9.2021).

1186 *Charta der Spenderrechte*, Präambel, abrufbar unter: https://www.dfrv.de/wp-content/uploads/2017/06/Charta-der-Spenderrechte.pdf (aufgerufen am 4.9.2021).

und Ausgaben im Finanzbericht ausgewiesen und der Kostenanteil erläutert werden. Der Finanzbericht soll veröffentlicht, mindestens jedoch auf Anfrage eines Spenders zugänglich gemacht werden. Gleiches gilt für die Organisationsstruktur. Konkrete Vorgaben zur Rechnungslegung nach bestimmten Buchhaltungsprinzipien wie HGB, IDW o.ä. werden nicht vorgenommen.

Die in den Kodizes anderer gemeinnütziger Organisationen und Verbände enthaltenen Regelungen zur Organisationsführung, insbesondere zu getrennten Gremien und organisationsinterner Kontrolle, sind nicht enthalten.

Die Einhaltung der Grundregeln und der Charta werden nicht überprüft. Nach Nr. 20 i. V. m. der Präambel der Grundregeln können Verstöße gegen die Grundregeln und die Charta der Spenderrechte von Verbandsmitgliedern an den Schiedsausschuss gemeldet werden, der Sanktionen verhängen kann. Spender haben nach der Charta der Spenderrechte einen allgemein gehaltenen Anspruch auf Auskunft und sorgfältige Bearbeitung ihrer Anliegen und Beschwerden in angemessener Zeit.

### *b. VENRO-Kodizes*

Der Verband Entwicklungspolitik deutscher Nichtregierungsorganisationen e.V. (VENRO) hat drei Verhaltenskodizes entwickelt. Im Vordergrund steht der VENRO-Kodex zur Transparenz, Organisationsführung und Kontrolle[1187] (VENRO-Verhaltenskodex). Daneben gibt es den VENRO-Kodex für entwicklungsbezogene Öffentlichkeitsarbeit[1188] und einen VENRO-Kodex Kinderrechte[1189]. Die Kodizes gelten sowohl für den Verband als auch für die Mitglieder. Der Verband selbst ist keine Spenden sammelnde Organisation, aber viele seiner Mitglieder sind es. Daher gibt es zusätzlich für die Spenden sammelnden Mitgliedsorganisationen zwei Ethik-Handreichungen zu Spenden-Mailings[1190] und Spendenvideos,[1191] die gemeinsam mit dem Deutschen Zentralinstitut für soziale Fragen (DZI) erarbeitet

1187 Abrufbar unter: https://venro.org/fileadmin/user_upload/Dateien/Daten/Publikationen/VENRO-Dokumente/Kodex_Transparenz_3Aufl_v03.pdf (aufgerufen am 4.9.2021).

1188 Abrufbar unter: https://venro.org/fileadmin/user_upload/Dateien/Daten/Publikationen/VENRO-Dokumente/Kodex_EBO___3aAuflage_v01.pdf (aufgerufen am 4.9.2021).

1189 Abrufbar unter: https://venro.org/fileadmin/user_upload/Dateien/Daten/Publikationen/VENRO-Dokumente/Kodex_Kinderrechte_2Auflage_v01.pdf (aufgerufen am 4.9.2021).

1190 Abrufbar unter: https://venro.org/fileadmin/user_upload/Dateien/Daten/Publikationen/VENRO-Dokumente/VEN-DZI_EthikMailings-.pdf (aufgerufen am 4.9.2021).

1191 Abrufbar unter: https://venro.org/fileadmin/user_upload/VEN-DZI_Handreichung_Video_01.pdf (aufgerufen am 4.9.2021).

wurden. Die Handreichungen konkretisieren ethische Vorgaben zur Spendenwerbung, sind jedoch nicht Bestandteil der Kodizes.[1192]

Der detaillierte und umfangreiche Verhaltenskodex ist unterteilt in die Bereiche Organisationsführung, Kommunikation, Betriebsführung, Wirkungsorientierung und Verbindlichkeit. Die Information und die Spendenwerbung sollen wahr, klar, sachlich und offen sein. Insbesondere bei Kommunikation und Betriebsführung gibt es Vorgaben zur professionellen, qualifizierten und ethischen Spendenwerbung und zu Auskunftspflichten. Z. B. sollen Werbe- und Verwaltungsausgaben getrennt dargestellt werden. Der übliche Jahresbericht soll auch einen Tätigkeitsbericht beinhalten sowie auf die Arbeitsweise und angewandten Methoden eingehen. Die Rechnungslegung nach HGB wird für die Mitglieder empfohlen, wenn es wirtschaftlich für sie vertretbar ist. Die Jahresrechnung und die zur Erstellung angewandten Vorschriften sind auf Anfrage zu veröffentlichen. Die Mitgliedsorganisationen müssen eine Beschwerdestelle einrichten.

Die Mitglieder müssen die Selbstverpflichtung auf die Prinzipien und Standards des Kodex veröffentlichen. Bei Streitigkeiten über die Einhaltung oder bei schweren möglichen Verstößen kann der Verbandsvorstand die Schiedsstelle hinzuziehen.[1193]

### c. *Transparenzstandards für Caritas und Diakonie*

Basierend auf den jeweiligen Kodizes des Diakonischen Werks der Evangelischen Kirche Deutschlands e.V. und des Deutschen Caritasverbands e.V.[1194] haben diese Verbände einen gemeinsamen Transparenzstandard für die kirchlichen Wohlfahrtsverbände und die ihnen angehörigen Rechtsträger entwickelt.[1195] Diese sollen sich selbst zur Anwendung verpflichten.

Explizit werden im Vorwort die Interessentengruppen erwähnt, für deren Zwecke die Selbstverpflichtung und die Transparenz eingehalten und Informationen zur Verfügung gestellt werden sollen. Es geht darum, jeder Gruppe, die finanzielle Mittel bereitstellt (staatliche Geldgeber, Sozialversicherungsträger,

---

1192 Vgl. *VENRO Ethik in Spenden-Mailings*, Einleitung, Hinweise zur Benutzung, abrufbar unter: https://venro.org/fileadmin/user_upload/Dateien/Daten/Publikationen/VENRO-Dokumente/VEN- DZI_EthikMailings-.pdf (aufgerufen am 4.9.2021).

1193 https://venro.org/fileadmin/user_upload/Dateien/Daten/Publikationen/VENRO-Dokumente/Kodex_Transparenz_3Aufl_v03.pdf (aufgerufen am 4.9.2021); vgl. auch die Zusammenfassung bei *Krimmer/Weitemeyer/Kleinpeter/Vogt/v. Schönfeld*, Transparenz im Dritten Sektor, S. 168 f.

1194 Krimmer/Weitemeyer/Kleinpeter/Vogt/v. Schönfeld, Transparenz im Dritten Sektor, S. 174.

1195 *Transparenzstandards für Caritas und Diakonie*, Stand: Januar 2019, Vorwort, 3, abrufbar unter: https://www.caritas.de/diecaritas/wir-ueber-uns/transparenz/transparenz/die-transparenzstandards-von-caritas-und (aufgerufen am 4.9.2021).

Kirchen, zivilgesellschaftliche Organisationen, Kundinnen, Zuwendungsgeber und Spender), Mitarbeitern und Ehrenamtlichen sowie der Öffentlichkeit, die den Einsatz von Steuergeldern und damit die Gemeinnützigkeit hinterfragt, Auskunft zu geben.

Die Kontrollstrukturen innerhalb der Verbände sind nicht Gegenstand der Regelungen.[1196] Diese finden sich in den Grundlagenkodizes der jeweiligen Dachverbände. Die Transparenzstandards sind als Rahmenregelungen zu verstehen.

Mit den 2019 überarbeiteten Transparenzstandards wurde die bisherige Unterteilung in Soll- und Kann-Regelungen aufgegeben. Die eigentliche Selbstverpflichtung umfasst neun Kriterien unter den drei Oberbegriffen Strukturen, Finanzen und Leistungen. Dazu gibt es einen allgemeinen Leitfaden, der eine Begründung für diese Transparenzstandards darstellt sowie einen weiteren Leitfaden im Anhang mit detaillierten Erläuterungen, wie die Selbstverpflichtung umgesetzt werden kann. Die Transparenzstandards wurden zusammen mit der Initiative Transparente Zivilgesellschaft erarbeitet und erfüllen ihre Kriterien.[1197] Um den direkten Zugang der Nutzer zu erleichtern, ist eine sog. Ankerseite auf der Website des jeweiligen Anwenders vorgesehen, auf der alle relevanten Informationen im Überblick stehen.

Die Transparenzanforderungen definieren die Daten, die dem Adressatenkreis zugänglich gemacht werden sollen. Bei den Strukturdaten sind dies u. a. Satzung, Gemeinnützigkeitsstatus, Organisationsstruktur und insbesondere die Personalstruktur. Unter den Finanzdaten sind u. a. Bilanz oder Vermögensübersicht, Lagebericht, Angaben zum Testat und Spendenangaben bedeutsam. Zudem sind Leistungsdaten anzugeben wie Leistungsprofil, Tätigkeitsbericht und Angaben zur Qualität und Wirksamkeit der Leistungen. Den weiteren Erläuterungen ist zu entnehmen, dass sich die Rechnungslegung am HGB Standard orientieren soll.

Bei den Spendenangaben soll in aggregierter Form Höhe und Struktur der eingenommenen Spenden sowie die Verwendung der Spenden nach Förderbereichen angegeben werden. Außerdem sollen Spender (natürliche Personen ggf. ohne Namensnennung), deren Zuwendung größer als 10 Prozent des Jahresbudgets ist, gesondert ausgewiesen werden. Auffällig ist hierbei der Vergleich mit den vorherigen Standards. Diese sahen noch einen Tätigkeitsbericht vor, der neben Strategien und Zielen auch die mittels Spenden durchgeführten Projekte darlegen sowie Angaben über zukünftige Projekte enthalten sollte. Die Darlegung der Werbe- und Verwaltungsausgaben war damals eine Kann-Regelung. Soweit ein separater Spendenbericht erstellt wurde, sollten Werbe- und Verwaltungsausgaben entsprechend

1196 Vgl. *Krimmer/Weitemeyer/Kleinpeter/Vogt/v. Schönfeld*, Transparenz im Dritten Sektor, S. 174.

1197 *Transparenzstandards für Caritas und Diakonie*, Stand: Januar 2019, Exkurs 11 f., abrufbar unter: https://www.caritas.de/diecaritas/wir-ueber-uns/transparenz/transparenz/die-transparenzstandards-von-caritas-und (aufgerufen am 4.9.2021)

der diesbezüglichen Leitlinien für Spenden sammelnde Organisationen des Deutschen Zentralinstituts für soziale Fragen in einem detaillierten Spendenbericht aufgeführt werden, insbesondere, wenn der Spendenanteil an den Erträgen mehr als 25 Prozent betrug.

Weiterhin soll die Personalstruktur dargelegt werden, die einen Überblick über die Mitarbeiter und Ehrenamtlichen gibt. Außerdem ist eine Information über die Spenden mit aggregierten Daten zu veröffentlichen, wobei die Anforderungen daran zurückgeschraubt wurden. Gleichfalls ist eine Verwaltungskostenquote oder Angaben zu Werbe- und Verwaltungskosten im Verhältnis zu Spenden nicht Teil der Standards.

### *d. Zwischenbewertung*

Alle drei exemplarischen Kodizes enthalten unterschiedliche Regelungen zum Umgang mit Spenden und/oder Spendern und dem Spendensammeln. Das Sammelvermögen als Ergebnis einer Sammlung für einen bestimmten Zweck wird nicht erwähnt.

Die VENRO Kodizes und die Transparenzstandards für Caritas und Diakonie sind auf Transparenz gegenüber allen Stakeholdern ausgerichtet. Bei letzteren kommen die Spender als Stakeholder aufgrund der mangelnden Vorgaben zur Darstellung von Werbe- und Verwaltungskosten etwas zu kurz. Zwar sind bei VENRO derartige sowie Angaben über Mittelzuflüsse und ihre entsprechende Verwendung vorgesehen, aber es handelt sich hierbei um aggregierte Daten im Rahmen handelsrechtlicher Buchhaltung bzw. steuerrechtliche Mittelverwendung.

Der Fundraising Verband bemüht sich in erster Linie um Transparenz für die Spender. Im Hinblick auf das ethische Verhalten der Spendensammler und der Verwendung der Spenden richtet er Maßstäbe ein, die sich sowohl aus den Sammlungsgesetzen als auch aus dem UWG entwickelt haben könnten. Insbesondere bei Anwendung der Charta ist die Organisation verpflichtet, die zweckgebundene Spende gemäß der Zweckbestimmung zu verwenden. Eine entsprechende Darstellung oder Aufschlüsselung ist jedoch in der Rechnungslegung nicht vorgesehen.

Generell findet eine Überprüfung der Einhaltung der Standards und des Wahrheitsgehalts der publizierten Daten nicht regelhaft statt. Bei Testaten wird in der Regel die Finanzbuchhaltung nach handelsrechtlichen und steuerrechtlichen Vorgaben geprüft. Die Corporate Governance Kodizes sind von Umfang und Komplexität nicht am Spender als Stakeholder ausgerichtet. Insbesondere die Kodizes, die Abkömmlinge des Deutschen Corporate Governance Kodex sind, richten sich strukturell an die klassischen Stakeholder, Investoren, Eigentümer, Kunden, Lieferanten und die Öffentlichkeit. Im Falle gemeinnütziger Organisationen sind dies vor allem der Staat als größter Finanzier, Großspender, Stifter und Geschäftspartner. Diese haben vor allem die Expertise und nehmen sich die Zeit, um Organstruktur, Kontrollmechanismen und Finanzdaten im Hinblick auf die Organisation als Gesamtheit zu überprüfen. Sie können sogar aus ihrer Marktmacht heraus diesbezügliche Forderungen aufstellen bzw. ihre Förderung von der Einführung und Einhaltung von Corporate Governance Kodizes abhängig machen.

Die Zielgruppe der Spender, die im Schnitt 40 € spenden, wird schnell aus den Augen verloren. Die Kodizes und die nach ihnen offenzulegenden Informationen, insbesondere die Rechnungslegung, sind für den normalen Spender weder schnell zugänglich noch verständlich, noch helfen sie ihm bei seiner Spendenentscheidung. Vielmehr müsste unabhängig vom Transparenz- und Publizitätsgedanken im Übrigen gesondert auf eine spenderorientierte Transparenz geachtet werden, wie es teilweise in den Kodizes bei „Spendenberichten" schon getan wird. Zumindest werden die Spender ja als eine Interessentengruppe häufig in den Kodizes aufgeführt.[1198]

Für eine Einsicht der Spender, ob und in welchem Maße zweckgebundene Spenden für diesen Zweck verwendet werden, gibt es in allen drei exemplarischen Standards keine Vorgaben. Wie ein Sammelvermögen verwendet wird, kann allein eine Auflistung der Spenden zeigen, die nach zweckgebundenen und freien Spenden sowie den verschiedenen Spendenzwecken aufschlüsselt, sowie diese den konkreten Projekten und damit verbundenen konkreten Werbe- und Verwaltungskostenaufwand zuordnet. Eine verständliche und wahrheitsgemäße Darstellung wäre hier hilfreich.

Mangels Überprüfungsmechanismen oder statistischer Erhebungen ist in der Praxis unklar, wie Spenden sammelnde Organisationen diese eigentliche Spenderpublizität leisten.

## II. Externe Kontrollmechanismen durch Private

Weiterhin können andere Private die Spenden sammelnden Organisationen kontrollieren oder die Einhaltung von freiwilligen Kodizes überprüfen.

Als andere Private oder externe Kontrolleure kommen neben privaten Organisationen vor allem Wirtschaftsprüfer in Betracht. Möglicherweise können aber auch die Beteiligten am Sammelvermögen, Spender und Destinatäre sowie Zustifter und Stifter eine Kontrolle ausüben.[1199]

---

1198 Vgl. *Mühlenkamp*, Externe Rechnungslegung und Berichterstattung spendenfinanzierter Organisationen, S. 50, 79 f.; *Ballhausen* u. a., Streitgespräch, Transparenz im Dritten Sektor, BLJ 2014, 104, 108 f.

1199 *v. Hippel*, Grundprobleme von Nonprofit Organisationen, S. 250 ff., 268 f.; *v. Schönfeld*, Leitungs- und Kontrollstrukturen in gemeinnützigen Organisationen, S. 59 f.

### 1. *Kontrolle durch die am Sammelvermögen beteiligten Spender und Begünstigten sowie durch Zustifter und Stifter*

#### *a. Spender und Zustifter*

Soweit die Geltendmachung zivilrechtlicher Ansprüche als Kontrollmechanismus eingeordnet wird, können Spender und Zustifter auch im Hinblick auf die jeweilige Spende bzw. die jeweilige Zustiftung in gewissem Umfang kontrollieren, jedenfalls soweit es sich um eine Schenkung unter Auflage handelt. Es besteht dann ein Erfüllungsanspruch nach § 525 Abs. 1 BGB.[1200] Bei großen Organisationen, bei denen der Einsatz einer einzelnen Spende u.U. nicht nachverfolgbar ist und die eine Gesamtheit von Spenden unter der gleichen oder sehr ähnlichen Auflagen haben, soll sogar jeder Spender einen Anspruch auf Kontrolle des jeweiligen Sammelvermögens haben.[1201] Der analog § 666 BGB bestehende Auskunftsanspruch soll aber nicht auf die Verwendung der jeweiligen Spende gerichtet sein, sondern i.S. von § 259 BGB auf eine schriftliche Abrechnung aller Einnahmen und Ausgaben einer Rechnungsperiode,[1202] jedenfalls wenn es sich um eine Vielzahl von Spendern handelt.[1203] Theoretisch bestünde die Möglichkeit der Rückforderung der Spende oder der Zustiftung nach § 527 Abs. 1 BGB bei mangelndem Vollzug, wenn kein Dritter einen Vollzugsanspruch hat.[1204]

Ob allerdings die Möglichkeit, zivilrechtlichen Ansprüchen ausgesetzt zu sein, präventiv auf eine Spenden sammelnde Organisation wirkt und Missbrauch oder Misswirtschaft zu verhindern vermag, ist zu bezweifeln. Zum einen müssten die Spender um ihre rechtlichen Ansprüche wissen. Zum anderen wird der Nachweis der zweckgerechten Verwendung schwerlich zu widerlegen sein, wenn die Auflage mindestens teilweise erfüllt wird, d. h. sobald irgendwelche Spenden für den bestimmten Zweck verwendet werden und dies dargelegt werden kann.[1205]

---

1200 S.o. Teil 2, A.III.2.

1201 *Furche*, Die Kontrolle der Finanzen spendenfinanzierter caritativer Vereine, S. 156 f.; *v. Hippel*, Grundprobleme von Nonprofit Organisationen, S. 251; *Hartnick*, Kontrollprobleme bei Spendenorganisationen, S. 655 f.; *v. Schönfeld*, Leitungs- und Kontrollstrukturen in gemeinnützigen Organisationen, S. 60.

1202 *Furche*, Die Kontrolle der Finanzen spendenfinanzierter caritativer Vereine, S. 137 ff., 147 ff.; *Selbig*, Förderung und Finanzkontrolle, S. 291; *Hartnick*, Kontrollprobleme bei Spendenorganisationen, S. 659; *v. Schönfeld*, Leitungs- und Kontrollstrukturen in gemeinnützigen Organisationen, S. 60.

1203 Vgl. *Furche*, Die Kontrolle der Finanzen spendenfinanzierter caritativer Vereine, S. 147; *Hartnick*, Kontrollprobleme bei Spendenorganisationen, S. 659.

1204 *v. Hippel*, Grundprobleme bei Nonprofit Organisationen, S. 250 f.; *Hartnick*, Kontrollprobleme bei Spendenorganisationen, S. 658.; *v. Schönfeld*, Leitungs- und Kontrollstrukturen in gemeinnützigen Organisationen, S. 60.

1205 Vgl. *Segna*, Vorstandskontrolle in Großvereinen, S. 75 f.; *v. Schönfeld*, Leitungs- und Kontrollstrukturen in gemeinnützigen Organisationen, S. 60.

Lediglich bei Großspendern wäre denkbar, dass diese in der Praxis Ansprüche geltend machen würden, was allerdings nicht zwingend erfolgreich sein muss.[1206] Beim typischen Spender und einer durchschnittliche Spendenhöhe von 40 €[1207] liegt, ist es sehr unwahrscheinlich, dass ein Spender Zeit und Geld auf die rechtliche Durchsetzung seines Anspruchs verwendet. In der Regel wird der Spender bei bekannt gewordenem Missbrauch einfach nicht mehr an die in Verruf geratene Organisation spenden, oder eventuell eine generelle Spendenpause einlegen.[1208]

### *b. Begünstigte*

Die Begünstigten sollen das Sammelvermögen erhalten. Wer oder was Begünstigter eines Sammelvermögens ist, richtet sich nach dem Zweck der Sammlung. Soweit es sich um einen bestimmten, aber allgemein gehaltenen Zweck wie „Hilfe für die Flutopfer" oder „Impfungen in Afrika" handelt, ist nicht eine konkrete natürliche oder juristische Person Begünstigter. Die Spender wissen bei solchen Sammlungen nicht, welche Maßnahmen mit den Spenden zur Umsetzung des Zwecks getroffen werden sollen.

Ein zivilrechtlicher, einklagbarer Anspruch eines Begünstigten auf Zahlung bzw. Erfüllung der Auflage kann nur entstehen, wenn die Auflage konkret einen Dritten begünstigt und insofern die Schenkung unter Auflage zugleich ein Vertrag zugunsten Dritter nach § 328 BGB ist.[1209] In einem solchen Fall kann der Begünstigte durch Geltendmachung seines Anspruchs indirekt kontrollieren, dass das Sammelvermögen auch zweckgerecht verwendet wird. Soweit ein Sammelvermögen für einen bestimmten Begünstigten bezweckt ist, können u.U. höhere Summen zusammenkommen, für die der Rechtsweg dann lohnend erscheint. Eine zweckfremde Verwendung oder ein Missbrauch ist in diesem Fall durch die konkrete Zweckbestimmung, die zu erwartende Geltendmachung der Auszahlung und die Überprüfbarkeit unwahrscheinlicher.

In der Praxis sind derart konkrete Sammlungen und Zwecke typisch für die spontanen, privat organisierten Sammlungen, über die in der Regel nicht in den klassischen Medien berichtet wird. Nachbarn rufen z. B. zu Geld-, Elektrogeräte- oder

---

1206 Vgl. *Wolter*, Online-Aktion gegen Karlheinz Böhms Hilfswerk, Badische Zeitung v. 29.5.13, abrufbar unter: https://www.badische-zeitung.de/online-aktion-gegen-karlheinz-boehms-hilfswerk-72317165.html (aufgerufen am 30.8.2021); *v. Schönfeld*, Leitungs- und Kontrollstrukturen in gemeinnützigen Organisationen, S. 61.

1207 *Spendenrat e.V. und GfK*, Bilanz des Helfens 2021, abrufbar unter: https://www.spendenrat.de/bilanz-des-helfens-2021/ (aufgerufen am 30.8.2021).

1208 Vgl. *v. Schönfeld*, Leitungs- und Kontrollstrukturen in gemeinnützigen Organisationen, S. 61; *v. Hippel*, Grundprobleme von Nonprofit Organisationen, S. 268 f.; *Hartnick*, Kontrollprobleme bei Spendenorganisationen, S. 655 f., 670.

1209 Vgl. *Gehrlein*, in: BeckOK BGB, § 525 Rn. 8; *Blydt-Hansen*, Die Rechtsstellung der Destinatäre der rechtsfähigen Stiftung Bürgerlichen Rechts, S. 103 ff.

Möbelspenden auf für Menschen, deren Häuser vom Hochwasser 2021 in Deutschland zerstört wurden.[1210]

Spenden sammelnde Organisationen bevorzugen zum einen nicht zweckgebundene Spenden, um die Mittel flexibler einsetzen und insbesondere bei Erfüllung des Zwecks keinen unverhältnismäßigen Aufwand für die Umwidmung oder Rückzahlung treiben zu müssen. Zum anderen sind in der Regel bei Sammlungen für einen bestimmten Zweck keine individuellen Begünstigten genannt.[1211] Statistische Erhebungen gibt es hierzu nicht. Angesichts der Anzahl gemeinnütziger Spenden sammelnder Organisationen und des Spendenvolumens in Deutschland kann aber davon ausgegangen werden, dass die Mehrheit der Spendensammlungen gerade nicht zu einem konkreten Anspruch der Begünstigten führt und die dadurch mögliche Kontrolle nur in unerheblichem Umfang realistisch ist.

Klassische Kontrollrechte der Begünstigten über die Spenden sammelnde Organisation werden in begrenztem Umfang und nur hinsichtlich Stiftungen diskutiert.[1212] Bei Stiftungen sind die Begünstigten Destinatäre, was bedeutet, dass sie per Satzung oder per Stiftungsgeschäft als Leistungsempfänger vorgesehen sind oder in Betracht kommen.[1213] Nach Zivilrecht, auch nach den zum 1. Juli 2023 in Kraft tretenden bundeseinheitlichen stiftungsrechtlichen Regelungen im BGB sowie den Landesstiftungsgesetzen haben sie keinerlei Rechte.[1214] Je nach Stiftungssatzung kann oder könnte ein Destinatär aber bestimmte Rechte (z. B. Einsicht, Auskunft oder sogar auch ein Leistungsrecht) haben.[1215] Auch hier fehlt es an empirischen Daten über diesbezügliche Satzungsgestaltungen in der Stiftungspraxis. Es ist

---

1210 Der Verbreitung derartiger Sammlungen über den direkten privaten Kreis hinaus findet zunehmend über soziale Medien wie Nachrichtendienste (Whats app, Messenger, Threema etc.) u.ä. statt: vgl. https://www.ebay-kleinanzeigen.de/s-nachbarschaftshilfe/hochwasser/k0c400 und https://www.youtube.com/results?search_query=Spenden++hochwasser (aufgerufen am 5.9.2021).

1211 Vgl. *Hartnick*, Kontrollprobleme bei Spendenorganisationen, 2007, 673; *Blydt-Hansen*, Die Rechtsstellung der Destinatäre, S. 106 f.

1212 Vgl. *v. Schönfeld*, Leitungs- und Kontrollstrukturen in gemeinnützigen Organisationen, S. 57 ff.; *Hüttemann/Rawert*, in: Staudinger, BGB, § 85 Rn. 37 ff.

1213 *Schiffer/Pruns*, in: NK-BGB, § 80 Rn. 72 f.

1214 Vgl. *BGH*, NJW 1987, 2364, 2365; *Ebersbach*, Handbuch Stiftungsrecht, S. 111 ff.; *v. Hippel*, Grundprobleme von Nonprofit Organisationen, S. 252; *Hartnick*, Kontrollprobleme bei Spendenorganisationen, S. 671; *Schwintek*, Vorstandskontrolle in rechtsfähigen Stiftungen bürgerlichen Rechts, S. 291; BGBl. I 2021, S. 2947.

1215 *Hüttemann/Rawert*, in: Staudinger, BGB, § 85 Rn. 37 ff.; *Selbig*, Förderung und Finanzkontrolle, S. 292; *Kronke*, Stiftungstypus und Unternehmensstiftung, S. 141 f.; *Schwintek*, Vorstandskontrolle in rechtsfähigen Stiftungen bürgerlichen Rechts, S. 291 ff., 319; *Blydt-Hansen*, Die Rechtsstellung der Destinatäre der rechtsfähigen Stiftung bürgerlichen Rechts, S. 96, 102 ff.

daher auch aufgrund der übersichtlichen Literatur und Rechtsprechung zu derartigen Fällen davon auszugehen, dass es kaum satzungsmäßige Kontrollrechte von Destinatären in Stiftungen gibt.[1216]

Hinzukommt, dass die Begünstigten eher als Begünstigtengruppe denn als individuelle Leistungsempfänger in der Satzung, insbesondere durch den Stiftungszweck (z. B. Flüchtlingshilfe, Umweltschutz, Studentenförderung) bestimmt sind.[1217] Soweit Destinatäre als unmittelbare Leistungsempfänger Kontrollrechte haben sollten, werden sie diese nur soweit ausüben, als sie die Leistungserfüllung an sich selbst nicht gefährden.[1218] Eine effektive Kontrolle durch Destinatäre einer Stiftung ist daher nicht anzunehmen.[1219]

Im Zusammenhang mit dem Sammelvermögen müsste eine Stiftung Kontrollrechte noch spezifischer in der Satzung regeln. Zum einen müsste sie Sammlungen zu einem bestimmten Zweck durchführen und dies auch in der Satzung festgelegt haben. Darüber hinaus müsste die Stiftung dann den unmittelbaren Leistungsempfängern des jeweiligen Sammelvermögens Kontrollrechte einräumen und nicht nur allgemein den Destinatären von Stiftungsleistungen entsprechend dem Stiftungszweck. Das ist angesichts des Vorgesagten noch unwahrscheinlicher.

### c. *Stifter*

Der Stifter ist in der Regel nicht am Sammelvermögen einer Stiftung beteiligt und hat insofern auch keine Kontrolle. Lediglich im Rahmen seiner Kontrollmöglichkeiten als Stifter gegenüber der Stiftung könnte indirekt eine Kontrolle über das Sammelvermögen oder einzelne Spenden stattfinden. Jedenfalls dann, wenn der Stifter dafür Sorge getragen hat, dass bestimmte Kontroll- und Transparenzregelungen in der Stiftungssatzung verankert sind.[1220] Je nach Regelung kann der Stifter so direkt oder indirekt, über Kontrolle des Vorstands oder der Aufsichtsorgane,

---

1216 *v. Schönfeld*, Leitungs- und Kontrollstrukturen in gemeinnützigen Organisationen, S. 58; *Selbig*, Förderung und Finanzkontrolle, S. 292.

1217 Vgl. *v. Schönfeld*, Leitungs- und Kontrollstrukturen in gemeinnützigen Organisationen, S. 58 f.; ähnlich, *Hartnick*, Kontrollprobleme bei Spendenorganisationen, S. 687.

1218 *v. Schönfeld*, Leitungs- und Kontrollstrukturen in gemeinnützigen Organisationen, S. 58 f.

1219 *v. Schönfeld*, Leitungs- und Kontrollstrukturen in gemeinnützigen Organisationen, S. 59.

1220 Vgl. *v. Hippel*, Grundprobleme von Nonprofit Organisationen, S. 250; *Selbig*, Förderung und Finanzkontrolle, S. 290; *Schwintek*, Vorstandskontrolle in Stiftungen, S. 348 f.; *Schiffer*, Die Stiftung in der Beraterpraxis, § 5 Rn. 56; *v. Schönfeld*, Leitungs- und Kontrollstrukturen in gemeinnützigen Organisationen, S. 60 f.

eine Kontrolle ausüben.[1221] Diesbezüglich wird das Interesse des Stifters aber am Stiftungsvermögen und an der satzungsgemäßen Verwendung aller Mittel der Stiftung ausgerichtet sein und nicht an der Kontrolle einzelner Spenden oder von Sammelvermögen.

## *2. Kontrolle durch den Spendermarkt*

Im Dritten Sektor gibt es einen Wettbewerb um Fördermittel und damit einen Markt der Fördermittel, dessen Marktteilnehmer einerseits aus allen Mittelgebern (öffentliche Hand, Zustifter und Stifter, Großspendern, Spendern etc.) und andererseits aus allen mittelempfangenden Organisationen besteht.[1222] Nicht jede mittelempfangende Organisation ist auch eine Spenden sammelnde Organisation.

Mittlerweile ist auch anerkannt, dass es einen Wettbewerb um das Fördermittel Spenden durch Spenden sammelnde Organisationen gibt. Es existiert also auch ein Spendenmarkt.[1223] Marktteilnehmer sind nur die Spender und die Spenden sammelnden Organisationen, die zugleich auch Marktteilnehmer auf dem Fördermittelmarkt sind.[1224] Der Spendenmarkt ist also ein Teilmarkt des Fördermittelmarktes.

Aufgrund der Besonderheiten im Dritten Sektor und insbesondere bei Spenden sammelnden Organisationen sind die Wettbewerbsmechanismen aber nicht immer deckungsgleich mit denen, die typisch sind für Märkte im Zweiten Sektor.

Zum einen herrscht üblicherweise ein Interessengegensatz zwischen Anbieter und Nachfrager, denn der Käufer will Waren und Dienstleistungen günstig kaufen und der Verkäufer diese teuer verkaufen. Zum anderen kontrollieren sich die Verkäufer gegenseitig, da sie langfristig nur überlebensfähig sind, wenn sie mit ihren Preisen und ihrer Leistungsfähigkeit so gut wie oder besser als die Konkurrenz

---

1221 Vgl. *v. Schönfeld*, Leitungs- und Kontrollstrukturen in gemeinnützigen Organisationen, S. 60 f.; *Schiffer*, Die Stiftung in der Beraterpraxis, § 5 Rn. 56.

1222 Vgl. *v. Schönfeld*, Leitungs- und Kontrollstrukturen in gemeinnützigen Organisationen, S. 78 ff.

1223 *v. Hippel*, Grundprobleme von Nonprofit- Organisationen, S. 324; ausführlich *Hartnick*, Kontrollprobleme bei Spendenorganisationen, S. 258 ff.; *Mühlenkamp*, Externe Rechnungslegung und Berichterstattung spendenfinanzierter Organisationen, S. 50, 162; *Oberhansberg*, Wettbewerb im Spendenmarkt, S. 1 ff.; *v. Schönfeld*, Leitungs- und Kontrollstrukturen in gemeinnützigen Organisationen, S. 78f. stellt auf einen Fördermittelmarkt ab, von welchem Spenden ein Teil sind.

1224 Vgl. zur kartellrechtlichen Bestimmung des relevanten Marktes und der Differenzierung nach Teilmärkten *Fuchs*, in: Immenga/Mestmäcker, Wettbewerbsrecht, GWB § 18 Rn. 46 ff.; *Füller*, in: MünchKomm Wettbewerbsrecht, Bd. 1, AEUV Art. 102 Rn. 99 f.

sind. Der Preis des Produktes ist dabei ein entscheidender Faktor für die Wettbewerbsfähigkeit des Anbieters am Markt[1225]

Mittelgeber oder Spender einerseits und Organisation andererseits verfolgen aber das gleiche Ziel, nämlich so viele Mittel oder Spenden so effektiv wie möglich dem guten Zweck zugutekommen zu lassen.[1226] Eine Gegenleistung im direkten und messbaren Austauschverhältnis gibt es bei solchen Zuwendungen nicht. Die Höhe einer Spende als Preis des Produktes ist genauso wenig festgelegt wie die konkrete Leistung durch die Zuwendung.[1227] Im Falle eines Sammelvermögens oder einer Sammlung verschiedener Mittel werden die Zuwendungen nach Abzug der Verwaltungskosten für den bestimmten Zweck verwendet. Es wird davon eine bestimmte Maßnahme finanziert oder vorgenommen, z. B. ein Brunnenbau in Afrika. Der Mittelgeber oder Spender kann aber nicht beurteilen, ob der Bau eines Brunnens eine angemessene Leistung für seine Spende oder für den zu diesem Zweck verwendeten Betrag insgesamt ist und ob dies dem Marktpreis entspricht.[1228] Möglicherweise kann nämlich eine andere Organisation mit dem gleichen Betrag, aber weniger Werbe- und Verwaltungskosten oder mehr ehrenamtlicher Arbeit zwei Brunnen statt nur einem bauen. Hier spielt die Effektivität einer Organisation die Rolle, die im Zweiten Sektor dem Preis zufällt. Diese lässt sich aber nur einschätzen, wenn die Tätigkeit der Organisation transparent ist und publiziert wird, d. h. wenn der relevante Markt transparent ist.[1229]

Auf dem Fördermittelmarkt ist die Macht der öffentlichen Mittelgeber, von Großspendern, Stiftern und Zustiftern im Hinblick auf die Organisationen, die von diesen Zuwendungen und nicht von den durchschnittlichen Spenden abhängig sind, aufgrund der Größenordnung der Einzelzuwendungen, der Förderung und der Abhängigkeit hoch. So können die Mittelgeber Kodizes, Transparenz und Publizität und auch ein Maß an Effizienz und Überprüfung der Effizienz und der Transparenz durch z. B. Zertifizierung oder bestimmte Siegel fordern und dies letztlich zur Bedingung der Zuwendung machen.[1230] Zudem verfügen diese Mittelgeber sowohl über die Expertise als auch die Zeit, Kodizes, Finanzdaten, Leitungs- und

---

1225 Vgl. *v. Hippel*, Grundprobleme von Nonprofit- Organisationen, S. 324; *Hartnick*, Kontrollprobleme bei Spendenorganisationen, S. 259.

1226 Vgl. *Oberhansberg*, Wettbewerb im Spendenmarkt, S. 79 f., 204 f., *Hartnick*, Kontrollprobleme bei Spendenorganisationen, S. 259; *v. Schönfeld*, Leitungs- und Kontrollstrukturen in gemeinnützigen Organisationen, S. 80.

1227 Vgl. *Oberhansberg*, Wettbewerb im Spendenmarkt, S. 80 f.

1228 Vgl. *Oberhansberg*, Wettbewerb im Spendenmarkt, S. 80 ff.

1229 *v. Schönfeld*, Leitungs- und Kontrollstrukturen in gemeinnützigen Organisationen, S. 80; *v. Hippel*, Grundprobleme von Nonprofit- Organisationen, S. 326; *Hartnick*, Kontrollprobleme bei Spendenorganisationen, S. 918.

1230 Vgl. *v. Schönfeld*, Leitungs- und Kontrollstrukturen in gemeinnützigen Organisationen, S. 80 f.

Kontrollstrukturen, Effizienz zu fordern oder zu prüfen bzw. dies auf die Ebene der Zertifizierung und Siegel zu verlagern. Das ist auf dem Spendermarkt anders gelagert.

Auf dem Spendermarkt ist diese Macht der Spender nur sehr eingeschränkt, ggf. vereinzelt bei Großspendern vorhanden. Bei einer Haus- und Straßensammlung bleibt nicht die Zeit, eine Organisation zu überprüfen. Auch bei sonstigen Spenden, die sich typischerweise auf durchschnittlich 40 € belaufen, wird der Spender keinen großen Aufwand betreiben, geschweige denn die Finanzdaten einer Organisation überprüfen wollen oder können, um bspw. die Effizienz einer Organisation zu beurteilen.[1231]

Diese Prüfung übernimmt in drei Bundesländern (Thüringen, Sachsen-Anhalt, Rheinland-Pfalz) bei Sammlungen die jeweils zuständige Behörde. Die Sammelerlaubnis bzw. der Sammlerausweis geben darüber Auskunft und begründen das Vertrauen der Spender.[1232] Allerdings sind eben nur in drei Bundesländern Sammlungsgesetze in Kraft.

Alternativ sind Kennzeichen für Transparenz, Zertifizierungen oder Siegel für Spenden sammelnde Organisationen vertrauensbildende Zeichen. In beiden Fällen braucht der Spender keine eigene Prüfung vorzunehmen. Die Transparenz durch Kodizes und Kennzeichen bzw. Siegel ist im dritten Sektor zwar gestiegen, wird aber in erster Linie durch die großen Spenden sammelnden Organisationen oder andere fördermittelabhängige Organisationen geprägt, sie fokussiert nur selten auf die Spender, sondern eher auf die Fördermittelgeber. Zudem gibt es keine einheitlichen Standards und eine Vielzahl von Zeichen, so dass eine Vergleichbarkeit, und damit auch wieder die Beurteilung der Effizienz im Markt,[1233] schwierig ist.

Wenn der einzelne Durchschnittsspender nicht an eine Organisation oder gar nicht spendet, wirkt sich das auch bei kleinen Organisationen nicht merkbar aus. Erst Skandale über Missbrauch oder Missmanagement führen dazu, dass viele Spender ihre Spenden anderen Organisationen zuwenden oder gar nicht spenden, wodurch das Spendenvolumen dieser Organisation spürbar betroffen ist.[1234]

---

1231 Vgl. *v. Schönfeld*, Leitungs- und Kontrollstrukturen in gemeinnützigen Organisationen, S. 81.

1232 Vgl. *Arndt*, Zeitgemäße Neubelebung der Sammlungsgesetze der Länder, npoR 2011, 41, 44.

1233 Vgl. *v. Hippel*, Grundprobleme von Nonprofit- Organisationen, S. 326; *Hartnick*, Kontrollprobleme bei Spendenorganisationen, S. 918; *v. Schönfeld*, Leitungs- und Kontrollstrukturen in gemeinnützigen Organisationen, S. 81.

1234 Vgl. *v. Schönfeld*, Leitungs- und Kontrollstrukturen in gemeinnützigen Organisationen, S. 80; *Horaczek/Faigle*, Beschmutztes Image, 31.1.2008, Zeit online, abrufbar unter: https://www.zeit.de/online/2008/06/unicef/komplettansicht (aufgerufen am 6.9.2021).

Die Marktmacht der Spender wäre höher, wenn auch kleine und mittlere Spenden sammelnde Organisationen nicht nur bei einem Skandal, sondern generell mit einem massiven Spendenrückgang bei mangelnder Effizienz und Intransparenz rechnen müssten. Das ließe sich nur durch eine spezifische spendengerechte Transparenz und Publizität erreichen, bei der Effizienz und Leistung für den Spender schnell offensichtlich und bewertbar sind. Aber auch das setzt voraus, dass es keine reinen Selbstauskünfte sind, sondern diese kontrolliert werden. Alternativ zur staatlichen Kontrolle durch die Sammlungsbehörden wären spezifische Kriterien, Verfahren und Kennzeichen für kleine und mittlere Spenden sammelnde Organisationen auf dem Spendenmarkt. Mangels aktueller Marktmacht der Spender ist aber fraglich, ob sich dies ohne gesetzlich geregelte Transparenz- und Publizitätspflichten entwickelt.[1235] Momentan ist eine derartige Rechnungslegungstransparenz und Publizität nicht einmal für große Organisationen im Stiftungsregister oder im Zuwendungsempfängerregister vorgesehen.[1236]

### *3. Kontrolle durch Verbraucherschutzorganisationen, private Initiativen, Transparenzakteure*

Unabhängige Organisationen, die Spenden sammelnde Organisationen überprüfen, ohne dabei zwingend die Einhaltung von Kodizes oder Standards zu kontrollieren, sind eine weitere Gruppe privater Dritter, die damit eine externe Kontrolle über Spenden sammelnde Organisationen ausüben. Mangels einheitlicher Definition werden sie als Verbraucherschutzorganisationen[1237], private Initiativen[1238] oder Transparenzakteure[1239] begriffen. Sie werden umgangssprachlich z.T. auch „watchdogs" genannt.[1240]

Nach der Definition von *Wilke*[1241] sind sie unabhängige, nicht-staatliche und nicht lobbygebundene Organisationen, die systematisch und eigenständig

---

1235 Vgl. *Hartnick*, Kontrollprobleme bei Spendenorganisationen, S. 918.

1236 Vgl. *Arnold*, Teil 3: Die Rechtsstellung der Organe und das Stiftungsregister, npoR 2021, 84, 87 f.; *Hüttemann*, Das neue Zuwendungsempfängerregister – ein erster Schritt für mehr Transparenz im gemeinnützigen Sektor, npoR 2021, 121, 127.

1237 *Wilke*, Transparenz im Spendenwesen: Siegel, Selbstregulierung, Watchdogs, Non Profit Law Yearbook 2004, 181, 185 f.

1238 *v. Schönfeld*, Leitungs- und Kontrollstrukturen in gemeinnützigen Organisationen, S. 85 f.

1239 Krimmer/Weitemeyer/Kleinpeter/Vogt/v. Schönfeld, Transparenz im Dritten Sektor, S. 178 f.

1240 *Wilke*, Transparenz im Spendenwesen: Siegel, Selbstregulierung, Watchdogs, Non Profit Law Yearbook 2004, 181, 185f.; *Schmidt-Schmiedebach*, Stiftung und Governance Kodex, S. 260 ff.

1241 *Wilke*, Transparenz im Spendenwesen: Siegel, Selbstregulierung, Watchdogs, Non Profit Law Yearbook 2004, 181, 185.

Organisationen im Dritten Sektor prüfen und über sie Auskunft geben. Außerdem stehen sie dem Verbraucher, also dem Spender oder potentiellen Spender, als Experten über solche Organisationen zur Verfügung. Die Verbraucherschutzorganisationen unterscheiden sich durch ihre Unabhängigkeit von anderen Organisationen, die die Einhaltung von Kodizes Spenden sammelnder Organisationen als externe Dritte kontrollieren.[1242] Viele externe Prüfer sind Verbände oder Lobbyorganisationen und damit nicht unabhängig. Gemeinsames Merkmal ist häufig die Experten- und Auskunftsfunktion im Dritten Sektor.[1243] Außerdem gibt es reine Zertifizierungen oder Auszeichnungen durch unabhängige Organisationen oder Wirtschaftsprüfer, die aber ob dieser singulären Prüfung keine weitergehende Expertise über Spenden sammelnde Organisationen für Verbraucher haben.

### *a. Verbraucherzentralen*

Bekannt sind hierbei die Verbraucherzentralen. Sie sind eingetragene Vereine und als Ansprechpartner in der Nähe mit über 200 Beratungsstellen in Deutschland vertreten.[1244] Sie geben allgemein Hinweise zum sicheren Spenden und helfen bei

---

1242 Nach dieser Definition ist die Spendenplattform *betterplace* (abrufbar unter: https://www.betterplace.org/c/ueber-uns, aufgerufen am 30.8.2021) keine Verbraucherschutzorganisation für Spender, da keine Spendenberatung stattfindet. Auch die Wahrnehmung einer Überprüfungsfunktion im Sinne eines Transparenzakteurs ist nicht das Ziel von Betterplace. Ein gewisses Maß an Kontrolle der Spendensammler, die über Betterplace Spenden-Crowdfunding oder Online-Spendensammlungen veranstalten möchten, wird durch zwar Betterplace ausgeübt, da die Gemeinnützigkeit von Organisationen, die über betterplace Spenden sammeln wollen, überprüft wird. Betterplace gibt an, dass die Organisationen zur Transparenz verpflichtet sind und genau darstellen müssen, wofür die Spenden benötigt und eingesetzt werden. Die gemeinnützige Organisation muss einen Projektverantwortlichen angeben, der inhaltlich verantwortlich ist für die Verwendung der Spenden zum in der Projektbeschreibung dargestellten Zweck ist. Der Projektverantwortliche garantiert gegenüber Betterplace, dass die Angaben wahr sind. Im Bereich Projektbedarf soll konkret von der sammelnden Organisation dargelegt werden, wie groß der Bedarf ist und wofür die Spenden im Projekt verwendet werden sollen. Betterplace prüft oder bewertet dies aber nicht. Eine weitere Darstellung transparenter Elemente wie Siegel, Satzung, Werbe- und Verwaltungskosten, Geschäftsbericht etc. ist keine Bedingung.

1243 Vgl. *Wilke*, Transparenz im Spendenwesen: Siegel, Selbstregulierung, Watchdogs, Non Profit Law Yearbook 2004, 181, 185.

1244 *Verbraucherzentrale*, Über uns, abrufbar unter: https://www.verbraucherzentrale.de/ueber-uns (aufgerufen am 5.9.2021).

Rechtsberatung für unzufriedene oder unsichere Spender.[1245] Eine Prüfung von Spendensammelorganisationen und der zweckentsprechenden Verwendung der Spenden wird durch die Verbraucherzentralen nicht vorgenommen.

### *b. Deutsches Zentralinstitut für Soziale Fragen (DZI)*

Die Stiftung bürgerlichen Rechts Deutsches Zentralinstitut für Soziale Fragen (DZI) betreibt als unabhängige Organisation Verbraucherschutz für Spender.[1246] In seiner ursprünglichen Funktion ist das DZI eine Auskunftsstelle über Spenden sammelnde Organisationen.[1247] Die Spenderberatung ist finanziell unabhängig von der zweiten Funktion, der Akkreditierung bzw. dem Spenden-Siegel-Verfahren.

Die Auskunftei wird durch Zuwendungen seitens verschiedener Bundesministerien finanziert. Das DZI verfügt hierfür über Dokumentationen über ca. 1000 Spenden sammelnde Organisationen in Deutschland. Diese sind soziale, umwelt- oder naturschützende Organisationen. Hiervon ist bereits ein Teil über die Online-Datenbank des DZI für die Allgemeinheit verfügbar. Die dort hinterlegten Informationen und Bewertungen werden vom DZI basierend auf der Bestätigung der Gemeinnützigkeit, der Satzung, der aktuellen Jahresberichte, der Rechnungslegung des letzten Geschäftsjahres sowie von Werbe- und Informationsunterlagen der geprüften Organisationen erstellt. Alle zwei Jahre werden diese Bewertungen überprüft bzw. aktualisiert. Hinzukommen etwa 230 geprüfte Spenden-Siegelorganisationen. Im Übrigen werden die Daten von Spenden sammelnden Organisationen aus besonderem Anlass überprüft. Basierend auf diesen Daten kann das DZI auf Anfrage Einzelauskünfte erteilen.[1248]

---

1245 So *Wilke*, Transparenz im Spendenwesen: Siegel, Selbstregulierung, Watchdogs, Non Profit Law Yearbook 2004, 181, 202; erwähnt bei *Krimmer/Weitemeyer/Kleinpeter/Vogt/v. Schönfeld*, Transparenz im Dritten Sektor, S. 160; *Verbraucherzentrale*, abrufbar unter: https://www.verbraucherzentrale.de/wissen/vertraege-reklamation/werbung/spendensammler-woran-man-wahre-wohltaeter-erkennt-10658 und https://www.verbraucherzentrale.de/beratung (aufgerufen am 4.9.2021).

1246 Vgl. *DZI*, abrufbar unter: https://www.dzi.de/spenderberatung/ (aufgerufen am 4.9.2021); kritisch zur Überschneidung von Öffentlichkeitskontrolle und Zertifizierung durch das Spenden-Siegel: *Schmidt-Schmiedebach*, Stiftung und Governance Kodex, S. 261 ff.

1247 *DZI*, abrufbar unter: https://www.dzi.de/ueber-uns/geschichte/ (aufgerufen am 4.9.2021).

1248 *Wilke*, Transparenz im Spendenwesen: Siegel, Selbstregulierung, Watchdogs, Non Profit Law Yearbook 2004, 181, 202; *DZI*, abrufbar unter: https://www.dzi.de/spenderberatung/spendenauskunfte-und-information/ (aufgerufen am 4.9.2021).

### c. *Phineo gAG*

Phineo gAG ist eine unabhängige Organisation, die gemeinnützige Organisationen oder Projekte im Hinblick auf ihre Wirkung analysiert und bewertet. Ziel von Phineo ist es, die Zivilgesellschaft zu stärken und zu einer effektiveren Hilfeleistung beizutragen. Hauptansatzpunkt dafür ist die Transparenz.[1249] Phineo analysiert einen ausgewählten Bereich zivilgesellschaftlichen Engagements. Über eine Ausschreibung erhalten dann private und gemeinnützige Organisationen mit Projekten aus diesem Bereich die Möglichkeit, ihr Wirkungspotenzial ermitteln zu lassen. Hierzu müssen zunächst über einen Fragebogen Auskünfte über Kontaktdaten, das Projekt und die Organisation (u. a. zu Strategie, Leitung, Aufsicht, Personal, Finanzen, Transparenz) gegeben werden. Nachdem die Fragebögen ausgewertet sind, rücken einige Organisationen eine Stufe weiter im Analyseprozess und sollen dann Dokumente (wie Freistellungsbescheid, Jahresabschluss, Satzung, Tätigkeitsbericht, Strategiepapier, Organigramm, Materialien der Öffentlichkeitsarbeit etc.). zur Verfügung stellen. In einer weiteren Stufe werden teilnehmende Organisationen vor Ort besucht. Abschließend entscheidet eine unabhängige Expertenkommission, ob die teilnehmende Organisation das „Wirkt"-Siegel von Phineo erhält.[1250] Bisher wurden ca. 1000 soziale Organisationen geprüft und 300 als wirkungsvoll eingestuft.[1251] Diejenigen Projekte, die das Siegel erhalten haben, werden dann auf der Internetseite dargestellt. Projekte, die das Siegel nicht erhalten haben, werden genauso wenig veröffentlich wie eine Rangliste.

Im Hinblick auf die Experten- und Auskunftsfunktion ist Phineo weniger auf Spender als konkrete Zielgruppe, sondern eher auf die allgemeine Öffentlichkeit und soziale Investoren ausgerichtet.[1252] Phineo forscht über verschiedene Fragestellungen im Dritten Sektor und berät insbesondere Stiftungen, Unternehmen und z.T. auch die öffentliche Hand über sinnvolles Engagement und die Kommunikation darüber. Die Erkenntnisse aus Analyse, Forschung und Beratung werden in Form von Ratgebern, Reports und Studien veröffentlicht.[1253] Bei

---

1249 *Phineo*, Ueber uns, Fact Sheet, abrufbar unter: https://www.phineo.org/phineo/ueber-uns (aufgerufen am 5.9.2021).

1250 Zum Ganzen: *Phineo*, Engagement mit Wirkung - So geht Wirkung. Die PHINEO-Analysemethode im Detail, abrufbar unter: https://www.phineo.org/wirkungsanalysen (aufgerufen am 5.9.2021).

1251 Stand 2021 laut *Phineo*, PHINEO-Factsheet, abrufbar unter: https://www.phineo.org/wirkt-siegel (aufgerufen am 5.9.2021).

1252 *Phineo*, PHINEO-Factsheet, abrufbar unter: https://www.phineo.org/wirkt-siegel (aufgerufen am 5.9.2021).

1253 *Phineo*, PHINEO-Factsheet, abrufbar unter: https://www.phineo.org/wirkt-siegel (aufgerufen am 5.9.2021).

der Analyse und Vergabe des Wirkt-Siegels wird die Spendenwerbung nicht geprüft.[1254]

Speziell für Spender sind allgemeine Ratgeberinformationen zum Spenden vorhanden.[1255] In der Studie „Wirkungstransparenz bei Spendenorganisationen (2016)“[1256] wurden 50 große Spendenorganisationen in Deutschland im Hinblick auf ihre Transparenz untersucht.

Phineo selbst ist transparent im Sinne der Initiative Transparente Zivilgesellschaft.[1257]

### *d. HelpDirect e.V.*

HelpDirect e.V.[1258] ist eine unabhängige Spendenplattform, die sich auf gemeinnützige Organisationen spezialisiert hat, die direkte Hilfe für Menschen, Tiere und Umwelt leisten. Zusätzlich informiert sie die Spender über den Transparenzgrad der Sammler. Dafür werden die Spenden sammelnden Organisationen nicht selbst überprüft, aber Gemeinnützigkeit und bestimmte Siegel, Kodizes oder Selbstverpflichtungen sind Voraussetzung, um über HelpDirect sammeln zu können. Mit einem Punktesystem werden die existierenden Transparenzsysteme dann nach ihrer Bedeutung im Spendenmarkt und ihrer Kontrollstruktur bewertet. Es gibt z. B. einen Punkt für eine hinterlegte Satzung, drei Punkte für die Selbstverpflichtung des Spendenrates, vier für das DZI-Spenden-Siegel usw.[1259] Der Verein hat selbst auf der Webseite seine Satzung[1260] hinterlegt. Informationen zu Gremien, Finanzinformationen, Werbe- und Verwaltungskosten sind nicht abrufbar.

### *e. Deutscher Spendenrat e.V.*

Der Deutsche Spendenrat e.V. ist ein Dachverband gemeinnütziger und zugleich Spenden sammelnder Organisationen in Deutschland.[1261] Satzungszwecke sind u. a., durch freiwillige Selbstkontrolle die ethischen Grundsätze des Spendenwesens

---

1254 *Phineo*, PHINEO Überblick Qualitäts- und Spendensiegel, abrufbar unter: https://www.phineo.org/fuer-organisationen/wirkt-siegel (aufgerufen am 5.9.2021).

1255 Abrufbar unter: https://www.phineo.org/publikationen/ (aufgerufen am 5.9.2021).

1256 *Phineo*, Spendenorganisationen im Test, abrufbar unter: https://www.phineo.org/publikationen/p4 (aufgerufen am 5.9.2021).

1257 Abrufbar unter: https://www.phineo.org/transparenz (aufgerufen am 5.9.2021).

1258 *HelpDirect*, abrufbar unter: https://www.helpdirect.org/ (aufgerufen am 5.9.2021).

1259 *HelpDirect*, Helprank, abrufbar unter: https://www.helpdirect.org/informationen/helprank/ (aufgerufen am 5.9.2021).

1260 *HelpDirect*, Satzung, abrufbar unter: https://www.helpdirect.org/informationen/satzung/ (aufgerufen am 5.9.2021).

1261 *Spendenrat*, Über uns, abrufbar unter: https://www.spendenrat.de/spendenrat/ (aufgerufen am 5.9.2021).

zu wahren und zu stärken und die ordnungsgemäße, treuhänderische Verwendung von Spendengeldern sicherzustellen. Im Sinne des Verbraucherschutzes sollen sowohl Spender als auch Spenden sammelnde Organisationen vor unlauterer Spendenwerbung geschützt werden.[1262]

Die von den Mitgliedern beschlossenen „Grundsätze des Deutschen Spendenrates“[1263] gelten verbindlich für alle Mitglieder, und die Einhaltung bestimmter Grundsätze muss in Form einer Jahreserklärung auf der Verbandsinternetseite öffentlich erklärt bzw. ihre Nichteinhaltung besonders begründet werden. Größenunabhängig kann jede Spenden sammelnde gemeinnützige Organisation Mitglied im Spendenrat werden. Die steuerliche Verschwiegenheitspflicht der Finanzbehörden zum gemeinnützigen Status gilt aufgrund einer Befreiung durch die Spenden sammelnde Organisation nicht gegenüber dem Spendenrat. Der Verein hat einen Schiedsausschuss, der Verstöße gegen die Leitlinien mit Sanktionen belegt. Die Grundsätze enthalten u. a. Regelungen zur Ethik, Leitung und Kontrolle durch verschiedene Zuständigkeiten und zur sachlichen Werbung und zur Transparenz. Die Unterzeichner verpflichten sich auch zur Prüfung ihrer Finanzen durch Rechnungsprüfer.[1264]

Innerhalb eines Dreijahreszyklusses wird jedes Mitglied auf die Einhaltung der Standards und damit auch auf seine zweckgerichtete, wirtschaftliche und sparsame Mittelverwendung der Spenden und Fördergelder durch vom Spendenrat unabhängige Wirtschaftsprüfungsinstitute überprüft.[1265]

Zwar ist der Deutsche Spendenrat ein Verband und damit als Organisation nicht unabhängig. Da die Überprüfung des Kodexes aber nicht durch den Verband selbst erfolgt, sondern von unabhängigen Wirtschaftsprüfern, ist in dieser Hinsicht eine systematische, eigenständige und unabhängige Überprüfung der Standards bei den anwendenden Organisationen gegeben. Insofern wird der Deutsche Spendenrat in Erweiterung der Definition *Wilkes*[1266] als Verbraucherschutzorganisation gesehen. Entsprechend sind Verbraucherschutzorganisationen unabhängige,

---

1262 Vgl. *Spendenrat*, Satzung § 2, abrufbar unter: https://www.spendenrat.de/wp-content/uploads/Downloads/Rechtsgrundlagen/satzung-2016-deutscher-spendenrat.pdf (aufgerufen am 5.9.2021).

1263 *Spendenrat*, Grundsätze des Deutschen Spendenrates, abrufbar unter: https://www.spendenrat.de/wp-content/uploads/Downloads/Rechtsgrundlagen/grundsaetze-2018-deutscher-spendenrat.pdf (aufgerufen am 5.9.2021).

1264 *Spendenrat*, Grundsätze des Deutschen Spendenrates, abrufbar unter: https://www.spendenrat.de/wp-content/uploads/Downloads/Rechtsgrundlagen/grundsaetze-2018-deutscher-spendenrat.pdf (aufgerufen am 5.9.2021).

1265 Vgl. *Spendenrat*, Spendenzertifikat, abrufbar unter: https://www.spendenrat.de/spendenzertifikat/ (aufgerufen am 5.9.2021).

1266 *Wilke*, Transparenz im Spendenwesen: Siegel, Selbstregulierung, Watchdogs, Non Profit Law Yearbook 2004, 181, 185.

nicht-staatliche und nicht lobbygebundene Organisationen, die selbst systematisch und eigenständig prüfen, oder nicht-staatliche Organisationen, die systematisch und eigenständig durch unabhängige, nicht-staatliche, nicht lobbygebundene Dritte prüfen lassen.

Auch die Auskunfts- und Expertenfunktion insbesondere für Spender ist gegeben. Neben einer Liste von Mitgliedern, die sich zur Einhaltung des Kodizes verpflichtet haben, kann der Spender allgemeine Spendeninformationen sowie Analysen und Prognosen zum Spendenverhalten (Bilanz des Helfens, Spendenjahr) einsehen. Darüber hinaus gibt es einen Schiedsausschuss, an den sich Spender oder Verbraucher bei Beschwerden über Mitglieder des Spendenrates wenden können.[1267]

Der Deutsche Spendenrat hat zurzeit 70 Mitglieder.[1268]

### 4. *Kodizes mit externer Überprüfung*

Darüber hinaus gibt es Kodizes oder Standards für gemeinnützige und auch Spenden sammelnde Organisationen, die nach der Selbstverpflichtung durch externe Dritte aus dem privaten Sektor überprüft werden. Üblicherweise geschieht dies durch die Organisationen, die die Kodizes jeweils geschaffen haben. Die Überprüfung kann aber auch durch weitere externe Dritte wie Wirtschaftsprüfer oder eine andere Organisation erfolgen. Auch an dieser Stelle konzentriert sich die Untersuchung auf Kodizes von Organisationen, die sich speziell an Spenden sammelnde Organisationen richten, oder die Spender als Interessentengruppe auch im Blick haben.[1269]

#### a. *Initiative Transparente Zivilgesellschaft (ITZ)*

Die ITZ wird von insgesamt elf wissenschaftlichen und zivilgesellschaftlichen Akteuren des Dritten Sektors getragen: Transparency Deutschland e.V., Bundesverband Deutscher Stiftungen e.V., Deutsches Zentralinstitut für soziale Fragen

---

1267 Vgl. *Spendenrat*, Spendentipps, abrufbar unter: https://www.spendenrat.de/spendentipps/tipps-fuer-privatspender/ (aufgerufen am 5.9.2021).

1268 Vgl. *Spendenrat*, Mitgliederliste, abrufbar unter: https://www.spendenrat.de/mitglieder/ (aufgerufen am 5.9.2021).

1269 Darüber hinaus gibt es eine Vielzahl von Kodizes mit anderen Transparenzschwerpunkten wie Bundesverband Deutscher Stiftungen oder Kodizes von Dachverbänden für ihre eigenen Organisationen, die eher die Kontroll- und Leitungsfunktionen in den Organisationseinheiten regeln, wie Deutscher Olympischer Sportbund e.V., Lebenshilfe e.V., Diakonischer Corporate Governance Kodex, Arbeitshilfe 182-Soziale Einrichtungen in katholischer Trägerschaft und wirtschaftliche Aufsicht u. a. Ausführlich: *Krimmer/Weitemeyer/Kleinpeter/Vogt/v. Schönfeld*, Transparenz im Dritten Sektor, S. 162 ff.

DZI, Deutscher Fundraising Verband e.V., Deutscher Kulturrat e.V., Deutscher Naturschutzring e.V., Deutscher Spendenrat e.V., Maecenata Institut für Philanthropie und Zivilgesellschaft, Phineo gAG, VENRO e.V. und Verbraucherzentrale Bundesverband vzbv.[1270] Die Initiative setzt sich für eine einheitliche Veröffentlichungspflicht zivilgesellschaftlicher Organisationen ein und hat dafür zehn zu veröffentlichende Transparenzinformationen festgelegt. Zielgruppe dieser Transparenz sind die interessierte Öffentlichkeit, die Spender, Vereinsmitglieder, Begünstigte, Journalisten, Zuwendungsgeber und eigene Mitarbeiter.

Organisationen, die der ITZ beitreten bzw. sich nach deren Veröffentlichungsgrundsätzen selbst verpflichten, müssen die zehn Transparenzinformationen auf Ihrer Internetseite leicht zugänglich machen. Dies sind Grunddaten der Organisation, Satzung, Gemeinnützigkeitsbescheid, Name und Funktion der wesentlichen Entscheidungsträger, Tätigkeitsbericht und Personalstruktur. Außerdem sollen bei der Mittelherkunft die Spenden erkennbar sein, indem aufgeschlüsselt wird nach Mitteln aus dem ideellen Bereich (z. B. Spenden, Mitglieds- und Förderbeiträgen) und aus anderen Bereichen. Die Mittelverwendung soll dargelegt werden. Organisationen mit einem Jahresumsatz ab 1 Mio. € sollen Rechnung nach HGB legen. Bei Zuwendungen über zehn Prozent der Jahreseinnahmen sind die Zuwender zu veröffentlichen bzw. als Großspender kenntlich zu machen. Eine Verpflichtung zum Testat besteht nicht. Weiterhin müssen gesellschaftsrechtliche Beziehungen der Organisation und juristische personelle Verbundenheiten angegeben werden, etwa die Personalunion von Vorsitz in der einen und Aufsichtsfunktion in einer anderen Organisation.[1271] Seit dem 27. April 2020 können auch Organisationen ohne Gemeinnützigkeitsstatus der ITZ beitreten. Sie müssen dazu einen gesonderten Fragenkatalog beantworten.[1272]

Die Standards sind ausdrücklich für kleine und mittlere Organisationen geeignet. Für größere Organisationen sind sie lediglich als Basistransparenz gedacht, denn hier sollen je nach Größe, Rechtsform und Tätigkeit zusätzliche Rechnungslegungs- und Transparenzanforderungen erfüllt werden.[1273]

---

1270 *Transparency International, ITZ,* Träger, abrufbar unter: https://www.transparency.de/mitmachen/initiative-transparente-zivilgesellschaft/?L=0 (aufgerufen am 5.9.2021).

1271 *Transparency International, ITZ,* Mitmachen, Leitfaden, abrufbar unter: https://www.transparency.de/mitmachen/initiative-transparente-zivilgesellschaft/jetzt-mitmachen/ und https://www.transparency.de/fileadmin/Redaktion/Mitmachen/ITZ/ITZ_Leitfaden_v1.6_2020-05-12.pdf (aufgerufen am 5.9.2021).

1272 *Transparency International, ITZ,* ITZ Beschluss Öffnung, https://www.transparency.de/fileadmin/Redaktion/Mitmachen/ITZ/ITZ_Beschluss_Oeffnung_20-06-10.pdf (aufgerufen am 5.9.2021).

1273 *Transparency International, ITZ,* Mitmachen, weiterführende Maßnahmen, abrufbar unter: https://www.transparency.de/mitmachen/initiative-transparente-zivilgesellschaft/ (aufgerufen am 5.9.2021).

Das Verfahren ist bewusst schnell und einfach gehalten, um eine Großzahl von Spenden sammelnden Organisationen, insbesondere auch kleine und mittlere Organisationen, zu erreichen. Die zehn Informationen sind in der Regel in den Spenden sammelnden Organisationen vorhanden und können ohne größeren Aufwand zusammengestellt werden. Sie müssen zunächst leicht auffindbar auf einer Unterseite bei dem Internetauftritt der Organisation aufgeführt bzw. dort per Links hinterlegt werden. Dann wird die Selbstverpflichtungserklärung unterzeichnet und zusammen mit der Information, wo auf der Internetseite die zehn Punkte zu finden sind, an den Trägerkreis der ITZ geschickt.[1274]

Die Initiative überprüft die Einhaltung der Veröffentlichungspflicht der Transparenzinformationen im Sinne von Vollständigkeit und Plausibilität der Daten. Eine Überprüfung der Angaben der Spenden sammelnden Organisationen im Hinblick auf Korrektheit, eine wirtschaftliche oder satzungsgemäße Verwendung ist damit nicht verbunden.[1275] Nach erfolgreicher Prüfung wird das Logo der ITZ an die Spenden sammelnde Organisation verschickt und kann von dieser genutzt werden.[1276]

Im Folgenden soll eine Kontrolle der Einhaltung der Regeln durch andere Unterzeichner und die Öffentlichkeit erfolgen. Das DZI als eine der Trägerorganisationen der ITZ prüft stichprobenartig die Einhaltung der Regeln.[1277]

Mittlerweile haben 1519 Organisationen die Selbstverpflichtung der ITZ unterzeichnet.[1278] Die Selbstverpflichtung, die Prüfung und die Nutzung des Logos sind kostenlos.[1279]

---

1274 *Transparency International, ITZ,* Mitmachen, jetzt mitmachen, abrufbar unter: https://www.transparency.de/mitmachen/initiative-transparente-zivilgesellschaft/jetzt-mitmachen/ (aufgerufen am 5.9.2021).

1275 Vgl. *Transparency International, ITZ,* Mitmachen, Ziele der Initiative, abrufbar unter: https://www.transparency.de/mitmachen/initiative-transparente-zivilgesellschaft/ (aufgerufen am 5.9.2021).

1276 *Transparency International, ITZ,* Mitmachen, jetzt mitmachen, abrufbar unter: https://www.transparency.de/mitmachen/initiative-transparente-zivilgesellschaft/jetzt-mitmachen/ (aufgerufen am 5.9.2021).

1277 *Transparency International, ITZ,* Mitmachen, Leitfaden, abrufbar unter: https://www.transparency.de/mitmachen/initiative-transparente-zivilgesellschaft/jetzt-mitmachen/ und https://www.transparency.de/fileadmin/Redaktion/Mitmachen/ITZ/ITZ_Leitfaden_v1.6_2020-05-12.pdf (aufgerufen am 5.9.2021).

1278 *Transparency International, ITZ,* Unterzeichner, abrufbar unter: https://www.transparency.de/mitmachen/initiative-transparente-zivilgesellschaft/?L=0 (aufgerufen am 5.9.2021).

1279 Vgl. *Transparency International, ITZ,* Mitmachen, jetzt mitmachen, abrufbar unter: https://www.transparency.de/mitmachen/initiative-transparente-zivilgesellschaft/jetzt-mitmachen/ (aufgerufen am 5.9.2021).

### b. Deutsches Zentralinstitut für Soziale Fragen (DZI)

Neben der oben erwähnten Verbraucherschutzfunktion hat das DZI erstmalig 1992[1280] Leitlinien als Standards zur freiwilligen Selbstverpflichtung oder Kodex für Spenden sammelnde Organisationen entwickelt. Derzeit gilt die neunte, überarbeitete Fassung ab 1.4.2019.[1281] Die Einhaltung dieser Leitlinien wird auf Antrag durch den DZI als neutralen Dritten überprüft.

Spenden sammelnde gemeinnützige Organisationen, die mindestens 25.000 € pro Jahr an Spenden einnehmen, können einen Antrag auf das Spenden-Siegel-Verfahren stellen.[1282] Diese Schwelle wird in der Regel nur von großen, überörtlichen Organisationen, aber nicht von lokalen, regionalen und kleinen Sammlungsträgern erreicht.[1283] In dem Verfahren prüft das DZI als externer neutraler Dritter, Zertifizierer oder Akkreditierer die Einhaltung der Standards. Bei erfolgreicher Prüfung wird als Kennzeichnung das Spenden-Siegel des DZI verliehen, das für ein Jahr gilt.[1284] Die Überprüfung ist kostenpflichtig, wobei ein Grundbetrag von 500 € und ein Zusatzbeitrag in Höhe von 0,035 Prozent der jährlichen Gesamteinnahmen der Organisation (bzw. von 0,025 Prozent bei Organisationen, deren Einnahmen zu weniger als 10 Prozent aus Sammeleinnahmen bestehen) zu zahlen sind. Hinzukommt eine Gebühr für die Erstprüfung von 1000 €.[1285]

Die Leitlinien regeln sieben Bereiche: Zielsetzung (Einhaltung von Gesetzen, Satzung zur Regelung von u. a. Funktionen und Aufgaben der Organe), Leitung und Aufsicht (Trennung der Gremien sowie Regelungen zur Kontrolle und zur Vermeidung von Interessenkonflikten), Werbung und Öffentlichkeitsarbeit, Mittelverwendung, Vergütungen (Ausweis von Vergütungen der Leitungsorgane sowie

---

1280 Vgl. *DZI*, DZI Spenden-Siegel - Leitlinien, Präambel, abrufbar unter: https://www.dzi.de/wp-content/pdfs_Spenderberatung/SpS-Leitlinien.pdf (aufgerufen am 5.9.2021).

1281 *DZI*, DZI Spenden-Siegel - Leitlinien, abrufbar unter: https://www.dzi.de/wp-content/pdfs_Spenderberatung/SpS-Leitlinien.pdf (aufgerufen am 5.9.2021)

1282 *DZI*, DZI Spenden-Siegel - Leitlinien, 3. und 5. Antragsvoraussetzungen, abrufbar unter: https://www.dzi.de/wp-content/pdfs_Spenderberatung/SpS-Leitlinien.pdf (aufgerufen am 5.9.2021).

1283 Vgl. zu den statistischen Daten *Priemer/Corcoran-Schliemann/Geue/Krimmer/Schulz-Sandhof*, Finanzierung der Zivilgesellschaft, S. 113, 121, in: Krimmer, Datenreport Zivilgesellschaft, 2019, abrufbar unter: https://www.ziviz.de/sites/ziv/files/datenreport_zivilgesellschaft.pdf; *Primer/Krimmer/Labigne*, Ziviz Survey 2017, abrufbar unter: https://www.ziviz.de/sites/ziv/files/ziviz-survey_2017.pdf (alle aufgerufen am 30.8.2021).

1284 *DZI*, abrufbar unter https://www.dzi.de/spenderberatung/spenden-siegel/siegel-verfahren/ (aufgerufen am 5.9.2021).

1285 *DZI*, abrufbar unter: https://www.dzi.de/spenderberatung/spenden-siegel/spenden-siegel-prufung-was-kostet-sie-eigentlich/ (aufgerufen am 5.9.2021).

Aufwandsentschädigungen von ehrenamtlichen Organmitgliedern), Rechnungslegung und Prüfung sowie Transparenz.

Im Rahmen der Werbung und Öffentlichkeitsarbeit geht es um ethische Spendensammlung und Spendenwerbung. Die Spenden sammelnden Organisationen müssen sich selbst konkrete Leitlinien zum Spendensammeln, insbesondere im Hinblick auf die direkte Ansprache von Spendern bei Haus-, Straßensammlungen etc. geben. Die Spender dürfen nicht bedrängt werden. Die Spendenwerbung muss wahr, eindeutig und sachlich sein. Die Organisationen verzichten auf irreführende Werbung und extreme Darstellungen. Professionelle Spendenwerbung und Öffentlichkeitsarbeit muss vertraglich geregelt sein und offengelegt werden. Die Spenden sammelnde Organisation ist verantwortlich für die Einhaltung ihrer ethischen Spendenwerbung- und -sammelregeln durch die von ihr eingesetzten Dritten.

Bei Bargeldsammlungen oder -spenden müssen zwei Personen die Zuwendungen registrieren und so schnell wie möglich dem bargeldlosen Zahlungsverkehr der Spenden sammelnden Organisation zuführen. Jegliche Art von Dauerspenden (z. B. Patenschaften, Fördermitgliedschaften) müssen jederzeit kündbar sein.

Mittel dürfen nur für satzungsgemäße Zwecke und die dafür erforderlichen administrativen Ausgaben eingesetzt werden. Dies ist zu organisieren, zu dokumentieren und zu belegen. Bei zweckgebundenen Spenden darf nur im Ausnahmefall von der Zweckverwendung mit offengelegter Begründung abgewichen werden. Es sind Maßnahmen zur Prävention von Korruption einzuführen. Die Organisation soll Regelungen festlegen, nach denen immer nur zwei Personen zusammen zeichnungsberechtigt sind.

Grundsätze der sparsamen und wirksamen Wirtschaft und Mittelverwendung sind einzuhalten. Die Werbe- und Verwaltungskostenquote darf höchstens 30 Prozent der jährlichen Gesamtausgaben betragen und die Quote für Werbung und allgemeine Öffentlichkeitsarbeit höchstens 30 Prozent der jährlichen Sammlungseinnahmen, berechnet nach dem Durchschnitt der vergangenen drei Geschäftsjahre. Grundlage für die Berechnung dieser Kosten ist das DZI Konzept „Werbe- und Verwaltungsausgaben Spenden sammelnder Organisationen“.[1286]

Die Spenden sammelnde Organisation hat Rechnung zu legen entsprechend der anzuwendenden Gesetze und Satzungen, nach den Grundsätzen ordnungsgemäßer Buchführung und ggf. anderer anwendbarer Standards zur Buchführung wie z. B. die des IDW. Außerdem sind die Grundsätze des DZI Konzepts „Werbe- und Verwaltungsausgaben Spenden sammelnder Organisationen“ einzuhalten. Insbesondere sind Geldspenden, Sachspenden, Zustiftungen, Mitgliedsbeiträge etc. als Einnahmen bzw. Erträge getrennt auszuweisen. Wesentliche Zweckbindungen sollen ebenfalls ausgewiesen werden. Überdies sind bei den Ausgaben bzw. beim Aufwand Programmausgaben, Werbung und Öffentlichkeitsarbeit, Verwaltung,

1286 *DZI*, abrufbar unter: http://www.dzi.de/wp-content/pdfs_Spenderberatung/DZI-Konzept_W%2BV_2019.pdf (aufgerufen am 5.9.2021).

steuerpflichtiger wirtschaftlicher Geschäftsbetrieb und Vermögensverwaltung separat auszuweisen und je nach Größe der Organisation weiter nach wesentlichen Bereichen (z. B. Region, Tätigkeit) zu unterteilen und zu erklären. Die Vermögensentwicklung inklusive der nicht verwendeten Spenden muss genau dargelegt werden.

Je nach Größe der Organisation ist ein handelsrechtlicher Jahresabschluss oder eine Jahresrechnung zu erstellen, die durch zwei unabhängige Rechnungsprüfer, einen unabhängigen Wirtschaftsprüfer oder vereidigten Buchprüfer zu prüfen ist. Ggf. muss die Organisation auch einen Lagebericht erstellen und durch Wirtschaftsprüfer prüfen und testieren lassen.

Die Transparenz der Organisation richtet sich nicht spezifisch an die Spender. Die Spenden sammelnde Organisation ist aber gehalten, Anfragen aller Art zügig und angemessen zu beantworten. Sie muss den Jahresbericht veröffentlichen. Darüber hinaus sollen zumindest übersichtsartig die wesentlichen Programme und Projekte im Berichtsjahr sowie zusammenfassend die verwendeten Werbeformen dargestellt werden. Die verpflichtend zu betreibende Webseite dient auch der Veröffentlichung der wesentlichen Informationen wie Jahresbericht, Satzung, Zusammensetzung der Leitungsorgane und Aufsichtsorgane.

Das DZI überprüft die Organisation auf ihren Antrag hin auf Einhaltung der Leitlinien. Dazu muss einen Fragebogen beantwortet und die geforderten Daten wie Satzung, Freistellungsbescheid des Finanzamtes, Rechnungslegung, Werbematerial etc. dem DZI zur Verfügung gestellt werden. Das DZI prüft die Unterlagen, holt soweit erforderlich weitere Informationen ein und führt ein Gespräch mit der Organisation in deren Geschäftsstelle. Nach erfolgreicher dreimaliger aufeinanderfolgender Prüfung wird nur noch alle drei Jahre eine sog. Vollprüfung und im Übrigen eine verkürzte Prüfung durchgeführt. Der Prüfbericht wird der Spenden sammelnden Organisation zur Verfügung gestellt.

Die Stiftung DZI ist selbst transparent im Sinne der ITZ.[1287]

### c. *Grundsätze des Deutschen Spendenrates e.V.*

Die Grundsätze des Deutschen Spendenrates sind ein Kodex, auf dessen Einhaltung sich die Mitglieder nicht aufgrund gesetzlicher Vorgaben, sondern nach der Satzung des Spendenrates verpflichten müssen. Mangels gesetzlicher Pflicht handelt es sich quasi um eine freiwillig eingegangene Verpflichtung. Die Einhaltung des Kodexes wird dann durch externe Dritte, nämlich durch zwei vom Spendenrat beauftragte voneinander unabhängige Wirtschaftsprüfungsinstitute überprüft.

---

1287 *DZI*, abrufbar unter: https://www.dzi.de/ueber-uns/transparenz/ (aufgerufen am 5.9.2021).

Im Vereinsaufnahmeverfahren nach § 4 der Satzung[1288] müssen u. a. Satzung, Geschäftsbericht, geprüfte Rechnungslegung, Freistellungsbescheid, Schweigepflichtentbindungserklärung und die Selbstverpflichtungserklärung der Spenden sammelnden Organisation eingereicht werden. Der Aufnahmeantrag wird durch den Vorstand geprüft, wobei es i.d.R. um die Vollständigkeit der Unterlagen geht.[1289] Im Vergabeverfahren für das Spendenzertifikat erfolgt dann eine Überprüfung durch mindestens zwei externe Wirtschaftsprüfer, die allerdings nicht die eigene geprüfte Rechnungslegung der Spenden sammelnden Organisation überprüfen, sondern die Einhaltung der Grundsätze des Spendenrates.[1290]

In der Selbstverpflichtungserklärung[1291] werden die zehn Grundsätze des Deutschen Spendenrates zusammengefasst. Die Mitglieder bekennen sich dazu, die ethischen Grundsätze des Spendens und des Spendenwesens in Deutschland einzuhalten, ordnungsgemäß mit Spendengeldern umzugehen und dies durch die Selbstverpflichtung sicherzustellen.

Schwerpunkt der eigentlichen Selbstverpflichtungserklärung ist die Verpflichtung zur ordentliche Rechnungslegung und Transparenz in Bezug auf Finanzdaten sowie die Mitgliedschaft im Spendenrat. Außerdem gibt es die Verpflichtung zu sachlicher Werbung, ethischer Spendensammlung und Spendenverwendung sowie zu demokratischen und getrennten Leitungs- und Kontrollstrukturen.

Transparenz bedeutet dabei Veröffentlichung verschiedener Daten und Informationen, hauptsächlich Finanzdaten wie Geschäfts- oder Jahresberichten, Tätigkeits- und Projekt- sowie Finanzberichten inklusive einer Mehr-Sparten-Rechnung gemäß den Vorgaben des Spendenrates. Rechnungslegung und Prüfung muss nach den Grundsätzen des Spendenrates (z. B. Mehr-Sparten-Rechnung) und den Grundsätzen des IDW oder des steuerlichen Gemeinnützigkeitsrechts erfolgen und geprüft werden. Das Prüfungsergebnis des Spendenrates über die Spenden sammelnde Organisation ist ebenfalls zu veröffentlichen.

---

1288 *Spendenrat*, Satzung, abrufbar unter: https://www.spendenrat.de/wp-content/uploads/Downloads/Rechtsgrundlagen/satzung-2016-deutscher-spendenrat.pdf (aufgerufen am 5.9.2021).

1289 Vgl. § 1 Verfahrensordnung für das Spendenzertifikat, abrufbar unter: https://www.spendenrat.de/wp-content/uploads/Downloads/Rechtsgrundlagen/Spendenzertifikat/verfahrensordnung-spendenzertifikat-deutscher-spendenrat.pdf (aufgerufen am 5.9.2021).

1290 §§ 4, 5 Verfahrensordnung für das Spendenzertifikat, abrufbar unter: https://www.spendenrat.de/wp-content/uploads/Downloads/Rechtsgrundlagen/Spendenzertifikat/verfahrensordnung-spendenzertifikat-deutscher-spendenrat.pdf (aufgerufen am 5.9.2021).

1291 *Spendenrat*, Selbstverpflichtungserklärung, abrufbar unter: https://www.spendenrat.de/wp-content/uploads/Downloads/Rechtsgrundlagen/anlage-4-selbstverpflichtungserklaerung-06-2018-deutscher-spendenrat.pdf (aufgerufen am 5.9.2021).

Aus den Grundsätzen ergeben sich weitere Details, wie z. B. die Darlegung von Werbe- und Verwaltungskosten im Verhältnis zu den Gesamtkosten und -einnahmen, soweit dies nicht bereits über die Mehr-Spartenabrechnung erkennbar ist. Eine Quote wird nicht festgelegt.

In der Mehr-Spartenrechnung auf Basis einer vorgegebenen Exceltabelle sind Mitglieds- und Förderbeiträge gesondert als Teil der Spenden und ähnliche Erträge anzugeben.

Personalstruktur und Vergütungen, sowie Provisionszahlungen und Erfolgsbeteiligungen sind darzustellen.

In Bezug auf die Spender und allgemein die Mittelgeber gilt die Regel, dass Werbung, also Spendenwerbung, nicht gegen die guten Sitten verstoßen und nicht unanständig sein darf.

Soweit im Rahmen von Mitglieder- oder Spendenwerbung Geschenke, Vergünstigungen oder sonstige Vorteile gewährt werden, sind diese nur bei einem unmittelbaren Zusammenhang mit dem Satzungszweck zulässig und dürfen nicht unverhältnismäßig teuer sein.

Es dürfen keine Provisionen für die Einwerbung von Zuwendungen, außer im Rahmen der Grundsätze des Spendenrates, gezahlt werden. Danach ist dies nur in engen Grenzen zulässig und muss darüber hinaus wirtschaftlich und verhältnismäßig sein. Außerdem sind diese Zahlungen in den Finanzberichten aufzuführen.

Spenderadressen dürfen nicht verkauft, getauscht oder vermietet werden. Datenschutzbestimmungen sind einzuhalten.

Zweckgebundene Spenden müssen entsprechend der Zweckbindung durch den Spender verwendet werden. Des Weiteren muss die Verwendung von projektgebundenen Spenden dargelegt werden. Wenn Spenden an andere Organisationen weitergeleitet werden, ist darüber und über die Höhe zu informieren.

Die Einhaltung dieser Grundsätze wird durch unabhängige Wirtschaftsprüfer überprüft.[1292] Nach einem Anforderungskatalog[1293] sind den Wirtschaftsprüfern je nach Größe der Spenden sammelnden Organisation bestimmte Unterlagen zum Nachweis der Einhaltung der Grundsätze des Spendenrates vorzulegen.

Für die Mitgliedschaft im Spendenrat ist ein Mitgliedsbeitrag zu entrichten, der sich nach der Höhe der Einnahmen der Spenden sammelnden Organisation richtet,

---

1292 Vgl. § 4 Verfahrensordnung für das Spendenzertifikat, abrufbar unter: https://www.spendenrat.de/wp-content/uploads/Downloads/Rechtsgrundlagen/Spendenzertifikat/verfahrensordnung-spendenzertifikat-deutscher-spendenrat.pdf (aufgerufen am 5.9.2021).

1293 *Spendenrat*, Anforderungskatalog für das Spendenzertifikat, abrufbar unter: https://www.spendenrat.de/wp-content/uploads/Downloads/Rechtsgrundlagen/Spendenzertifikat/anforderungskatalog-spendenzertifikat-deutscher-spendenrat.pdf (aufgerufen am 5.9.2021).

mindestens 200 € und höchstens 6.500 € beträgt.[1294] Eine zusätzliche Gebühr für die Prüfung im Rahmen der Zertifizierung oder die Nutzung des Logos ist nicht zu entrichten.[1295]

### 5. *Zertifizierung und Qualitätsauszeichnungen für sammelnde Organisationen*

#### a. *Zertifizierung und Zertifikat*

Inhaltlich besteht auf den ersten Blick kein großer Unterschied zwischen einer externen Kontrolle durch Überprüfung der Einhaltung eines Kodexes und einer externen Kontrolle durch Zertifizierung.

#### aa. *Betriebswirtschaftliche Zertifizierung*

Der Begriff Zertifizierung kommt aus der Betriebswirtschaft. Eine Zertifizierung ist die externe Überprüfung bestimmter vom Zertifizierer entwickelten Standards zum Qualitätsmanagement eines Unternehmens.[1296] Qualitätsmanagement bedeutet, die Betriebsabläufe in einem Unternehmen zu optimieren, Standards zu erhalten und zu verbessern.[1297] Dabei haben unterschiedliche Zertifikate unterschiedliche Ausrichtungen. So geht es bei ISO 9001 um technische Prozesse,[1298] beim Total Quality Management geht es darüber hinaus um die Beziehung zum Kunden, die im Mittelpunkt steht.[1299] Es haben sich eine große Anzahl bereichsspezifischer Zertifizierungen etabliert.

Für den gemeinnützigen Sektor sind insbesondere Zertifizierungen und Qualitätsmanagement für ihre wirtschaftlichen Zweckbetriebe üblich wie KTQ für Gesundheitseinrichtungen, PCC für Gesundheitswesen, Sozialwirtschaft und

---

1294 *Spendenrat,* Beitragsordnung, abrufbar unter: https://www.spendenrat.de/wp-content/uploads/Downloads/Rechtsgrundlagen/beitragsordnung-2018-deutscher-spendenrat.pdf (aufgerufen am 5.9.2021).

1295 *Spendenrat,* abrufbar unter: https://www.spendenrat.de/spendenzertifikat/ (aufgerufen am 5.9.2021).

1296 Vgl. *Drechsel,* in: Pfeifer/Schmitt, Masing Handbuch Qualitätsmanagement, S. 352 ff.

1297 Vgl. *Zollondz,* in: Pfeifer/ Schmitt, Masing Handbuch Qualitätsmanagement, S. 34; *Sommerhoff,* in: Pfeifer/Schmitt, Masing Handbuch Qualitätsmanagement, S. 41.

1298 Vgl. *Friedli/Seghezzi/Mänder/Lützner,* in: Pfeifer/Schmitt, Masing Handbuch Qualitätsmanagement, S. 184 ff.

1299 Vgl. *Friedli/Seghezzi/Mänder/Lützner,* in: Pfeifer/Schmitt, Masing Handbuch Qualitätsmanagement, S. 168 ff.

Bildungswesen, JCI für Krankenhäuser und ISO 9001 als nicht bereichsspezifische Zertifizierung.[1300]

### *bb. Rechtliche Zertifizierung*

Im juristischen Sprachgebrauch bezeugt ein Zertifikat als Bescheinigung den Ursprung und die Qualität einer Ware. Die Zertifizierung ist ein Überprüfungsprozess über die Einhaltung der wesentlichen rechtlichen und technischen Vorschriften eines Unternehmens, einer Anlage u. a. Gleichfalls bekannt sind Qualitäts- und Umweltmanagement als Gegenstand von Zertifizierungen.[1301] Zertifizierungen erfolgen nach festgelegten Standards privatrechtlicher Organisationen und werden von unabhängigen Überwachungs- und Zertifizierungsstellen durchgeführt, die amtlich oder nicht amtlich sein können.[1302]

In der Wirtschaftspraxis werden derartige rechtliche Zertifikate häufig verwendet.[1303] Dabei ist allen Kategorien rechtlicher Zertifikate gemein, dass sie Ursprung und/ oder Qualität ausweisen sollen.

Die erste Kategorie enthält rechtlich verpflichtende Zertifikate, z. B. aufgrund des Produktsicherheitsgesetzes. Die Einhaltung solcher gesetzlichen Regelungen ist Voraussetzung für die Verkehrsfähigkeit von Waren. Das Zertifikat ist äußerliches Zeichen der Konformität mit den Vorschriften. Die Fremdüberprüfung ist in jedem Fall Voraussetzung einer Zertifizierung.

Allerdings wird am Beispiel des CE-Kennzeichens deutlich, dass trotz der Kennzeichnung als EU-konform die dahinter stehende Überprüfung nicht zwingend eine Zertifizierung bedeutet. Im Rahmen des Baumusterprüfverfahrens des CE-Kennzeichens gibt es verschiedene Module, die zum einen „Selbstzertifizierung“ und zum anderen „Fremdzertifizierung“ bedeuten können. Selbstzertifizierung oder Eigenbestätigung bedeutet, dass es sich hierbei gerade nicht um eine Zertifizierung handelt.[1304]

Die zweite Kategorie enthält freiwillige Zertifikate, deren Überprüfungskriterien auf rechtlichen Regelungen beruhen. So sind Zertifikate wie das GS-Zeichen freiwillig, weil sie vom Gesetzgeber nicht gefordert werden, aber verfahrenstechnisch auf dem Produktsicherheitsgesetz basieren. Freiwillige Zertifikate demonstrieren

---

1300 Vgl. *Krimmer/Weitemeyer/Kleinpeter/Vogt/v. Schönfeld*, Transparenz im Dritten Sektor, S. 181.

1301 *Hakenberg*, in: Creifelds, Rechtswörterbuch, Zertifizierung, 26. Edition 2021.

1302 *BGH*, ZEV 2012, 105 Rn. 12; *Bornkamm/Feddersen*, in: Köhler/Bornkamm/Feddersen, UWG, § 5 Rn. 4.146.

1303 Vgl. *Schucht*, Produkt-Zertifikate beim Warenvertrieb – Risikosteuerung und Rechtspflicht, NJW 2019, 1335, 1335.

1304 Vgl. *Schucht*, Produkt-Zertifikate beim Warenvertrieb – Risikosteuerung und Rechtspflicht, NJW 2019, 1335, 1336.

über die Verkehrsfähigkeit hinaus auch die Einhaltung von Sicherheit und/oder Qualitätsstandards.[1305]

Daneben gibt es eine dritte Kategorie von rechtlichen Zertifizierungen, die freiwillig und gesetzlich nicht geregelt sind und deren Überprüfungskriterien auch nicht auf Gesetzen basieren. Sie können sich z. B. mit der Einhaltung technischer Normen oder jeglicher privatrechtlich festgelegter Standards befassen.[1306]

Die betriebswirtschaftliche Zertifizierung fällt im Ergebnis als freiwillige, gesetzlich nicht geregelte Zertifizierung mit Prüfstandards privater Organisationen, die nicht auf gesetzlichen Vorgaben basieren in die dritte Kategorie der rechtlichen Zertifizierungen.

### *b. Überprüfte Kodizes für Spenden sammelnde Organisationen als Zertifizierung*

Kodizes Spenden sammelnder Organisationen sind dann Zertifizierungen, wenn sie festgelegte Standards sind, deren Einhaltung von einer unabhängigen Stelle überprüft wird. Bei der Überprüfung dieser Kodizes handelt es sich nicht um gesetzlich verpflichtende Zertifizierungen oder Zertifizierungen auf Basis gesetzlicher Kriterien, sondern um rein freiwillige Zertifizierungen der dritten Kategorie.

Aufgrund der Freiwilligkeit und der privaten Gestaltungsfreiheit von Kodizes kann es dabei um Qualitätsmanagement, Kontrollstrukturen, Transparenz, Publizität und anderes gehen. Je nach Detailgrad des Kodexes können darüber hinaus auch Verfahrensabläufe und Arbeitsprozesse in Spenden sammelnden Organisationen geregelt und überprüft werden.

#### *aa. DZI und Spendenrat*

Bei Anwendung dieser Kriterien auf die Kodizes Spenden sammelnder Organisationen, die von unabhängigen Stellen überprüft werden, ist festzustellen, dass sowohl das DZI-Verfahren als auch das Verfahren des Spendenrates Zertifizierungen sind. Die Spenden sammelnden Organisationen verpflichten sich, die festgelegten umfassenden Standards von DZI bzw. vom Spendenrat einzuhalten. Die Einhaltung der Standards wird vom DZI bzw. von vom Spendenrat beauftragten Wirtschaftsprüfern, also unabhängigen Stellen, geprüft.

#### *bb. Initiative Transparente Zivilgesellschaft*

Im Falle der ITZ findet zwar eine unabhängige Überprüfung der Selbstverpflichtung zur Veröffentlichung der zehn Punkte statt, dies ist jedoch ausdrücklich keine Überprüfung der Einhaltung der dahinterstehenden Standards, sondern eine Überprüfung der Vollständigkeit der zu veröffentlichenden Informationen. Eine

---

1305 Vgl. *Schucht*, Produkt-Zertifikate beim Warenvertrieb – Risikosteuerung und Rechtspflicht, NJW 2019, 1335, 1336.

1306 Vgl. *Bornkamm/Feddersen*, in: Köhler/Bornkamm/Feddersen, UWG, § 5, Rn. 4.146.

Überprüfung der Einhaltung der Standards soll sowohl durch alle Unterzeichner der Initiative als auch durch die interessierte Öffentlichkeit und darüber hinaus in regelmäßigen Abständen durch das DZI erfolgen. Die Initiative weist auch ausdrücklich darauf hin, dass die Richtigkeit der Angaben der Spenden sammelnden Organisationen nicht überprüft wird und das Logo nicht garantiert, dass es sich um eine „gute" Spenden sammelnde Organisation handelt.[1307]

Es gibt zwar keine rechtlichen Minimalanforderungen an eine Zertifizierung auf Basis privatrechtlich festgelegter Standards. Insofern könnte die Veröffentlichungspflicht der zehn Punkte als reine Transparenzstandards, die überprüft werden, für eine zertifizierte Transparenz ausreichen. Die Transparenz ist eindeutig ein Qualitätsmerkmal. Aber dieses Merkmal allein reicht nicht aus, um die Qualität des Produktes oder des Unternehmens insgesamt, die Einhaltung aller wesentlichen Vorschriften oder ein gutes Qualitätsmanagement einer Spenden sammelnden Organisation im Sinne einer Zertifizierung zu attestieren.

### *6. Siegel, Label, Gütezeichen & Co.*

Häufig erhalten Unternehmen oder Spenden sammelnde Organisationen bei einer Zertifizierungen nicht nur das Zertifikat als Bescheinigung, sondern auch ein spezielles Zeichen, das als Kennzeichen der Zertifizierung nach außen verwendet werden kann.[1308]

Unabhängig von einer Zertifizierung oder überhaupt einer externen Überprüfung von Standards werden im zweiten Sektor viele ähnliche Kennzeichen, etwa zu Werbe- oder Marketingzwecken,[1309] verwendet. Derartige Zeichen sind vor allem als Siegel populär, insbesondere das Stiftung Warentest-Siegel und das deutsche Bio-Siegel.[1310] Mit Produkten, die bekannte Siegel tragen, wird eine bessere Warenqualität assoziiert als mit solchen ohne Siegel, und die Kaufwahrscheinlichkeit steigt.[1311]

---

1307 *Transparency International*, Mitmachen, Ziele der Initiative, Was wird durch die ITZ erreicht und was nicht?, abrufbar unter: https://www.transparency.de/mitmachen/initiative-transparente-zivilgesellschaft/?L=0 (aufgerufen am 5.9.2021).

1308 Vgl. *Drechsel*, in: Pfeifer/Schmitt, Masing Handbuch Qualitätsmanagement, S. 357 f.

1309 Vgl. *Schucht*, Produkt-Zertifikate beim Warenvertrieb – Risikosteuerung und Rechtspflicht, NJW 2019, 1335, 1336.

1310 Vgl. *Speck*, Gütesiegel brauchen Bekanntheit und Vertrauen, v. 21.6.2019, Springerprofessional online, abrufbar unter: https://www.springerprofessional.de/produktstrategie/guetesiegel-brauchen-bekanntheit-und-vertrauen/10201696 (aufgerufen am 5.9.2021).

1311 Vgl. *Splendid Research*, Gütesiegel Monitor 2021, abrufbar unter: https://www.splendid-research.com/de/guetesiegel.html; *Speck*, Gütesiegel brauchen Bekanntheit und Vertrauen, v. 21.6.2019, Springerprofessional online, abrufbar unter: https://

In der Praxis ist die Nutzung eines Siegels häufig davon abhängig, dass gesetzliche Regelungen oder die Standards, Kodizes o.ä des Herausgebers des Siegels eingehalten werden. Dies sollte durch den Nutzer gegenüber dem Herausgeber nachgewiesen werden oder durch Letzteren selbst überprüft werden.[1312] Das ist aber nicht immer der Fall. Für die Verbraucher ist es schwierig, geprüfte und ungeprüfte Siegel zu unterscheiden.[1313] Und selbst wenn eine externe Überprüfung stattfindet, sagt das Siegel nichts über die tatsächliche Qualität des Produktes aus. Es gibt auch ein gewisses Misstrauen gegenüber der Glaubwürdigkeit der Siegel und Unsicherheiten über die Vergabeorganisationen.[1314] Siegeln, die von staatlichen Stellen vergeben werden, wird jedoch mehr vertraut als solchen aus der Privatwirtschaft. Allerdings wird häufig fälschlicherweise von einer staatlichen Stelle ausgegangen, die tatsächlich privatwirtschaftlich ist (z. B. Öko-Test).[1315]

Um dem Verbraucher im Wirrwarr der Siegel des zweiten Sektors eine Orientierungshilfe zu geben, hat das Bundesministerium für wirtschaftliche Zusammenarbeit und Entwicklung eine Internetseite zur Siegelklarheit veröffentlicht.[1316]

Siegel und andere Zeichen werden zunehmend auch im Dritten Sektor in Deutschland als Qualitätsauszeichnungen verwendet. Amtlich vorgeschriebene Spendensiegel oder staatliche Spendensiegel, gesetzliche Voraussetzungen zur Zertifizierung oder externen Qualitätsüberprüfung gibt es nicht. Aufgrund der Transparenzdebatte und zunehmenden Selbstregulierung sind aber aus dem Dritten Sektor heraus viele Kodizes, Standards, Selbstverpflichtungen und Zertifizierungen von oder für gemeinnützige Organisationen entstanden, die mit der

www.springerprofessional.de/produktstrategie/guetesiegel-brauchen-bekanntheit-und-vertrauen/10201696 (alle aufgerufen am 5.9.2021).

1312 Vgl. *Drechsel*, in: Pfeifer/Schmitt, Masing Handbuch Qualitätsmanagement, S. 357 f.

1313 Vgl. *Friedel/Spindler*, Zertifizierung – ja, in: dies., Zertifizierung als Erfolgsfaktor, S. 553, 554, 558 f.; *Speck*, Gütesiegel brauchen Bekanntheit und Vertrauen, v. 21.6.2019, Springerprofessional online, abrufbar unter: https://www.springerprofessional.de/produktstrategie/guetesiegel-brauchen-bekanntheit-und-vertrauen/10201696 (aufgerufen am 5.9.2021)

1314 *Hieke/Grunert/Wills*, Nachhaltige Gütesiegel, in: Weber, CSR und Produktmanagement, S. 69, 92.

1315 *Splendid Research*, Gütesiegel Monitor 2021, abrufbar unter: https://www.splendid-research.com/de/guetesiegel.html; *Speck*, Gütesiegel brauchen Bekanntheit und Vertrauen, v. 21.6.2019, Springerprofessional online, abrufbar unter: https://www.springerprofessional.de/produktstrategie/guetesiegel-brauchen-bekanntheit-und-vertrauen/10201696 (alle aufgerufen am 5.9.2021).

1316 *Bundesministerium für wirtschaftliche Zusammenarbeit und Entwicklung*, Siegelklarheit, abrufbar unter: https://www.siegelklarheit.de/home (aufgerufen am 5.9.2021).

Vergabe eines Zeichens verbunden sind. Dabei sind vor allem das DZI Spenden-Siegel[1317], aber auch das Zeichen von Phineo „Wirkt“[1318], der ITZ[1319] und das Gütesiegel des Bündnisses der Bürgerstiftungen[1320] bekannt. Das Ethik Signet des Deutschen Fundraising Verbandes[1321] sowie das Zeichen für Geprüfte Transparenz des Deutschen Spendenrates e.V.[1322] werden ebenfalls verwendet.[1323]

Die Grundprinzipien aus dem Zweiten Sektor sind dabei durchaus übertragbar, d. h. Vertrauen in und Transparenz der Zertifizierung und der Zertifizierer bzw. das Gütesiegelverfahren sind auch im Dritten Sektor wichtig. Es kommt immer darauf an, wer das Siegel erteilt und nach welchen Kriterien das Siegel vergeben wird.[1324]

Im Gegensatz zum Zweiten Sektor werden im Dritten Sektor nur sehr vereinzelt Siegelvergleiche über Spenden sammelnde Organisationen von gemeinnützigen Organisationen oder Akteuren aus dem Dritten Sektor selbst veröffentlicht.[1325]

---

1317 *DZI*, Spenden-Siegel, abrufbar unter: https://www.dzi.de/spenderberatung/spenden-siegel/ (aufgerufen am 5.9.2021).

1318 *Phineo*, Wirkt-Siegel, abrufbar unter: https://www.phineo.org/wirkt-siegel (aufgerufen am 5.9.2021).

1319 *Transparency International*, ITZ, Leitfaden, abrufbar unter: https://www.transparency.de/fileadmin/Redaktion/Mitmachen/ITZ/ITZ_Leitfaden_v1.6_2020-05-12.pdf (aufgerufen am 5.9.2021).

1320 *Bürgerstiftungen*, abrufbar unter: https://www.buergerstiftungen.org/de/guetesiegel/guetesiegel/ (aufgerufen am 5.9.2021).

1321 *Deutscher Fundraising Verband*, Das Ethik-Signet des Deutschen Fundraising Verbands, abrufbar unter: https://www.dfrv.de/fundraising-branche/ethik-im-fundraising/ (aufgerufen am 5.9.2021).

1322 *Spendenrat*, Spendenzertifikat, abrufbar unter: https://www.spendenrat.de/spendenzertifikat/ (aufgerufen am 5.9.2021).

1323 Vgl. *Transparency International*, ITZ, Mitmachen, weiterführende Maßnahmen, abrufbar unter: https://www.transparency.de/mitmachen/initiative-transparente-zivilgesellschaft/?L=0; *Kaun*, Deutscher Fundraising-Verband stellt Ethik-Signet vor, in: Fundraising-Echo 2015.4, abrufbar unter: https://www.saz.com/de/deutscher-fundraising-verband-stellt-ethik-signet-vor (alle aufgerufen am 5.9.2021).

1324 Vgl. *Bundesverband für Umweltberatung e.V.*, Label für nachhaltige Produkte -, Bewertung von Produktkennzeichnungen, 1999; *Wilke*, Transparenz im Spendenwesen: Siegel, Selbstregulierung, Watchdogs, Non Profit Law Yearbook 2004, 181, 184.

1325 Vgl. *Transparency International*, ITZ, Weiterführende Maßnahmen, Siegel und Zertifikate, abrufbar unter: https://www.transparency.de/mitmachen/initiative-transparente-zivilgesellschaft/?L=0; *Phineo*; Übersicht der Güte- und Spendensiegel in Deutschland (Stand März 2019), abrufbar unter: https://www.dzi.de/wp-content/pdfs_Spendentipps/Die_7_wichtigsten_Tipps_fuer_Spender.pdf; (alle aufgerufen am 6.9.2021); *Neundlinger/Stötzer*, Spendensiegel im internationalen Vergleich, Verbands-Management 2/14, 44, 44 ff.

Aufgrund der Begriffsvielfalt der Zeichen wird im Folgenden der jeweilige Kennzeichenbegriff des Herausgebers und allgemein der Begriff Siegel verwendet.

### *a. Begriffe*

Der Begriff Siegel leitet sich aus dem mittelhochdeutschen sigel, dem gleichbedeutenden lateinischen sigillum ((Relief-)Bildchen) und signum (Zeichen) ab.[1326] Im allgemeinen Sprachgebrauch ist es ein in eine weiche Masse wie Wachs oder Siegellack gedrücktes Zeichen oder ein Abdruck[1327]. Bereits in der Antike gab es Stempelsiegel als Bildzeichen zum Eigentumsbeleg bzw. Siegel, die einen Gegenstand gekennzeichnet haben.[1328]

Im juristischen Sprachgebrauch fehlt der Begriff Siegel. Es gibt auch keine rechtlichen Regelungen oder Legaldefinitionen dazu. Die im Dritten Sektor verwendeten Siegel sind keine Siegel im Rechtssinne, wie öffentlich-rechtliche Dienst- und Amtssiegel[1329] oder elektronische Siegel[1330], sondern lediglich Hinweise auf die

---

1326 *Brockhaus online*, Siegel, abrufbar unter: https://brockhaus.de/search/?t=enzy&q=Siegel (aufgerufen am 6.9.2021).

1327 Vgl. *Duden online*, Siegel, abrufbar unter: https://www.duden.de/rechtschreibung/Siegel (aufgerufen am 5.9.2021);

1328 Vgl. *Fezer*, in: Fezer, Markenrecht, 1. Teil, A. Geschichte des Markenrechts, Rn. 2 ff.

1329 Behörden führen Dienstsiegel, die neben der Unterschrift des Beamten auf amtlichen Urkunden dem Nachweis der Echtheit der Urkunde dienen. Es ist gesetzlich geregelt, wer ein Dienst- oder Amtssiegel führen darf (z. B. in § 39 BeurkG, §§ 1 Abs. 1 Nr. 1, 33 Abs. 3 Nr. 4 VwVfG). Das Siegel zum Besiegeln einer Urkunde muss zudem bestimmte gesetzliche Voraussetzungen im Hinblick auf die Machart und Fälschungssicherheit erfüllen; zumindest insofern es nur mit sichtbaren Zerstörungsspuren entfernbar sein darf. Das Siegel auf einem Dokument steht unter einem besonderen strafrechtlichen Schutz. So ist die Veränderung oder Zerstörung des Siegels als Siegelbruch nach § 136 StGB und der Siegelmissbrauch als Urkundenfälschung nach § 267 StGB und auch als Amtsanmaßung nach § 132 StGB strafbar.

1330 Digitale oder elektronische Siegel sind neu durch die eIDAS-Verordnung der Europäischen Union eingeführt worden (Verordnung (EU) Nr. 910/2014 vom 23.7.2014 über die elektronische Identifizierung und Vertrauensdienste für elektronische Transaktionen im Binnenmarkt und zur Aufhebung der Richtlinie 1999/93/EG, abrufbar unter: https://eur-lex.europa.eu/legal-content/DE/TXT/?uri=CELEX:32014R0910. Im Zuge der Umsetzung wurde in Deutschland das Signaturgesetz durch das Vertrauensdienstegesetz zum 29.7.2017 abgelöst und die Signaturverordnung aufgehoben. Wo bisher mit einer elektronischen Signatur Willenserklärungen von natürlichen Personen abgegeben werden konnten, ist das elektronische Siegel zur Verwendung durch juristische Personen hinzugekommen, um den Ursprung und die Unversehrtheit von Dokumenten nachzuweisen (Herkunftsnachweis). Die

freiwillige, ggf. im Einzelfall durch Gesetz vorgeschriebene Einhaltung bestimmter Standards.

Siegel kann aber auch eine Abkürzung des Begriffs Gütesiegel oder Prüfsiegel sein. Alternativ verwendete Bezeichnungen sind auch Gütezeichen, Prüfzeichen, Label, Logo, Signet oder Zertifizierung,[1331] wobei diese Begriffe leicht unterschiedliche Bedeutungen haben können.

Label ist ein englischer Begriff, der Aufkleber oder Etikett bedeutet. Die Wortbedeutung im Deutschen ist weit. Einerseits kann es ein Etikett auf einem Produkt, eine Marke, ein Logo, ein Signet oder ein wiedererkennbares Kennzeichen sein, das vom Hersteller oder von Dritten als Qualitätssiegel vergeben wird.[1332]

Logo ist ein Synonym für ein Signet.[1333] Ein Signet ist ein Marken- oder Firmenzeichen, ein Logo oder eine Petschaft.[1334] Ein Petschaft ist ein anderes Wort für Siegel.[1335]

Mit einem Gütesiegel soll auch die Vertrauenswürdigkeit des Herstellers besonders herausgestellt werden.[1336]

Die Zertifizierung ist kein Zeichen, sondern das Überprüfungsverfahren selbst. Das Zertifikat ist die Bescheinigung für die erfolgreiche Zertifizierung. Es gibt keinen festgelegten Begriff für ein Kennzeichen, dass aufgrund einer Zertifizierung verwendet werden kann. Beispielsweise verwendet der Deutsche Spendenrat den

---

technischen Voraussetzungen von digitalem Siegel und digitaler Signatur sind vergleichbar. (Vgl. *Bundesamt für Sicherheit in der Informationstechnik*, Digitale Gesellschaft, Elektronische Signaturen, Siegel und Zeitstempel, abrufbar unter: https://www.bsi.bund.de/DE/Themen/Oeffentliche-Verwaltung/eIDAS-Verordnung/Elektronische-Signaturen-Siegel-und-Zeitstempel/elektronische-signaturen-siegel-und-zeitstempel_node.html. (Alle aufgerufen am 6.9.2021).

1331 Vgl. *Wilke*, Transparenz im Spendenwesen: Siegel, Selbstregulierung, Watchdogs, Non Profit Law Yearbook 2004, 181, 184.

1332 Vgl. *Wortbedeutung*, Label, https://www.wortbedeutung.info/Label/ (aufgerufen am 6.9.2021).

1333 *Duden online*, Logo, abrufbar unter: https://www.duden.de/rechtschreibung/Logo (aufgerufen am 6.9.2021).

1334 *Duden online*, Signet, abrufbar unter: https://www.duden.de/suchen/dudenonline/Signet (aufgerufen am 6.9.2021).

1335 *Duden online*, Petschaft, abrufbar unter: https://www.duden.de/rechtschreibung/Petschaft (aufgerufen am 6.9.2021).

1336 So *Hubschmid*, Gütezeichen, Warum es so viele Siegel gibt – und was sie taugen, Der Tagesspiegel vom 10.2.2017, abrufbar unter: https://www.tagesspiegel.de/wirtschaft/guetezeichen-warum-es-so-viele-siegel-gibt-und-was-sie-taugen/19347718.html (aufgerufen am 6.9.2021).

Begriff „Zertifikat" für das Zeichen, welches die geprüften Mitglieder werbend verwenden können, um auf ihre Zertifizierung hinzuweisen.[1337]

Ein Gütezeichen dient als Garantieausweis zur wort- oder bildhaften Kennzeichnung von Waren oder Leistungen. Dabei sollen die Güte der Ware, bestimmte Eigenschaften und die Bewertung nach objektiven Maßstäben signalisiert werden.[1338] In den Wirtschaftswissenschaften wird darüber hinaus bei einem Gütezeichen die externe Erstüberprüfung und weitere Eigen- und Fremdüberwachung der Güte- und Prüfbestimmungen vorausgesetzt.[1339] Im juristischen Sprachgebrauch steht „Gütezeichen" ebenfalls für eine Qualifikations- und/oder Herstellungsüberprüfung durch ein besonderes Verfahren. Soweit in einem Kaufvertrag auf ein Gütezeichen Bezug genommen wird, ist damit eine Gewährleistung, also eine entsprechende Eigenschaftszusicherung des Verkäufers verbunden.[1340] Bei externer Überprüfung kann ein Gütezeichen nach einer Zertifizierung verwendet werden.

Ein Prüfzeichen ist ein amtlich vorgeschriebenes Kennzeichen, z. B. für Kraftfahrzeugteile oder elektrische Geräte. Damit wird gezeigt, dass gesetzlichen Vorschriften für die Bauart eingehalten werden.[1341] Dabei gibt es gesetzlich vorgeschriebene Prüfzeichen, wie z. B. das CE- Kennzeichen, das ein Produkt tragen muss, bevor es vertrieben werden darf. Häufig sind solche Prüfzeichen eine Selbstbestätigung des Anbieters, dass das Produkt mit den gesetzlichen Anforderungen im Einklang steht. Nur unter bestimmten Umständen sind sie mit einer externen Überprüfung verbunden.[1342] Daneben gibt es private, freiwillige, zulässige Prüfzeichen, z. B. das GS-Zeichen für geprüfte Sicherheit. Hierbei erfolgt eine

---

1337 Vgl. *Spendenrat*, abrufbar unter: https://www.spendenrat.de/spendenzertifikat/ (aufgerufen am 6.9.2021).

1338 Vgl. *Brockhaus online*, Gütezeichen, abrufbar unter: https://brockhaus.de/ecs/enzy/article/gutezeichen (aufgerufen am 6.9.2021).

1339 *Gabler Wirtschaftslexikon*, Gütezeichen, abrufbar unter https://wirtschaftslexikon.gabler.de/definition/guetezeichen-36775 (aufgerufen am 6.9.2021).

1340 *Fuchs*, in *Creifelds*, Rechtswörterbuch, Gütezeichen, 26. Edition 2021.

1341 *Duden online*, Prüfzeichen, abrufbar unter: https://www.duden.de/rechtschreibung/Pruefzeichen; *Brockhaus online*, Prüfzeichen, abrufbar unter: https://brockhaus.de/search/?t=enzy&q=Prüfzeichen (alle aufgerufen am 6.9.2021).

1342 Vgl. *Europäische Union*, CE-Kennzeichnung, abrufbar unter: https://europa.eu/youreurope/business/product-requirements/labels-markings/ce-marking/index_de.htm; *Bayerisches Staatsministerium für Umwelt und Verbraucherschutz*, Die Bedeutung von CE-Kennzeichnung und GS-Zeichen auf Produkten, Stand 21.4.2021, abrufbar unter. https://www.vis.bayern.de/produktsicherheit/technik_chemie_basis/pruefzeichen.htm; *Moritz*, Ist Richtlinienkonformität gleich Sicherheit?, in: Kommission Arbeitsschutz und Normung e.V., KAN Brief 4/07, 5, abrufbar unter: https://www.kan.de/fileadmin/Redaktion/Dokumente/KAN-Brief/de-en-fr/07-4.pdf;) alle aufgerufen am 6.9.2021).

Überprüfung der Einhaltung des Produktsicherheitsgesetzes durch eine unabhängige autorisierte Stelle.[1343]

Beide Arten von Prüfzeichen sollen demonstrieren, dass gesetzliche Sicherheitsanforderungen, Vorgaben oder technische Normen eingehalten werden.[1344]

Im juristischen Sprachgebrauch bestätigen Prüfzeichen regelmäßig die Erfüllung technischer Anforderungen, damit das Produkt in den Verkehr gebracht werden kann.[1345] Sie werden auch als Konformitätszeichen gesehen, welche die Herstellergarantie für die Einhaltung aller erforderlichen technischen Rechtsvorschriften demonstrieren.[1346] Bei externer Überprüfung kann ein Prüfzeichen nach einer Zertifizierung verwendet werden.

### *b. Funktion, Rechtsnatur und Rechtswirkung der Siegel*

Die verschiedenen Begriffe zur Kennzeichnung von Qualität oder Überprüfung lassen sich schon im allgemeinen Sprachgebrauch nicht klar voneinander abgrenzen.

Die Begriffe Prüfzeichen und Gütezeichen werden im juristischen Sprachgebrauch und vereinzelt in Gesetzen verwendet. Eine Legaldefinition eines Gütezeichens gibt es nur in § 34 Vergabeverordnung (VgV). Diese eignet sich aber nicht als allgemeine Definition eines Gütezeichens, da sie spezielle wettbewerbsrechtliche Anforderungen enthält. Lediglich an Teilen von § 34 Abs. 2 Nr. 2 und Nr. 5 VGV sind allgemein rechtlich Definitionen erkennbar: Die Anforderungen des Gütezeichens beruhen auf objektiv nachprüfbaren Kriterien und wurden von einem Dritten festgelegt.

Verschiedene Kennzeichenbegriffe werden teilweise in Gesetzen erwähnt, aber nicht legal definiert. Vielmehr scheint der Gesetzgeber die Begriffe vorauszusetzen.[1347] Z. B. in Anhang zu § 3 Absatz 3 UWG (Verwendung von Gütezeichen, Qualitätskennzeichen oder Ähnlichem ohne Genehmigung), § 24 Milch- und Fettgesetz[1348] und § 20 Abs. 5 GWB (Gütezeichengemeinschaften).

In der Rechtsprechung werden ebenfalls die unterschiedlichen Begriffe wie Güte- oder Prüfzeichen sowie Gütesiegel uneinheitlich verwendet, so dass sich aus

---

1343 Für das GS-Zeichen gem. §§ 20-23 ProdSG.

1344 Vgl. *Bayerisches Staatsministerium für Umwelt und Verbraucherschutz*, Die Bedeutung von CE-Kennzeichnung und GS-Zeichen auf Produkten, Stand 21.4.2021, abrufbar unter. https://www.vis.bayern.de/produktsicherheit/technik_chemie_basis/pruefzeichen.htm (aufgerufen am 6.9.2021).

1345 *Hakenberg*, in: *Creifelds*, Rechtswörterbuch, Prüfzeichen, 26. Edition 2021.

1346 *Hakenberg*, in: *Creifelds*, Rechtswörterbuch, Konformitätszeichen, 26. Edition 2021.

1347 So zum UWG *Weidert*, in: *Harte-Bavendamm/Hennig-Bodewig*, UWG, Anhang zu § 3 Abs. 3 Nr. 2 Rn. 7.

1348 Als Ermächtigungsnorm zum Erlass einer Rechtsverordnung zur Einführung von Gütezeichen, z. B. umgesetzt durch das Gütezeichen für Markenbutter nach § 13 ButterV.

der Verwendung eines bestimmten Begriffs weder die Rechtsnatur noch Rechtsfolgen ergeben.[1349]

Im wettbewerblichen Rechtsverkehr haben Siegel und Ähnliches eine signifikante Bedeutung.[1350] So stärken sie das Verbrauchervertrauen in die Qualität bestimmter Dienstleistungen und Produkte durch die Übertragung des Vertrauens in den neutral überprüfenden Dritten auf das von ihm geprüfte Produkt.[1351] Ohne weiteren Werbeaufwand macht alleine die Benutzung eines Siegels ein Produkt oder Unternehmen bekannter, weswegen der Aufwand für eine Zertifizierung oder externe Prüfung mit der Folge der Benutzung eines entsprechenden Siegels für viele Unternehmen ökonomisch ist.[1352] Dies animiert Wettbewerber ebenfalls zur externen Überprüfung und Siegelverwendung, was sich auch qualitätssteigernd im Markt auswirken kann.[1353] Das Siegel vermittelt dabei durch die auf ein Bild- und/oder Textzeichen komprimierte Form sowohl die Standards, etwa Qualitäts-, Güte- oder Sicherheitsstandards, als auch die externe neutrale Überprüfung und das dazugehörige Verfahren.[1354]

Rechtsnatur und Rechtsfolgen ergeben sich im Rechtsverkehr u.U. aus der konkreten Verwendung von Siegel, Label, Logo und Signet und Ähnlichem durch Spenden sammelnde Organisationen.

---

1349 Vgl. *Weidert*, in: *Harte-Bavendamm/Henning-Bodewig*, UWG, Anhang zu § 3 Abs. 3 Nr. 2. Rn. 6 f.

1350 Vgl. *Zentrale zur Bekämpfung unlauteren Wettbewerbs e.V.*, Unlauterer Wettbewerb mit Gütesiegeln, Preisen und getarnter Werbung, Pressemitteilung vom 4.5.2010, abrufbar unter: https://www.wettbewerbszentrale.de/de/_pressemitteilungen/?id=199 (aufgerufen am 6.9.2021); *Obergfell*, in: Fezer/Büscher/Obergfell, Lauterkeitsrecht: UWG, Bd. 2, Anhang (zu § 3 Abs. 3), Verwendung von Gütezeichen ohne Genehmigung (Nr. 2), Rn. 1; *Hemker*, Missbrauch von Gütezeichen, S. 35; *Dröge*, Die Gewährleistungsmarke und ihre Praxisrelevanz, GRUR 2017, 1198, 1198.

1351 Vgl. BT-Drs. 14/9200, A. 175; *Obergfell*, in: Fezer/Büscher/Obergfell, Lauterkeitsrecht: UWG, Bd. 2, Anhang (zu § 3 Abs. 3), Verwendung von Gütezeichen ohne Genehmigung (Nr. 2) Rn. 2.

1352 Vgl. *Wiebe*, Wettbewerbs- und zivilrechtliche Rahmenbedingungen der Vergabe und Verwendung von Gütezeichen, WRP 1993, 74, 78; *Obergfell*, in: Fezer/Büscher/Obergfell, Lauterkeitsrecht: UWG, Bd. 2, Anhang (zu § 3 Abs. 3), Verwendung von Gütezeichen ohne Genehmigung (Nr. 2), Rn. 3.

1353 Vgl. *Wiebe*, Wettbewerbs- und zivilrechtliche Rahmenbedingungen der Vergabe und Verwendung von Gütezeichen, WRP 1993, 74, 78 *Obergfell*, in: Fezer/Büscher/Obergfell, Lauterkeitsrecht: UWG, Bd. 2, Anhang (zu § 3 Abs. 3), Verwendung von Gütezeichen ohne Genehmigung (Nr. 2), Rn. 3.

1354 Vgl. *Obergfell*, in: Fezer/Büscher/Obergfell, Lauterkeitsrecht: UWG, Bd. 2, Anhang (zu § 3 Abs. 3), Verwendung von Gütezeichen ohne Genehmigung (Nr. 2), Rn. 4.

### c. *Garantie*

Ein Siegel kann zwar eine Garantie nach § 443 BGB sein, wenn eine Garantieerklärung i.S. von § 477 Abs. 1 BGB im Rahmen eines Vertragsabschlusses oder als selbständige Garantieerklärung abgegeben wurde. Dabei wäre alleine die Werbung mit einem Siegel im Zusammenhang mit einem Verkaufsangebot aber noch kein rechtsverbindliches Versprechen.[1355]

Da die Spenden sammelnden Organisationen mit dem Siegel nur für sich als Organisation, den Spendenzweck und Spenden als Schenkung werben und gerade keinen Kaufvertrag über eine Leistung mit dem Spender schließen wollen, kommen Siegel als Garantien i.S. von § 443 BGB nicht in Betracht.

## 7. *Siegel als Spendenwerbung - Gesetz gegen den unlauteren Wettbewerb (UWG) – Lauterkeitsrecht*

Nicht ganz unumstritten ist die Anwendbarkeit des Lauterkeitsrechts auf die Spendenwerbung sammelnder Organisationen.[1356]

Dass es einen Markt für Geld- oder Sachspenden gibt und auf diesem Spenden sammelnde gemeinnützige Organisationen im Wettbewerb um die Spender stehen, wird nur noch vereinzelt verneint.[1357] Dabei kommt es nicht auf die Gewinnerzielungsabsicht an, die in der Regel bei gemeinnützigen Organisationen gerade nicht vorliegen kann, oder auf die Rechtsform, sondern auf die tatsächliche Stellung und die Handlung im Wettbewerb.[1358]

Dreh- und Angelpunkt ist dabei, ob Spenden sammelnde Organisationen geschäftliche Handlung i.S. des UWG vornehmen können, die in § 2 Abs. 1 Nr. 1 UWG definiert werden. Diese Handlungen werden als unternehmensbezogenes Verhalten im Zusammenhang mit dem Absatz oder dem Bezug von Waren oder Dienstleistungen verstanden.[1359]

---

1355 Vgl. *BGH*, NJW 2011, 2653, 2655; *OLG Hamburg*, MMR 2010, 400, 401; *Pfeiffer*, in: NK-BGB, Verbrauchsgüterkauf-RL, Art. 6 Kauf-RL Rn. 6.

1356 Vgl. *Köhler*, Spendenwerbung und Wettbewerbsrecht, GRUR 2008, 281, 281; *Mankowski*, in: Fezer/Büscher/Obergfell: UWG, Bd. 2, § 7 Rn. 223a, jeweils mit weiteren Nachweisen.

1357 *LG Köln*, GRUR-RR 2008, 198, 199; *Peifer*, Schutz ethischer Werte im Europäischen Lauterkeitsrecht, in: Hilty/Henning-Bodewig, Lauterkeitsrecht und Aquis Communautaire, 125, 144; Bejahend: *Köhler*, in: Köhler/Bornkamm/Feddersen, UWG, § 2 Rn. 41; *Keller*, in: Harte-Bavendamm/Henning-Bodewig, UWG, § 2 Rn. 32; *Sosnitza*, in: Ohly/Sosnitza, UWG, § 2 Rn. 42; *Voigt*, Spendenwerbung – ein Fall für das Lauterkeitsrecht?, GRUR 2006, 466, 467 ff.

1358 *EuGH*, WRP 2013, 1454 Rn. 32; *BGH*, GRUR 1976, 379, 371; *Köhler*, in: Köhler/Bornkamm/Feddersen, UWG, § 2 Rn. 24.

1359 Vgl. *Keller*, in: Harte-Bavendamm/Henning-Bodewig, UWG, § 2 Rn. 27.

Das ist jedenfalls unstreitig bei gemeinnützigen Organisationen, die beispielsweise einen Pflegedienst oder ein Krankenhaus betreiben, mit dieser sozialunternehmerischen Tätigkeit geschäftliche Ziele verfolgen und im Wettbewerb um Dienstleistungen mit anderen Anbietern stehen, die diese Dienstleistung ebenfalls gegen Entgelt anbieten.[1360]

Schwierigkeiten bereitet die Einordnung der reinen Spendenwerbung als geschäftliche Handlung. Denn auch hier muss der Absatz oder der Bezug von Waren oder Dienstleistungen gefördert werden,[1361] die Spenden sammelnde Organisation muss also eine Dienstleistung erbringen. Wettbewerbsrechtlich liegt diese darin, dass durch die Zweckbestimmung des Spendenaufrufs letztlich eine Leistung zugesagt wird, unabhängig vom zivilrechtlichen Charakter der Spende als Schenkung bzw. Schenkung unter Auflage.[1362] Zugesagt wird die zweckentsprechende Verwendung der Spenden und ihre Zuwendung an den Begünstigten. Entweder wird das für einen bestimmten Zweck gesammelte Sammelvermögen unmittelbar an den Begünstigten ausgezahlt, oder Hilfsmaßnahmen für Katastrophenopfer, Sanierung eines Bauwerks o.ä. werden finanziert und so mittelbar zugewendet. Diese Maßnahmen könnten auch auf dem Markt von einem gewinnorientierten Unternehmen durchgeführt werden.[1363]

Weitere Voraussetzung ist, dass diese Dienstleistung gegen ein Entgelt i.S. des UWG geleistet wird. Hier besteht Einigkeit, dass bei professioneller Spendenwerbung und Spendeneinwerbung durch Dritte ein aus den Spenden der Spenden sammelnden Organisation finanziertes Entgelt an diese gezahlt wird. Die Organisation muss sich daher die Tätigkeit des Dritten wie eine eigene geschäftliche Handlung zurechnen lassen. Nach der wettbewerbsrechtlichen, eher wirtschaftlichen Betrachtungsweise erfolgt die Dienstleistung der Zuwendung des Sammelvermögens gegen das Entgelt, das für die Spendenwerbung zu zahlen ist.[1364]

Noch weiter geht die Ansicht, dass ein Entgelt nicht nur bei professioneller Spendenwerbung gezahlt wird. Ein Entgelt ist eine Gegenleistung. Der allgemeine

---

1360 *BGH*, GRUR 1976, 370, 371; *OLG Köln*, GRUR-RR 2013, 219, 221; *Köhler*, in: Köhler/Bornkamm/Feddersen, UWG, § 2 Rn. 24; *Keller*, in: Harte-Bavendamm/Henning-Bodewig, UWG, § 2 Rn. 27; 32; *Sosnitza,* in: Ohly/Sosnitza, UWG, § 2 Rn. 11.

1361 *OLG Karlsruhe*, GRUR-RR 2020, 429 Rn. 64; *Köhler*, in: Köhler/Bornkamm/Feddersen, UWG, § 2 Rn. 41.

1362 Vgl. *Voigt*, Spendenwerbung – ein Fall für das Lauterkeitsrecht?, GRUR 2006, 466, 469.

1363 Vgl. *Köhler*, Spendenwerbung und Wettbewerbsrecht, GRUR 2008, 281, 282 f.; *ders.*, in: Köhler/Bornkamm/Feddersen, UWG, § 2 Rn. 41.; *Keller*, in: Harte-Bavendamm/Henning-Bodewig, UWG, § 2 Rn. 32; *Voigt*, Spendenwerbung – ein Fall für das Lauterkeitsrecht?, GRUR 2006, 466, 469; a.A. *LG Köln*, GRUR-RR 2008, 198, 199.

1364 Vgl. ausführlich *Köhler*, Spendenwerbung und Wettbewerbsrecht, GRUR 2008, 281, 282 f.; auch *Bähr*, in MünchKomm Lauterkeitsrecht, UWG, Bd. 1, § 2 Rn. 78.

Aufwand der Spenden sammelnden Organisation wie Verwaltungskosten und Spendenwerbung wird aus den Spenden finanziert. Die Bezahlung von Mitarbeitern und Beratern durch Arbeitslohn, Honorare oder Provisionen ist als Gegenleistung für ihre Tätigkeit zu sehen.[1365]

Lediglich, wenn nur Ehrenamtliche für die Spenden sammelnde Organisation tätig sind, soll die Spendenwerbung hiernach keine geschäftliche Handlung sein, da nur ein Anspruch auf Aufwendungsersatz, aber nicht auf Vergütung – also kein Entgelt und damit keine Gegenleistung besteht.[1366] An dieser Stelle fallen auf jeden Fall die reinen ehrenamtlichen Spendensammlungen oder Spendensammelorganisationen, die i.d.R. keine juristische Person sind, und auch die rein ehrenamtlichen gemeinnützigen Organisationen aus dem Anwendungsbereich des Lauterkeitsrechts heraus.

Für die übrigen Organisationen, die Spendenwerbung betreiben, gilt aber, dass sie darüber hinaus unternehmensbezogen i.S. des UWG handeln müssen, d. h. dass sie dauerhaft Spendenwerbung betreiben und nicht nur gelegentlich.[1367] Hier wird auf den Satzungszweck der Spendenorganisation abgestellt. Ist der Zweck gemeinnützig und sollen Spenden zur Zweckverwirklichung regelhaft eingesetzt werden, handelt es sich also um eine Spenden sammelnde gemeinnützige Organisation, ist die Spendenwerbung unternehmensbezogen. Auf die Häufigkeit der Spendenwerbung kommt es dann nicht an.[1368] Ein mitgliedernütziger Verein, der nur gelegentlich Spenden für singuläre Projekte oder in großen Abständen sammelt, wird i.d.R. damit nicht dauerhaft und unternehmensbezogen tätig.[1369]

Folglich müssen Spenden sammelnde Organisationen, die nicht nur ehrenamtlich tätig sind, bei ihrer Spendenwerbung und Spendensammlungen die strengen Vorgaben des UWG beachten. Dies gilt zum einen für die direkte Spendenwerbung per Telefon, E-Mail oder Brief, damit diese nicht unzumutbar i.S. des UWG belästigen, aber auch für die allgemeine Spendenwerbung, die insbesondere nicht irreführend oder Druck ausübend nach §§ 4 bis 7 UWG sein darf.[1370] Die betroffenen Spender haben zwar keine eigenen Ansprüche gegenüber wettbewerbswidrig handelnden Spenden sammelnden Organisationen, sie können diese aber

---

1365 *Köhler*, Spendenwerbung und Wettbewerbsrecht, GRUR 2008, 281, 283; *ders.*, in: Köhler/Bornkamm/Feddersen, UWG, § 2 Rn. 41; *Keller*, in: Harte-Bavendamm/Henning-Bodewig, UWG, § 2 Rn. 32; a.A. *LG Köln*, GRUR-RR 2008, 198, 199; *Bähr*, in MünchKomm UWG, § 2 Rn. 77.

1366 *Köhler*, Spendenwerbung und Wettbewerbsrecht, GRUR 2008, 281, 283.

1367 *Köhler*, Spendenwerbung und Wettbewerbsrecht, GRUR 2008, 281, 283.

1368 Vgl. *Köhler*, Spendenwerbung und Wettbewerbsrecht, GRUR 2008, 281, 283.

1369 Vgl. *Köhler*, in: Köhler/Bornkamm/Feddersen, UWG, § 2 Rn. 41.

1370 Vgl. für die Stiftung auch *Seyfahrt*, Stiftungskommunikation – Rechtliche Grenzen der Spendenwerbung, StiftungsWelt 02-20012, 72, 72 f.; ausführlich *Köhler*, Spendenwerbung und Wettbewerbsrecht, GRUR 2008, 281, 284 ff.

Verbraucherverbänden wie der Verbraucherzentrale melden, die wiederum nach § 8 Abs. 3 Nr. 1 UWG Unterlassungs,- Beseitigungs- und Gewinnabschöpfungsansprüche geltend machen können. Auch andere Spenden sammelnde Organisationen, die Wettbewerber bzw. Mitbewerber um dieselben Spenden sind, könnten u.U. Unterlassungs- und Beseitigungsansprüche nach § 8 Abs. 3 Nr. 1 UWG und Schadenersatzansprüche nach § 9 UWG haben.[1371]

### *a. Siegel und Verhaltenskodizes als Spendenwerbung*

In Bezug auf Spenden sammelnde Organisationen, die Siegel verwenden oder auf Verhaltenskodizes hinweisen, kämen insbesondere unlautere geschäftliche Handlungen nach § 3 und § 5 UWG in Betracht.

Nach § 3 Abs. 3 UWG sind unlautere geschäftliche Handlungen gegenüber Verbrauchern, wie sie im Anhang zum UWG als Katalog aufgeführt sind, immer unzulässig und zwar ohne weitere Prüfung der Unlauterkeit oder der Frage, ob das Verbraucherhandeln beeinflusst werden kann.[1372] Mit dem Anhang zu § 3 UWG wurde im Rahmen der UWG- Novelle 2008 die sog. „schwarze Liste" der UGP-Richtlinie 2005/29/EG in deutsches Recht umgesetzt.[1373]

Solche unzulässigen geschäftlichen Handlungen liegen z. B. vor, wenn ein Unternehmen fälschlich angibt, Unterzeichner eines Verhaltenskodexes zu sein (Nr. 1 Anhang zu § 3 Abs. 3 UWG) oder ein Verhaltenskodex sei von einem Dritten gebilligt worden (Nr. 3 Anhang zu § 3 Abs. 3 UWG). Außerdem dürfen Gütezeichen, Qualitätskennzeichen oder Ähnliches nicht ungenehmigt benutzt (Nr. 2 Anhang zu § 3 Abs. 3 UWG) oder unwahre Angaben über die Billigung durch

---

1371 *Köhler*, Spendenwerbung und Wettbewerbsrecht, GRUR 2008, 281, 284 ff. Die Rolle der öffentlich-rechtlichen Kontrolle durch die Sammlungsgesetze als Gegenstück zur wettbewerbsrechtlichen Kontrolle durch das UWG ist durch die Abschaffung der Sammlungsgesetze in den meisten Bundesländern weiter zurückgegangen. Sammlungsrechtliche Genehmigungen und Sammelausweise haben eine Indizwirkung für die Zulässigkeit von Spendenwerbung in der Öffentlichkeit (§ 7 Abs. 1 UWG) und an der Haustür (§ 7 Abs. 1 UWG). Ein Rechtsbruch nach § 4 Nr. 11 UWG durch Verstoß gegen ein Sammlungsgesetz (z. B.: Sammlung ohne Erlaubnis oder trotz Verbots) ist nur möglich, wenn das jeweilige Sammlungsgesetz auch Spenden sammelnde Organisationen und Spender schützen will und diesbezügliche Regelungen enthält. Das wäre nunmehr nur noch in Rheinland-Pfalz, Saarland und Thüringen möglich und im Einzelfall zu prüfen.

1372 Vgl. *Köhler*, in: Köhler/Bornkamm/Feddersen, UWG, § 3 Rn. 4.2, 4.7; *Obergfell*, in: Fezer/Büscher/Obergfell, Lauterkeitsrecht: UWG, Bd. 2, Anhang (zu § 3 Abs. 3), Unwahre Angabe der Billigung eines Verhaltenskodexes (Nr. 3) Rn. 4.

1373 *Köhler*, in: Köhler/Bornkamm/Feddersen, UWG, § 3 Rn. 4.1; *Henning-Bodewig*, in: Harte-Bavendamm/Henning-Bodewig, UWG, Anhang zu § 3 Abs. 3 UWG Vorbemerkung Rn. 1 f.

dritte Stellen bei unechten Gütezeichen (Nr. 4 Anhang zu § 3 Abs. 3 UWG) gemacht werden. Diese Spezialregelungen sollen das Vertrauen der durchschnittlichen Verbraucher in den externen objektiven Prüfmechanismus eines verwendeten Verhaltenskodexes bzw. Gütezeichens besonders schützen.[1374]

Voraussetzung ist auch hier wieder eine geschäftliche Handlung.[1375] Auf das Ergebnis der Handlung oder einen tatsächlichen Schaden kommt es nicht an, da alleine das Tun oder Unterlassen als unlauter bewertet wird.[1376] Für die geschäftliche Handlung einer Spenden sammelnden Organisation ist auf die Definition in § 2 Abs. 1 Nr. 1 UWG und das dazu oben Gesagte zurückzugreifen: Es kommt also darauf an, ob die Verwendung von Siegeln oder der Hinweis auf Verhaltenskodizes einer Spenden sammelnden Organisation als Spendenwerbung zu qualifizieren ist. Dies wird bei Verwendung eines Siegels oder bei dem Hinweis auf einen Verhaltenskodex in einem Spendenaufruf der Fall sein. Die Verwendung ist hier ein Element der Spendenwerbung, die den Spender überzeugen soll, gerade auf diesen Aufruf hin für diese ausgezeichnete Organisation zu spenden.

Erfolgen die Hinweise auf einen Verhaltenskodex und die Verwendung von Siegeln nicht in direktem Zusammenhang mit einem Spendenaufruf, sondern werden allgemein z. B. auf einer Internetseite der Spenden sammelnden Organisation abgebildet oder dargestellt, wird nicht konkret eine Spendensammlung damit beworben. Hierbei handelt es sich vielmehr um eine Imagewerbung. Bei einer Imagewerbung ist keine konkrete lauterkeitsrechtliche Gegenleistung in Aussicht gestellt, hier wird nicht eine Dienstleistung oder eine Spendenaktion, sondern die Organisation als solche beworben.[1377]

Imagewerbung im Zweiten Sektor ist jedoch Werbung, da hiervon jede geschäftliche Äußerung erfasst wird, die den Absatz von Waren oder die Erbringung von Dienstleitungen fördern soll. Die Imagewerbung ist indirekte Werbung für die Produkte oder Dienstleistungen eines Unternehmens.[1378] Ein Absatzförderungsziel wird angenommen, wenn die Imagewerbung objektiv darauf ausgerichtet ist, den Verbraucher bei seiner geschäftlichen Entscheidung zu beeinflussen.[1379]

Natürlich sind im Einzelfall von Imagewerbung Spenden sammelnder Organisationen die jeweiligen Kodizes zu überprüfen. Generell richten sich die hier

---

1374 Vgl. *Obergfell*, in: Fezer/Büscher/Obergfell, Lauterkeitsrecht: UWG, Bd. 2, Anhang (zu § 3 Abs. 3), Verwendung von Gütezeichen ohne Genehmigung (Nr. 2) Rn. 6; *Alexander*, in: MünchKomm Lauterkeitsrecht, UWG, Bd. 1, nach § 3 Abs. 3 Nr. 2 Rn. 4, 6.

1375 *Köhler*, in: Köhler/Bornkamm/Feddersen, UWG, § 3 Rn. 4.5.

1376 *Podszun*, in: Harte-Bavendamm/Henning-Bodewig, UWG, § 3 Rn. 60.

1377 Vgl. *Keller*, in: Harte-Bavendamm/Henning-Bodewig, UWG, § 2 Rn. 27.

1378 Vgl. *LG Berlin*, WRP 2012, 237, 239 Rn. 16; *Köhler*, in: Köhler/Bornkamm/Feddersen, UWG, § 2 Rn. 50; § 7 Rn. 129.

1379 Vgl. BT-Drs. 16/10145, S. 21; *Sosnitza*, in: Ohly/Sosnitza, UWG, § 2 Rn. 43.

untersuchten Kodizes speziell und ausdrücklich an Spender oder die Zielgruppe der Mittelgeber wie Spender, Stifter, Zustifter, die Öffentlichkeit und die öffentliche Hand. Sie sollen zudem transparent Auskunft über Strukturen, Sammlungen und Mittelverwendung geben. Damit sind sie objektiv geeignet, den Spender in seiner Entscheidung, an welche Organisation er spendet, zu beeinflussen. Andere vorrangige Ziele sind bei Spenden sammelnden Organisationen bei derartiger Ansprache und Auskunft nicht zu erkennen.

Ähnliches gilt allgemein für die Verwendung von Siegeln, auch wenn die verschiedenen Siegel im Einzelnen zu untersuchen wären. Sind die Siegel nicht direkt mit einem Spendenaufruf verbunden, sondern auf der Internetseite unter Transparenz oder anderen Kategorien abgebildet, handelt es sich um Imagewerbung, mit der nicht direkt eine Spendensammlung oder ein Projekt beworben wird. Wer ein Siegel so verwendet, will gerade mit einem Qualitätsmerkmal für die Spenden sammelnde Organisation als solche werben. Je nach Wort- oder Bildwahl wird die Transparenz der Organisation, wie bei dem Logo der ITZ, oder die Effizienz bei der Spendenverwendung, wie bei dem „Wirkt"- Siegel von Phineo oder dem Spenden-Siegel des DZI, in den Vordergrund gestellt. Diese Bewerbung der Organisation ist auch objektiv geeignet, den Verbraucher dahingehend zu beeinflussen, für genau diese Organisationen zu spenden.

Es schadet auch nicht, dass die Einnahme von Spenden oder Zuwendungen keine Absatzförderung der Dienstleistung der zweckentsprechenden Verwendung von Spenden ist, sondern eine Förderung der Nachfrage. Der Werbungsbegriff ist weit zu verstehen und umfasst nicht nur das Ziel der Förderung des Absatzes, sondern auch der Nachfrage.[1380] Insbesondere ist die Förderung der Nachfrage zugleich mittelbar eine Förderung des Absatzes,[1381] denn wenn mehr Spenden eingenommen werden, können auch ein größeres Sammelvermögen oder mehr Spenden zweckentsprechend verwendet werden.

Zusätzlich werden Verhaltenskodizes und Siegel üblicherweise dauerhaft bei der Spendenwerbung direkt oder indirekt über die allgemeinen Angaben über die Spenden sammelnden Organisationen erwähnt bzw. abgebildet. Damit handelt es sich in der Regel bei Hinweisen auf Verhaltenskodizes und der Verwendung von Siegeln durch Spenden sammelnde Organisationen um unternehmensbezogene geschäftliche Handlungen i.S. von § 2 Abs. 1 Nr. 1 UWG.

Weiterhin ist Voraussetzung, dass sich die Werbung mit Verhaltenskodizes und Siegeln von Spenden sammelnden Organisationen an Verbraucher i.S. des UWG richtet oder diese erreicht. § 2 Abs. 2 UWG verweist diesbezüglich auf § 13 BGB. Danach handelt es sich bei einem Verbraucher um eine „natürliche Person, die ein

1380 *BGH*, GRUR 2008, 923, Rn. 11 ff.; *Köhler*, in: Köhler/Bornkamm/Feddersen, UWG, § 7 Rn. 129a, § 2 Rn. 15.

1381 *Köhler*, in: Köhler/Bornkamm/Feddersen, UWG, § 7 Rn. 129a; *Keller*, in: Harte-Bavendamm/Henning-Bodewig, UWG, § 2 Rn. 27.

Rechtsgeschäft zu Zwecken abschließt, die überwiegend weder ihrer gewerblichen noch ihrer selbstständigen beruflichen Tätigkeit zugerechnet werden können".[1382] Ein Spender als natürliche Person, der eine Schenkung oder eine Schenkung unter Auflage an eine Spenden sammelnde Organisation vornimmt, schließt damit ein privates Rechtsgeschäft ab und ist daher Verbraucher.

Praktische Auswirkungen hat die Einengung auf die natürlichen Personen als Spender und Verbraucher nicht. Nach § 3 Abs. 3 UWG sind unlautere geschäftliche Handlungen aus dem Katalog gegenüber Verbrauchern stets unzulässig, was bedeutet, dass nicht geprüft werden muss, ob die geschäftliche Handlung der Spenden sammelnden Organisation den Spender als Verbraucher tatsächlich in seiner Spendenentscheidung beeinflusst hat.[1383]

Die unzulässige Handlung ist damit auch gegenüber anderen Marktteilnehmern nicht zulässig, sondern ihre Interessen sind indirekt auch über diese Norm geschützt.[1384] Sollte sich die Spendenwerbung im Einzelfall tatsächlich nur an ausgewählte Spendergruppen richten, die keine natürlichen Personen sind, wäre der Maßstab § 3 Abs. 1 UWG. Diese Norm gilt für geschäftliche Handlungen, die nicht an Verbraucher gerichtet sind, oder diese nicht erreichen.[1385] Hier wäre dann gesondert zu prüfen, ob die Spendenwerbung geschäftlich relevant für die Spendenentscheidung ist.

Der Hinweis auf die Verpflichtung zur Selbstverpflichtung von Verhaltenskodizes und die Verwendung von Siegeln von Spenden sammelnden Organisationen ist also als geschäftliche Handlung gegenüber den Spendern als Verbrauchern und als Spendenwerbung zu sehen, wenn dies nicht nur bei Spendenaufrufen vorkommt, sondern auch bei anderen Angaben zur Organisation. Dann ist von einer Anwendbarkeit der § 3 und § 5 UWG auszugehen.

### *b. Anwendbarkeit von §§ 3 und 5 UWG bei Spendenwerbung mit Siegeln und Verhaltenskodizes durch Spenden sammelnde Organisationen*

Im Zusammenhang mit Siegeln und Verhaltenskodizes können hierbei mehrere Tatbestände des Anhangs zu § 3 Abs. 3 UWG und des § 5 UWG einschlägig sein.

#### *aa. Verhaltenskodizes*

Bei Nr. 1 und Nr. 3 des Anhangs zu § 3 Abs. 3 und § 5 Abs. 1 S. 2 Nr. 6 UWG handelt es sich um irreführende Geschäftshandlungen im Zusammenhang mit Verhaltenskodizes.

---

1382 Vgl. *Podszun*, in: Harte-Bavendamm/Henning-Bodewig, UWG, Anhang zu § 3 Abs. 3 Nr. 2, Rn. 5; *Köhler*, in: Köhler/Bornkamm/Feddersen, UWG, § 2 Rn. 143.

1383 Vgl. *Köhler*, in: Köhler/Bornkamm/Feddersen, UWG, § 3 Rn. 4.2

1384 Vgl. *Podszun*, in: Harte-Bavendamm/Henning-Bodewig, UWG, § 3 Rn. 117.

1385 Vgl. *Podszun*, in: Harte-Bavendamm/Henning-Bodewig, UWG, § 3 Rn. 116.

Zusätzliches Tatbestandsmerkmal ist in allen Fällen das Vorliegen eines Verhaltenskodexes gem. der Definition des § 2 Abs. 1 Nr. 5 UWG, der richtlinienkonform entsprechend Art. 6 Abs. 2 lit. b UGP-Richtlinie auszulegen ist.[1386] Danach handelt es sich um „Vereinbarungen oder Vorschriften über das Verhalten von Unternehmern, zu welchem diese sich in Bezug auf Wirtschaftszweige oder einzelne geschäftliche Handlungen verpflichtet haben, ohne dass sich solche Verpflichtungen aus Gesetzes- oder Verwaltungsvorschriften ergeben."

Die Verhaltenskodizes im dritten Sektor sind freiwillig und basieren nicht auf gesetzlicher Verpflichtung. Ein einheitlicher Verhaltenskodex Spenden sammelnder Organisationen existiert nicht, stattdessen gibt es eine Vielzahl. Wenn eine solche Verpflichtung auf die Einhaltung eines bestimmten Kodexes von mehreren Marktteilnehmern erfolgt, regelt sie das Verhalten zwischen ihnen, weil sich diese Teilnehmer auf das gleiche lautere Verhalten verpflichtet haben.[1387] Soweit sich also verschiedene Spenden sammelnde Organisationen zur Einhaltung eines bestimmten Verhaltenskodexes verpflichtet haben, wie beispielsweise die Mitglieder des Deutschen Fundraising Verbands oder des Deutschen Spendenrates, und dieser Kodex sich (auch)[1388] mit Spendenwerbung und/oder Verhalten gegenüber Spendern befasst, liegt ein solcher Verhaltenskodex vor. Dies dürfte auch gelten, wenn ein solcher Kodex Spenden sammelnder Organisationen keine Regelungen zur Spendenwerbung oder Verhalten gegenüber Spendern bzw. zu Spendensammlungen, aber Regelungen zur Verwaltung und Verwendung von Spenden beinhaltet und auch Spender durch den Kodex angesprochen werden sollen. Durch die einheitliche Regelung zur Offenlegung oder zur Verwaltung und Verwendung von Spenden soll gerade ein diesbezügliches Verhalten unter den Verpflichteten als Standard geregelt werden, das zugleich gegenüber den potentiellen Spendern für transparenten und wirksamen Umgang mit Spenden wirbt.

Nach dem oben Gesagten und mit den dort dargestellten Einschränkungen ist die Spendenwerbung mit einem Kodex eine geschäftliche unternehmerische Handlung im Sinne des UWG. Ein solcher Kodex ist eine Vereinbarung über das Verhalten von Spenden sammelnden Organisationen, zu welchem sich diese auch

---

1386 Vgl. *Dreyer*, in: Harte-Bavendamm/Henning-Bodewig, UWG, H. § 5 Abs. 1 S. 2 Nr. 6 (Die Einhaltung eines Verhaltenskodex) Rn. 1 ff.; *Obergfell*, in: Fezer/Büscher/Obergfell, Lauterkeitsrecht: UWG, Bd. 2, Anhang (zu § 3 Abs.), Unwahre Angabe der Billigung eines Verhaltenskodexes (Nr. 3) Rn. 12; *Bähr*, in: MünchKomm Lauterkeitsrecht, UWG, Bd. 1, § 2 Rn. 287 ff.

1387 *Obergfell*, in: Fezer/Büscher/Obergfell, Lauterkeitsrecht: UWG, Bd. 2, Anhang (zu § 3 Abs. 3), Unwahre Angabe der Billigung eines Verhaltenskodexes (Nr. 3) Rn. 12.

1388 Vgl. *Birk*, in: Fezer/Büscher/Obergfell, Lauterkeitsrecht: UWG, Bd. 1, Corporate Social Responsibility im Lauterkeitsrecht (S 17), Rn. 131: der Verhaltenskodex muss insgesamt oder zumindest in Teilen sog. Marktverhalten regeln.

in Bezug auf Spendenwerbung, Spendensammlung und/oder Spendenverwaltung freiwillig verpflichtet haben.

Ähnliche Selbstverpflichtungen sind sozial, ethisch oder ökologische Verhaltensregeln von Unternehmen im Sinne einer Corporate Social Responsibility, die auch als Verhaltenskodizes im Sinne des UWG eingeordnet werden können, soweit sie nicht nur unternehmensinternen Verpflichtungscharakter haben.[1389] Unternehmensinterne Selbstverpflichtungen, wie z. B. Compliance Regeln, die nur für die Spenden sammelnde Organisation selbst gelten, sind kein Verhaltenskodex im Sinne des UWG.[1390]

§ 3 Abs. 3 Anhang Nr. 1 UWG beinhaltet die unwahre Behauptung einer Organisation, sie habe sich oder sie sei zur Einhaltung eines Verhaltenskodexes verpflichtet.[1391] Der Verbraucher oder Spender geht daher davon aus, dass die Spenden sammelnde Organisation tatsächlich an den Verhaltenskodex gebunden ist und er versteht dies im Sinne eines Gütezeichens.[1392]

§ 3 Abs. 3 Anhang Nr. 3 UWG wiederum betrifft die unwahre Behauptung, eine dritte Stelle habe den Verhaltenskodex gebilligt. Es geht hier um die objektiv unrichtige Information.[1393] Es kommt nicht darauf an, ob für diesen Verhaltenskodex überhaupt ein Billigungsverfahren bzw. ein Zertifizierungsverfahren besteht oder die behauptete dritte Stelle zuständig wäre. Der Verbraucher versteht es alleine durch die Behauptung der Billigung durch eine dritte Stelle so.[1394] Die

1389 *Obergfell*, in: Fezer/Büscher/Obergfell, Lauterkeitsrecht: UWG, Bd. 2, Anhang (zu § 3 Abs. 3), Unwahre Angabe der Billigung eines Verhaltenskodexes (Nr. 3) Rn. 12.

1390 Vgl. *Obergfell*, in: Fezer/Büscher/Obergfell, Lauterkeitsrecht: UWG, Bd. 2, Anhang (zu § 3 Abs. 3), Unwahre Angabe der Billigung eines Verhaltenskodexes (Nr. 3) Rn. 12; *Keller*, in: Harte-Bavendamm/Henning-Bodewig, UWG, § 2 Rn. 168; *Birk*, in: Fezer/Büscher/Obergfell, Lauterkeitsrecht: UWG, Bd. 1, Corporate Social Responsibility im Lauterkeitsrecht (S 17), Rn. 120.

1391 Vgl. *Dreyer*, in: Harte-Bavendamm/Henning-Bodewig, UWG, Anhang zu § 3 Abs. 3 Nr. 1 Rn. 12; *Köhler*, in: Köhler/Bornkamm/Feddersen, UWG, Anhang zu § 3 III, Rn. 1.9.

1392 Vgl. *Dreyer*, in: Harte-Bavendamm/Henning-Bodewig, UWG, Anhang zu § 3 Abs. 3 Nr. 1 Rn. 12.

1393 Vgl. *Dreyer*, in: Harte-Bavendamm/Henning-Bodewig, UWG, Anhang zu § 3 Abs. 3 Nr. 3 Rn. 9.

1394 Vgl. *Dreyer*, Wird das Wettbewerbsrecht zum Motor für die Durchsetzung vertraglicher Verpflichtungen?, WRP 2007, 1294, 1300; *Büllesbach*, Auslegung der irreführenden Geschäftspraktiken des Anhangs I der Richtlinie 2005/29 EG über unlautere Geschäftspraktiken, S. 51 f.; *Dreyer*, in: Harte-Bavendamm/Henning-Bodewig, UWG, Anhang zu § 3 Abs. 3 Nr. 3 Rn. 10.

Billigung durch eine dritte Stelle erweckt gerade den Anschein besonderer Qualität oder Ausgewogenheit des Kodexes.[1395]

Bösgläubigkeit, Täuschungserfordernis oder Kenntnis des Unternehmens von der Unwahrheit im Sinne eines subjektiven Elementes muss nicht vorliegen.[1396]

Beide Regelungen sind nicht abschließend. Sie können nebeneinander oder unabhängig voneinander, auch neben und unabhängig von § 5 Abs. 2 Nr. 6 UWG anwendbar sein.[1397] Wahre Angaben über die Billigung eines Verhaltenskodex durch dritte Stellen, die den Verbraucher täuschen können, verstoßen nicht gegen § 3 Abs. 3 Anhang Nr. 3 sondern u.U. gegen § 5 Abs. 1 S. 2 Nr. 6 UWG.[1398] Auch andere Angaben über den Inhalt von Verhaltenskodizes oder über Kodizes, die keine Verhaltenskodizes im Sinne des UWG sind,[1399] können möglicherweise nach § 5 Abs. 1 S. 2 UWG irreführend sein.[1400]

Insgesamt ist das Irreführungsverbot in § 5 UWG kein per se Verbot wie § 3 Abs. 3 UWG. Ein Verstoß gegen eine Verpflichtung aus einem Verhaltenskodex, eine unwahre oder täuschende Angabe über den Verhaltenskodex ist nicht automatisch unlauter.[1401] § 5 UWG fordert hier zusätzlich eine Relevanz einer solchen Angabe, welche nämlich geeignet sein muss, den Verbraucher oder Marktteilnehmer im Hinblick auf seine geschäftliche Entscheidung zu beeinflussen.[1402]

Bei § 5 Abs. 1 S. 2 Nr. 6 UWG geht es um die Unlauterkeit der Nichteinhaltung eines verbindlichen Verhaltenskodexes. Der Verhaltenskodex muss konkret und verpflichtend ein bestimmtes Verhalten regeln und subsumierbar sein. Eine reine Absichtserklärung und allgemeine Prinzipien, die individuell und unterschiedlich

---

1395 Vgl. *Dreyer*, in: Harte-Bavendamm/Henning-Bodewig, UWG, Bd. 2, Anhang (zu § 3 Abs. 3), Unwahre Angabe der Billigung eines Verhaltenskodexes (Nr. 3) Rn. 10.

1396 *Dreyer*, in: Harte-Bavendamm/Henning-Bodewig, UWG, Anhang zu § 3 Abs. 3 Nr. 1, Rn. 12; Anhang zu § 3 Abs. 3 Nr. 3, Rn. 9, 11.

1397 Vgl. *Dreyer*, in: Harte-Bavendamm/Henning-Bodewig, UWG, Anhang zu § 3 Abs. 3 Nr. 1, Rn. 5; Anhang zu § 3 Abs. 3 Nr. 3 Rn. 4; *Obergfell*, in: Fezer/Büscher/Obergfell, Lauterkeitsrecht: UWG, Bd. 2, Anhang (zu § 3 Abs. 3), Unwahre Angabe der Billigung eines Verhaltenskodexes (Nr. 3), Rn. 7 ff.

1398 *Dreyer*, in: Harte-Bavendamm/Henning-Bodewig, UWG, Anhang zu § 3 Abs. 3 Nr. 3 Rn. 9; H. § 5 Abs. 1 S. 2 Nr. 6, Rn. 2.

1399 Vgl. *Birk*, in: Fezer/Büscher/Obergfell, Lauterkeitsrecht: UWG, Bd. 1, Corporate Social Responsibility im Lauterkeitsrecht (S 17), Rn. 133 ff.

1400 *Dreyer*, in: Harte-Bavendamm/Henning-Bodewig, UWG, Anhang zu § 3 Abs. 3 Nr. 1, Rn. 5.

1401 *BGH*, GRUR 2006, 953, 954; GRUR 2011, 431, 432; *Dreyer*, in: Harte-Bavendamm/Henning-Bodewig, UWG, H. § 5 Abs. 1 S. 2 Nr. 6, Rn. 1.

1402 *EuGH*, GRUR 2014, 196 Rn. 36; vgl. *Dreyer*, in: Harte-Bavendamm/Henning-Bodewig, UWG, B. § 5 Abs. 1 Rn. 199 ff; *Peifer/Obergfell*, in: Fezer/Büscher/Obergfell, Lauterkeitsrecht: UWG, Bd. 2, § 5 Rn. 416.

umgesetzt werden können, sind unverbindlich.[1403] Die Verbindlichkeit von Verhaltenskodizes Spenden sammelnder Organisationen muss im Einzelfall untersucht werden. Beispielsweise ist die Selbstverpflichtung der ITZ eine Verpflichtung, bestimmte Informationen zu veröffentlichen. Bezüglich der Mittelherkunft und Mittelverwendung, also der Spenden, müssen konkrete Vorgaben hinsichtlich der Darlegung als Teil der jährlichen Vermögensverwaltung gemacht werden. Hier bedeutet die Selbstverpflichtung eine verbindliche Regelung nicht nur zur Veröffentlichungspflicht, sondern auch zur Darlegung.

Zudem muss die Selbstverpflichtung auf den Verhaltenskodex der Spenden sammelnden Organisation tatsächlich bestehen und sie muss veröffentlicht werden.[1404] Diese Voraussetzungen werden i.d.R. erfüllt sein, wenn die Spenden sammelnde Organisation aus einem verbindlichen Verhaltenskodex verpflichtet[1405] ist und bei der Spendenwerbung, auf der Internetseite oder in Informationsschriften darauf hinweist.

Abweichend von der Definition in § 2 UWG kann in § 5 UWG auch über einen Verhaltenskodex irregeführt werden, der nicht zwischen Markteilnehmern vereinbart und nur unternehmensintern ist, wenn damit geworben bzw. darauf hingewiesen wird.[1406] Der Verbraucher soll auf die Einhaltung eines Verhaltenskodexes vertrauen dürfen, wenn der Unternehmer auf diesen hingewiesen hat. Irrt der Verbraucher über die Einhaltung des Kodexes, ist das nur eine Irreführung im Sinne des § 5 Abs. 1 S. 2 Nr. 6 UWG, wenn der Irrtum geeignet ist, die geschäftliche Handlung der angesprochenen Verkehrskreise zu beeinflussen. Dabei kommt es auf das Verständnis eines durchschnittlich oder angemessenen aufmerksamen, verständigen und informierten Mitglieds dieser angesprochenen Verkehrskreise an.[1407]

Bei den Verhaltenskodizes von Spenden sammelnden Organisationen sind die angesprochenen Verkehrskreise die jeweiligen Interessengruppen, die durch den Verhaltenskodex und/oder den Hinweis darauf besonders angesprochen werden, also auch die Spender, (Zu-) Stifter, öffentliche Geldgeber und die allgemeine Öffentlichkeit. Enger ist beispielsweise der angesprochene Verkehrskreis des

1403 Vgl. *Birk*, in: Fezer/Büscher/Obergfell, Lauterkeitsrecht: UWG, Bd. 1, Corporate Social Responsibility im Lauterkeitsrecht (S 17), Rn. 122; *Dreyer*, Harte-Bavendamm/Henning-Bodewig, UWG, B. § 5 Abs. 1 Rn. 4.

1404 *Dreyer*, in: Harte-Bavendamm/Henning-Bodewig, UWG, H. § 5 Abs. 1 S. 2 Nr. 6, Rn. 4 ff.

1405 Im Hinblick auf die Verpflichtung kann diese durch Kodifizierung, Unterzeichnung, Beitritt, geschehen: *Birk*, in: Fezer/Büscher/Obergfell, Lauterkeitsrecht: UWG, Bd. 1, Corporate Social Responsibility im Lauterkeitsrecht (S 17), Rn. 122.

1406 Vgl. *Peifer/Obergfell*, in: Fezer/Büscher/Obergfell, Lauterkeitsrecht: UWG, Bd. 2, § 5 Rn. 419.

1407 *Dreyer*, in: Harte-Bavendamm/Henning-Bodewig, UWG, H. § 5 Abs. 1 S. 2 Nr. 6, Rn. 8.

Deutschen Fundraising Verbands, der mit der „Charta der Spenderrechte" speziell nur Spender anspricht.

Eine relevante Irreführung soll bei Nichteinhaltung eines Verhaltenskodexes gegenüber Verbrauchern auf jeden Fall vorliegen, wenn der ausgestellte oder beworbene Verhaltenskodex durch seine Regelungen besonders Produktqualität oder -güte gewährleistet. Das gilt auch, wenn bestimmte Personengruppen durch den Kodex geschützt werden sollen. Die konkrete Werbung mit dem Verhaltenskodex bzw. seine Darstellungsweise gibt dabei Aufschluss über die Verbrauchererwartung.[1408] Ein Hinweis einer Spenden sammelnden Organisation auf die Einhaltung eines Verhaltenskodexes gegenüber den Spendern und potentiellen Spendern als Verbrauchern soll im Sinne einer Imagewerbung den ethischen, effizienten oder ähnlich qualitativ hochwertigen Umgang der Organisation mit Spendern und Spenden nach vorgegebenen Regeln herausstellen. Damit wird das Produkt der Spenden sammelnden Organisation, die Spendensammlung und Spendenverwendung mit besonderer Güte und Qualität versehen. Insofern wird die Nichteinhaltung von Verpflichtungen aus den Kodizes Spenden sammelnder Organisationen i.d.R. irreführend nach § 5 Abs. 1 S. 2 Nr. 6 UWG sein, wenn auf die Verhaltenskodizes hingewiesen wird.

### *bb. Siegel*

§ 3 Abs. 3 Anhang Nr. 2 UWG enthält ein „per se Verbot", wonach die nicht autorisierte Benutzung eines Gütezeichens, eines Qualitätskennzeichens oder Ähnlichem als geschäftliche Handlung gegenüber Verbrauchern unlauter ist. Die Benutzung ist nicht autorisiert, wenn sie nicht genehmigt wurde, die Genehmigung zurückgenommen wurde oder eine Befristung abgelaufen ist.[1409] Dies würde zum Beispiel die Benutzung des Spenden-Siegels ohne Prüfung der Voraussetzungen und Genehmigung durch das DZI betreffen.

Der Wortlaut der UGP-Richtlinie und des UWG unterscheiden inhaltlich nicht zwischen den Begriffen Gütezeichen und Qualitätskennzeichen, die entsprechend austauschbar sind und auch wechselnd verwendet werden, ohne dass damit etwas anderes gemeint ist.[1410] Für die Anwendbarkeit des § 3 Abs. 3 Anhang Nr. 2 UWG

---

1408 *Dreyer*, in: Harte-Bavendamm/Henning-Bodewig, UWG, H. § 5 Abs. 1 S. 2 Nr. 6, Rn. 8.

1409 *Obergfell*, in: Fezer/Büscher/Obergfell, Lauterkeitsrecht: UWG, Bd. 2, Anhang (zu § 3 Abs. 3), Verwendung von Gütezeichen ohne Genehmigung (Nr. 2), Rn. 45; *Weidert*, in: Harte-Bavendamm/Henning-Bodewig, UWG, Anhang zu § 3 Abs. 3 Nr. 2, Rn. 15.

1410 Vgl. *Obergfell*, in: Fezer/Büscher/Obergfell, Lauterkeitsrecht: UWG, Bd. 2, Anhang (zu § 3 Abs. 3), Verwendung von Gütezeichen ohne Genehmigung (Nr. 2), Rn. 17, 19; *Weidert*, in: Harte-Bavendamm/Henning-Bodewig, UWG, Anhang zu § 3 Abs. 3 Nr. 2, Rn. 6; *Alexander*, in: MünchKomm Lauterkeitsrecht, Bd. 1, UWG nach § 3 Abs. 3 Nr. 2 Rn. 18.

spielt eine Unterscheidung oder Abgrenzung der Begriffe[1411] keine Rolle. Ein Kennzeichen i.S. von Nr. 2 ist jedes Zeichen, das Produkt- oder Unternehmenseigenschaften wie auch z. B. Qualitätsmanagement oder die Einhaltung von Umwelt- oder Sozialstandards verdeutlicht und als Ergebnis einer objektiven Zertifizierung durch einen neutralen Dritten genutzt werden darf.[1412]

Neutraler Dritter ist jede private oder öffentliche Stelle, die aufgrund gesetzlicher, behördlicher oder privatrechtlicher Grundlage selbst oder durch einen in ihrem Auftrag handelnden Dritten[1413] prüft.[1414] Auch Interessenverbände können solche prüfenden Stellen und neutrale Dritte sein, wenn diese sich Sanktionen vorbehalten.[1415] Die Genehmigung zur Siegelnutzung nach Abgabe der Selbstverpflichtungserklärung und ggf. Zahlung einer Gebühr genügt dabei nicht, da es hier an einer Überprüfung mangelt. Gleiches gilt für die reine Selbstüberprüfung.[1416]

---

1411 Zwar ließen sich noch „ähnliche Zeichen" von Güte- oder Qualitätszeichen unterscheiden, weil sie symbolhaft andere Eigenschaften als Qualität und Güte eines Produktes oder eines Unternehmens herausstellen. Allerdings wären auch diese Eigenschaften als mittelbare Qualitätsaussagen, die mittelbar den Wert steigern und damit auch mittelbar den Absatz fördern, erfasst (*Obergfell*, in: Fezer/Büscher/Obergfell, Lauterkeitsrecht: UWG, Bd. 2, Anhang (zu § 3 Abs. 3), Verwendung von Gütezeichen ohne Genehmigung (Nr. 2), Rn. 19; ähnlich *Büllesbach*, Auslegung der irreführenden Geschäftspraktiken des Anhangs I der Richtlinie 2005/29 EG über unlautere Geschäftspraktiken, 2008, S. 48 f.

1412 Vgl. *OLG Celle*, GRUR 1985, 547, 548; *Obergfell*, in: Fezer/Büscher/Obergfell, Lauterkeitsrecht: UWG, Bd. 2, Anhang (zu § 3 Abs. 3), Verwendung von Gütezeichen ohne Genehmigung (Nr. 2), Rn. 19, 21, 23;, Rn. 9; *Weidert*, in: Harte-Bavendamm/Henning-Bodewig, UWG, Anhang zu § 3 Abs. 3 Nr. 2 Rn. 8 f.; *Alexander*, in: MünchKomm Lauterkeitsrecht, Bd. 1, UWG nach § 3 Abs. 3 Nr. 2 Rn. 15 ff.; *Wiebe*, Wettbewerbs- und zivilrechtliche Rahmenbedingungen der Vergabe und Verwendung von Gütezeichen, WRP 1993, 74,81 f.

1413 *Alexander*, in: MünchKomm Lauterkeitsrecht, Bd. 1, UWG nach § 3 Abs. 3 Nr. 2 Rn. 16.

1414 Vgl. *Obergfell*, in: Fezer/Büscher/Obergfell, Lauterkeitsrecht: UWG, Bd. 2, Anhang (zu § 3 Abs. 3), Verwendung von Gütezeichen ohne Genehmigung (Nr. 2), Rn. 23; *Alexander*, in: MünchKomm Lauterkeitsrecht, Bd. 1, UWG nach § 3 Abs. 3 Nr. 2 Rn. 16 f.

1415 Vgl. *Blasek*, Anm. zu LG Darmstadt, MMR 2009, 279, 279; *Obergfell*, in: Fezer/Büscher/Obergfell, Lauterkeitsrecht: UWG, Bd. 2, Anhang (zu § 3 Abs. 3), Verwendung von Gütezeichen ohne Genehmigung (Nr. 2), Rn. 23.

1416 Vgl. *Alexander*, in: MünchKomm Lauterkeitsrecht, Bd. 1, UWG nach § 3 Abs. 3 Nr. 2 Rn. 16; *Obergfell*, in: Fezer/Büscher/Obergfell, Lauterkeitsrecht: UWG, Bd. 2, Anhang (zu § 3 Abs. 3), Verwendung von Gütezeichen ohne Genehmigung (Nr. 2), Rn. 21.

Die Kriterien der Überprüfung müssen objektiv und öffentlich zugänglich sein.[1417] Im Gegensatz dazu sind subjektive Maßstäbe wie Kundenzufriedenheit nicht ausreichend.[1418]

Bei den Siegeln, die durch Interessenverbände Spenden sammelnder Organisationen vergeben werden, muss daher jeweils untersucht werden, ob eine Überprüfung anhand objektiver und bekannter Kriterien stattfindet.

Sollte eine Spenden sammelnde Organisation sich selbst ein Siegel verleihen und damit werben, wäre dies kein Fall des Nr. 2 des Anhangs zu § 3 Abs. 3 UWG, sondern des dann einschlägigen Verbotstatbestands nach Nr. 4 des Anhangs zu § 3 Abs. 3 UWG.[1419] Auch bei Verwendung eines einem Siegel nachgeahmten Zeichens würde der Verbraucher im Sinne von Nr. 4 getäuscht werden.[1420]

Welche Fallkonstellation jeweils einschlägig ist, kann der Verbraucher nicht immer einfach beurteilen. Da die meisten Irreführungen durch echte (Nr. 2) oder unechte (Nr. 4) Siegel gegenüber Verbrauchern erfasst werden, ist diese Unterscheidung in der Praxis nicht weiter von Belang.[1421]

Die Siegel müssen in beiden Fällen verwendet werden. Dies kann durch Werbung geschehen. Es reicht aus, wenn das Siegel mit einem Produkt, einer Dienstleistung oder dem Unternehmen in Verbindung gebracht wird.[1422] Meistens wird das Siegel auf dem Produkt angebracht werden, dies ist aber keine gesetzliche Voraussetzung.[1423] Die Abbildung auf der Internetseite eines Unternehmens ist eine Verwendung, wenn nicht ein bestimmtes Produkt, sondern das Unternehmen als

---

1417 *Obergfell*, in: Fezer/Büscher/Obergfell, Lauterkeitsrecht: UWG, Bd. 2, Anhang (zu § 3 Abs. 3), Verwendung von Gütezeichen ohne Genehmigung (Nr. 2), Rn. 23.

1418 *Obergfell*, in: Fezer/Büscher/Obergfell, Lauterkeitsrecht: UWG, Bd. 2, Anhang (zu § 3 Abs. 3), Verwendung von Gütezeichen ohne Genehmigung (Nr. 2), Rn. 23; *Alexander*, in: MünchKomm Lauterkeitsrecht, Bd. 1, UWG nach § 3 Abs. 3 Nr. 2 Rn. 17.

1419 Vgl. *Obergfell*, in: Fezer/Büscher/Obergfell, Lauterkeitsrecht: UWG, Bd. 2, Anhang (zu § 3 Abs. 3), Verwendung von Gütezeichen ohne Genehmigung (Nr. 2), Rn. 22.

1420 Vgl. *Obergfell*, in: Fezer/Büscher/Obergfell, Lauterkeitsrecht: UWG, Bd. 2, Anhang (zu § 3 Abs. 3), Verwendung von Gütezeichen ohne Genehmigung (Nr. 2), Rn. 38.

1421 Vgl. *Obergfell*, in: Fezer/Büscher/Obergfell, Lauterkeitsrecht: UWG, Bd. 2, Anhang (zu § 3 Abs. 3), Verwendung von Gütezeichen ohne Genehmigung (Nr. 2), Rn. 14, 38.

1422 *Obergfell*, in: Fezer/Büscher/Obergfell, Lauterkeitsrecht: UWG, Bd. 2, Anhang (zu § 3 Abs. 3), Verwendung von Gütezeichen ohne Genehmigung (Nr. 2), Rn. 39; *Alexander*, in: MünchKomm Lauterkeitsrecht, Bd. 1, UWG nach § 3 Abs. 3 Nr. 2 Rn. 26; *Weidert*, in: Harte-Bavendamm/Henning-Bodewig, UWG, Anhang zu § 3 Abs. 3 Nr. 2 Rn. 11; *Köhler*, in: Köhler/Bornkamm/Feddersen, UWG, Anhang zu § 3 III Rn. 2.4.

1423 Vgl. *Alexander*, in: MünchKomm Lauterkeitsrecht, Bd. 1, UWG nach § 3 Abs. 3 Nr. 2 Rn. 15; *Weidert*, in: Harte-Bavendamm/Henning-Bodewig, UWG, Anhang zu § 3 Abs. 3 Nr. 2 Rn. 11.

solches herausgestellt werden soll.[1424] Das Siegel muss bewusst als Hinweis auf die Qualität des Produktes oder des Unternehmens benutzt werden.[1425]

Soweit Spenden sammelnde Organisationen Siegel verwenden und dies nicht gegen eines der Verbote nach dem Anhang zu § 3 Abs. 3 UWG verstößt, sind mögliche Irreführungen nach § 5 Abs. 1 S. 2 UWG zu beachten und sollten vermieden werden. Der Begriff Siegel wird hierbei synonym für Güte- und Prüfzeichen undsiegel verwendet. Die Begriffe werden in § 5 UWG weder erwähnt noch definiert und in der Rechtsprechung uneinheitlich verwendet.[1426] Maßgeblich sind auch hier die oben aufgeführten Kriterien.

§ 5 UWG erfasst sowohl die geschäftlichen Handlungen nach § 3 Abs. 3 UWG, die nicht gegenüber Verbrauchern, sondern im sog. B2B-Verkehr erfolgen, als auch andere Fälle der Nutzung von Siegeln bzw. unechten Siegeln.[1427] Ersteres ist bei der Untersuchung nicht weiter relevant, da die Verwendung von Siegeln bei Spenden sammelnden Organisationen nie nur im B2B-Wettbewerb, sondern immer auch gegenüber Verbrauchern, den potentiellen Spendern, erfolgt.

Die Verwendung von Siegeln als geschäftliche Handlung ist nach § 5 Abs. 1 S. 2 UWG dann irreführend, wenn sie unwahre Angaben oder zur Täuschung geeignete Angaben über wesentliche Merkmale der Ware oder Dienstleistung enthält. Wobei die Irreführung auch durch Siegel, die auf das Unternehmen bezogen sind, vorliegen kann.[1428]

Dies kann z. B. der Fall sein bei Siegelführung nach reiner Selbstauskunft, ohne weitere oder nach unvollständiger bzw. mangelhafter Prüfung, bei Verwendung von selbst erfundenen Siegeln und wenn lediglich die Nutzungslizenz gekauft wurde.[1429] Auch hier wird das Vertrauen des Verkehrs in die durch neutrale und

---

1424 Vgl. *Obergfell*, in: Fezer/Büscher/Obergfell, Lauterkeitsrecht: UWG, Bd. 2, Anhang (zu § 3 Abs. 3), Verwendung von Gütezeichen ohne Genehmigung (Nr. 2), Rn. 39; vgl. auch *Köhler*, in: Köhler/Bornkamm/Feddersen, UWG, Anhang zu § 3 III Rn. 2.4.

1425 *Weidert*, in: Harte-Bavendamm/Henning-Bodewig, UWG, Anhang zu § 3 Abs. 3 Nr. 2 Rn. 11; *Obergfell*, in: Fezer/Büscher/Obergfell, Lauterkeitsrecht: UWG, Bd. 2, Anhang (zu § 3 Abs. 3), Verwendung von Gütezeichen ohne Genehmigung (Nr. 2), Rn. 39.

1426 Vgl. *Weidert*, in: Harte- Bavendamm/Henning- Bodewig, UWG, Anhang zu § 3 Abs. 3 Nr. 2 Rn. 6 f.

1427 Vgl. *Peifer/Obergfell*, in: Fezer/Büscher/Obergfell, Lauterkeitsrecht: UWG, Bd. 2, § 5 Rn. 306d.

1428 Vgl. *Peifer/Obergfell*, in: Fezer/Büscher/Obergfell, Lauterkeitsrecht: UWG, Bd. 2, § 5 Rn. 306d.

1429 *OLG Dresden*, MMR 2012, 679, 680; *Blasek*, Anm. zu LG Darmstadt MMR 2009, 279, 279; *Weidert*, in: Harte-Bavendamm/Henning-Bodewig, UWG, Anhang zu § 3 Abs. 3 Nr. 2, Rn. 8, 13 ff., C. § 5 Abs. 1 S. 2 Nr. 1, Rn. 281, 286; *Peifer/Obergfell*, in: Fezer/Büscher/Obergfell, Lauterkeitsrecht: UWG, Bd. 2, § 5 Rn. 306d; *Busche*, in: MünchKomm Lauterkeitsrecht, Bd. 1, UWG § 5 Rn. 338.

objektive Dritte geprüfte Qualität geschützt.[1430] Hat ein Unternehmer davon Kenntnis, dass sein Produkt oder seine Dienstleistung gar nicht über die Qualitätsmerkmale verfügt, die testiert wurden, so ist das Siegel unrechtmäßig erteilt und es liegt Unlauterkeit vor.[1431] Die Normen, Kriterien oder Richtlinien, auf die sich der Siegelverwender beruft, müssen eingehalten oder auf Abweichungen hingewiesen werden.[1432] Dies gilt auch für die Verwendung von Zertifikaten oder den Hinweis auf eine Zertifikation.[1433]

Nicht erfasst werden Zeichen, Äußerungen, oder Hinweise, die der durchschnittlich aufmerksame Verbraucher nicht mit der Prüfung durch einen neutralen Dritten verbindet.[1434]

Derartige Verstöße müssen darüber hinaus relevant sein, d. h. eine solche Angabe oder Verwendung des Siegels muss geeignet sein, den Verbraucher oder Marktteilnehmer im Hinblick auf seine geschäftliche Entscheidung zu beeinflussen.[1435] Diesbezüglich kann auf die Ausführungen zur Relevanz bei der Irreführung durch Verhaltenskodizes Spenden sammelnder Organisationen verweisen werden, da die Spendenentscheidung in gleicher Weise durch qualitative Aussagen von Siegel oder Verhaltenskodex beeinflusst wird.

### c. *Anspruchsberechtigte und Rechtsfolgen unlauterer Spendenwerbung*

Nach § 8 Abs. 3 Nr. 1 UWG sind zunächst Mitbewerber anspruchsberechtigt,[1436] hier also im Grundsatz andere Spenden sammelnden Organisationen.

Spender oder Verbraucher haben trotz eigener Betroffenheit insbesondere bei Verstößen gegen § 3 Abs. 3 UWG keine eigenen Ansprüche.[1437] Sie können Verstöße aber Verbraucherverbänden melden, die quasi als Ausgleich für die mangelnde Anspruchsberechtigung und Klagebefugnis von individuellen Verbrauchern sowie die nicht vorhandene behördliche Überwachung nach § 8 Abs. 3 Nr. 3 UWG

---

1430 Vgl. *OLG Koblenz*, WRP 2013, 922, 923; *Peifer/Obergfell*, in: Fezer/Büscher/Obergfell, Lauterkeitsrecht: UWG, Bd. 2, § 5 Rn. 306d; *Weidert*, in: Harte-Bavendamm/Henning-Bodewig, UWG, C. § 5 Abs. 1 S. 2 Nr. 1, Rn. 281.

1431 Vgl. *Peifer/Obergfell*, in: Fezer/Büscher/Obergfell, Lauterkeitsrecht: UWG, Bd. 2, Anhang zu § 3 III Nr. 2 Rn. 45.

1432 Vgl. *BGH*, GRUR 1992, 117, 119; GRUR 1988, 832, 834; *Busche*, in: MünchKomm Lauterkeitsrecht, Bd. 1, UWG § 5 Rn. 336 f.

1433 *Bornkamm/Feddersen*, in: Köhler/Bornkamm/Feddersen, UWG, § 5 Rn. 4.156.

1434 Vgl. *Weidert*, in: Harte-Bavendamm/Henning-Bodewig, UWG, C. § 5 Abs. 1 S. 2 Nr. 1, Rn. 282.

1435 *EuGH*, GRUR 2014, 196, Rn. 36; vgl. *Dreyer*, in: Harte-Bavendamm/Henning-Bodewig, UWG, B. § 5 Abs. 1, Rn. 199 ff; *Peifer/Obergfell*, in: Fezer/Büscher/Obergfell, Lauterkeitsrecht, UWG, Bd. 2, § 5 Rn. 416.

1436 Vgl. *Goldmann*, in: Harte-Bavendamm/Henning-Bodewig, UWG, § 8 Rn. 242.

1437 Vgl. *Goldmann*, in: Harte-Bavendamm/Henning-Bodewig, UWG, § 8 Rn. 250.

anspruchsberechtigt sind.[1438] Schwierigkeiten könnte die Einordnung von Interessenverbänden Spenden sammelnder Organisationen als anspruchsberechtigte Wirtschaftsverbände nach § 8 Abs. 3 Nr. 2 UWG bereiten. Zum einen ist nach § 8b Abs. 2 UWG der Satzungszweck der Förderung gewerblicher oder selbstständiger beruflicher Interessen der Mitglieder hierfür Voraussetzung.[1439] Dem ließe sich mit den oben angeführten Argumenten zur Spendenwerbung Spenden sammelnder Organisationen als Wettbewerbshandlung im Sinne des UWG begegnen. Wenn diese geschäftlichen Handlungen im Wettbewerb sind, muss auch die Förderung dieser Tätigkeiten eine Förderung gewerblicher Interessen der Mitglieder im Sinne des UWG sein. Zum anderen ist eine erhebliche Anzahl von Mitgliedern, die Spenden sammeln und dafür werben, Tatbestandsvoraussetzung. Es gibt keine Mindestzahl,[1440] aber auch keine Definition des Begriffs „erheblich". Im Zweifel muss der Interessenverband nachweisen, dass es entsprechend der Mitgliederstruktur um die tatsächliche und ernsthafte Wahrnehmung der Interessen der Mitglieder geht, um missbräuchliches Verhalten des Verbands mit Abmahnungen auszuschließen.[1441] Eine erhebliche, wenn auch geringe Mitgliederzahl kann aufgrund der (wirtschaftlichen) Bedeutung der Mitglieder in ihrem Markt vorliegen.[1442]

Mangelt es Verbände Spenden sammelnder Organisationen an erheblichen Mitglieder kann bei unlauterem Siegelgebrauch über den Umweg des Markenrechts dagegen vorgegangen werden, wenn das Siegel markenrechtlich geschützt ist.

In §§ 8 bis 11 UWG sind die Rechtsfolgen unlauterer Wettbewerbshandlungen geregelt. § 8 Abs. 1 UWG ist dabei Grundlage für einen Beseitigungsanspruch bei unlauterer Handlung und andauernder Beeinträchtigung oder für einen Unterlassungsanspruch bei unlauterer Handlung und Wiederholungsgefahr. Bei Verstößen gegen § 3 und § 7 UWG kommen auch Schadenersatzansprüche nach § 9 UWG oder ein Gewinnabschöpfungsanspruch nach § 10 UWG in Betracht. Bei unzulässiger Telefonwerbung gegenüber Verbrauchern (§ 7 Abs. 2 UWG) droht ein Bußgeld gem. § 20 UWG.[1443]

---

1438 Vgl. *Goldmann*, in: Harte-Bavendamm/Henning-Bodewig, UWG, § 8 Rn. 245.

1439 Vgl. *Feddersen*, in: Köhler/Bornkamm/Feddersen, UWG, § 8b Rn. 3.

1440 *BGH*, GRUR 1998, 489, 491; *Köhler/Feddersen*, in: Köhler/Bornkamm/Feddersen, UWG, § 8 Rn. 3.45.

1441 Vgl. st. Rspr. *BGH*, GRUR 2007, 610 Rn. 18; GRUR 2007, 809 Rn. 15; *OLG Nürnberg*, WRP 2014, 239 Rn. 30; *OLG Frankfurt*, GRUR-Prax 2019, 339, 339; *Köhler/Feddersen*, in: Köhler/Bornkamm/Feddersen, UWG, § 8 Rn. 3.45.

1442 Vgl. *Köhler/Feddersen*, in: Köhler/Bornkamm/Feddersen, UWG, § 8 Rn. 3.42, 3.44 f.

1443 *Köhler*, in: Köhler/Bornkamm/Feddersen, UWG, § 20 Rn. 27.

### 8. *Markenrechtlicher Schutz für Siegel*

Siegel können Marken werden und markenrechtlichen Schutz genießen. Nach § 3 Markengesetz können Kennzeichen im weitesten Sinne[1444] als Marke geschützt werden, die zur Unterscheidung von Waren und Dienstleistungen eines Unternehmens von denen anderer unverwechselbar geeignet sind.[1445] Der Markeninhaber hat ein ausschließliches Recht an der eingetragenen Marke (§§ 14 ff. MarkenG), d. h. er kann sie benutzen, verkaufen oder Dritten Nutzungslizenzen erteilen (§ 30 MarkenG). Die Nutzung dieser Marken oder ähnlicher Zeichen durch Dritte ist ohne Lizenzen untersagt.

Es gibt Individual-, Kollektiv- und Gewährleistungsmarken. Mit einer Individualmarke kennzeichnet ein Markeninhaber seine eigenen Produkte und Dienstleistungen.

Kollektivmarken kennzeichnen Waren und Dienstleistungen von Verbänden bzw. deren Mitgliedern insbesondere hinsichtlich ihrer geografischen Herkunft oder ihrer Qualität oder sonstiger Eigenschaften (§ 97 Abs. 1 MarkenG). Sie können gem. § 98 MarkenG nur von juristischen Personen öffentlichen Rechts oder rechtsfähigen Verbänden angemeldet werden. Voraussetzung der Eintragungsfähigkeit ist eine Markensatzung des Anmelders gem. § 102 MarkenG, die u. a. regelt, wer die Marke benutzen darf (§ 102 Abs.2 Nr. 4 MarkenG).

Die neue[1446] Garantie- oder Gewährleistungsmarke[1447] stellt eine bestimmte Beschaffenheit für die Waren und Dienstleistungen sicher. Die Gewährleistungsmarke wird auch als Gütesiegel oder Zertifizierungsmarke verstanden, da sie eine bestimmte Güte der Waren oder Dienstleistungen garantiert.[1448] Auch hier muss

---

1444 § 3 Abs. 1 MarkG: „...Zeichen, insbesondere Wörter einschließlich Personennamen, Abbildungen, Buchstaben, Zahlen, Klänge, dreidimensionale Gestaltungen einschließlich der Form einer Ware oder ihrer Verpackung sowie sonstige Aufmachungen einschließlich Farben und Farbzusammenstellungen..."

1445 Vgl. *EuGH*, GRUR 2003, 55, 57 Rn. 48.

1446 Das Markenrechtsmodernisierungsgesetzes trat am 14.1.2019 in Kraft; BT-Drs. 19/2898.

1447 Bis zur Einführung der Gewährleistungsmarke im deutschen Recht waren Gütezeichen nur als spezielle Form der Kollektivmarke von Verbänden und deren Mitgliedern markenrechtlich schutzfähig. Unionsrechtlich gab es bereits eine Gewährleistungs- bzw. Garantiefunktion der Marke, wobei Gütezeichen dann als Individualmarke eingetragen werden mussten, wenn eine einzelne Rechtsperson Standards festlegte. Seit dem 1.10.2017 gibt es unionsrechtlich die Gewährleistungsmarke (Art. 83 Abs. 1 UMV) als eigene Markenkategorie. Vgl. *Slopek/Leister*, Bio- Siegel & Co. – die markenrechtliche Einordnung von Gütezeichen, GRUR 2013, 356, 356 f., 359.

1448 Vgl. *Fezer*, Rechtsnatur und Rechtssystematik der unionsrechtlichen Konzeption einer Gewährleistungsmarke, GRUR 2017, 1188, 1189, 1196 f., wobei die

eine Markensatzung die Benutzung und die Überprüfung regeln, die gewährleisteten Eigenschaften darlegen sowie ggf. Sanktionen enthalten.[1449] Darüber hinaus muss der Markeninhaber neutral sein (§ 106b MarkenG), d. h. er darf nicht selbst die Waren und Dienstleistungen liefern, für die die Gewährleistung besteht. Der Zertifizierer soll unabhängig sein und kein Eigeninteresse haben, denn durch diese Neutralität werden die Qualitätsstandards der Zertifizierung gesichert.[1450] Hinsichtlich der Neutralität bestehen auch Bedenken, wenn Hersteller eine Zertifizierungsgesellschaft bilden.[1451]

Bei Verletzung von Markenrechten (§ 14 Abs. 2 MarkenG), insbesondere bei ungenehmigter Benutzung einer identischen Marke oder eines ähnlichen Kennzeichens, kann der Markeninhaber u. a. neben Unterlassung (§ 4 Abs. 3 MarkenG) auch die Vernichtung der widerrechtlich gekennzeichneten Waren (§ 18 MarkenG) sowie bei schuldhafter Verletzung Schadenersatz beanspruchen (§ 4 Abs. 6 MarkenG).

Es kommt auf den Einzelfall an, welche Markenform für Siegel Spenden sammelnder Organisationen, ihrer Dachverbände, Interessenverbände oder von Zertifizierern geeignet ist. In der Praxis der hier untersuchten Siegel ist als Kollektivmarke lediglich „Geprüfte Transparenz“ des Deutschen Spendenrates bekannt.[1452] Mangels veröffentlichter Markensatzungen ist davon auszugehen, dass Kollektiv- und Gewährleistungsmarke im Übrigen nicht angemeldet bzw. bisher noch nicht vom Markenamt eingetragen wurden. DZI, Spendenrat, Phineo und der Deutsche Fundraising Verband haben diverse eingetragene Individualmarken.[1453]

Im Hinblick auf Spenden sammelnde Organisationen hilft das Markenrecht dem Markeninhaber gegen Missbrauch durch andere Organisationen oder durch andere Sammler vorzugehen. Im Falle eines Siegels eines Spendenzertifizierers und des Missbrauchs durch Spenden sammelnde Organisationen schließt das Markenrecht

---

markenrechtliche Gewährleistung oder Garantie von der vertragsrechtlichen zu unterscheiden ist.

1449 *Dröge*, Die Gewährleistungsmarke und ihre Praxisrelevanz, GRUR 2017, 1198, 1299 f.

1450 *Dröge*, Die Gewährleistungsmarke und ihre Praxisrelevanz, GRUR 2017, 1198, 1199.

1451 *Hacker*, Das Markenrechtsmodernisierungsgesetz (MaMoG), GRUR 2019, 235, 243; *Dröge*, Die Gewährleistungsmarke und ihre Praxisrelevanz, GRUR 2017, 1198, 1199.

1452 Markensatzung des *Spendenrates* abrufbar unter: https://www.spendenrat.de/wp-content/uploads/Downloads/Rechtsgrundlagen/markensatzung-deutscher-spendenrat.pdf (aufgerufen am 6.9.2021).

1453 Einsehbar im Online-Register des *Deutschen Patent- und Markenamtes*, abrufbar unter: https://register.dpma.de/DPMAregister/marke/einsteiger (aufgerufen am 6.9.2021).

eine Lücke[1454], da mangels Wetttbewerbsverhältnis zwischen Zertifizierer und Spenden sammelnder Organisation die Spezialfälle des Lauterkeitsrechts nach § 3 Abs. 3 UWG nicht anwendbar sind.[1455]

Der Verbraucher, z. B. der Spender, der wegen des Markenmissbrauchs für die missbrauchende Organisation gespendet hat, ist nicht anspruchsberechtigt. Auch Verbraucherverbände sind in diesen Fällen nicht klagebefugt.

### 9. *Siegel für Spenden sammelnde Organisationen*

Siegel, die von Spenden sammelnden Organisationen verwendet werden, sind jedenfalls keine Prüfzeichen, da sie gesetzlich nicht erforderlich sind, um Spenden zu sammeln oder als Spenden sammelnde Organisation tätig zu werden. Es besteht keine rechtliche Verpflichtung zu einem mit dem Siegel verbundenen Prüfverfahren.

Zivilrechtliche Garantien werden mit diesen Siegeln nicht gegeben.

Siegel werden als Kennzeichen einer Zertifizierung bzw. einer objektiven Überprüfung der Einhaltung von Standards oder Kodizes durch neutrale Dritte an Spenden sammelnde Organisationen verliehen und von diesen verwendet. Werden diese Siegel für die Spendenwerbung verwendet, handelt es sich in der Regel um Siegel im lauterkeitsrechtlichen Sinne.

Werden selbst entworfene Siegel verwendet oder findet keine Überprüfung der Qualität durch neutrale Dritte statt und wird mit diesen Siegeln Spendenwerbung betrieben, kann u.U. eine irreführende Werbung nach UWG vorliegen.

Siegel, die von Spenden sammelnden Organisationen genutzt werden, können als Marken rechtlich für den Inhaber geschützt sein.

#### a. *DZI Spenden-Siegel*

Das DZI Spenden-Siegel ist ein Gütesiegel oder ein Gütezeichen, das von Spenden sammelnden Organisationen als äußerliches Zeichen einer erfolgreichen Zertifizierung bzw. einer objektiven Überprüfung des Kodexes durch das DZI verwendet werden kann.

Die Standards werden dabei durch das DZI festgelegt und überprüft. Die Spenden sammelnde Organisation muss den Antrag für das Spenden-Siegel-Prüfverfahren beim DZI stellen, die Fragen beantworten und alle erforderlichen Informationen zur Verfügung stellen.

---

1454 Zur Schutzlücke im Lauterkeitsrecht im Vertikalverhältnis: *Köhler/Feddersen*, in: Köhler/Bornkamm/Feddersen, UWG, § 8 Rn. 3.30; *Göckler*, Die Klagebefugnis vertikaler Wirtschaftsverbände, WRP 2016, 434, 436.

1455 Vgl. unter Bezugnahme auf die Unionsgewährleistungsmarke: *Thünken*, Die Unionsgewährleistungsmarke: Sinnvolle Ergänzung eines Markenportfolios?, GRUR Prax 2016, 494, 496.

Mit dem Prüfbericht des DZI erhält die Spenden sammelnde Organisation auch eine Urkunde (Zertifikat), mit der die Nutzungserlaubnis des Spenden-Siegel-Zeichens bzw. der Marke und die Nutzungsdauer von einem Jahr zuerkannt werden. Damit ist die Erlaubnis verbunden, das Spenden-Siegel werbewirksam zu benutzen.

Ein zuerkanntes Spenden-Siegel kann entzogen werden, wenn bekannt wird, dass Umstände bestanden, nach denen das Spenden-Siegel nicht hätte erteilt werden dürfen, oder Umstände entstanden sind, nach denen die Grundlage der Erteilung nun weggefallen ist. Das Spenden-Siegel-Prüfverfahren kann dann erst nach zwei Jahren wieder beantragt werden. Gegen diese Entscheidung sowie gegen die Ablehnung eines Spenden-Siegel-Antrags ist die schriftliche Anrufung eines unabhängigen, weisungsungebundenen Berufungsausschusses innerhalb einer Frist von einem Monat nach Zustellung des DZI Bescheids möglich.

### *b. Deutscher Spendenrat*

Der Deutsche Spendenrat lässt seine Mitglieder in einem Dreijahreszeitraum durch unabhängige Wirtschaftsprüfer auf die Einhaltung der Standards, auf die sich die Mitglieder selbst jedes Jahr verpflichten, und auf die ordnungsgemäße und wirtschaftliche Verwendung der Mittel überprüfen.[1456] Bei erfolgreicher Prüfung erhält das Mitglied das sog. Spendenzertifikat in Form eines Zeichens (Logo) und eine Urkunde.

Gem. §§ 7,8 der Verfahrensordnung für das Spendenzertifikat[1457] kann bei erfolgloser Prüfung oder Erteilung des Spendenzertifikats unter Auflagen Widerspruch beim Schiedsausschuss eingelegt werden. Im Jahr nach der Ablehnung wird erneut durch Wirtschaftsprüfer geprüft. Auf zweimalige Ablehnung folgt bei schweren Verstößen automatisch ein Schiedsverfahren (§ 10 Verfahrensordnung).

Die Markensatzung regelt Nutzungsberechtigung, Nutzungsbedingungen und die Rechtsfolgen einer missbräuchlichen Nutzung der Marke „Geprüfte Transparenz –Deutscher Spendenrat e.V.". Nach § 7 erhalten die Mitglieder mit der Erteilung des Spendenzertifikats die Nutzungsberechtigung für das Logo bzw. die Marke zu Werbezwecken für drei Jahre. Missbräuchliche Nutzung kann gem. §§ 8, 9 Markensatzung durch Verwarnung, Vertragsstrafe zugunsten des Spendenrates oder Widerruf der Nutzungserlaubnis und entsprechende Veröffentlichung durch den Vorstand geahndet werden. Außerdem drohen Sanktionen nach § 11 der Verfahrensordnung des Schiedsausschusses.[1458] Der Schiedsausschuss kann eine

---

1456 Vgl. *Spendenrat*, abrufbar unter: https://www.spendenrat.de/spendenzertifikat/ (aufgerufen am 6.9.2021.

1457 Verfahrensordnung für das Spendenzertifikat des *Spendenrates*, abrufbar unter: https://www.spendenrat.de/wp-content/uploads/Downloads/Rechtsgrundlagen/Spendenzertifikat/verfahrensordnung-spendenzertifikat-deutscher-spendenrat.pdf (aufgerufen am 6.9.2021).

1458 Verfahrensordnung des Schiedsausschusses des *Spendenrates*, abrufbar unter: https://www.spendenrat.de/wp-content/uploads/Downloads/Rechtsgrundla

Beschwerde zurückweisen oder eine Disziplinarmaßnahme (z. B. Rüge) verhängen. Er kann Entscheidungen über die Erteilung oder Nichterteilung des Spendenzertifikats zur erneuten Entscheidung an den Vorstand zurückverweisen. Ansonsten kann er Empfehlungen aussprechen, von einer Geldstrafe bis maximal 2000 €, über den Vereinsausschluss bis hin zur Veröffentlichung des Ausschlusses.

Als Missbrauch gilt nach § 8 Abs. 2 Markensatzung ein Verstoß gegen die Markensatzung, die Vereinssatzung oder die Verfahrensordnung für die Vergabeanforderungen des Spendenzertifikats. Ein Vereinsausschluss kann nach § 4 der Vereinssatzung bei schweren Verstößen wie Insolvenz, mangelnder Zusendung des Freistellungsbescheids trotz zweifacher Mahnung, Verlust der Gemeinnützigkeit sowie Verstößen gegen Sammlungsgesetze vollzogen werden.

### c. *Initiative Transparente Zivilgesellschaft*

Wenn sich Spenden sammelnde Organisationen zur Transparenz im Sinne der ITZ entschließen, die geforderten zehn Punkte auf ihrer Webseite veröffentlichen und die Selbstverpflichtungserkärung unterzeichnen, erhalten sie nach Prüfung der Einhaltung der Transparenzkriterien durch die Initiative die Nutzungserlaubnis für deren Logo. Dieses muss die Spenden sammelnde Organisation auf der Hauptseite ihres Internetauftritts und auf der Unterseite abbilden, die die zehn Transparenzinformationen darstellt. Darüber hinaus kann das Logo auch auf Publikationen und allgemein in der Kommunikation verwendet werden.

Zwar dürfen die Begriffe „Siegel" oder „Zertifikat" im Zusammenhang mit dem Logo nach dem Leitfaden der ITZ nicht verwendet werden,[1459] jedoch ist das Logo ein Gütezeichen, Qualitätskennzeichen oder Ähnliches i.S. des UWG, da es die objektive Überprüfung der Einhaltung der Veröffentlichungsstandards durch die Initiative als neutralen Dritten kennzeichnet und durch die Spenden sammelnden Organisationen zur Spendenwerbung verwendet wird. Das Logo wird auf der Hauptseite und der ITZ-Seite platziert.

In diesem Sinne werden Spenden sammelnde Organisationen für ihre geprüfte Transparenz gekennzeichnet.

Regelungen über den Missbrauch des Logos gibt es nicht. Nach dem einmaligen Erhalt der Nutzungserlaubnis besteht lediglich die Verpflichtung, die transparenten Informationen jeweils zu aktualisieren und einer jährlichen Selbstkontrolle zu unterziehen. Berichte sind zeitnah zu veröffentlichen, idealerweise innerhalb von sechs Monaten nach Ende der Berichtsperiode. Falls dies nicht geschieht, ist auf der ITZ-Seite anzugeben, wann die Berichte veröffentlicht werden. Letzteres betrifft

---

gen/verfahrensordnung-schiedsausschuss-deutscher-spendenrat.pdf (aufgerufen am 6.9.2021)

1459 Vgl. *Transparency International*, ITZ, Leitfaden 0.c, abrufbar unter: https://www.transparency.de/fileadmin/Redaktion/Mitmachen/ITZ/ITZ_Leitfaden_v1.6_2020-05-12.pdf (aufgerufen am 6.9.2021).

auch Informationen zu anderen, noch nicht aktualisierten oder abgeschlossenen Vorgängen. Die Kontrolle der Einhaltung der Regeln erfolgt durch andere Unterzeichner, die interessierte Öffentlichkeit oder stichprobenartig durch ehrenamtliche Mitglieder der Initiative. Im Falle eines Verstoßes, ist die Spenden sammelnde Organisation zu informieren. Konkrete Rechtsfolgen wie Widerruf der Nutzungserlaubnis sind nicht gegeben. Die Initiative behält sich im Falle der Nichteinhaltung der Regeln recht allgemein weitere Schritte vor.[1460]

### *d. Das „Wirkt"- Siegel von Phineo*

Die Phineo gAG analysiert auch Spenden sammelnde Organisationen und ihre Projekte. Soweit die erfolgreiche Beurteilung als wirkungsvoll im Rahmen des mehrstufigen Prozesses erfolgt, darf das „Wirkt"-Siegel von Phineo verwendet werden.[1461] Seine Benutzung ist in der Kommunikation uneingeschränkt möglich, insbesondere auf der Webseite, in Spendenbriefen und Plakaten. Die Analyse durch Phineo und die Nutzung des „Wirkt"-Siegels ist kostenfrei. Das Siegel trägt das Datum der Prüfung der jeweiligen Organisation und wird zeitlich unbefristet erteilt.[1462] Regelungen über Missbrauch des Siegels gibt es nicht.

Es handelt sich bei dem Phineo „Wirkt"-Siegel um ein Gütezeichen, Qualitätskennzeichen oder Ähnliches im Sinne des UWG. Phineo überprüft als neutraler Dritten auf Basis eigener Kriterien die Spenden sammelnde Organisation bzw. ein Projekt und erteilt das Siegel dafür. Das Siegel wird dann bei der Spendenwerbung der geprüften Spenden sammelnden Organisationen als Qualitätskennzeichen verwendet.

### *e. Deutscher Fundraising Verband e.V.*

Das Ethik-Signet darf von den Mitgliedern des Deutschen Fundraising Verbandes e.V. verwendet werden. Die Nutzung ist zeitlich unbefristet. Abgesehen vom Jahresvereinsbeitrag ist keine weitere Gebühr für das Signet zu zahlen. Die Nutzungserlaubnis erlischt mit dem Ende der Vereinsmitgliedschaft und kann vom Vorstand widerrufen werden, wenn der Jahresbeitrag nicht gezahlt wird, oder die Nutzungsbedingungen des Ethik-Signets mehrmals verletzt werden.

Mit dem Antrag auf Vereinsbeitritt verpflichtet sich ein Mitglied, die vom Verband erarbeiteten Ethikregeln, die „Grundregeln für eine gute, ethische

---

1460 Vgl. *Transparency International*, ITZ, Leitfaden 0.c., d., e., abrufbar unter: https://www.transparency.de/fileadmin/Redaktion/Mitmachen/ITZ/ITZ_Leitfaden_v1.6_2020-05-12.pdf (aufgerufen am 6.9.2021).

1461 *Phineo*, Engagement mit Wirkung, abrufbar unter: https://www.phineo.org/wirkungsanalysen (aufgerufen am 6.9.2021).

1462 *Phineo*, Alles zum Wirkt-Siegel, abrufbar unter: https://www.phineo.org/wirkt-siegel (aufgerufen am 6.9.2021).

Fundraising-Praxis" und die „Charta der Spenderrechte", einzuhalten. Dies wird durch den Verband nicht überprüft. Die Mitglieder können sich bei Verstößen anderer Mitglieder an den Schiedsausschuss wenden.[1463] Die Schiedskommission kann auch von sich aus tätig werden. Die Schiedskommission kann Fehlverhalten mit Rüge, befristetem Aussetzen der Mitgliedschaft, Vereinsausschluss und Veröffentlichung der Entscheidung sanktionieren.[1464]

Da die Einhaltung der Ethikregeln nicht von einem neutralen Dritten überprüft wird, ist bei der Verwendung in der Spendenwerbung lauterkeitsrechtlich Vorsicht geboten.

### *10. Rechtsfolgen bei Verlust des Siegelnutzungsrechts*

Mangels gesetzlicher Vorgaben zur Vergabe oder Verwendung von Siegeln bei Spenden sammelnden Organisationen regeln sich die Rechtsfolgen eines Verlusts des Nutzungsrechts eines Siegels nach den jeweils vom Siegelgeber erstellten Regeln. Diese sind sehr unterschiedlich in ihrer Regelungstiefe. Es muss nicht zwingend zu Rechtsfolgen kommen, wenn sich z. B. die siegelvergebende Organisation Sanktionen, Rechtsfolgen oder Maßnahmen nur allgemein vorbehält.

Rechtsfolgen richten sich nach Schwere des Verstoßes bzw. nach dem Grund für den Verlust. Bei Missbrauch des Siegels drohen i.d.R. schärfere Folgen wie Strafzahlungen, Ausschluss aus einer Organisation und Veröffentlichung der Sanktion. Werden hingegen die Voraussetzungen für die erneute Siegelnutzung nicht erfüllt, besteht häufig eine Nachbesserungsmöglichkeit.

Lauterkeitsrechtlich drohen Beseitigung oder Unterlassung, ggf. Schadenersatz, Gewinnabschöpfung und ein Bußgeld.[1465]

Markenrechtlich können Unterlassungs-, Auskunfts-, Vernichtungs- und Schadenersatzansprüche sowie eine Strafbarkeit nach § 143 MarkenG hinzukommen.

Die Hauptfolgen werden in der Regel aber nicht rechtlich sein. Je nach Grund und Bekanntheit führt der Siegelverlust zu einem Imageschaden, Vertrauensverlust und Spendenrückgang bzw. Verringerung der öffentlichen Mittelzuwendungen, wie im Falle von UNICEF, denen das DZI Spenden-Siegel aufgrund nicht ausgewiesener Provisionszahlungen entzogen wurde.[1466]

---

1463 *Deutscher Fundraising Verband*, Ethik im Fundraising, abrufbar unter: https://www.dfrv.de/fundraising-branche/ethik-im-fundraising/#1496835233491-24f91e43-bc56 (aufgerufen am 6.9.2021).

1464 *Deutscher Fundraising Verband*, Schiedsordnung des Deutschen Fundraising Verbandes (Stand 20.4.2012), abrufbar unter: https://www.dfrv.de/wp-content/uploads/2017/07/Schiedsordnung_DFRV.pdf (aufgerufen am 6.9.2021).

1465 Vgl. *Bornkamm*, in: Köhler/Bornkamm/Feddersen, UWG, § 8 Rn. 1.1 ff.

1466 Vgl. *Köhler*, Spendenwerbung und Wettbewerbsrecht, GRUR 2008, 281, 285; *Horaczek/Faigle*, Beschmutztes Image, 31.1.2008, Zeit online, abrufbar unter: https://www.zeit.de/online/2008/06/unicef/komplettansicht (aufgerufen am 6.9.2021).

## III. Bewertung - Schutz und Kontrolle des Sammelvermögens durch Private

Füllen die Kontrollmechanismen durch Private, durch Selbstverpflichtung, Zertifizierungen, Siegel und Verbraucherorgansiationen nun die Lücke der staatlichen Kontrolle über Sammlungen und Sammelvermögen, insbesondere nach Abschaffung der Sammlungsgesetze?

Der wichtigste Spendentipp ist nach wie vor, an Menschen, Organisationen oder Initiativen zu spenden, die dem Spender bekannt sind und denen er vertraut.[1467] Bei der öffentlichen Sammlung auf der Straße oder an der Haustür muss sich der Spender kurzfristig für oder gegen eine Spende entscheiden und kann in der Regel keine Informationen einholen. An dieser Stelle muss dann bereits aufgrund von Bekanntheit ein Vertrauen bestehen oder eines geschaffen werden, dass der Spendensammler und die dahinterstehende Organisation ordnungsgemäß mit den Spenden umgehen und sie dem angegebenen Zweck zuwenden. Die sammlungsrechtliche Sammlungserlaubnis bedeutet für die Spender so eine vertrauensstiftende Gewähr und wird auch als eine Art staatliches Gütesiegel[1468] betrachtet.

Die mittlerweile fortgeschrittene Transparenz und Publizität gemeinnütziger Organisationen, ihre Kodizes und Zertifizierungen sind meistens auf generelle Rechnungslegung und Strukturen ausgelegt. Nur zum Teil gibt es Spenderrechte, ethische Spendenwerbung und spezifische Informationen über Spenden in der Rechnungslegung bzw. in Spender- oder Projektberichten. Bis auf Ausnahmen sind die Kodizes und die publizierten Informationen, speziell Finanzdaten, komplex und eher für Fachleute aussagekräftig, weniger für den durchschnittlichen Spender. Lediglich in Projekt- und Spendenberichten kann teilweise nachvollzogen werden, dass Spenden auch zweckentsprechend verwendet werden. Insgesamt geht es bei den freiwilligen Selbstverpflichtungen immer um die Organisation als solches und nicht um einzelne Sammlungen. Diese Transparenzinformationen begründen daher nicht das Vertrauen des Spenders und sie stehen im Moment der Spendenentscheidung bei einer Haus- und Straßensammlung auch nicht zur Verfügung.

Mitgliedsbeträge oder Prüfkosten einer Zertifizierung sind zwar häufig nach Größe der Organisation gestaffelt, stehen aber für kleine und auch manchmal mittlere Organisationen in keinem Verhältnis ihren Spenden. Zum Teil sind die Selbstbindungsregeln auch nur für Organisationen einer bestimmten Größenordnung gestaltet, kleine und regionale Organisationen werden nicht geprüft. Das

---

1467 Vgl. nur *DZI*, Die 7 wichtigsten DZI-Spendentipps, abrufbar unter: https://www.dzi.de/wp-content/uploads/2021/01/Die_7_wichtigsten_DZI-Spendentipps.pdf; *betterplace*, AGB Nr. 9.2.3. https://www.betterplace.org/c/regeln/agb/allgemeine-nutzungsbedingungen#93-spenden; (alle aufgerufen am 6.9.2021).

1468 Vgl. *Arndt*, Zeitgemäße Neubelebung der Sammlungsgesetze der Länder, npoR 2011, 41, 44.

führt dazu, dass einige spezifisch auch Spenden sammelnde Organisationen keine freiwillige Selbstbindung mit externer Überprüfung haben. Die gleichen Hürden bestehen für privat organisierte Sammlungen.

Bei der werbenden Verwendung von Spendensiegeln kann leicht der Anschein von Güte und Geprüftheit hervorgerufen und der Spender dadurch zu einer Spende veranlasst werden. So wird auch in der Branche durchaus kritisch gesehen, dass es eine scheinbare und tatsächliche Transparenz durch Siegel gibt.[1469] Zudem bedeuten die Überprüfung der Einhaltung der Kodizes und die Erteilung eines Siegels auch nicht, dass Sammlungen selbst geprüft werden. Der Dritte überprüft nur die Einhaltung der Regeln der freiwilligen Selbstverpflichtung durch die Spenden sammelnde Organisation. Der jeweilige Kodex gilt nur für die Organisationen, die eine bestimmte Zertifizierung gewählt haben bzw. Mitglied eines Verbands sind. Die Kodizes sind nicht einheitlich und haben keine Allgemeingültigkeit, da sie nur für die Spenden sammelnden Organisationen gelten, die sich selbst zur Einhaltung verpflichtet haben. Bei Verstoß kann zwar das Siegel entzogen werden und ein Imageschaden, verbunden mit Rückgang der Spenden und Fördermittel entstehen. Auf die bereits gesammelten Spenden der Sammlung und das Sammelvermögen hat das jedoch keinen Einfluss.

Unabhängig von Selbstverpflichtung und Siegeln haben die Verbraucherorganisationen die Aufgabe, ganz allgemein Spendensammler zu prüfen und diese Informationen öffentlich zugänglich zu machen. Die Verbraucherorganisationen können jedoch nicht deutschlandweit alle Sammelorganisationen überprüfen. Dazu sind sie finanziell und personell nicht ausreichend ausgestattet. Außerdem sind die Sammelorganisationen nicht gesetzlich verpflichtet, Auskunft zu geben. Trotzdem hat das DZI eine beachtliche Überprüfung von Spenden sammelnden Organisationen vorgenommen. Einige Verbraucherschutzorganisationen beurteilen die Spendensammler speziell im Internet. Aber auch für diese Beurteilungen gilt oben Gesagtes. Solche Informationen können als Indikatoren für einen ordentlichen Sammler dienen, sie bieten aber keinerlei Gewähr.

Im Gegensatz zu durch Sammlungsgesetze legitimierte Behörden können Verbraucherorganisationen auch öffentliche Sammlungen mangels einer solchen Legitimation nicht überprüfen. Das Missbrauchspotential durch unseriöse Spendensammler bei öffentlichen Sammlungen in den 13 Bundesländern ohne Sammlungsgesetze ist hoch, da jeder überall unkontrolliert sammeln kann. Wie hingegen eine effektive Sammlungsaufsicht funktioniert, zeigen die Spendenwächter der Aufsichts- und Dienstleistungsdirektion Rheinland-Pfalz, die landesweit und zentral für Sammlungen zuständig und daher spezialisiert sind. Regelmäßig

1469 *Wilke*, Transparenz im Spendenwesen: Siegel, Selbstregulierung, Watchdogs, Non Profit Law Yearbook 2004, 181, 184 f.

werden Sammlungen überprüft und Sammlungsverbote für das Land Rheinland-Pfalz verfügt.[1470]

Die Kostenargumente der Länder, die zur Abschaffung der Sammlungsgesetze geführt haben, sind nicht überzeugend.[1471] In Schleswig-Holstein wurden dadurch lediglich 0,2 Stellen und Haushaltsmittel in Höhe von 16.000 € pro Jahr gespart.[1472] Das ist wenig. Auch die privaten gemeinnützigen Organisationen müssen Personal beschäftigen, das die Sammelorganisationen befragt und Daten in das Onlineregister eingibt. Siegel und Zertifizierungsorganisationen, Rankings sowie selbsternannte „watchdogs“ sprießen wie Pilze aus dem Boden. Die meisten sind gemeinnützig und finanzieren sich durch Spenden und vor allem durch staatliche Fördermittel. Im Ergebnis kommen die Kosten des Staates dann nur aus einem anderen Topf.

Soweit das Sammelvermögen von gemeinnützigen Vereinen oder Stiftungen mit geprüftem Kodex und besonderer Transparenz bzw. Informationen für Spender gesammelt wird, besteht zumindest ein indirekter Schutz und Kontrolle durch Transparenz und Überprüfung. Im Übrigen bieten aber die existierenden freiwilligen Kodizes und Siegel sowie die Überprüfungen durch Private keinen vergleichbaren Ersatz für die Schutzwirkung von Sammelerlaubnis und Sammelaufsicht für das Sammelvermögen als solches.[1473]

Als Lösung bieten sich zum einen die Wiedereinführung von Sammlungsgesetzen der Länder und Sammelbehörden nach dem Modell des Landes Rheinland-Pfalz an. Eine gesetzliche Regelung und Beaufsichtigung des Sammlungswesens dient nicht nur dazu, Vertrauen zu schaffen,[1474] sondern auch zur Wahrung der öffentlichen Sicherheit und Ordnung, zur Vermeidung von Betrügereien, von unlauterem Wettbewerb und sonstigen Ordnungswidrigkeiten durch Missbrauch von Sammlungen.[1475]

---

1470 Vgl. *ADD Rheinland-Pfalz*, Sammlungen, abrufbar unter: https://add.rlp.de/de/themen/staat-und-gesellschaft/ordnung/sammlungen/; *DZI*, http://www.dzi.de/wp-content/pdfs_Spendentipps/Sammlungsgesetze.pdf (alle aufgerufen am 6.9.2021).

1471 Vgl. *Ballhausen* u. a., Streitgespräch, Transparenz im Dritten Sektor, BLJ 2014, 104, 115; *Arndt*, Zeitgemäße Neubelebung der Sammlungsgesetze der Länder, npoR 2011, 41, 45.

1472 *Arndt*, Zeitgemäße Neubelebung der Sammlungsgesetze der Länder, npoR 2011, 41, 45.

1473 Ähnlich und mit ausführlicher Kritik zur Abschaffung der Sammlungsgesetze *Arndt*, Zeitgemäße Neubelebung der Sammlungsgesetze der Länder, npoR 2011, 41, 43 ff.

1474 Vgl. *ADD Rheinland-Pfalz*, Sammlungen, abrufbar unter: https://add.rlp.de/de/themen/staat-und-gesellschaft/ordnung/sammlungen/; *DZI*, http://www.dzi.de/wp-content/pdfs_Spendentipps/Sammlungsgesetze.pdf (alle aufgerufen am 6.9.2021).

1475 Vgl. *BVerfGE* 20, 150, 161 f.

Sammlungsgesetze können auch gesetzliche Standards für Spendensammlungen und ihre Verwendung definieren. Ebenfalls wäre ein öffentliches Onlineregister für Sammlungen denkbar und eine Kategorisierung, so dass bestimmte Sammlungen keiner vorherigen Erlaubnis bedürfen, aber überprüft werden können. Angesichts des politischen Willens zur Entbürokratisierung, des langen, steinigen Wegs zum in 2026 in Kraft tretenden Stiftungsregistergesetzes sowie der Registerflut mit Transparenzregister, Stiftungs- bzw. Vereinsregister und Zuwendungsempfängerregister ist das wenig wahrscheinlich.

Soweit dem Trend der Selbstregulierung gefolgt wird, sollte eine Anpassung der Ausrichtung von Kodizes auf Spender und Sammlungen erfolgen, wenn das bisher nicht der Fall ist. Dafür bietet sich an, einen einheitlichen Minimalstandard für Spenden sammelnde Organisationen zu entwickeln, der Regeln für ethische Spendensammlungen, Spenderrechte sowie eine spendergerechten Darstellung beinhaltet, vergleichbar dem Transparenzstandard für zivilgesellschaftliche Organisationen der ITZ. Für mittlere und größere Sammelorganisation sind jeweils darüberhinausgehende einheitliche Standards erforderlich, die zu spezieller Rechnungslegung und spendergerechten Berichten verpflichten. Selbstverständlich bedarf es auch einer Überprüfung der Einhaltung der Standards durch neutrale Dritte. Die damit verbundenen Kosten dürfen keine Hürde für die Anwendung bei kleinen oder lokalen Organisationen und Sammelinitiativen sein.

Öffentlich-rechtliche und private Maßnahmen und Regelungen können sich auch gut ergänzen.

## IV. Zusammenfassung - Schutz und Kontrolle des Sammelvermögens durch Private

Bei Vereinen und Stiftungen als Hauptform Spenden sammelnder Organisationen gibt es keine gesetzlichen einheitlichen Rechnungslegungsstandards, Veröffentlichungspflichten, externen Prüfungspflichten und Aufsichtsorgane. Gegenüber der Finanzverwaltung müssen gemeinnützigkeitsrechtlich Einnahmen und Ausgaben nachgewiesen werden, insbesondere die satzungsgemäße und zeitnahe Verwendung der Spenden. Stiftungen müssen darüber hinaus gegenüber der Stiftungsaufsicht Rechnung legen um nachzuweisen, dass die Spenden satzungsgemäß verwendet werden und das Stiftungsvermögen erhalten bleibt. Für die Nachweise gelten keine gesetzlichen Formvorschriften.

Es gibt kaum gesetzliche Regelungen für interne organisationsabhängige Kontrollmechanismen, die Spenden und Sammelvermögen und ihre zweckgerechte Verwendung nachvollziehbar machen sowie Missbrauch durch Aufgabenteilung und Kontrolle erschweren. Insbesondere haben Spender und Begünstigte keinen Einblick in die ordnungsgemäße Verwendung der Spenden.

In der Praxis haben sehr viele, vor allem die großen gemeinnützigen Organisationen interne Kontrollorgane und Kontrollmechanismen im Rahmen freiwilliger Selbstkontrolle geschaffen. Bei freiwilliger Selbstkontrolle durch Verhaltenskodizes oder Governance Kodizes handelt es sich um Selbstverpflichtungen eigener Art.

Bedingt durch die Vielzahl unterschiedlicher Organisationsformen gibt es zahlreiche verschiedene Kodizes im Dritten Sektor. Mangels eines einheitlichen Qualitätsstandards gibt es keine Verbandsselbstregulierung in diesem Bereich. Kodizes, die auf Basis des Deutschen Corporate Governance Kodexes entstanden sind, fokussieren eher auf Fördermittelgeber als auf Spender. Schwerpunkte der Regelungen sind dann Rechnungslegung, Prüfung, Publizität sowie interne Kontrollmechanismen.

Die Verhaltenskodizes Spenden sammelnder Organisationen sind sehr unterschiedlich im Hinblick auf Spenderrechte und Spendertransparenz. Es gibt Regeln zur ethischen Spendenwerbung und -sammlung, zu Spender-, Auskunfts- und Einsichtsrechten sowie zu Beschwerdestellen. Zum Teil gibt es spezielle Vorgaben zur Rechnungslegung bei Spenden. Werbe- und Verwaltungskosten müssen häufig getrennt dargelegt werden. Gelegentlich wird die Verwendung der Spenden nach Förderbereichen und Großspenden gesondert ausgewiesen. Tätigkeitsberichte oder Spendenberichte sollen Auskunft geben über die Projekte, die mit den Spenden durchgeführt werden. Auch die Aufschlüsselung der Personalstruktur nach Mitarbeitern und Ehrenamtlichen sowie die Offenlegung der Beauftragung professioneller Spendenwerbung und Öffentlichkeitsarbeit ist ein Ansatz zur Spendertransparenz. Solange es sich nur um interne Regelungen und reine Selbstauskünfte handelt, hat diese Praxis eher einen mit Transparenz werbenden Charakter, als dass sie tatsächlich transparent ist.

Spendern und Begünstigten mit zivilrechtlichen Herausgabe-, Vollzugs- oder Auskunftsansprüchen kommt als externen Kontrolleuren zum indirekten Schutz von Spende und Sammelvermögen keine wesentliche Rolle zu.

Spender haben keine nennenswerte Marktmacht, mit der sie Transparenz und zweckgerichtete Verwendung der Spenden durch eine Organisation beeinflussen können, außer im Falle eines konkreten Skandals, den die jeweilige Organisation dann durch Spendenrückgänge zu spüren bekommt. Der Spendenmarkt ist nur ein kleiner Teilmarkt des großen Marktes an Fördermitteln für gemeinnützige Organisationen. Die Transparenz großer Organisationen ist zwar im Dritten Sektor weit vorangeschritten, aber die Marktmacht der Spender wäre höher, wenn auch kleine und mittlere Organisationen grundsätzlich mit spürbaren Auswirkungen auf die Spendenbereitschaft bei Ineffizienz und Intransparenz rechnen müssten.

Eine wichtige Rolle spielen unabhängige Verbraucherschutzorganisationen, die Spenden sammelnde Organisationen überprüfen und Empfehlungen aussprechen können. Dazu müssen sie unabhängig, nicht-staatlich sowie nicht lobbygebunden sein und Spenden sammelnde Organisationen selbst systematisch und eigenständig prüfen oder durch unabhängige, nicht-staatliche, nicht lobbygebundene Dritte prüfen lassen. So können sich z. B. Spender über die Online-Datenbank des DZI über von ihm geprüfte Spenden sammelnde Organisationen in Deutschland informieren.

Verhaltenskodizes, die nicht nur intern verpflichtend sind, sondern deren Einhaltung durch Dritte überprüft wird, bewirken ein gewisses Maß an externer Kontrolle über Spenden sammelnde Organisationen und dadurch Schutz vor

Missbrauch. Terminologisch können solche Kodizes auch Zertifizierungen sein, wenn die Spenden sammelnde Organisation sich zur Einhaltung eines Kodexes verpflichtet, der von Dritten entwickelt wurde, und dieser Dritte die Einhaltung kontrolliert. Die Lage ist unübersichtlich. Neutralität ist bei der Überprüfung nicht immer gegeben, wenn es sich z. B. um eine Überprüfung durch einen Dachverband handelt. Wenn die Kodizes einseitig nur auf die Finanzen, die Strukturen oder die Spender ausgerichtet sind, kann auch die Überprüfung der Einhaltung der Standards nur diesen Bereich abdecken.

Spenden sammelnde Organisationen werben mit Transparenz und Selbstverpflichtungen, insbesondere, wenn sie ein Siegel o.ä. als äußeres Kennzeichen eines Kodexes auf Spendenaufrufen oder bei allgemeinen Informationen über ihre Organisation verwenden. Die verschiedenen Kennzeichenbegriffe sind dabei uneinheitlich und werden trotzdem häufig synonym verwendet. Es gibt geprüfte und ungeprüfte Siegel, was für den Spender nicht immer zu erkennen ist. Selbst wenn es sich um ein geprüftes Siegel handelt, sagt es nichts über die tatsächliche Qualität der Spenden sammelnden Organisation aus.

Das Siegel vermittelt oft den Eindruck von Standards, die extern und neutral geprüft wurden.[1476] Werden diese Siegel für die Spendenwerbung verwendet, handelt es sich in der Regel um Siegel im lauterkeitsrechtlichen Sinne, da die Spendenwerbung eine geschäftliche Handlung im Sinne des UWG ist. Die Spenden sammelnde Organisation erbringt im wettbewerbsrechtlichen Sinne eine Dienstleistung, da sie durch Zweckbestimmung des Spendenaufrufs die Dienstleistung der Zuwendung an den Begünstigten zusagt. Die Bezahlung von professionellen Spendenwerbern oder die Finanzierung eigener Verwaltungskosten durch Spenden wird dabei als Entgelt gesehen. Die Spenden sammelnde Organisation muss zudem nicht nur gelegentlich für Spenden werben. Dies gilt nicht für rein ehrenamtlich organisierte Sammelorganisationen, da Aufwendungsersatz keine Vergütung und damit kein Entgelt als Gegenleistung darstellt.[1477] Die Werbung richtet sich auch an Verbraucher, nämlich die Spender.

Unlautere geschäftliche Handlungen nach § 3 Abs. 3 UWG sind immer unzulässig. Ob die Handlung die Spendenentscheidung des Verbrauchers beeinflusst hat, ist irrelevant.[1478] Das betrifft vor allem die verschiedenen Verbote der Irreführung mit echten (§ 3 Abs. 3 Anhang Nr. 2) oder unechten (§ 3 Abs. 3 Anhang Nr. 4) Siegeln und die Werbung mit Verhaltenskodizes (§ 3 Abs. 3 Anhang Nr. 1 und Nr. 3). Bei Nichteinhaltung eines Kodexes kann ebenfalls eine Irreführung nach § 5 Abs. 1 S. 2 Nr. 6 UWG vorliegen, wenn mit dem Kodex geworben wird und sich mehrere Spenden sammelnde Organisationen auf die Einhaltung eines bestimmten Kodexes

---

1476 Vgl. *Obergfell*, in: Fezer/Büscher/Obergfell, Lauterkeitsrecht: UWG, Bd. 2, Anhang (zu § 3 Abs.3) Verwendung von Gütezeichen ohne Genehmigung (Nr. 2) Rn. 4.

1477 *Köhler*, Spendenwerbung und Wettbewerbsrecht, GRUR 2008, 281, 283.

1478 Vgl. *Köhler*, in: Köhler/Bornkamm/Feddersen, UWG, § 3 Rn. 4.2.

geeinigt haben. Ansprüche auf Beseitigung, Unterlassung, ggf. Schadenersatzansprüche bis hin zur Gewinnabschöpfung (§§ 7 ff. UWG) können von Mitbewerbern, also in der Regel bestimmten andere Spenden sammelnden Organisationen und Verbraucherverbänden, geltend gemacht werden. Unzulässige Telefonwerbung ist bußgeldbewehrt.

Siegel können als Marken rechtlich für den Inhaber geschützt sein. Bei Markenmissbrauch durch andere Spenden sammelnde Organisationen oder den Zertifizierer, der z.T. kein Wettbewerber nach UWG ist, können u.U. Unterlassungs-, Auskunfts-, Vernichtungs- und Schadenersatzansprüchen geltend gemacht werden. Außerdem kann eine Strafbarkeit nach § 143 MarkenG vorliegen.

Die Rechtsfolgen eines Verlusts des Siegelnutzungsrechts und der Zertifizierung ergeben sich aus den jeweils vom Siegelgeber erstellten Regeln. Meistens sind die Folgen je nach Grund für den Verlust gestaffelt. Sie reichen von einem Vorbehalt weiterer Prüfung durch die Organisation, über Nachbesserung und Strafzahlungen bis hin zum Ausschluss aus einer Organisation und Veröffentlichung der Sanktion hin.

Schwerer als die Rechtsfolgen werden aber der mit der Veröffentlichung verbundene Imageschaden und daraus resultierende Spendenrückgänge oder Streichung der öffentlichen Mittelzuwendungen sein.

# Ergebnis

Die wesentlichen Ergebnisse der untersuchten Rechtsfragen zum Sammelvermögen lassen sich abschließend thesenartig zusammenfassen:

1. Phänomenologisch handelt es sich bei einem Sammelvermögen um alle Zuwendungen, die Spender aufgrund eines Aufrufs freigebig und ohne Erwartung einer Gegenleistung einem Sammler zukommen lassen, damit dieser es für den von ihm im Aufruf bestimmten, vorübergehenden Sammlungszweck verwendet.[1479]
2. Spende und Sammelvermögen sind zentrale Elemente des Dritten Sektors. Jede Organisation, seien es Stiftungen, Vereine oder Private, die zweckgebunden Spenden sammeln, sind Sammler und verwalten Sammelvermögen.[1480]
3. Sammelvermögen entstehen herkömmlicherweise durch Haus- und Straßensammlungen. Deren Bedeutung als Spendenwerbemittel hat im Laufe der Jahrzehnte zwar abgenommen. Sie sind jedoch weiterhin nicht ohne Bedeutung, da sie auf persönlicher Ansprache beruhen, was generell als die beste Fundraisingmethode beurteilt wird.[1481]
4. Moderne internetbasierte Zahlungs- und Sammlungsformen wie Crowdfunding oder Micropayments führen dann zu einem Sammelvermögen, wenn es sich um Sammlungen für einen bestimmten Zweck ohne Gegenleistung handelt und die Zuwendung freiwillig erfolgt.[1482]
5. § 1914 BGB ist die einzige zivilrechtliche Norm zum Sammelvermögen. Danach kann ein Pfleger für das Vermögen bestellt werden, das durch öffentliche Sammlung entstanden ist, wenn der Sammlungsveranstalter weggefallen ist. Bei Fehlverhalten oder Missbrauch des Sammelvermögens durch den Veranstalter greift § 1914 BGB nicht. In der Praxis sind Pflegschaften nach § 1914 BGB selten. § 1914 BGB gibt keine Antwort auf die Frage nach der Rechtsnatur des Sammelvermögens.[1483]
6. Das Sammelvermögen hat keine eigene Rechtspersönlichkeit. Die Rechtsnatur der Spende bestimmt die Rechtsnatur des Sammelvermögens. Entscheidend ist das zugrunde liegende Verpflichtungsgeschäft, das je nach Fallgestaltung des Sammelvermögens unterschiedlich sein kann. Soweit keine gesonderte Vereinbarung getroffen ist, ergibt es sich aus dem Spendenaufruf.[1484]

---

1479 Teil 1, A.I., Teil 1, C.

1480 Teil 1, B.I-III.

1481 Teil 1, B.II.

1482 Teil 1, B.IV.

1483 Teil 2, A.I.

1484 Teil 2, A.II.

7. Typischerweise sind Spenden und die aus ihnen resultierenden Sammelvermögen Schenkungen unter Auflage. Dies gilt auch für klassische Sammelvermögen durch anonyme Spenden, insbesondere durch Haus-und Straßensammlungen. Schenkungen unter Auflage liegen vor, wenn Spender und Betrag bekannt sind und der Sammler einen Ermessensspielraum bei der Zweckverwendung der Spende hat.[1485]
8. Ein Treuhandverhältnis durch Auftrag nach §§ 662 ff. BGB liegt hingegen vor, wenn die gemeinnützige oder private Sammelorganisation keinen Ermessensspielraum bei der Zweckzuwendung der Spende hat, weil die Beteiligten, Spendenbetrag, Zweck etc. genau konkretisiert sind. Dies gilt auch für die Durchgangsspende, die darüberhinaus alsbald und in voller Höhe an einen Dritten zugewendet werden muss.[1486]
9. Zivilrechtliche Ansprüche im Zusammenhang mit dem Sammelvermögen können je nach Fallgestaltung geltend gemacht werden. Bei der Schenkung unter Auflage kann der Spender i. d. R. den Vollzug der Auflage nach § 527 BGB verlangen. Das gilt jedoch nicht bei anonymen Spenden und Kleinspenden, da in der Anonymität und in dem kleinen Betrag ein Verzicht auf dieses Recht zu sehen ist. Der Begünstigte kann einen eigenen Vollzugsanspruch haben, soweit es sich bei der Schenkung unter Auflage um einen echten Vertrag zugunsten Dritter (§§ 328 Abs. 1, 330 S. 2 BGB) handelt und der Dritte bestimmbar ist.[1487]
10. Öffentlich-rechtlich ist das Sammelvermögen durch Sammlungsgesetze noch in Thüringen, Saarland und Rheinland-Pfalz geschützt; in allen anderen Bundesländern lediglich im Rahmen der polizeirechtlichen Generalklausel. Die meisten Bundesländer haben die Sammlungsgesetze aufgrund ihres vermeintlichen Bedeutungsverlusts zum Bürokratieabbau und zur Kostenersparnis abgeschafft. Gemeinnützige Organisationen sollen nun stattdessen Sammler prüfen und Sammlungen koordinieren.[1488]
11. Steuerrechtlich ist das Sammelvermögen zwar nicht geschützt. Durch die steuerrechtliche Einordnung von Spenden und insbesondere die Anerkennung der meisten Spendensammler als gemeinnützige Organisation durch die Finanzverwaltung sowie die Eintragung des Gemeinnützigkeitsstatus im Register ab 1.1.2024 entsteht aber ein gewisser Druck, die Spenden im Sinne der Gemeinnützigkeit zu verwenden.[1489]
12. Spende und Sammelvermögen sind strafrechtlich repressiv geschützt. Nicht nur bei Haus- und Straßensammlungen, sondern auch bei gemeinnützigen Organisationen oder vermeintlichen gemeinnützigen Organisationen kann

1485 Teil 2, A.II.6.c.
1486 Teil 2, A.II.6.c.bb.
1487 Teil 2, A.III.
1488 Teil 2, B.
1489 Teil 2, C.

die missbräuchliche Ausnutzung der Spendenbereitschaft und der Sammlerposition sowie die missbräuchliche Verwendung zu Spendenbetrug, Untreue, Geldwäsche oder der Unterstützung terroristischer Vereinigungen genutzt werden. In der Praxis ist eine Strafverfolgung selten, daher schützt das Strafrecht Sammelvermögen nur begrenzt. Im Falle von Missmanagement ist es kein geeignetes Schutzinstrument.[1490]

13. Kontrolle und Schutz des Sammelvermögens durch Private entwickeln sich im Dritten Sektor durch zunehmende Transparenz. Freiwillige Selbstverpflichtung, Zertifizierungen und Siegel sowie die unabhängig davon vorgenommene Überprüfung von Spendensammlern durch andere gemeinnützige Organisationen sind aber nicht ausreichend spenderspezifisch und schützen nicht das Sammelvermögen. Es sind nicht alle Spendensammler zertifiziert und die Kodizes sind uneinheitlich und nicht vergleichbar.[1491]
14. Lediglich soweit das Sammelvermögen von gemeinnützigen Vereinen oder Stiftungen mit geprüftem Kodex und besonderen Spenderauskünften gesammelt wird, besteht zumindest ein indirekter Schutz und Kontrolle durch Transparenz und Überprüfung.[1492]
15. Werden Siegel und Zertifizierung als Qualitätsmerkmal einer Spenden sammelnden Organisation bei Spendenaufrufen oder Imagewerbung verwendet, handelt es sich um Spendenwerbung. Diese unterliegt dem Lauterkeitsrecht, wenn eine Spenden sammelnde Organisation regelmäßig und nicht nur mit Ehrenamtlichen sammelt. Es besteht ein Missbrauchspotential durch die Verwendung von ungeprüften Siegeln und ungeprüften Zertifikaten. Die Aussagekraft selbst von geprüften Siegeln im Hinblick auf das Sammelvermögen ist stark begrenzt.[1493]
16. Für die Praxis gibt es lediglich eine partielle gesetzliche Kontrolle und nur einen begrenzten Schutz von Sammelvermögen. Die Transparenzmethoden und Überprüfungsmechanismen des Dritten Sektors sind im Hinblick auf Schutz und Kontrolle des Sammelvermögens durch Private ungenügend und können daher den Wegfall von Sammlungsgesetzen und Sammelaufsicht nicht kompensieren. Als Lösung bieten sich in erster Linie die Wiedereinführung von Sammlungsgesetzen sowie gesetzliche Regelungen und Standards zu Sammlungen und Sammelvermögen an, die Einrichtung eines Sammlungsregisters und/oder die Weiterentwicklung der Selbstregulierung hin zu einer am Spender orientierten Spenden- und Sammlungstransparenz für Spenden sammelnde Organisationen und private Sammler durch einheitliche Standards, deren Einhaltung überprüft werden kann.[1494]

---

1490 Teil 2, D.

1491 Teil 3, B.

1492 Teil 3, B.II.9.

1493 Teil 3, B.II.7.

1494 Teil 3, A.; Teil 3, B.III.-IV.

# Literaturverzeichnis

*Achilles, o. A. / Gebhard, o. A. / Spahn, o. A.:* Protokolle der Kommission für die zweite Lesung des Entwurfs des Bürgerlichen Gesetzbuchs, Bd. II, Recht der Schuldverhältnisse, Berlin 1898 [zitiert: Protokolle, Bd. II];

Bd. VI, Entwurf eines Einführungsgesetzes – Entwurf II eines BGB, Berlin 1899 [zitiert: Protokolle, Bd. VI].

*Aufsichts- und Dienstleistungsdirektion Rheinland-Pfalz:* Abrufbar unter: https://add.rlp.de/de/themen/staat-und-gesellschaft/ordnung/sammlungen/ (aufgerufen am 4.9.2021).

*Adloff, Frank:* Zur Soziologie des Spendens – Empirische Befunde und theoretische Ansätze, in: Walz, W. Rainer/v. Auer, Ludwig/v. Hippel, Thomas (Hrsg.), Spenden- und Gemeinnützigkeitsrecht in Europa, Tübingen 2007, S. 613-636.

*Ärzte ohne Grenzen e.V.:* Startseite: https://www.aerzte-ohne-grenzen.de (aufgerufen am 29.8.2021).

*Anheiner, Helmut K. / Toepler, Stefan:* Definition und Phänomenologie der Non-Profit-Organisationen, in: Hopt, Klaus J./v. Hippel, Thomas/Walz, W. Rainer (Hrsg.), Nonprofit-Organisationen in Recht, Wirtschaft und Gesellschaft, Tübingen 2005, S. 17-34.

*Anonym:* De(im)pressionen eines Sammlers, DPWV Nachrichten 1965, S. 174-175.

*Arndt, Marcus:* Zeitgemäße Neubelebung der Sammlungsgesetze der Länder, NpoR 2011, 41-48.

*Arnold, Arnd:* Teil 3: Die Rechtstellung der Organe und das Stiftungsregister, npoR 2021, 84-89.

*Arnold, Arnd / Burgard, Ulrich / Jakob, Dominique / Roth, Gregor / Weitemeyer, Birgit:* Stellungnahme zum Referentenentwurf eines Gesetzes zur Vereinheitlichung des Stiftungsrechts vom 28.9.2020, npoR 2020, 294-295.

*Articus, Susanne / Fein, Johannes:* Der zweite Bericht der Bund-Länder-Arbeitsgruppe zum Stiftungsrecht, npoR 2019, 49-53.

*Auts, Rainer:* Opferstock und Sammelbüchse – Die Spendenkampagnen der freien Wohlfahrtspflege vom Ersten Weltkrieg bis in die Sechziger Jahre, Paderborn 2001 [zitiert: *Auts*, Opferstock und Sammelbüchse].

*Bär, Fred G.:* Die Schranken der inneren Vereinsautonomie – historisch-dogmatische Überlegungen zu einem Vereinsgesetz, Berlin 1996 [zitiert: *Bär*, Die Schranken der inneren Vereinsautonomie].

*Ballhausen, Werner / Göring, Michael / Meyn, Christian / Sommer, Michael / Weitemeyer, Birgit / Wilke, Burkhard:* Transparenz im Dritten Sektor, Streitgespräch im Rahmen des Deutschen StiftungsTags am 21. Mai 2014, Bucerius Law Journal

2014, 104-116 [zitiert: *Ballhausen* u.a., Streitgespräch, Transparenz im Dritten Sektor, BLJ 2014].

*Bareiß, Andreas:* Filmfinanzierung 2.0. Funktionsweise und Rechtsfragen des Crowdfunding, ZUM 2012, 456-465.

*Bartsch, Robert:* Gutachten, Verhandlungen des Dreißigsten Deutschen Juristentages, Bd. 1, Berlin 1910, S. 154-217 [zitiert: *Bartsch*, Gutachten, Verhandlungen des Dreißigsten Deutschen Juristentages 1910].

*Bauer, Rudolph:* Lexikon des Sozial- und Gesundheitswesens, Bd. 1, München 1992.

*Baumbach, Adolf (Begr.) / Hueck, Alfred (ehem. Hrsg.):* Gesetz betreffend die Gesellschaft mit beschränkter Haftung, Kurzkommentar, 22. Aufl., München 2019 [zitiert: *Bearbeiter*, in: Baumbach/Hück, GmbHG].

*Baumgärtner, Maik / Diehl, Jörg / Knobbe, Martin:* Verein „Helfen in Not" – Spendengelder flossen offenbar an syrische Terrorgruppen, Der Spiegel v. 7.10.2016, abrufbar unter: https://www.spiegel.de/politik/ausland/syrien-helfen-in-not-spenden-gelangten-offenbar-an-terrorgruppen-a-1115613.html (aufgerufen am 4.9.2021).

*Bayerisches Staatsministerium für Umwelt und Verbraucherschutz:* Die Bedeutung von CE-Kennzeichnung und GS-Zeichen auf Produkten, Stand 21.4.2021, abrufbar unter. https://www.vis.bayern.de/produktsicherheit/technik_chemie_basis/pruefzeichen.htm (aufgerufen am 6.9.2021).

*Bekker, Ernst Immanuel:* System des heutigen Pandektenrechts, Zweiter Bd., Weimar 1889 [zitiert: *Bekker*, Pandekten, Bd. II].

*Betterplace.org:* Startseite: *https://www.betterplace.org* (aufgerufen am 30.8.2021).

*Beuthin, Volker / Gummert, Hans / Schöpflin, Martin (Hrsg.):* Münchener Handbuch des Gesellschaftsrechts, Bd. 5, Verein, Stiftung bürgerlichen Rechts, 5. Aufl., München 2021 [zitiert: *Bearbeiter*, in: Münch Hdb GesR V].

*Beuthin, Volker:* Treuhand an Gesellschaftsanteilen, ZGR 1974, 26-85.

*Biehl, Stefan:* Erweiterung des strafrechtlichen Instrumentariums zur Terrorismusbekämpfung, JR 2015, 561-571.

*Biermann, Johannes (Hrsg.) / Oertmann, Paul / v. Gareis, Karl:* Kommentar zum Bürgerlichen Gesetzbuche und seinen Nebengesetzen – 1, Allgemeiner Teil, 3. Aufl., Berlin 1927 [zitiert: *Oertmann*, Komm BGB, AT].

*Biermann, Johannes (Hrsg.) / Oertmann,. Paul:* Kommentar zum Bürgerlichen Gesetzbuche und seinen Nebengesetzen – 2, Recht der Schuldverhältnisse, 3. u. 4. Aufl., Berlin 1910 [zitiert: *Oertmann*, Komm BGB, Schuldrecht].

*Blasek, Katrin:* Anmerkung zu LG Darmstadt, Unlautere Werbung mit Gütezeichen, - „BVDVA-geprüft", MMR 2009, 279-280 [zitiert: *Blasek*, Anm. zu LG Darmstadt].

*Blydt-Hansen, Kristoffer:* Die Rechtstellung der Destinatäre der rechtsfähigen Stiftungen des Bürgerlichen Rechts, Frankfurt a. M. u.a., 1998.

*Bolou, Wassiliki:* Schuldrechtliche Beurteilung des Spendenwesens, Berlin 2001.

*Bornhaupt, Kurt Joachim:* Anmerkung zu BFH Urt. v. 17.2.1976 –VIII R 188/71, BB 1976, 679-680.

*Bouvier, John,:* A law dictionary, adapted to the Constitutions and Laws of the United States, by John Bouvier. Published 1856; abrufbar unter: https://legal-dictionary.thefreedictionary.com/Sponsoring (aufgerufen am 27.8.2021).

*Brandis, Peter / Heuermann, Bernd (Hrsg.):* Ertragssteuerrecht, Kommentar zum Einkommensteuergesetz, Körperschaftssteuergesetz, Gewerbesteuergesetz, Außensteuergesetz, Investmentsteuergesetz, Umwandlungssteuergesetz und Nebengesetze, Stand August 2021 [zitiert: *Bearbeiter*, in: Brandis/Heuermann, jeweiliges Gesetz].

*Brinkmann-Bondi, Hans:* Altes und Neues über das Sammelvermögen, Berlin 1913.

*Brinz, Alois:* Lehrbuch der Pandekten, Dritter Band, Zweite Abteilung, 1. Lieferung (Das Zweckvermögen), 2. Aufl., Erlangen 1888 [zitiert: *Brinz*, Pandekten, Bd. III, II].

*Brockhaus:* Der große Brockhaus, Handbuch des Wissens in zwanzig Bänden, 15. Aufl., Bd. 20, Wan-Zz, Leipzig 1935 [zitiert: *Brockhaus*, 1935].

*Brockhaus online:* Startseite: https://brockhaus.de/info/(aufgerufen am 6.9.2021).

*Bruns, Patrick:* Fiduziarische Stiftung als Rechtsperson, JZ 2009, 840-846.

*Budde, Matthias:* Die doppelte Treuhand in der Restrukturierungspraxis, ZInsO 2011, 1369-1379.

*Büllesbach, Eike:* Auslegung der irreführenden Geschäftspraktiken des Anhangs I der Richtlinie 2005/29 EG über unlautere Geschäftspraktiken, München 2008.

*Bundesfinanzministerium:* Monatsbericht August 2017, Analysen und Berichte – Vierte EU-Geldwäscherichtlinie – Novellierung des Geldwäschegesetzes, abrufbar unter https://www.bundesfinanzministerium.de/Monatsberichte/2017/08/Inhalte/Kapitel-3-Analysen/3-3-EU-Geldwaescherichtlinie-Novellierung-Geldwaeschegesetz.html (aufgerufen am 4.9.2021)

*Bundesministeriums des Inneren:* Internationaler Tag des Ehrenamtes, Pressemitteilung v. 5.12.2014, abrufbar unter: https://www.bmi.bund.de/SharedDocs/pressemitteilungen/DE/2014/12/internationaler-tag-des-ehrenamtes.html (aufgerufen am 30.8.2021).

*Dass.:* Pressemitteilung v. 5.5.2021, abrufbar unter: https://www.bmi.bund.de/SharedDocs/pressemitteilungen/DE/2021/05/verbotsverfahren-ansaar.html (aufgerufen am 4.9.2021).

*Dass.:* https://www.bmi.bund.de/DE/themen/sicherheit/extremismus-und-terrorismusbekaempfung/vereinsverbote/vereinsverbote-node.html (aufgerufen am 4.9.2021).

*Bundesministerium für wirtschaftliche Zusammenarbeit und Entwicklung:* Siegelklarheit, abrufbar unter: https://www.siegelklarheit.de/home (aufgerufen am 5.9.2021).

*Bundesverband Deutscher Stiftungen e.V.:* Startseite: https://www.stiftungen.org (aufgerufen am 30.8.2021).

*Bundesverband für Umweltberatung e.V. (Hrsg.):* Label für nachhaltige Produkte -, Bewertung von Produktkennzeichnungen, 1999.

*Burgard, Ulrich:* Gestaltungsfreiheit im Stiftungsrecht: zur Einführung korporativer Strukturen bei der Stiftung, Köln 2006.

*Ders.:* Der Stand der Stiftungsrechtsreform nach dem Regierungsentwurf - Soll und Haben -, ZStV 2021, 45-50.

*Cambridge Dictionary:* Startseite: https://dictionary.cambridge.org (aufgerufen am 27.8.2021).

*Carstensen, Carsten:* Die ungeschmälerte Erhaltung des Stiftungsvermögens, WPg. 1996, 781-793.

*Coing, Helmut:* Die Treuhand kraft privaten Rechtsgeschäfts, München 1973.

*Cornelius, Eike / Loleit, Synke:* Bilanzierung und Kapitalerhalt: Rechnungslegung für kleinere und mittlere Stiftungen, StiftungsBrief 12/2013, 235-238.

*Dauner-Lieb, Barbara / Langen, Werner (Hrsg.):* Nomos Kommentar, Bürgerliches Gesetzbuch, Schuldrecht, Bd. 2, §§ 241-858, 4. Aufl., Baden-Baden 2021 [zitiert: *Bearbeiter,* in: NK-BGB].

*Dernburg, Heinrich:* Pandekten, Erster Bd., Allgemeiner Theil und Sachenrecht, 5. Aufl., Berlin 1896 [zitiert: *Dernburg*, Pandekten, Bd. I].

*Ders.:* Das bürgerliche Recht des Deutschen Reichs und Preußens, Erster Bd., Die allgemeinen Lehren, 3. Aufl., Halle 1906 [zitiert: *Dernburg*, Bürgerliches Recht, Bd. I].

*Deutscher Caritas Verband e.V.:* Startseite: https://www.caritas.de (aufgerufen am 4.9.2021).

*Deutscher Fundraising Verband e.V.:* Startseite: www.dfrv.de (aufgerufen am 6.9.2021).

*Deutsches Patent- und Markenamt:* Starseite: https://register.dpma.de (aufgerufen am 6.9.2021).

*Deutsches Rotes Kreuz e.V.:* Startseite: https://www.drk.de (aufgerufen am 30.8.2021).

*Deutscher Spendenrat e.V.:* Startseite: https://www.spendenrat.de (aufgerufen am 30.8.2021).

*Deutsches Zentralinstitut für Soziale Fragen:* Startseite: https://www.dzi.de (aufgerufen am 30.8.2021).

*Dreyer, Gunda:* Verhaltenskodizes im Referentenentwurf eines Ersten Gesetzes zur Änderung des Gesetzes gegen unlauteren Wettbewerb. Wird das

Wettbewerbsrecht zum Motor für die Durchsetzung vertraglicher Verpflichtungen?, WRP 2007, 1294-1300 [zitiert: *Dreyer*, Wird das Wettbewerbsrecht zum Motor für die Durchsetzung vertraglicher Verpflichtungen?].

*Dröge, Alexander:* Die Gewährleistungsmarke und ihre Praxisrelevanz, GRUR 2017, 1198-1202.

*Duden Herkunftswörterbuch:* Das Herkunftswörterbuch: Etymologie der deutschen Sprache, 3. Aufl., Berlin 2001.

*Duden online:* Starseite: https://www.duden.de/rechtschreibung/online (aufgerufen am 29.8.2021).

*Dworschak, Stefan:* Stiftungsrecht: Neuer Entwurf, alte Kritik, Die Stiftung, 7.5.2021, abrufbar unter: https://www.die-stiftung.de/stiftungsrechtsreform/reform-des-stiftungsrechts-neuer-entwurf-alte-kritik-91559 (aufgerufen am 27.8.2021).

*Ebersbach, Harry:* Handbuch des deutschen Stiftungsrechts, Göttingen 1972 [zitiert: *Ebersbach*, Handbuch Stiftungsrecht].

*Englert, Sylvia:* Die Jobs der Zukunft: neue Berufsbilder und was sich dahinter verbirgt, 2. Aufl., Frankfurt/New York 2001.

*Enneccerus, Ludwig / Kipp, Theodor / Wolff, Martin (Begr.) / Lehmann, Heinrich:* Lehrbuch des bürgerlichen Rechts, Bd. 2: Recht der Schuldverhältnisse, 15. Aufl., Tübingen 1958 [zitiert: *Enneccerus/Lehmann*, Schuldrecht].

*Enneccerus, Ludwig / Kipp, Theodor / Wolff; Martin (Begr.) / Nipperdey, Hans Carl:* Lehrbuch des bürgerlichen Rechts, Bd. 1: Allgemeiner Teil des bürgerlichen Rechts, 1. Halbband, 15. Aufl., Tübingen 1959 [zitiert: *Enneccerus/Nipperdey*, AT 1].

*Erb, Gerald:* Sammelvermögen und Stiftung. Ihre Verknüpfung nach englischem und deutschem Recht, Baden-Baden 1971 [zitiert: *Erb*, Sammelvermögen und Stiftung].

*Etzioni, Amiatai:* The Third Sector and Domestic Missions, Public Administration Review 1973, Vol. 33, No. 4, pp. 314-323.

*Europäische Kommission:* Bericht der Kommission über den europäischen Crowdfunding-Sektor, Pressemitteilung, EuZW 2016, 403.

*Dies.:* EU-Aktionsplan v. 21.5.2003, COM (2003) 284, abrufbar unter: https://eur-lex.europa/LexUriServ.do?uri=COM:2003:0284:FIN:DE:PDF (aufgerufen am 6.9.2021).

*Europäische Union:* CE-Kennzeichnung, abrufbar unter: https://europa.eu/youreurope/business/product-requirements/labels-markings/ce-marking/index_de.htm (aufgerufen am 6.9.2021).

*Fabisch, Nicole:* Fundraising. Spenden, Sponsoring und mehr, 3. Aufl., München 2013.

*Fein, Elke / Matzke, Sven:* Zivilgesellschaft. Konzept und Bedeutung für die Transformationen in Osteuropa, 2. Aufl., Berlin 1997.

*Fezer, Karl-Heinz:* Rechtsnatur und Rechtssystematik der unionsrechtlichen Konzeption einer Gewährleistungsmarke, GRUR 2017, 1188-1197.

*Ders.:* Markenrecht, Kommentar zum Markengesetz, zur Pariser Verbandsübereinkunft und zum Madrider Markenabkommen. Dokumentation des nationalen, europäischen und internationalen Kennzeichenrechts, 4. Aufl. München 2009 [zitiert: *Bearbeiter*, in: Fezer, Markenrecht].

*Fezer, Karl-Heinz / Büscher, Wolfgang / Obergfell, Eva Inés (Hrsg.):* Lauterkeitsrecht, Kommentar zum Gesetz gegen den unlauteren Wettbewerb (UWG), Bd. 1, Internationales Lauterkeitsrecht, Lauterkeitsrechtliche Spezialthemen, Geschichte – Systematik – Grundlagen, §§ 1-3 UWG, 3. Aufl., München 2016;

Bd. 2, §§ 3a bis 20 UWG, Anhang zu § 3 Abs. 3 UWG, 3. Aufl. München 2016 [zitiert: *Bearbeiter*, in: Fezer/Büscher/Obergfell, Lauterkeitsrecht: UWG, Bd. 1 oder Bd. 2].

*Financial Action Task Force:* Sektorale Risikoanalyse – Terrorismusbekämpfung durch (den Missbrauch von) Non-Profit-Organisationen in Deutschland 2020; abrufbar unter: https://www.bmi.bund.de/SharedDocs/downloads/DE/publikationen/themen/sicherheit/sektorale-risikoanalyse.pdf?__blob=publicationFile&v=8 (aufgerufen am 3.9.2021).

*Fischbach, Oskar:* Das Sammelvermögen, in: Kisch, Wilhelm (Hrsg.), Zivilrechtliche und prozessrechtliche Abhandlungen, Heft 1, Strassburg 1907 [zitiert: *Fischbach*, Das Sammelvermögen].

*Fischer, Hardy:* Ausstieg aus dem Dritten Sektor – Juristische Probleme bei Beendigung der Gemeinnützigkeit, Köln u.a. 2005 [zitiert: *H. Fischer*, Ausstieg aus dem Dritten Sektor].

*Fischer, Thomas:* Strafgesetzbuch mit Nebengesetzen, 68. Aufl., München 2021.

*Flatten, Thomas:* Zur Strafbarkeit von Bankangestellten bei der Geldwäsche, Frankfurt a.M. u.a. 1996.

*Floeth, Michael:* Anmerkung zu OLG Karlsruhe, Urt. v. 7.6.2016 – 2 (5) Ss 156/16, NZWiST 2016, 397-401.

*Ders.:* Anmerkung zu BGH, Urt. v. 13.1.2015 – 5 StR 541/14, NZWiSt 2015, 196-199.

*Flues, Thomas:* Die Zustiftung im Zivilrecht, im Steuerrecht und in der Rechnungslegung unter Berücksichtigung der Rechtslage in Österreich und in der Schweiz, Hamburg 2015 [zitiert: *Flues*, Die Zustiftung im Zivilrecht].

*Förster, Franz (Begr.) / Eccius, M E.:* Preußisches Privatrecht, II. Bd., 6. Aufl. Berlin 1892 [zitiert: *Förster/Eccius*, Preußisches Privatrecht].

*Frankenberger, Eva:* Der funktionale Stiftungsbegriff als Denkmodell eines rechtsformübergreifenden Stiftungsrechts, Frankfurt a.M. 2013.

*Frey, Tobias / Pelz, Christian (Hrsg.):* Beck'sche Online-Kommentare, Geldwäschegesetz, BeckOK GwG, 6. Edition, Stand 1.6.2021, München [zitiert: *Bearbeiter*, in: BeckOK GwG].

*Friedel, Rainer / Spindler, Edmund A.:* Zertifizierung – ja. Aber effizienter und transparenter, in: Friedel, Rainer/Spindler, Edmund A. (Hrsg.), Zertifizierung als Erfolgsfaktor. Nachhaltiges Wirtschaften mit Vertrauen und Transparenz, Wiesbaden 2016, S. 553-560 [zitiert: *Friedel/Spindler*, Zertifizierung – ja, in: Friedel/Spindler, Zertifizierung als Erfolgsfaktor].

*Fröba, Christian,:* Die Reichweite des § 129a StGB bei der Bekämpfung des transnationalen Terrorismus, Frankfurt a.M. 2008.

*Fröhlich, Elke (Hrsg.) / Klemperer, Viktor:* LTI: Notizbuch eines Philologen, Ditzingen 2018 [zitiert: *Klemperer*, LTI: Notizbuch eines Philologen].

*Furche, Franz-Christoph:* Die Kontrolle der Finanzen spendenfinanzierter caritativer Vereine, Diss. jur. Bonn, 1988.

*Galli, Albert:* Die Rechnungslegung nichtwirtschaftlicher gemeinnütziger Vereine, DStR 1998, 263-268.

*Gazeas, Nikolaos / Grosse-Wilde, Thomas / Kießling, Alexandra:* Die neuen Tatbestände im Staatsschutzstrafrecht – Versuch einer ersten Auslegung der §§ 89a, 89b und 91 StGB, NStZ 2009, 593-604.

*Gernhuber, Joachim:* Die fiduziarische Treuhand, JuS 1988, 355-363.

*v. Gierke, Otto:* Deutsches Privatrecht, Erster Bd., Allgemeiner Teil und Personenrecht, Leipzig, 1895 [zitiert: *v. Gierke*, Deutsches Privatrecht, Bd. I].

*Glenz, Wilhelm:* Sammlungsgesetz und Sammelvermögen, Diss. Jur. Gießen, 1936.

*Göckler, Till:* Die Klagebefugnis vertikaler Wirtschaftsverbände – Auf der Suche nach dem Schutz der sonstigen Marktteilnehmer im Wettbewerbsrecht, WRP 2016, 434-439 [zitiert: *Göckler*, Die Klagebefugnis vertikaler Wirtschaftsverbände, WRP 2016].

*Goette, Maximilian:* Die Reform des Transparenzregister- und Finanzinformationsgesetzes, DStR 2021, 1551-1558.

*Gollan, Katharina / Richter, Andreas:* Der Referentenentwurf zur Stiftungsrechtsreform – So nicht, bitte!, npoR 2021, 29-34.

*Gosch, Dietmar (Hrsg.):* Körperschaftsteuergesetz, 4. Aufl., München 2020 [zitiert: *Bearbeiter*, in: Gosch, KStG].

*Gouvin, Eric J.:* Bringing Out the Big Guns: The USA Patriot Act, Money Laundering, and the War on Terrorism (2003), Baylor Law Review 2003, Vol. 55, p. 955-990 [zitiert: *Gouvin*, Bringing Out the Big Guns (2003), Baylor Law Review 2003, Vol. 55].

*Grieß, Andreas:* Digitales Trinkgeld für Niedriglohnarbeiter, Der Spiegel v. 13.10.2010, abrufbar unter http://www.spiegel.de/netzwelt/web/social-payment-digitales-trinkgeld-fuer-niedriglohn-arbeiter-a-720777.html (aufgerufen am 27.8.2021).

*Gruber, Michael:* Der Treuhandmissbrauch – Zur dogmatischen Rechtfertigung eines Verfügungsschutzes des Treugebers, AcP 202 (2002), 435-464.

*Grunewald, Barbara:* Auskunftserteilung und Haftung des Vorstands im bürgerlichrechtlichen Verein, ZIP 1989, 962-967.

*Grunewald, Barbara / Westermann, Harm Peter / Maier-Reimer, Georg (Hrsg.) / Erman, Walter (Begr.):* Erman, Bürgerliches Gesetzbuch Kommentar, 16. Aufl., Köln 2020 [zitiert: *Bearbeiter*, in: Erman, BGB].

*Dies.:* Erman, Bürgerliches Gesetzbuch Kommentar, 14. Aufl., Köln 2014 [zitiert: *Bearbeiter*, in: Erman, BGB, 14. Aufl. 2014].

*Gsell, Beate / Krüger, Wolfgang / Lorenz, Stephan / Reymann, Christoph (Gesamthrsg.):* Beck-online. Großkommentar – Bürgerliches Gesetzbuch, München 2021 [zitiert: *Bearbeiter*, in: BeckOGK BGB, § [Stand] Rn.].

*Gumpelmaier, Wolfgang:* Crowdfunding – Eine echte Alternative zu öffentlicher und privater Finanzierung, Stiftung & Sponsoring 4/2013, 14-15.

*Habekuss, Fritz:* Social Payment Services – für den guten Zweck, Tagesspiegel ohne Datumsangabe, abrufbar unter: httpss://www.tagesspiegel.de/medien/social-payment-fuer-den-guten-zweck/4350528.html (aufgerufen am 27.8.2021).

*Hacker, Franz:* Das Markenrechtsmodernisierungsgesetz (MaMoG), Teil II: Verletzung und Transit, Schutzschranken und Benutzungszwang, Gewährleistungsmarke, Sonstiges, GRUR 2019, 235-244.

*Haibach, Marita:* Handbuch Fundraising. Spenden, Sponsoring, Stiftungen in der Praxis; 5. Aufl., Frankfurt/New York 2019.

*Dies.:* Anforderungen an eine erfolgreiche Fundraising-Praxis, Non Profit Law Yearbook 2005, 229-240.

*Hammen, Horst:* Anmerkung zu OLG Frankfurt, Urt. v. 25.6.1986 – 21 U 239/84 -, WM 1987, 1249-1251.

*Hansmann, Henry:* The economics of nonprofit organizations, in: Hopt, Klaus J/v. Hippel, Thomas (Hrsg.), Comparative Corporate Governance of Non-Profit-Organizations, Cambridge 2010, S. 60-72.

*Harte-Bavendamm, Henning / Henning-Bodewig, Frauke (Hrsg.):* Gesetz gegen den unlauteren Wettbewerb (UWG), 4. Aufl., München 2016 [zitiert: *Bearbeiter*, in: Harte-Bavendamm/Henning-Bodewig, UWG].

*Hartnick, Susanne:* Kontrollprobleme bei Spendenorganisationen; Ein Rechtsvergleich zwischen Deutschland und den USA, Tübingen 2007.

*Hau, Wolfgang / Poseck, Roman (Hrsg.):* Beck'sche Online-Kommentare, Bürgerliches Gesetzbuch, 59. Edition, Stand 1.8.2021 [zitiert: *Bearbeiter*, in: BeckOK BGB].

*Hecker, Bernd:* Strafrecht BT: Spendenbetrug – Betrugsstrafbarkeit bei Entgegennahem einer Spende, die der Sammler von Anfang an nicht dem vorgegebenen wohltätigen Zweck zufließen lassen will, JuS 2014, 561-563 [zitiert: *Hecker*, Strafrecht BT: Spendenbetrug].

*Heermann, Peter / Schlingloff, Jochen (Hrsg.):* Münchener Kommentar zum Lauterkeitsrecht, Bd. 1, Grundlagen, Kommentierung, §§ 1-7 UWG, 3. Aufl., München 2020;

Bd. 2, §§ 5-20 UWG, 2. Aufl., München 2014 [zitiert: *Bearbeiter*, in: MünchKomm Lauterkeitsrecht, UWG, Bd. 1 oder Bd. 2].

*Heidel, Thomas / Hüßtege, Rainer / Mansel, Heinz-Peter / Noack, Ulrich (Hrsg.):* Nomos-Kommentar, Bürgerliches Gesetzbuch, Allgemeiner Teil, EGBGB, Bd. 1, 4. Aufl., Baden-Baden 2021 [zitiert: *Bearbeiter*, in: NK-BGB].

*Heidelberger Akademie der Wissenschaften (Hrsg.):* Deutsches Rechtswörterbuch. Wörterbuch der älteren deutschen Rechtssprache, Zehnter Band, Notsache-Raeswa, Weimar 1997-2001 [zitiert: *Bearbeiter*, in: Deutsches Rechtswörterbuch, Bd. 10].

*Hellwig, Konrad:* Die Verträge auf Leistung an Dritte –Nach deutschem Reichsrecht unter besondere Berücksichtigung des Handelsgesetzbuchs, Leipzig 1899 [zitiert: *Hellwig*: Die Verträge auf Leistung an Dritte].

*HelpDirect e.V.:* Startseite: https://www.helpdirect.org (aufgerufen am 5.9.2021).

*Hemker, Anna:* Missbrauch von Gütezeichen, Hamburg 2016.

*Henssler, Martin:* Treuhandgeschäft. Dogmatik und Wirklichkeit, AcP 196 (1996), 37-87.

*Herberger, Maximilian / Martinek, Michael / Rüßmann, Helmut / Weth, Stephan / Würdinger, Markus (Hrsg.):* Juris Praxiskommentar BGB, Bd. 2, Schuldrecht, 9. Aufl. Online-Ausgabe, Saarbrücken 2020;

Bd. 4, Familienrecht, 9. Aufl., Online-Ausgabe, Saarbrücken 2020 [zitiert: *Bearb.*, in: JurisPK BGB, § [Stand] Rn.].

*Herzog, Felix / Achtelik, Olaf (Hrsg.):* Geldwäschegesetz (GwG), 4. Aufl., München 2020 [zitiert: *Bearbeiter*, in: Herzog, GwG].

*Herzog, Rainer:* Die unselbstständige Stiftung des bürgerlichen Rechts, Baden-Baden 2006.

*Hieke, Sophie / Grunert, Klaus G. / Wills, Josephine:* Nachhaltige Gütesiegel und ihre Rolle im Verbraucherverhalten, in: Weber, Torsten (Hrsg.), CSR und Produktmanagement – Langfristige Wettbewerbsvorteile durch nachhaltige Produkte, Berlin, Heidelberg 2015 [zitiert: *Hieke/Grunert/Wills*, Nachhaltige Gütesiegel, in: Weber, CSR und Produktmanagement].

*v. Hippel, Thomas:* Grundprobleme von Nonprofit-Organisationen. Eine zivilrechtsdogmatische, steuerrechtliche und rechtsvergleichende Untersuchung über Strukturen, Pflichten und Kontrollen und wirtschaftliche Tätigkeiten von Vereinen und Stiftungen, Tübingen 2007 [zitiert: *von Hippel*, Grundprobleme von Nonprofit-Organisationen].

*v. Hippel, Thomas / Walz, W. Rainer:* Rechtsvergleichender Generalbericht, in: Walz, W. Rainer/v. Auer, Ludwig/ v. Hippel, Thomas (Hrsg.), Spenden- und

Gemeinnützigkeitsrecht in Europa, Tübingen 2007, S. 89-214 [zitiert: *v. Hippel/ Walz,* Rechtsvergleichender Generalbericht, in: Walz/ v. Auer/v. Hippel, Spenden- und Gemeinnützigkeitsrecht in Europa].

*Dies.:* Rechtspolitische Optionen zum deutschen Gemeinnützigkeits- und Spendenrecht von A bis Z, in: Walz, W. Rainer/v. Auer, Ludwig/v. Hippel, Thomas' Spenden- und Gemeinnützigkeitsrecht in Europa, Tübingen 2007, S. 215-280 [zitiert: *v. Hippel/Walz,* Rechtspolitische Optionen, in: Walz/v. Auer/v. Hippel, Spenden- und Gemeinnützigkeitsrecht in Europa].

*Hirte, Heribert / Vallender, Heinz (Hrsg.):* Insolvenzordnung, Bd. 1, 15. Aufl., München 2019 [zitiert: *Bearbeiter,* in: Uhlenbruck, InsO].

*Hölzel, Ursula:* Das Sächsische Sammlungsgesetz, LKV 1997, 243-245.

*Hoffmann-Becking, Michael (Hrsg.):* Münchener Handbuch des Gesellschaftsrechts, Bd. 4, Aktiengesellschaft, 5. Aufl., München 2020 [zitiert: *Bearbeiter,* in: MünchHdb GesR IV].

*Hopkins, Bruce R. / Kirkpatrick, Alicia M.:* The Law of Fundraising, 5th Edition 2013.

*Hopt, Klaus J.:* Vergleichende Corporate Governance – Forschung und internationale Regulierung -, ZHR 2011, S. 444-526.

*Hörmann, Rafael,:* Spende oder Sponsoring – Abgrenzung aus ertrags- und umsatzsteuerlicher Sicht, npoR 2016, 153-156.

*Horaczek, Nina / Faigle, Philip:* Beschmutztes Image, 31.1.2008, Zeit online, abrufbar unter: https://www.zeit.de/online/2008/06/unicef/komplettansicht (aufgerufen am 6.9.2019)

*Hubschmid, Maris:* Gütezeichen. Warum es so viele Siegel gibt – und was sie taugen, Der Tagesspiegel vom 10.2.2017, abrufbar unter: https://www.tagesspiegel.de/wirtschaft/guetezeichen-warum-es-so-viele-siegel-gibt-und-was-sie-taugen/19347718.html (aufgerufen am 6.9.2021).

*Hüttemann, Rainer:* Das neue Zuwendungsempfängerregister – ein erster Schritt für mehr Transparenz im gemeinnützigen Sektor, npoR 2021, 121-127.

*Ders.:* Gemeinnützigkeits- und Spendenrecht, 5. Aufl., Köln 2021.

*Ders.:* Empfiehlt es sich, die rechtlichen Rahmenbedingungen für die Gründung und Tätigkeit von Non-Profit-Organisationen übergreifend zu regeln?, Gutachten G zum 72. Deutschen Juristentag 2018, G9–G 104 [zitiert: *Hüttemann,* Gutachten G zum 72. Deutschen Juristentag 2018].

*Ders.:* Das Gesetz zur weiteren steuerlichen Förderung von Stiftungen, DB 2000, 1584-1592.

*Hütteman, Rainer / Herzog, Rainer:* Steuerfragen bei gemeinnützigen nichtrechtsfähigen Stiftungen, DB 2004, 1001-1009.

*Hüttemann, Rainer / Rawert, Peter:* Anm. zu OVG Münster, npoR 2016, 262-263.

*Dies.:* Anm. zu OLG Celle, npoR 2016, 168-169.

*Innenministerium des Landes Nordrhein-Westfalen:* Gefahrenabwehr in Nordrhein-Westfalen – Jahresbericht 2006.

*Isay, Hermann:* Zur Lehre von den Sammelgeschäften, in: Regelsberger, Ferdinand/Ehrenberg, Victor (Hrsg.), Jherings Jahrbücher für die Dogmatik des heutigen römischen und deutschen Privatrechts, Bd. 36, Jena 1896, S. 409-472 [zitiert: *Isay*, Zur Lehre von den Sammelgeschäften, in: Jherings Jahrbücher für Dogmatik, Bd. 36, 1896].

*Jacob, Dominique:* Schutz der Stiftung, Tübingen 2006.

*Jakobs, Heinrich / Schubert, Werner (Hrsg.):* Die Beratung des Bürgerlichen Gesetzbuchs in systematischer Zusammenstellung der unveröffentlichten Quellen, Familienrecht II, §§ 1564-1921, Berlin/New York 1989 [zitiert: *Jakobs/Schubert*, Beratung des Bürgerlichen Gesetzbuchs, Familienrecht II].

*Jansen, Jean David / Pfeifle, Theresa:* Rechtliche Probleme des Crowdfundings, ZIP 2012, 1842-1852.

*Jensen, Björn:* „Was passiert mit den Freezers-Spenden?" in Hamburger Abendblatt v. 26.5.2016.

*v. Jhering, Rudolf:* Ein Rechtsgutachten, betreffend die Gäubahn, in: v. Jhering, Rudolf (Hrsg.), Jahrbücher für die Dogmatik des heutigen römischen und deutschen Privatrechts, Bd. 18, Jena 1880, S. 1-128 [zitiert: *v. Jhering*, Ein Rechtsutachten, betreffend die Gäubahn, in: Jherings Jahrbücher für Dogmatik, Bd. 18, 1880].

*Joecks, Wolfgang / Miebach, Klaus (Hrsg.):* Münchener Kommentar zum Strafgesetzbuch, Bd. 4, §§ 185-262, 4. Aufl., München 2021;

Bd. 7, Nebenstrafrecht II, 3. Aufl., München 2019 [zitiert: *Bearbeiter*, in: MünchKomm StGB].

*Joerges, Rudolf:* Spendungsgeschäft und Sammelvermögen bei der Sammlung für Vermögen für einen vorübergehenden Zweck, Halle 1920 [zitiert: *Joerges*, Spendungsgeschäft und Sammelvermögen].

*Jungheim, Gregor:* „Sie müssen zwischen Spenden und Vertrieb unterscheiden" – Im Gespräch mit Oliver Haupt über rechtssicheres Crowdfunden, Die Stiftung 2/2015, 20-22 [zitiert: *Haupt*, Im Gespräch mit Oliver Haupt, Interview durch Jungheim, in: Stiftung & Sponsoring 2/2015].

*Kaiser, Dagmar / Schnitzler, Klaus / Schilling, Roger / Sanders, Anne (Hrsg.):* Bürgerliches Gesetzbuch, Familienrecht, Bd. 4: §§ 1297-1921, 4. Aufl., Baden-Baden 2021 [zitiert: *Bearbeiter*, in: NK-BGB, FamR].

*Kaun, Tanja,:* Deutscher Fundraising-Verband stellt Ethik-Signet vor, in Fundraising-Echo 2015.4, abrufbar unter: https://www.saz.com/de/deutscher-fundraising-verband-stellt-ethik-signet-vor (aufgerufen am 5.9.2021).

*Kickstarter:* Startseite: https://help.kickstarter.com (aufgerufen am 30.8.2021).

*Kindhäuser, Urs / Neumann, Ulfrid / Paeffgen, Hans-Ulrich (Hrsg.):* Strafgesetzbuch, Nomos Kommentar, 5. Aufl., Baden-Baden, 2017 [zitiert: *Bearbeiter*, in: NK-StGB].

*Kirchhof, Gregor / Kulosa, Egmont / Ratschow, Eckart (Hrsg.):* Beck'sche Online-Kommentare, Einkommensteuergesetz, 10. Edition, Stand, 1.6.2021, München 2021 [zitiert: *Bearbeiter*, in: BeckOK EStG].

*Kirchhof, Paul / Seer, Roman:* Einkommensteuergesetz, Kommentar, 20. Aufl., Köln 2021 [zitiert: *Bearbeiter*, in: Kirchhof/Seer, EStG].

*Kiva:* Startseite: https://www.kiva.org (aufgerufen am 6.9.2021).

*Klarmann, Tobias:* EuGH zur Beteiligung an einer Terrororganisation: Spenden verboten, in: Legal Tribune Online, 25.6.2015, http://www.lto.de/persistent/a_id/15980/ (aufgerufen am 3.9.2021).

*Klausch, Sebastian:* Unmöglichkeit und Unzumutbarkeit im System des allgemeinen Leistungsstörungsrechts nach der Schuldrechtsmodernisierung 2002, Frankfurt a.M. 2004 [zitiert: *Klausch*, Unmöglichkeit und Unzumutbarkeit].

*Kleemann, Julius:* Die Pflegschaft für ein Sammelvermögen, Diss. jur. Erlangen, 1902.

*Klein, Ansgar / Priller, Eckhard / v. Strachwitz, Rupert Graf:* Wir brauchen ein Zentrum für Zivilgesellschaftsforschung, Opusculum Nr. 75, Maecenata Institut (Hrsg.), Berlin 2014 [zitiert: *Klein/Priller/v. Strachwitz*, Wir brauchen ein Zentrum für Zivilgesellschaftsforschung, Opusculum Nr. 75, 2014].

*Klein, Franz / Orlopp, Gerd (Begr.):* Abgabenordnung – einschließlich Steuerrecht, 15. Aufl., München 2020 [zitiert: *Bearbeiter*, in: Klein, AO].

*Klöhn, Lars / Hornuf, Lars:* Crowdinvesting in Deutschland, ZBB 2012, 237-266.

*Kluge, Friedrich:* Etymologisches Wörterbuch der deutschen Sprache, 24. Aufl., Berlin/New York 2002.

*Köhler, Helmut:* Spendenwerbung und Wettbewerbsrecht, GRUR 2008, 281-285.

*Köhler, Helmut / Bornkamm, Joachim / Feddersen, Jörn / Alexander, Christian (Hrsg.):* Gesetz gegen den unlauteren Wettbewerb, 39. Aufl., München 2021 [zitiert: *Bearbeiter*, in: Köhler/Bornkamm/Feddersen, UWG].

*König, Carl Ernst:* Die öffentliche Sammlung von Vermögen für einen vorübergehenden Zweck, Diss. jur. Halle-Wittenberg 1907.

*Körber, Torsten / Schweitzer, Heike / Zimmer, Daniel (Hrsg.):* Immenga/Mestmäcker, Wettbewerbsrecht, Bd. 2, GWB – Kommentar zum Deutschen Kartellrecht, 6. Aufl., München 2020 [zitiert: *Bearbeiter*, in: Immenga/Mestmäcker, Wettbewerbsrecht].

*Kohler, Josef:* Lehrbuch des Bürgerlichen Rechts, Erster Bd., Allgemeiner Teil, Berlin 1906 [zitiert: *Kohler*, Lehrbuch des Bürgerlichen Rechts, Bd. I, AT].

*Kollhosser, Helmut:* Anm. zu BGH, Urt. v. 10.12.2003 – IV ZR 249/02, ZEV 2004, 117-118.

*Koos, Stefan:* Fiduziarische Person und Widmung. Das stiftungsspezifische Rechtsgeschäft und die Personifikation treuhänderisch geprägter Stiftungen, München 2004 [zitiert: *Koos*, Fiduziarische Person und Widmung].

*Koss, Claus:* Anforderungen an die Rechenschaftspflicht von gemeinnützigen Organisationen – Der UK-SORP als Alternative zu den deutschen Regelungen, Non Profit Law Yearbook 2003, 113-128 [zitiert: *Koss*, Anforderungen an die Rechenschaftspflicht von gemeinnützigen Organisationen].

*Kremer, Thomas / Bachmann, Gregor / Lutter, Marcus / v. Werder, Axel (Hrsg.):* Deutscher Corporate Governance Kodex, Kodex-Kommentar, 8. Aufl., München 2021 [zitiert: *Bearbeiter*, in: Kremer/Bachmann/Lutter/v. Werder, DCGK].

*Krimmer, Holger (Hrsg.):* Datenreport Zivilgesellschaft, Berlin 2019.

*Krimmer, Holger / Weitemeyer, Birgit / Vogt, Benedikt / Kleinpeter, Saskia / v. Schönfeld, Friedrich:* Transparenz im Dritten Sektor - Eine wissenschaftliche Bestandsaufnahme, Bündnis für Gemeinnützigkeit (Hrsg.), Hamburg 2014.

*Kronke, Herbert:* Stiftungstypus und Unternehmensträgerstiftung, Tübingen 1988.

*Krüger, Kay:* Rechtliche Grundlagen des Fundraising: Praxisleitfaden für Non-Profit-Organisationen, Berlin 2009 [zitiert: *Krüger*, Rechtliche Grundlagen des Fundraising].

*Kühl, Kristian / Heger, Martin (Hrsg.):* Strafgesetzbuch, Kommentar, 29. Aufl., München 2018 [zitiert: *Bearbeiter*, in: Lackner/Kühl, StGB].

*Kußmaul, Heinz / Meyering, Stephan:* Die Rechnungslegung der Stiftung, DStR 2004, 371-376.

*Laux, Eberhard:* Sammelvermögen – Rechtsnatur und steuerliche Behandlung, JZ 1953, 224-216 [zitiert: *Laux*, Sammelvermögen].

*Leichsenring, Hansjörg:* Sozial bedeutet uneigennützig?, Computerwoche v. 24.4.2013, abrufbar unter: https://www.computerwoche.de/a/sozial-bedeutet-uneigennuetzig,2536342 (aufgerufen am 27.8.2021).

*Lieder, Jan:* Pflichtteilsergänzungsanspruch wegen Zuwendung an gemeinnützige Stiftung – Anmerkung zum Urteil des BGH vom 10.12.2003 – IV ZR 249/02, ZSt 2004, 74-79 [zitiert: *Lieder*, Pflichtteilsergänzungsanspruch wegen Zuwendung an gemeinnützige Stiftung].

*Liermann, Hans:* Die unselbständigen Stiftungen, in: Franz, Albert K./Liermann, Hans/zur Nedden, Hans Helmut/v. Pölnitz, Götz (Hrsg.), Deutsches Stiftungswesen 1948-1966, Tübingen 1968 [zitiert: *Liermann*, Die unselbständigen Stiftungen, in: Deutsches Stiftungswesen 1948-1966].

*Lindemann, o. A.:* Haftung der Sammler bei Sammelvermögen, Das Recht 1911, 90-91.

*Lingelbach, Gabriele:* Die Geschichte des Ehrenamtes im bundesrepublikanischen Sammlungswesen: Über die Grenzen staatlich durchgesetzter Freiwilligenarbeit, in: Ehrenamt und Mäzenatentum – Grundlagen der Zivilgesellschaft im historischen Wandel, Westfälische Forschungen, Bd. 55, 2005, S. 337-359 [zitiert: *Lingelbach*, Geschichte des Ehrenamtes, in: Ehrenamt und Mäzenatentum, Westfälische Forschungen 2005].

*Littger, Michael:* Deutscher Corporate Governance Kodex - Funktion und Verwendungschancen. Eine interdisziplinäre Untersuchung mit Begründung einer Methodik zur Auswahl geeigneter Regelungsinstrumente, Baden-Baden 2006 [zitiert: *M. Littger*, DCGK – Funktion und Verwendungschancen].

*Littger, Heike:* „Geld sammeln, ohne zu betteln – Crowdfunding im Filmgeschäft", in zeitonline vom 30.12.2010, abrufbar unter: https://www.zeit.de/kultur/film/2010-12/filmbranche-crowdfunding/komplettansicht (aufgerufen am 27.8.2021).

*Löhning, Martin:* Treuhand: Interessenwahrnehmung und Interessenkonflikt, Tübingen 2006.

*Lorenz, Karsten / Mehren, Judith:* Das neue Stiftungsrecht ist da – Kernpunkte der gesetzlichen Neuregelungen und deren Bedeutung für bestehende und noch zu errichtende Stiftungen, DStR 2021, 1774-1780.

*Lorenz, Marthe-Victoria:* Crowdfunding im Sport – die neue Generation der Sportförderung, Stiftungen und Sport, abrufbar unter: https://stiftungen-und-sport.de/artikel/crowdfunding-im-sport-die-neue-generation-der-sportfoerderung (aufgerufen am 28.8.2021).

*Maecenata Institut:* Basiswissen Zivilgesellschaft, abrufbar unter: https://www.maecenata.eu/themen/zivilgesellschaft/basiswissen-zivilgesellschaft/ (aufgerufen am 27.8.2021).

*Maier, Friederike:* Zwischen Arbeitsmarkt und Familie – Frauenarbeit in den alten Bundesländern, in: Helwig, Gisela/ Nickel, Hildegard Maria (Hrsg.), Frauen in Deutschland 1945-1992, Berlin 1993, S. 257-279.

*Maier, Jochen:* Die Besteuerung der Stiftung nach der Reform. Eine Standortbestimmung nach dem Gesetz zur weiteren steuerlichen Förderung von Stiftungen vom 14.7.2000 unter Einbeziehung steuerplanerischer Aspekte, BB 2001, 494-504 [zitiert: *J. Maier*, Die Besteuerung der Stiftung nach der Reform, BB 2001].

*Markworth, David:* Das Stiftungsrecht am Scheideweg, NZG 2021, 100-110.

*Marotzke, Wolfgang:* Die logische Sekunde – ein Nullum mit Dauerwirkung?, AcP 191 (1991), 177-200.

*Martin, Anja,:* Crowdfunding – Erst kleckern, dann klotzen, FAZ v. 19.1.2013.

*Max-Planck-Institut:* Strafrechtliche Konzepte gegen Terrorismusfinanzierung, 29.1.2016, abrufbar unter: www.mpg.de/9916569/terrorismusfinanzierung (aufgerufen am 4.9.2021).

*v. Maydell, Olaf,:* Steuerliche Einordnung des Sponsorings beim gemeinnützigen Empfänger, npoR 2019, 250-256.

*Menzemer, Milena:* Hilfe für Flüchtlinge- Logistik? Na logisch!, Spiegelonline vom 9.9.2015, abrufbar unter: https://www.spiegel.de/karriere/fluechtlinge-in-hamburg-kleiderkammer-in-den-messehallen-a-1051351.html (aufgerufen am 30.8.2021).

*Mercker, Florian / Stingel, Peter:* Fundraising – Rechtliche Grenzen der Spendenwerbung von gemeinnützigen Organisationen in Deutschland, Non Profit Law Yearbook 2005, 241-253.

*Meschkowski, Alexander / Wilhelmi, Frederike,:* Investorenschutz im Crowdfunding, BB 2013, 1411-1418.

*Meyer, Michael / Maier, Florentine:* Corporate Governance in Non-Profit-Organisationen: Verständnisse und Entwicklungsperspektiven, Zeitschrift für Wirtschafts- und Unternehmensethik 13/2012, S. 9-21, abrufbar unter: https://nbn-resolving.org/ urn:nbn:de:0168-ssoar-349244 (aufgerufen am 5.9.2021).

*Mielert, Kurt:* Das Sammelvermögen des BGB, abgesehen von dem durch § 1914 BGB besonders geregelten Fall, Diss. jur. Greifswald 1914.

*Ministerium für Arbeit und Sozialordnung, Familie, Frauen und Senioren Baden-Württemberg:* Sammlungsgesetz wird zum Jahreswechsel aufgehoben, Pressemitteilung v. 15.12.2012, abrufbar unter: https://www.baden-wuerttemberg.de/de/service/presse/pressemitteilung/pid/sammlungsgesetz-wird-zum-jahres wechsel-aufgehoben/ (aufgerufen am 30.8.2021).

*Mitglieder des Bundesgerichtshofes (Hrsg.):* Das Bürgerliche Gesetzbuch mit besonderer Berücksichtigung der Rechtsprechung des Reichsgerichts und des Bundesgerichtshofes, Kommentar, Bd. IV, Teil 4: §§ 1741-1921, 12. Aufl., Berlin/New York, vormals Reichsgerichtsräte-Kommentar [zitiert: *Bearbeiter,* in: RGRK BGB].

*Moorstedt, Michael:* Likes in sozialen Netzwerken. Instagram will die Gefallsucht seiner Nutzer eindämmen, Süddeutsche Zeitung v. 22.7.2019, abrufbar unter: https://www.sueddeutsche.de/digital/instagram-likes-abschaffung-soc ial-media-gefaellt-mir-kultur-1.4533567 (aufgerufen am 27.8.2021).

*Moritz, Dirk:* Ist Richtlinienkonformität gleich Sicherheit?, in: Kommission Arbeitsschutz und Normung e.V., KAN Brief 4/07, 5, abrufbar unter: https://www.kan.de/fileadmin/Redaktion/Dokumente/KAN-Brief/de-en-fr/07-4.pdf (aufgerufen am 6.9.2021).

*Mühlenkamp, Norbert:* Externe Rechnungslegung und Berichterstattung spendenfinanzierter Organisationen. Eine Untersuchung der Informationsinteressen der Koalitionsteilnehmer an spendenfinanzierten Organisationen zum Stand der Informationsdarlegung und zu Möglichkeiten ihrer Verbesserung, Diss. wirtschafts- und sozialwissenschaftliche Fakultät Köln 2000.

*Müller-Schmale, V.:* Crowdfunding: Aufsichtsrechtliche Pflichten und Verantwortung des Anlegers, Publikation BaFin v. 2.6.2014, abrufbar unter: www.bafin.de/SharedDocs/Veroeffentlichungen/DE/Fachartikel/2014/fa_bj_1406_crowdfund ing.html (aufgerufen am 30.8.2021).

*Muscheler, Karlheinz:* Der Zuwendungsvertrag zwischen Stiftung und Destinatär, NJW 2010, 341-344.

*Ders.:* Anmerkung zu OLG Dresden Urt. v. 2.5.2002 – 7 U 2905701, ZEV 2002, 417-418 [zitiert: *Muscheler*, Anm. zu OLG Dresden].

*Ders.:* Die Verbrauchsstiftung, in: Saenger, Ingo/Bayer, Walter/Koch, Elisabeth/ Körber, Torsten (Hrsg.), Gründen und Stiften, Festschrift zum 70. Geburtstag des Jenaer Gründungsdekans und Stiftungsrechtlers Olaf Werner, 2009, S. 129-145 [zitiert: *Muscheler*, Die Verbrauchsstiftung, in: FS für O. Werner].

*Ders.:* Die unselbstständige Stiftung, Die Stiftung 2007, 59- 86.

*Nadwornik, Dennis:* Praxishinweise zum Transparenzregister für gemeinnützige Stiftungen, npoR 2017, 233-240.

*National Council for Voluntary Organisations (Hrsg.):* Accountability and Transparency, NCVO Publications, June 2004, abrufbar über Startseite: https://www.ncvo.org.uk (aufgerufen am 5.9.2021).

*Neuheuser, Stephan:* Die Strafbarkeit des Bereithaltens und Weiterleitens des durch „Phishing" erlangten Geldes, NStZ 2008, 492-497.

*Neuhoff, Klaus:* Grundsätze ordnungsgemäßer Stiftungsverwaltung; Versuch einer Stiftungs-Ethik, Stiftung & Sponsoring 2/2003, Rote Seiten [zitiert: *Neuhoff*, Grundsätze ordnungsgemäßer Stiftungsverwaltung].

*Ders.:* Um der juridical correctness willen: Spende, keine Schenkung!, ZSt 2004, 90-91.

*Neundlinger, Markus / Stötzer, Sandra:* Spendensiegel im internationalen Vergleich, Verbands-Management, 40. Jahrgang, Ausgabe 2 (2014), S. 44-51.

*Oberhansberg, Hilke:* Wettbewerb im Spendenmarkt – Die Bedeutung von Markteintritts- und Mobilitätsbarrieren, Diss. Fachbereich Wirtschaftswissenschaften Bremen 2001. [zitiert: *Oberhansberg*, Wettbewerb im Spendenmarkt].

*Ohly, Ansgar / Sosnitza, Olaf (Hrsg.):* Gesetz gegen den unlauteren Wettbewerb mit Preisangabenverordnung – Kommentar – begründet von Helmut Köhler und Henning Pier, 7. Aufl., München 2016 [zitiert: *Bearbeiter*, in: Ohly/ Sosnitza, UWG].

*Oetker, Hartmut / Orth, Manfred:* Handelsgesetzbuch, Kommentar, 7. Aufl., München 2021. Zur Rechnungslegung von Stiftungen, DB 1997, 1341-1351.

*Otte, Gerhard:* Anmerkung zu BGH Urteil v. 10.12.2003 –IV ZR 249/02, JZ 2004, 972-975.

*o.V.:* https://rp-online.de/nrw/panorama/spendenmissbrauch-in-nrw-ermittlungen-gegen-pfoten-verband-und-kinderwuensche_aid-22401939 (aufgerufen am 27.8.2021).

*o.V.:* https://t3n.de/magazin/micropayment-kleingeld-sinnvoll-abrechnen-227523/ (aufgerufen am 27.8.2021).

*o.V.:* https://www.aktionsbuendnis-katastrophenhilfe.de/hochwasser-in-deutschland (aufgerufen am 27.8.2021).

*o.V.:* https://www.duh.de/haus-und-strassensammlung/ (nicht mehr aktiv; zuletzt aufgerufen am 22.10.2020).

*o.V.:* https://www.ebay-kleinanzeigen.de/s-nachbarschaftshilfe/hochwasser/k0c400 (aufgerufen am 5.9.2021).

*o.V.:* https://www.ein-herz-fuer-kinder.de/zdf-gala (aufgerufen am 30.8.2021).

*o.V.:* https:/www.faz.net/aktuell/rhein-main/frankfurt/awo-skandal-ehemaliger-geschaeftsfuehrer-soll-3-9-millionen-euro-zahlen-17023009.html (aufgerufen am 27.8.2021).

*o.V.:* https://www.faz.net/aktuell/sport/fussball/dfb-praesident-reinhard-grindel-tritt-zurueck-16120680.html (aufgerufen am 27.8.2021).

*o.V.:* https://www.faz.net/aktuell/sport/sportpolitik/wm-skandal-von-2006-anklage-gegen-fruehere-dfb-funktionaere-16352250.html) (aufgerufen am 27.8.2021).

*o.V.:* https://www.faz.net/aktuell/politik/ausland/bangladesch-mohammad-yunus-und-die-grameen-bank-erhalten-friedensnobelpreis-1384538.html (aufgerufen am 30.8.2021).

*o.V.:* https://www.hamburg.de/praxistipps/115796/sammlungen-und-spenden/ (aufgerufen am 6.9.2021).

*o.V.:* https://www.hoerer-helfen-kindern.de/weihnachtssammlung/ (aufgerufen am 27.8.2021).

*o.V.:* https://niedersachsen.volksbund.de/helfen/sammlungen (abgerufen am 27.8.2021).

*o.V.:* https://www.rbb-online.de/politik/hintergrund/Hintergrund-Maserati-Affaere-Treberhilfe-Skandal.html (aufgerufen am 27.8.2021).

*o.V.:* https://www.senatspressestelle.bremen.de/pressemitteilungen/buerokratieabbau-ganz-konkret-bremisches-sammlungsgesetz-seit-april-aufgehoben-14266?asl=bremen146.c.25714.de, aufgerufen am 30.8.2021).

*o.V.:* https://www.spiegel.de/panorama/awo-frankfurt-praesidium-des-kreisverbands-tritt-zurueck-a-1302346.html (aufgerufen am 27.8.2021).

*o.V.:* https://www.spiegel.de/auto/aktuell/liste-der-aufgedeckten-skandale-beim-adac-a-946186.html (aufgerufen am 27.8.2021).

*o.V.:* https://www.sueddeutsche.de/panorama/spendenskandal-bei-unicef-sieben-millionen-euro-schaden-1.258662 (aufgerufen am 27.8.2021).

*o.V.:* https://www.tagesschau.de/ausland/ex-vatikanbankchef-urteil-101.html (aufgerufen am 4.9.2021).

*o.V.:* https://www.tagesschau.de/investigativ/swr/verbot-ansaar-international-101.html (aufgerufen am 4.9.2021).

*o.V.:* https://www.tagesspiegel.de/berlin/40-000-seiten-akte-im-drk-skandal-steht-die-anklage-bevor/6133756.html v. 31.1.201 (aufgerufen am 27.8.2021).

*o.V.:* https://www.vaticannews.va/de/vatikan/news/2021-07/vatikan-asif-bericht-finanz-wirtschaft-kontrolle-geld-pruefung.html (aufgerufen am 4.9.2021).

*o.V.:* http://www.welt.de/regionales/hamburg/article1548462/Das-Chaos-im-Tierschutzverein-geht-weiter.html v.13.1.2008 (aufgerufen am 27.8.2021).

*o.V.:* https://www.welt.de/regionales/hamburg/article155668420/Rettungsaktion-fuer-Hamburg-Freezers-scheitert.html#:~:text=Rettungsaktion%20f%C3%BCr%20Hamburg%20Freezers%20scheitert&text=Das%20Engagement%20der%20Spieler%2C%20die,die%20Frist%20zur%20Lizenzbeantragung%20verstreichen (aufgerufen am 28.8.2021).

*o.V.:* https://www.youtube.com/results?search_query=Spenden++hochwasser (aufgerufen am 5.9.2021).

*o.V.:* https://www.zeit.de/wirtschaft/2014-09/greenpeace-spekulationen-geldgeber (aufgerufen am 27.8.2021).

*o.V.:* Informationen zur Veranstaltung Kleiner Lotterien, abrufbar unter: https://www.hamburg.de/Dibis/form/pdf/201105_Informationen_Kleine_Lotterien_Onlinedienst.pdf (aufgerufen am 6.9.2021).

*o.V.:* Kinderhilfsverein unter Geldwäsche-Verdacht, Tageszeitung v. 7.12.12, abrufbar unter www.tz.de/muenchen/stadt/muenchner-kinderhilfsverein-unter-geldwaesche-verdacht-meta-2655099.html (aufgerufen am 4.9.2021).

*o.V.:* Sammlungsgesetz – Unter uns gesagt, Der Spiegel v. 11.9.1966, S. 72-74.

*o.V.:* Startseite *Amazon smile:* https://smile.amazon.com (aufgerufen am 30.8.2021).

*o.V.:* Startseite *Bildungsspender*: https://www.bildungsspender.de (aufgerufen am 30.8.2021).

*o.V.:* Startseite *Bürgerstiftungen*: https://www.buergerstiftungen.org (aufgerufen am 5.9.2021).

*o.V.:* Startseite *Credit Suisse:* https://www.credit-suisse.com (aufgerufen am 30.8.2021).

*o.V.:* Startseite *crowdfunding.de:* www.crowdfunding.de (aufgerufen am 27.8.2021).

*o.V.:* Startseite *Deutschland Rundet Auf*: https://deutschland-rundet-auf.de (aufgerufen am 30.8.2021).

*o.V.:* Startseite *Diakonie Bayern*: https://www.diakonie-bayern.de (aufgerufen am 27.8.2021).

*o.V.:* Startseite *Die Stiftung*: https://www.die-stiftung.de (aufgerufen am 30.8.2021)

*o.V.:* Startseite *flattr*: abrufbar: https://flattr.com (aufgerufen am 27.8.2021).

*o.V.:* Startseite *Fundraising Akademie gGmbH*: www.fundraisingakademie.de (aufgerufen am 27.8.2021).

*o.V.:* Startseite *givv.org*: http://givv.org (aufgerufen am 30.8.2021).

*o.V.:* Starseite *givingcompass*: https://givingcompass.org (aufgerufen am 30.8.2021).

*o.V.:* Startseite *Laterpay*: abrufbar unter https://www.laterpay.net (aufgerufen am 27.8.2021).

*o.V.:* Startseite *Schulengel*: https://www.schulengel.de (aufgerufen am 30.8.2021).

*o.V.:* Startseite *startnext*: https://www.startnext.com (aufgerufen am 30.8.2021).

*o.V.:* Startseite *Statista:* https://de.statista.com (aufgerufen am 27.8.2021).

*o.V.:* Startseite *Unicef*: www.unicef.de (aufgerufen am 30.8.2021).

*o.V.:* Startseite *visionbakery*: http://www.visionbakery.com (aufgerufen am 30.8.2021).

*o.V.:* Startseite *Welthungerhilfe*: www.welthungerhilfe.de (aufgerufen am 30.8.2021).

*o.V.:* Vatikanbank-Affäre, Neue Geldwäsche-Vorwürfe gegen Scarano, Der Spiegel v. 21.1.2014, abrufbar unter www.spiegel.de/panorama/justiz/vatikanbank-skandal-geldwaesche-ermittlungen-gegen-nunzio-scarano-a-944668.html (aufgerufen am 4.9.2021).

*o.V.:* www.fairplaid.org/#!rettet-die-hamburg-freezers (aufgerufen am 28.8.2021)

*o.V.:* www.strassensammlung-mitteldeutschland.de/ (abgerufen am 27.8.2021).

*Palandt, Otto (Begr.):* Bürgerliches Gesetzbuch, Kommentar, 80. Aufl., München 2021 [zitiert: *Bearbeiter*, in: Palandt, BGB].

*Peifer, Karl-Nikolaus:* Schutz ethischer Werte im Europäischen Lauterkeitsrecht oder rein wirtschaftliche Betrachtungsweise?, in: Hilty, Reto M./Henning-Bodewig, Frauke (Hrsg.), Lauterkeitsrecht und Acquis Communautaire, S. 125-149 [zitiert: *Peifer*, Schutz ethischer Werte im Europäischen Lauterkeitsrecht, in: Hilty/Henning-Bodewig, Lauterkeitsrecht und Acquis Communautaire].

*Peters, Fokke / Mercker, Florian / Mues, Gabor:* Die Zuwendungsstiftung als aktuelle Erscheinungsform des Stiftungsrechts – untersucht am Beispiel der Kulturstiftung des Bundes, ZSt 2003, 158-166.

*Pfeifer, Tilo / Schmitt, Robert (Hrsg.):* Masing Handbuch Qualitätsmanagement, 6. Aufl., München/Wien 2014 [zitiert: *Bearbeiter*, in: Pfeifer/Schmitt, Masing Handbuch Qualitätsmanagement].

*Phineo gAG:* Startseite: https://www.phineo.org (aufgerufen am 6.9.2021).

*Priemer, Jana / Corcoran-Schliemann, Bianca / Geue, Daniela / Krimmer, Holger / Schulz-Sandhof, Karsten:* Finanzierung der Zivilgesellschaft, in: Krimmer, Holger (Hrsg.), Datenreport Zivilgesellschaft, 2019, S. 113-144 abrufbar unter: https://www.ziviz.de/sites/ziv/files/datenreport_zivilgesellschaft.pdf (aufgerufen am 30.8.2021).

*Priemer, Jana / Krimmer, Holger / Labigne, Anae:* Ziviz-Survey 2017 – Vielfalt verstehen. Zusammenhalt stärken, Essen 2017, abrufbar unter: https://www.ziviz.de/sites/ziv/files/ziviz-survey_2017.pdf (aufgerufen am 30.8.2021) [zitiert: *Priemer/Krimmer/Labigne*, Ziviz-Survey 2017].

*Priester, Hans_Joachim:* Nonprofit-GmbH – Satzungsgestaltung und Satzungsvollzug, GmbHR 1999, 149-157.

*Priller, Eckhard / Zimmer, Annette:* Der Dritte Sektor in Deutschland – seine Perspektiven im neuen Millenium, Münsteraner Diskussionspapiere zum Nonprofit-Sektor – Nr. 10, 2000.

*Puchta zu Bütow, W. A.:* Über Sammlungen zu öffentlichen Zwecken nach gemeinem Recht, in: Hinschius, Franz/Hinschius, Paul (Hrsg.), Zeitschrift für Gesetzgebung und Rechtspflege in Preußen, Bd. 2, 1868, S. 473-481 [zitiert: *Puchta*, Über Sammlungen zu öffentlichen Zwecken, Hinschius‘ Zeitschrift, Bd. 2, 1868].

*Puschke, Jens:* Der Ausbau des Terrorismusstrafrechts und die Rechtsprechung des Bundesgerichtshofs, StV 2015, 457-464.

*Rat der Europäischen Union:* Bewährte Praktiken der EU für die wirksame Umsetzung restriktiver Maßnahmen vom 24.4.2008, 8666/1/08 REV 1.

*Rausch, Rainer / Meirich, Felix:* Spenden durch Verzicht auf einen vertraglichen Anspruch, DStR 2017, 2769-2777.

*Rawert, Peter:* Die Stiftung auf Zeit – insbesondere die Verbrauchsstiftung – in der zivilrechtlichen Gestaltungspraxis, npoR 2014, 1-7.

*Ders.:* Die staatsfreie Stiftung, in: Unternehmen, Markt und Verantwortung, Festschrift für Klaus J. Hopt zum 70. Geburtstag am 24. August 2010, Bd. 1, Berlin/ New York 2010, S. 177-193 [zitiert: *Rawert*, Die staatsfreie Stiftung, in: FS für Hopt].

*Ders.:* Zivilrechtsfragen des Spendens, Non Profit Law Yearbook 2005, 165-183.

*Ders.:* Bürgerstiftungen – Ausgewählte Rechts- und Gestaltungsfragen, in: Bertelsmann Stiftung (Hrsg.), Handbuch Bürgerstiftungen, 2. Aufl., Gütersloh 2004, S. 151-179 [zitiert: *Rawert*, Bürgerstiftungen, in: Hdb Bürgerstiftungen].

*Ders.:* Charitable Correctness – Das OLG Dresden zu Spenden und Pflichtteilsergänzung, NJW 2002, 3151-3153.

*Rawert, Peter / Ajzensztejn, Andrea:* Stiftungsrecht im Nationalsozialismus, in: v. Campenhausen, Axel/Kronke, Herbert/Werner, Olaf (Hrsg.), Stiftungen in Deutschland und Europa, Düsseldorf 1998, S. 157-181.

*Rebmann, Kurt / Säcker, Franz Jürgen / Rixecker, Roland (Hrsg.):* Münchener Kommentar zum Bürgerlichen Gesetzbuch, Bd. 3, Schuldrecht – Besonderer Teil I -, §§ 433-610, Finanzierungsleasing – HeizkostenV – BetriebskostenV – CISG, 4. Aufl., München 2004 [zitiert: *Bearbeiter*, in: MünchKomm BGB, 4. Aufl. 2004].

*Regelsberger, Ferdinand:* Systematisches Handbuch der deutschen Rechtswissenschaft, Pandekten, Erster Bd., Leipzig 1893. [zitiert: *Regelsberger*, Pandekten, Bd. I].

*Ders.:* Streifzüge im Gebiet des Zivilrechts, in: Festgabe der Göttinger Juristen-Fakultät für Rudolf v. Jhering zum Fünfzigjährigen Doktor-Jubiläum am VI.

August MDCCCXCII, Leipzig 1892, S.43-78 [zitiert: *Regelsberger*, Streifzüge im Gebiet des Zivilrechts, in: FG für v. Jhering].

*Regierer, Christoph / Mühling, Moritz J. / Haupt, Oliver:* Crowdfunding und Crowdinvesting. Rechtliche und tatsächliche Entwicklungen, Stiftung & Sponsoring 1/2015, 3-12 [zitiert: *Regierer/Mühling/Haupt*, Crowdfunding und Crowdinvesting].

*Regierungskommission:* Deutscher Corporate Governance Kodex, frühere Fassungen, abrufbar unter: https://www.dcgk.de/files/dcgk/usercontent/de/download/kodex/D_CorGov_Endfassung_2002_02_23.pdf (aufgerufen am 5.9.2021).

*Rengier, Rudolf:* Strafrecht Besonderer Teil 1, Vermögensdelikte, 23. Aufl., München 2021 [zitiert: *Rengier*, StrafR BT 1].

*Reuter, Dieter:* Änderungen des Vereins- und Stiftungsrechts durch das Ehrenamtsstärkungsgesetz, npoR 2013, 41-47.

*Ders.:* Die Verbrauchsstiftung, npoR 2010, 69-74.

*Ders.:* Die unselbstständige Stiftung, in: v. Campenhausen, Axel/Kronke, Herbert/Werner, Olaf (Hrsg.), Stiftungen in Deutschland und Europa: mit Beiträgen zur Geschichte, zum Zivil-, Steuer- und öffentlichen Recht sowie zur Rechtsvergleichung, Düsseldorf 1998, S. 203-228 [zitiert: *D. Reuter*, Die unselbstständige Stiftung, in: v. Campenhausen/Kronke/Werner, Stiftungen in Deutschland und Europa].

*Reuter, Stefan:* Neues vom Transparenzregister, NGZ 2020, 178-185.

*Richter, Andreas (Hrsg.):* Stiftungsrecht, München 2019.

*Ders.:* Das Verhältnis von Zuwendungen an Stiftungen und Pflichtteilsergänzungsansprüchen, ZErb 2005, 134-139.

*Rödl, Christian / Seifried, Carola:* Treuhandverhältnisse im Erbschafts- und Steuerrecht, BB 2006, 20-22.

*Roth, Gregor:* Wie gewonnen so zerronnen – Zum Schicksal von Spenden in der Insolvenz, ZInsO 2010, 1617-1628 [zitiert: *G. Roth*, Zum Schicksal von Spenden in der Insolvenz].

*Rüb, Matthias:* Finanzskandal der Kirche – Wenn der Vatikan einen Kardinal anklagt, Frankfurter Allgemeine Zeitung vom 4.7.2021, abrufbar unter: https://www.faz.net/aktuell/politik/ausland/finanzskandal-der-kirche-wenn-der-vatikan-einen-kardinal-anklagt-17421476.html (aufgerufen am 4.9.2021).

*Säcker, Franz Jürgen / Bien, Florian / Meier-Beck, Peter / Montag, Frank (Hrsg.):* Münchener Kommentar zum Wettbewerbsrecht, Bd. 1, Europäisches Wettbewerbsrecht, 3. Aufl., München 2020 [zitiert: *Bearbeiter*, in: MünchKomm Wettbewerbsrecht].

*Säcker, Franz Jürgen / Rixecker, Roland / Oetker, Hartmut / Limpberg, Bettina (Hrsg.):* Münchener Kommentar zum Bürgerlichen Gesetzbuch, Bd. 1, Allgemeiner Teil,

§§ 1-240, München, 9. Aufl. 2021; Bd. 3, Schuldrecht – Allgemeiner Teil II, 8. Aufl., München 2019;

Bd. 4, Schuldrecht – Besonderer Teil I, §§ 433-534, Finanzierungsleasing – CISG, 8. Aufl., München 2019;

Bd. 6, Schuldrecht – Besonderer Teil III, §§ 631-704, 8. Aufl., München 2020;

Bd. 7, Schuldrecht – Besonderer Teil IV, §§ 705-853, Partnerschaftsgesellschaftsgesetz – Produkthaftungsgesetz, 8. Aufl., München 2020;

Bd. 10, Familienrecht II, §§ 1589-1921, SGB VIII, 8. Aufl., München 2020 [zitiert: *Bearbeiter*, in: MünchKomm BGB].

*Dies.:* Münchener Kommentar zum Bürgerlichen Gesetzbuch, Bd. 4, Schuldrecht – Besonderer Teil II, §§ 611-704, 6. Aufl., München 2012 [zitiert: *Bearbeiter*, in: MünchKomm BGB, 6. Aufl. 2012].

*Saenger, Ingo / Aderhold, Lutz / Lenkaitis, Karlheinz / Speckmann, Gerhard (Hrsg.):* Handels- und Gesellschaftsrecht, Praxishandbuch, 2. Aufl., Baden-Baden 2011 [zitiert: *Bearbeiter*, in: Saenger/Aderhold/Lenkaitis/Speckmann, Handels- und Gesellschaftsrecht].

*Satzger, Helmut / Schluckebier, Wilhelm / Widmaier, Gunter (Hrsg.):* Strafgesetzbuch, Kommentar, 5. Aufl., Hürth 2021 [zitiert: *Bearbeiter*, in: Satzger/Schluckebier/Widmaier, StGB].

*Schaden, Hans-Peter / Beckmann, Klaus (Begr.) / Stollenwerk, Detlef:* Praxis der Kommunalverwaltung (PdK), Bd. K 17 Rheinland-Pfalz, Kommentar: Sammlungsgesetz für Rheinland-Pfalz, Online-Ausgabe, Stand März 2014 [zitiert: *Schaden/Beckmann/Stollenwerk*: PdK, RP SammlG].

*Schapp, Jan:* Phänomenologie und Recht, in: Gropp, Walter/Lipp, Martin/Steiger, Heinhard (Hrsg.), Rechtswissenschaft im Wandel - Festschrift des Fachbereichs Rechtswissenschaft zum 400jährigen Gründungsjubiläum der Justus-Liebig-Universität Gießen, Tübingen 2007, S. 289-303 [zitiert: *Schapp*, Phänomenologie und Recht, in: FS zum 400jährigen Gründungsjubiläum der Justus-Liebig-Universität Gießen].

*Schaub, Renate:* Sponsoring und andere Verträge zur Förderung überindividueller Zwecke, Tübingen 2008.

*Schauhoff, Stephan (Hrsg.):* Handbuch der Gemeinnützigkeit; Verein, Stiftung, GmbH; Recht, Steuern, Personal, 3. Aufl., München 2010 [zitiert: *Bearbeiter*, in: Schauhoff, Hdb Gemeinnützigkeit].

*Scherff, Axel:* Gemeinnützigkeitsrechtliche Aspekte in Holding-Strukturen, DStR 2003, 727-729.

*Schiffer, K. Jan:* Die Dresdner Frauenkirche, die Stiftung und der Pflichtteil, NJW 2004, 1565-1567.

*Ders.:* Die Stiftung in der Beraterpraxis, 4. Aufl., Bonn, 2016.

*Ders.:* „Stiftung oder Nichtstiftung, das ist hier die Frage!". Dürfen stiftungsähnliche Konstrukte den Begriff „Stiftung" im Namen oder ihrer Firma führen?, StiftungsBrief 5/2017, 99-108.

*Schleufe, Markus,:* Fundraising. Wer nicht fragt, bekommt auch nichts, in: Zeit online v. 8.9.2015, abrufbar unter: https://www.zeit.de/karriere/beruf/2015-08/fundraising-beruf?print (alle aufgerufen am 27.8.2021).

*Schlüter, Andreas / Stolte, Stefan:* Stiftungsrecht –Erscheinungsformen und Errichtung der Stiftung, Stiftungsaufsicht, Verwaltung des Stiftungsvermögens, Stiftungssteuerrecht, Rechnungslegung und Publizität, Internationales Stiftungsrecht, 3. Aufl., München 2016 [zitiert: *Bearbeiter*, in: Schlüter/Stolte, Stiftungsrecht].

*Schmidt, Gerold:* Zweckvermögenstheorie und Zweckvermögen, NJW 1970, 646-647.

*Schmidt, Karsten:* „Ersatzformen" der Stiftung – Unselbstständige Stiftung, Treuhand und Stiftungskörperschaft -, in: Hopt, Klaus J./Reuter, Dieter (Hrsg.) Stiftungsrecht in Europa. Stiftungsrecht und Stiftungsrechtsreform in Deutschland, den Mitgliedstaaten der Europäischen Union, der Schweiz, Liechtenstein und den USA, Köln u.a. 2001, S. 175-195 [zitiert: *K. Schmidt*, „Ersatzformen" der Stiftung, in: Hopt/Reuter, Stiftungsrecht in Europa].

*Schmidt-Schmiedebach, Bodo; Schmitz-Berning, Cornelia:* Stiftung und Governance Kodex, Wiesbaden 2016. Vokabular des Nationalsozialismus, 2. Aufl., Berlin/New York 2007.

*Schöbel, Sarah Katharina:* Corporate Governance im Stiftungsrecht – Unter besonderer Berücksichtigung der Situation in der Schweiz und in Deutschland sowie europarechtlicher und internationaler Entwicklungen, Frankfurt a.M. 2012 [zitiert: *Schöbel*, Corporate Governance im Stiftungsrecht].

*v. Schönfeld, Friedrich:* Leitungs- und Kontrollstrukturen in gemeinnützigen Organisationen –Eine Untersuchung zu der Effektivität im dritten Sektor und deren Verbesserung durch einen Kodex, Hamburg 2017 [zitiert: *v. Schönfeld*, Leitungs- und Kontrollstrukturen in gemeinnützigen Organisationen].

*Schönke, Adolf (Begr.) / Schröder, Horst (fortgef.):* Strafgesetzbuch, Kommentar, 30. Aufl., München 2019 [zitiert: *Bearbeiter*, in: Schönke/Schröder, StGB].

*Schubert, Martina / Klein, Klaus:* Das Politiklexikon, 7. Aufl., Bonn 2020, abrufbar unter: https://www.bpb.de/nachschlagen/lexika/politiklexikon/ (aufgerufen am 27.8.2021).

*Schucht, Carsten:* Produkt-Zertifikate beim Warenvertrieb – Risikosteuerung und Rechtspflicht, NJW 2019, 1335-1340.

*Schuller, Alexander:* Helfer für Flüchtlinge gesucht: „Wir brauchen Zeitspenden", Hamburger Abendblatt v. 17.8.2015, abrufbar unter: https://www.abendblatt.de/nachrichten/article205574981/Helfer-fuer-Fluechtlinge-gesucht-Wir-brauchen-Zeitspenden.html (aufgerufen am 30.8.2021).

*Schulz-Sandhof, Karsten:* Wie viel wird in Deutschland gespendet – 4 oder 8 Milliarden Euro?, Maecenata Observatorium, Nr. 17 November 2017.

*Schultz, Wolfgang:* Abschied vom Durchgangserwerb und der „logischen" Sekunde bei § 185 Abs. 2 Satz 1 Alternative 2 BGB im Steuerrecht, BB 1998, 75-77.

*Schwintek, Sebastian:* Vorstandskontrolle in rechtsfähigen Stiftungen bürgerlichen Rechts: eine Untersuchung zu Pflichten und Kontrolle von Leitungsorganen im Stiftungsrecht – insbesondere in Unternehmensträgerstiftungen, Baden-Baden 2001 [zitiert: *Schwintek*, Vorstandskontrolle in rechtsfähigen Stiftungen bürgerlichen Rechts]

*Seckel, Emil:* Gutachten, Verhandlungen des Dreißigsten Deutschen Juristentages 1910, Bd. 1, Berlin 1910, S. 564-637 [zitiert: *Seckel*, Gutachten, Verhandlungen des Dreißigsten Deutschen Juristentages 1910].

*Segna, Ulrich:* Vorstandskontrolle in Großvereinen, Berlin 2002.

*Ders.:* Rechnungslegung und Prüfung von Vereinen – Reformbedarf im deutschen Recht, DStR 2006, 1568-1573.

*Ders.:* Die Verbrauchsstiftung – ein Fremdkörper im Stiftungsrecht?, JZ 2014, 126-133.

*Selbig, Sabine:* Förderung und Finanzkontrolle gemeinnütziger Organisationen in Großbritannien und Deutschland: Rechtsformen, steuerliche Förderung und Finanzkontrolle, Tübingen 2006 [zitiert: *Selbig*, Förderung und Finanzkontrolle].

*Settls, Marion:* Destinationsleistungen und andere satzungsmäßige Zuwendungen als Schenkungen, Baden-Baden 2016.

*Seyfahrt, Christian:* Stiftungskommunikation – Rechtliche Grenzen der Spendenwerbung, StiftungsWelt 02-2012, 72-73.

*Sieber, Ulrich / Vogel, Benjamin:* Terrorismusfinanzierung – Prävention im Spannungsfeld von internationalen Vorgang und nationalem Tatstrafrecht, Berlin 2015.

*Slopek, David/Leister, Alexander:* Bio-Siegel & Co. – die markenrechtliche Einordnung von Gütezeichen, GRUR 2013, 356-360.

*Soergel, Hans Theodor (Begr.) / Siebert, Wolfgang (Hrsg.):* Bürgerliches Gesetzbuch mit Einführungsgesetz und Nebengesetzen: BGB, Bd. 1, Allgemeiner Teil 1: §§ 1-103 BGB, 13. Aufl., Stuttgart 2000;

Bd. 7, Schuldrecht 5, §§ 481-534, 13. Aufl., Stuttgart 2014;

Bd. 20, Familienrecht 4, §§ 1741-1921, 13. Aufl., Stuttgart 2000 [zitiert: *Bearbeiter*, in Soergel, BGB].

*Sommer, Sarah:* Der Schwarm entdeckt den Mittelstand, FAZ Verlagsspezial v. 13.11.2013.

*Speck, Annette:* Gütesiegel brauchen Bekanntheit und Vertrauen, vom 21.6.2019, Springerprofessional online, abrufbar unter: www.springerprofessional.de/

produktstrategie/guetesiegel-brauchen-bekanntheit-und-vertrauen/10201696 (aufgerufen am 5.9.2021).

*Spendenseite:* Startseite: https://www.spendenseite.de (aufgerufen am 30.8.2021).

*Spindler, Gerald / Stilz, Eberhard (Hrsg.):* Kommentar zum Aktiengesetz, Bd. 2, §§ 150-410, 4. Aufl., München 2019 [zitiert: *Bearbeiter*, in: Spindler/Stilz, AktG].

*Splendid Research:* Gütesiegel Monitor 2021, abrufbar unter: https://www.splendid-research.com/de/guetesiegel.html (aufgerufen am 5.9.2021).

*Springer Fachmedien Wiesbaden (Hrsg.):* Gabler Wirtschaftslexikon, Startseite abrufbar unter: https://wirtschaftslexikon.gabler.de (aufgerufen am 6.9.2021) [zitiert: *Gabler Wirtschaftslexikon*].

*v. Staudinger, Julius (Begr.):* Kommentar zum Bürgerlichen Gesetzbuch mit Einführungsgesetz und Nebengesetzen, Buch 1, Allgemeiner Teil, §§ 164-240, Berlin 2019;

Buch 1, Allgemeiner Teil, §§ 80-89, Berlin 2017;

Buch 2, Recht der Schuldverhältnisse, §§ 328-345, Stand 9.5.2021, Berlin 2020;

Buch 2, Recht der Schuldverhältnisse, §§ 516-534 (Schenkungsrecht), Stand. 5.8.2021, Berlin 2021;

Buch 2, Recht der Schuldverhältnisse, §§ 662-675b (Auftrag und Geschäftsbesorgung), Stand 25.5.2017, Berlin 2017;

Buch 2, Recht der Schuldverhältnisse, §§ 741-764, Stand 11.3.2020, Berlin 2015;

Buch 4, Familienrecht, §§ 1896-1921, Berlin 2017. [zitiert: *Bearbeiter*, in: Staudinger, BGB].

*Ders.:* Kommentar zum Bürgerlichen Gesetzbuch mit Einführungsgesetz und Nebengesetzen, Buch 2, Recht der Schuldverhältnisse, §§ 516-534 (Schenkungsrecht), 13. Aufl., Berlin 2005 [zitiert: *Bearbeiter*, in: Staudinger, BGB, 13. Aufl. 2005].

*Ders.:* Kommentar zum Bürgerlichen Gesetzbuch mit Einführungsgesetz und Nebengesetzen, IV. Bd., Familienrecht, Teil 3b, §§ 1705-1921, 10./11. Aufl., Berlin 1969 [zitiert: *Bearbeiter*, in: Staudinger, BGB, 10./11. Aufl. 1969].

*Ders.:* Kommentar zum Bürgerlichen Gesetzbuch mit Einführungsgesetz und Nebengesetzen, IV. Bd., Familienrecht, II. Teil: §§ 1589-1921, 5./6. Aufl., München/Berlin 1910 [zitiert: *Bearbeiter*, in: Staudinger, BGB, 5./6. Aufl. 1910].

*Stier-Somlo, Fritz / Elster, Alexander (Hrsg.):* Handwörterbuch der Rechtswissenschaft, Bd. 5, Reichsgericht – Territorialprinzip, Berlin/Leipzig 1928 [zitiert: *Bearbeiter*, in: Handwörterbuch der Rechtswissenschaft].

*Stowasser, Josef M.:* Lateinisch-deutsches Schulwörterbuch, Neubearbeitung 2016, 5. Dr., München 2020.

*v. Strachwitz, Rupert Graf:* Zivilgesellschaft im Geldwäscheparadies – Ein Kommentar, BBE Newsletter Nr. 16 vom 12.8.2021, abrufbar unter: https://www.b-b-e.de/

bbe-newsletter/newletter-nr-16-vom-12082021/strachwitz/-zivilgesellschaft-im-geldwaescheparadies/.

*v. Strachwitz, Rupert Graf:* Der Professorenentwurf zur Reform des Stiftungsrechts – ein Kommentar, ZSTV 2020, 161-164.

*Streck, Michael:* Die Steuerpflicht nichtrechtsfähiger Stiftungen und anderer Zweckvermögen, StuW 1975, 135-146.

*Ströing, Miriam:* Reichtum und gesellschaftliches Engagement – Empirische Analyse der Determinanten philanthropischen Handelns reicher Personen, Wiesbaden 2015 [zitiert: *Ströing*, Reichtum und gesellschaftliches Engagement].

*Strohal, Emil (Hrsg.):* Planck's Kommentar zum Bürgerlichen Gesetzbuch nebst Einführungsgesetzen, Erstes Buch, Allgemeiner Teil (§§ 1-240), 4. Aufl., Berlin 1913 [zitiert: *Bearbeiter*, in: Planck].

*Stürner, Rolf / Eidenmüller, Horst / Schoppmeyer, Heinrich (Hrsg.):* Münchener Kommentar zur Insolvenzordnung, Bd. 1, §§ 1-79, 4. Aufl., München 2019 [zitiert: *Bearbeiter*, in: MünchKomm InsO].

*Stumpf, Christoph/Suerbaum, Joachim/Schulte, Martin/Pauli, Rudolf (Hrsg.):* Stiftungsrecht –BGB-Stiftungsrecht, Landesstiftungsgesetze, Stiftungssteuerrecht, Kommentar, 3. Aufl., München 2018 [zitiert: *Bearbeiter*, in: Stumpf/Suerbaum/Schulte/Pauli, Stiftungsrecht].

*Tennstedt, Florian:* Wohltat und Interesse. Das Winterhilfswerk des Deutschen Volkes. Die Weimarer Vorgeschichte und ihre Instrumentalisierung durch das NS-Regime, in: Geschichte und Gesellschaft 13 (1987), S. 157-180 [zitiert: *Tennstedt*, Wohltat und Interesse].

*Thünken, Alexander:* Die Unionsgewährleistungsmarke: Sinnvolle Ergänzung eines Markenportfolios?, GRUR-Prax 2016, 494-496.

*Tilch, Horst/Arloth, Frank:* Deutsches Rechtslexikon, Bd. 2 G-P, 3. Aufl., München 2001 [zitiert: *Deutsches Rechtslexikon*, Bd. 2, G-P].

*Dies.:* Deutsches Rechtslexikon, Bd. 3 Q-Z, 3. Aufl., München 2001 [zitiert: *Deutsches Rechtslexikon*, Bd. 3, Q-Z].

*Transparency International:* Initiative Transparente Zivilgesellschaft, Starseite: https://www.transparency.de (aufgerufen am 29.8.2021).

*Troll, Max (Begr.) / Gebel, Dieter / Jülicher, Marc / Gottschalk, Paul Richard:* Erbschaftssteuer- und Schenkungssteuergesetz, Stand: 61. EL 31.1.2021, München.

*Tyarks, Marco:* Körperschaftsteuerrechtliche Zweckvermögen des privaten Rechts und ihre Behandlung im Umsatzsteuerrecht, Baden-Baden 2010.

*Ulmer, Peter:* Der Deutsche Corporate Governance Kodex – ein neues Regulierungsinstrument für börsennotierte Aktiengesellschaften, ZHR 166 (2002), 150-181.

*United Nations Organization:* Die Rolle von Mikrokrediten im Kampf gegen die Armut, UNIC 131, abrufbar unter: https://unric.org/de/die-rolle-von-mikrokredi ten-im-kampf-gegen-die-armut/ (aufgerufen am 30.8.2021).

*Urselmann, Michael:* Fundraising – Professionelle Mittelbeschaffung für Non-Profit-Organisationen, 7. Aufl., Wiesbaden 2018.

*Veith, Julian:* Crowdlending – Anforderungen an die rechtskonforme Umsetzung der darlehensweise Schwarmfinanzierung, BKR 2016, 184-193.

*Venro Verband Entwicklungspolitik und Humanitäre Hilfe deutscher Nichtregierungsorganisationen e.V.:* Startseite: https://venro.org (aufgerufen am 4.9.2021)

*Verbraucherzentrale Bundesverband e.V.:* Startseite: https://www.verbraucherzentrale.de (aufgerufen am 4.9.2021).

*Vogt, Benedikt:* Publizität im Stiftungsrecht – Analyse der geltenden Rechtslage und Vorschläge für eine umfassende Reform der stiftungsrechtlichen Publizität, Hamburg 2013.

*Voigt, Daniel:* Spendenwerbung – ein Fall für das Lauterkeitsrecht?, GRUR 2006, 466-470.

*Vorländer, Herwart:* NS-Volkswohlfahrt und Winterhilfswerk des Deutschen Volkes, Vierteljahreshefte für Zeitgeschichte 34 (1986), 341-380.

*Wagner, Jürgen,:* Die Entwicklungen im Vereinsrecht, NGZ 2017, 768-776.

*Walcher, Gesa:* Funktionsbestimmungen des Dritten Sektors – Einige theoretische Betrachtungen, Arbeitspapiere des Bereichs Politik und Gesellschaft, Osteuropa-Institut der Freien Universität Berlin, Segbers, Klaus (Hrsg.), 14/1997 [zitiert: *Walcher*, Funktionsbestimmungen des Dritten Sektors, Arbeitspapiere des Bereichs Politik und Gesellschaft 14/1997].

*Wallenhorst, Felix / Wallenhorst, Rolf:* Zur gemeinnützigen Mittelverwendung: Das Ende der „Geldscheintheorie" – Konsequenzen aus dem BFH-Urteil v. 20.3.2017 – X R 13/15, DStR 2018, 851-853 [zitiert: *F. Wallenhorst/R. Wallenhorst*, Zur gemeinnützigen Mittelverwendung, DStR 2018].

*Walz, W. Rainer:* Rechnungslegung und Transparenz im Dritten Sektor: Eine in Deutschland überfällige rechtspolitische Debatte, in: Walz, W. Rainer (Hrsg.) Rechnungslegung und Transparenz im Dritten Sektor, Bd. 3, Köln u.a. 2004, S. 1-13 [zitiert: *Walz*, Rechnungslegung und Transparenz im Dritten Sektor, in: Walz, Rechnungslegung und Transparenz].

*Weber, Klaus (Hrsg.):* Creifelds, Rechtswörterbuch, 26. Edition, Stand 1.3.2021, München 2021 [zitiert: *Bearbeiter*, in: Creifelds, Rechtswörterbuch].

*Weiss, Michael:* Hybride Regulierungsinstrumente: eine Analyse rechtlicher, faktischer und extraterritorialer Wirkungen nationaler Corporate-Governance-Kodizes, Tübingen 2011 [zitiert: *Weiss*, Hybride Regulierungsinstrumente].

*Weitemeyer, Birgit:* Reformbedarf für den Dritten Sektor?, NJW 2018, 2775-2780.

*Weitemeyer, Birgit / Vogt, Benedikt:* Verbesserte Transparenz und Non-Profit Governance Kodex für NPOs, NGZ 2014, 12-16.

*Welsch, Klaus:* Sachspenden für Hochwasseropfer kommen per Hubschrauber und LKW, swr.de v. 27.7.2021, abrufbar unter: https://www.swr.de/swraktuell/rheinl

and-pfalz/koblenz/verteilung-der-sachspenden-in-die-katastrophenregionen-100.html (aufgerufen am 30.8.2021).

*Werner, Almuth:* Die Zustiftung. Eine rechtsdogmatische Untersuchung unter besonderer Berücksichtigung aufsichtsrechtlicher Genehmigungsvorbehalte und Anzeigepflichten, Baden-Baden 2003 [zitiert: *A. Werner*, Die Zustiftung].

*Werner, Olaf / Saenger, Ingo / Fischer, Christian (Hrsg.):* Die Stiftung. Recht, Steuern, Wirtschaft, 2. Aufl., Baden-Baden 2019 [zitiert: *Bearbeiter*, in: Werner/Saenger/Fischer, Die Stiftung].

*Werner, Rüdiger:* Der Regierungsentwurf eines Gesetzes zur Vereinheitlichung des Stiftungsrechts, ErbR 2021, 482-487.

*Westebbe, Achim:* Die Stiftungstreuhand. Eine Untersuchung des Privatrechts der unselbständigen gemeinnützigen Stiftung mit rechtsvergleichenden Hinweisen auf den charitable trust, Baden-Baden 1993 [zitiert: *Westebbe*, Die Stiftungstreuhand].

*Westermann, Harm Peter:* Reformüberlegungen zum BGB-Gesellschafts- und Vereinsrecht, NZG 2017, 921-930.

*Westermann, Harm Peter (Hrsg.)/Erman, Walter (Begr.):* Bürgerliches Gesetzbuch, Kommentar, 13. Aufl., Köln 2011 [zitiert: *Bearbeiter*, in: Erman, BGB, 13. Aufl. 2011].

*Wiebe, Andreas:* Wettbewerbs- und zivilrechtliche Rahmenbedingungen der Vergabe und Verwendung von Gütezeichen, WRP 1993, 74-90.

*Wilke, Burkhard:* Transparenz im Spendenwesen: Siegel, Selbstregulierung, Watchdogs, Non Profit Law Yearbook 2004, 181 – 206.

*Winheller, Stefan:* Nonprofit-Organisationen in Deutschland und in den USA, ZStV 2010, 41-48, 81-91.

*Winheller, Stefan / Geibel, Stefan J. / Jachmann-Michel, Monika (Hrsg.):* Gesamtes Gemeinnützigkeitsrecht, 2. Aufl., Baden-Baden 2020.

*Winkler, Angelo:* Endlich: Die Stiftungsrechtsreform kommt, ZStV 2021, 121-128.

*wir-bewegen.sh:* Startseite: https://www.wir-bewegen.sh (aufgerufen am 27.8.2021).

*Wochner, Georg:* Die Stiftungs-GmbH, DStR 1998, 1835-1841.

*Wolter, Frauke:* Online-Aktion gegen Karlheinz Böhms Hilfswerk, Badische Zeitung vom 29.5.2013, abrufbar unter: https://www.badische-zeitung.de/online-aktion-gegen-karlheinz-boehms-hilfswerk--72317165.html (aufgerufen am 30.8.2021).

*World Wide Fund for Nature:* Startseite abrufbar unter: https://www.wwf.de (aufgerufen am 6.9.2021).

*Wortbedeutung:* Startseite: https://www.wortbedeutung.info (aufgerufen am 6.9.2021).

*Wronker, Kurt:* Das Wohltätigkeitskomitee: ein Beitrag zur Lehre vom Sammelvermögen, Diss. jur. Rostock 1917.

*Zentrale zur Bekämpfung unlauteren Wettbewerbs e.V.:* Unlauterer Wettbewerb mit Gütesiegeln, Preisen und getarnter Werbung, Pressemitteilung vom 4.5.2010, abrufbar unter: https://www.wettbewerbszentrale.de/de/_pressemitteilungen/?id=199 (aufgerufen am 6.9.2021).

*Zimmer, Annette:* Der Deutsche Nonprofit-Sektor – Ein empirischer Beitrag zur Bedeutung von Nonprofit-Organisationen in der Bundesrepublik Deutschland, Non Profit Law Yearbook 2001, 7-26 [zitiert: *Zimmer*, Der deutsche Nonprofit-Sektor, Non Profit Law Yearbook 2002].

*Dies.:* Dritter Sektor und Soziales Kapital, Münsteraner Diskussionspapiere zum Nonprofit-Sektor – Nr. 10, Januar 2002.

*Zöller, Mark Alexander:* Terrorismusstrafrecht – Ein Handbuch, Heidelberg 2009 [zitiert: *Zöller*, Terrorismusstrafrecht].

*Zolling, Peter:* Zwischen Integration und Segregation – Sozialpolitik im „Dritten Reich" am Beispiel der NSV in Hamburg, (Dissertation), Frankfurt/Main 1986 [zitiert *Zolling*, Zwischen Integration und Segregation].

www.ingramcontent.com/pod-product-compliance
Ingram Content Group UK Ltd.
Pitfield, Milton Keynes, MK11 3LW, UK
UKHW021835290926
8980IPUK00004B/472

9 783631 893906